U0648425

王德忠　等编著

非凡数据
透视
新时代中国

中国出版集团　东方出版中心

图书在版编目（CIP）数据

非凡数据透视新时代中国 / 王德忠等编著. —上海：
东方出版中心，2024.4
ISBN 978 - 7 - 5473 - 2369 - 4

Ⅰ.①非… Ⅱ.①王… Ⅲ.①社会主义建设成就—中
国 Ⅳ.①D619

中国国家版本馆 CIP 数据核字（2024）第 070804 号

非凡数据透视新时代中国

编　　著　王德忠　等
责任编辑　万　骏
封面设计　钟　颖

出 版 人　陈义望
出版发行　东方出版中心
地　　址　上海市仙霞路 345 号
邮政编码　200336
电　　话　021 - 62417400
印 刷 者　上海盛通时代印刷有限公司

开　　本　710mm×1000mm　1/16
印　　张　21.75
字　　数　346 千字
版　　次　2024 年 6 月第 1 版
印　　次　2024 年 6 月第 1 次印刷
定　　价　99.00 元

版权所有　侵权必究
如图书有印装质量问题，请寄回本社出版部调换或拨打021-62597596联系。

序

PREFACE

当今世界,新一轮科技革命和产业变革正以前所未有的速度、强度和深度重塑全球格局,更新人类观念。当下中国,正经历着历史上最为广泛而深刻的社会变革,也正在进行着人类历史上最为宏大而独特的实践创新。大道之行,壮阔无垠。站在新的历史节点,以习近平同志为核心的党中央领导全党全军全国各族人民,筚路蓝缕、风雨兼程、勠力同心、奋楫笃行,书写了一部感天动地、举世瞩目的奋斗史诗,创造了无愧时代、无愧人民、无愧历史的丰功伟绩。新时代十年的伟大成就、伟大变革,对中国式现代化新征程具有历史性、基础性、方向性的重大意义。

新时代十年,经济实现历史性跨越,加速从经济大国迈向经济强国,夯实了中国式现代化的物质基础。我国实现了由农业社会向工业社会转型,由低收入国家向中等偏上收入国家提升,由受温饱问题困扰到小康富裕飞跃,用几十年时间就走完发达国家几百年走过的工业化历程,创造了人类史上的伟大奇迹。我国坚持科技是第一生产力、人才是第一资源、创新是第一动力,科技创新实现了由"跟跑"为主转向更多领域"并跑""领跑"的新局面,以科技创新的主动赢得了国家发展的先机,以科技自立自强筑牢了民族复兴基石。我国大力推进区域协调发展战略、主体功能区战略、新型城镇化战略,有力促进了各大区域板块的优化布局,实现了全国各地区各民族人民共享改革发展成果的宏大愿景。这十年,我国经济迈上更高质量、更有效率、更加公平、更可持续、更为安全的发展之路,以更加蓬勃的发展之势,谱写全面建设社会主义现代化国家新篇章。

新时代十年,历史性地解决了绝对贫困问题,共同富裕的万里江山图徐徐展开,凝聚了中国式现代化的社会力量。"以天下之财,利天下之人",是我国千百年来的治世良言,是人类社会的美好愿景。消除贫困这一人类社会发展的顽疾,解决两极分化,也是世界各国长期以来共同面临、无法解决的难题。我国14亿多人口要实现全部脱贫,艰巨性和复杂性世所罕见。进入新时代,我国把脱贫攻坚摆在治国理政的突出位置,作为全局工作的优先任务,组织开展了彪炳史册的脱贫攻坚战。经过8年的栉风沐雨、上下一心,党中央建立了具有中国特色的脱

1

贫攻坚制度体系,带领所有贫困地区和贫困人口一道迈入小康社会,实现了幼有所育、学有所教、劳有所得、病有所医、老有所养、住有所居、弱有所扶的庄重承诺。这一人类发展史上的奇迹,没有先例可循,没有经验可鉴,具有开创性和普适性。它体现出我国以人民为中心的价值立场,丰富了人类现代化的内涵,给世界展示了独特制度优势和成功实践经验。

新时代十年,物质文明与精神文明两翼齐飞,不断满足人民群众对美好生活的向往,激发了中国式现代化的精神动力。"仓廪实而知礼节,衣食足而知荣辱",物质文明和精神文明相协调,是当代社会孜孜以求的、也是传承千百年的淳朴愿景。一个国家若实现了物质满足,就需要强大的精神力量去巩固,进而推动物质创造,实现更高水平的发展。人无精神则不立,国无精神则不强。如今,我国物质文明飞速发展,人民生活全方位改善,推进中国式现代化和实现中华民族伟大复兴,就必须有文化自信自强的支撑,就必须有文化繁荣的支撑。这十年,我国持续推动文化繁荣、建设文化强国、建设中华民族现代文明,以文化浸润民族共同体意识,进一步增强了各族群众对中华文化的认同,推动了文化事业和文化产业繁荣发展,纠正了西方现代化物质主义膨胀的弊端。既为实现中华民族伟大复兴的中国梦提供强大的思想引导力、价值创造力、文化凝聚力,也为世界上不同民族维护文化自主、实现精神独立贡献中国智慧。

新时代十年,从根本上重塑了人与自然的关系,书写了一份天更蓝、山更绿、水更清的"绿色答卷",厚植了中国式现代化的亮丽底色。"天地与我并生,万物与我为一",人与自然和谐共生,是高质量发展的时代要求,也是道法自然的人文情怀。纵观中华五千年历史长河,生态文明建设一直是关乎中华民族复兴的根本大计,是关乎中华民族可持续发展的根本大计。这十年,我国坚持尊重自然、顺应自然、保护自然,始终将生态文明建设作为重点工作,取得了前所未有的实践成就。生态文明思想认识高度前所未有,生态治理力度之大前所未有,生态制度出台之频繁前所未有,生态监管执法力度之强前所未有,生态环境改善速度之快前所未有。我国成为全球森林资源增加最多的国家、碳排放降低最快的国家、清洁能源利用规模最大的国家,创造了多个世界之最。"中国绿"在神州大地铺展延伸,绿色成为美丽中国最为鲜明、最为厚重、最为牢靠的底色,人民在绿水青山中共享自然之美、生命之美、生活之美,给全球可持续发展和全球生态治理作出大国表率、展现大国担当。

新时代十年,与世界紧密融合、良性互动、彼此成就,将世界视为人类命运共同体,点亮了中国式现代化的和平之路。"协和万邦,和衷共济,四海一家",走和平发展道路,是构建人类命运共同体的题中之义,也是民族秉性里的文以载道。立足国情和历史传统,这十年,我国始终坚持为世界谋大同、为人类作贡献,从"走自己的路"到跃升成为世界经济增长的主要稳定器和动力源,再到提出"一带一路"倡议,构建人类命运共同体。顺应和平、发展、合作、共赢的时代潮流,开辟出一条以民族复兴为目标的社会主义现代化道路,打破了发展中国家对西方现代化的"路径依赖",科学回答了当今世界的时代之问。这十年,我国在坚定维护世界和平与发展中谋求自身发展的同时,又以自身发展更好地维护了世界和平与发展,给世界上那些既希望加快发展又希望保持自身独立性的国家和民族提供了全新的路径选择,推动中国式现代化道路越走越宽广。

回望新时代,国泰民安,跻身世界强国。展望新征程,太平盛世,中国梦近在咫尺。**新时代十年,是缔造人类文明史新奇迹的十年。**持续创造"经济快速发展、社会长期稳定"的两大奇迹。成功探索出中国式现代化道路,展示了人类文明的发展方向,创造了人类文明的新形态。**新时代十年,是中华民族复兴伟业迈向全新高度的十年。**中华民族迎来了从站起来、富起来到强起来的伟大飞跃。我们比历史上任何一个时期都更接近民族复兴的这个目标,更有信心、更有能力实现这个目标。**新时代十年,是中国式现代化理论与实践创新突破的十年,是实现中国式现代化的关键十年。**党和国家事业的历史性成就、历史性变革,彰显了中国式现代化的强大生机活力,拓展了发展中国家走向现代化的新道路。

数据是伟大时代的亲历者,也是伟大时代的表达者。本书由上海社会科学院院长、国家高端智库首席专家王德忠研究员和李健、杨文龙、张晓娣、方帅、王琳琳共同编写。以老百姓的实际生活、真切感受、重点关注为出发点,坚持用数据记录新时代、思考新时代、描摹新时代,并融合图表和案例,生动地、全景式地展示出党的十八大以来,我国在经济建设、科技创新、对外开放、文化建设、社会发展、生态保护、区域发展、城乡建设等方面取得的非凡成就。力求更直观地向人民群众呈现我国经济社会的时代变化与伟大功绩,提高人民群众对非凡十年的感受度、获得感。更客观地为政府和企业评估新时代国家实施的一系列重要政策和改革措施的效果和影响,为政策调整、改进与优化提供参考。更系统地向国外人士展示新时代中国式现代化道路的探索,助力其更好地理解中国发展路径与模式。本书力争讲好中国故事,传播好中国声音,向全世界展现更加真实、立体、全面的新时代中国。

目 录
CONTENTS

第一章
经济实力实现历史性跨越，从经济大国迈向经济强国

党的十八大以来，是中国经济发展中极不平凡的历史时期。我国经济规模与综合实力实现历史性跃升，已然成为世界经济增长的"火车头"。随着宏观经济结构持续优化，增长动力持续内生化，资源配置效率持续提高，我国高质量发展特征日益凸显，面对国内外发展环境中各类"不和谐音"的应对处置能力不断增强，在统筹自身发展和安全的同时，愈加体现出拉动全球经济复苏、维护世界经济稳定的大国责任担当。进入新发展阶段，我国向社会主义现代化经济强国进发的步伐更坚实稳健，在加快构建新发展格局进程中，高质量发展之路走得更有效率、更加公平、更可持续、更为安全。

第一节 "风高浪急"中彰显经济发展韧性　121万亿元

关键数据：
- 我国GDP在2020年和2022年分别突破100万亿元和121万亿元，铸就了经济发展史上的里程碑。
- 十年来，我国GDP增加近70万亿元，经济总量翻了一番。
- 我国人均GDP实现新突破，连续3年超过1万美元，接近世界银行划分的高收入国家门槛值。
- 我国的购买力平价GDP（PPP GDP）已经超越了美国，位居世界第一。

　　"艰难方显勇毅,磨砺始得玉成。"中国经济从 2012 年以来不断爬坡抬升,走出的增长曲线背后是增长动力的转换、增长质量的变革。尤其是在近年来国际环境和国内环境严峻考验下,中国经济依靠发展动力转换初步实现质量变革,为全面建设社会主义现代化强国奠定了坚实基础。

■ GDP 规模持续跨越重要节点

　　进入 21 世纪以来,中国经济飞速发展,GDP 总规模平均每 1—2 年实现 10 万亿级增长,不断刷新着全球对中国发展潜能的认知。2022 年我国 GDP 为 121 万亿元,稳居世界第二,占全球经济的比重为 18%。党的十八大以来的十年间,我国 GDP 增加近 70 万亿元,经济总量翻了一番。年均增长 6.2%,在高基数基础上实现了中高速增长。人均 GDP 实现新突破,按年平均汇率折算达 12 551 美元,连续 3 年超过 1 万美元,接近世界银行划分的高收入国家门槛值。

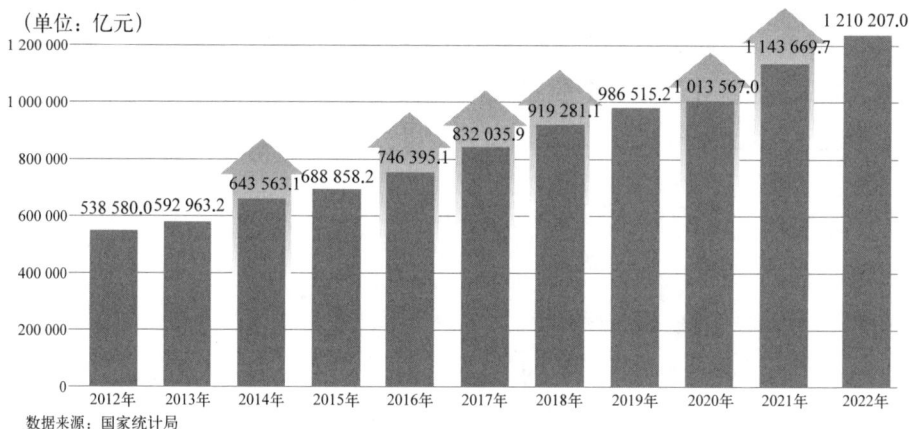

数据来源:国家统计局

图 1-1　2012—2022 年中国 GDP 总量增长

资料来源:根据《中国统计年鉴》整理。

　　无论是人均 GDP 超世界平均水平,还是人均 GNI(人均国民总收入)接近高收入国家门槛,均充分彰显了我国经济高质量稳健增长的成效和实力。一旦未来中国迈入高收入国家行列,意味着全球生活在高收入经济体中的人口比重将由现在的 16% 增到 35% 左右。届时,不仅 14 亿中国人的生活水平将极大改善,而且将为其他 50 多亿中低收入国家人民的发展提供更大的市场空间和更丰富的技术来源,也将提供更多的中国经验用于帮助这些国家管理自己的发展进程。这将是中国对人类发展作出的巨大贡献。

　　关于 GDP 增长速度，有人会质疑，对比 **2012** 年以前我国长期保持的两位数的 GDP 增长率，是不是意味着中国经济疲软了，缺乏动力了呢？实则不然，经过前 34 年（1978—2011 年）年均 10.0％的两位数超高速增长后，我国经济告别起飞阶段而向成熟阶段迈进，随之增长速度放缓，经济增速从前 34 年的超高速水平到如今的放缓是必然的。纵观世界范围内发达国家发展史，能够在告别高速增长后实现"软着陆"实属不易，我国经过十年增长模式转型的艰苦探索，从超高速向中高速成功转轨，并在此过程中没有出现社会动荡、阶层极化、贫富差距固化等矛盾激化，已经成为近现代经济发展史上的重大成就和亮点。

　　更重要的是，我国 GDP 增速放缓的速度远低于发达国家和新兴市场经济体。日本 GDP 在 1951—1973 年的 23 年间高速增长，年均增速为 8.7％，在随后的第一个十年便跌回 3.5％；韩国在 1960—1997 年的 37 年高速增长期年均增速分别为 9.3％，随后第一个十年降为 5.1％；同期，中国台湾高速增长期增速为 9.1％，随后跌到 5.0％；新加坡则是从 8.6％降至 5.4％。上述国家（地区）后续发展中 GDP 增速很快继续下落至低速增长区间（2％—3％）。因此与上述经济体相比，我国经济增速在超高速增长期后的第一个十年虽逐年放缓却仍保持了年均 6.7％的高速水平；其中，2012—2019 年间仍为 7.1％的高速率，2020—2022 年三年在新冠肺炎疫情冲击下才进入 4％—5％的中高速区间。对比高速增长期

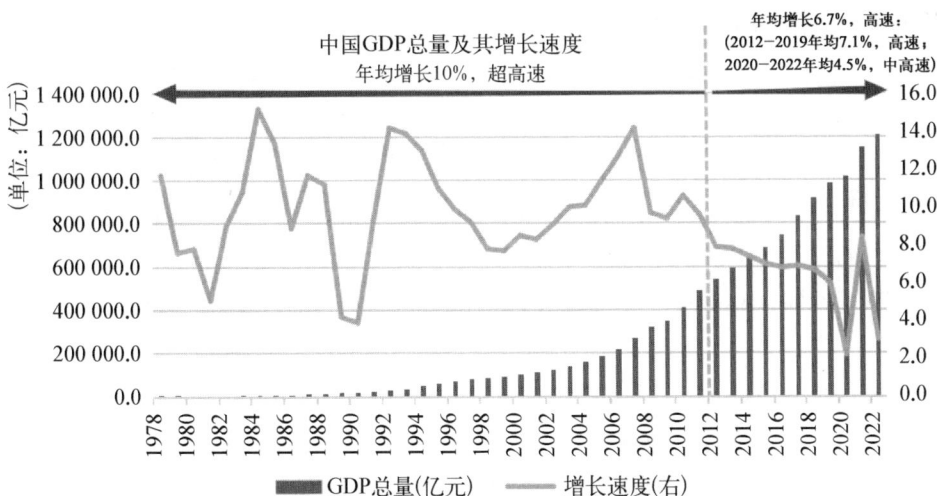

图 1-2　2012—2022 年中国 GDP 增长速度的区间转换

资料来源：根据《中国统计年鉴》相关数据绘制。

后第一个十年 GDP 平均增速下降幅度,我国仅为 33%,而日本、韩国、中国台湾、中国香港和新加坡分别为 60%、45%、45%、63% 和 37%。因此,**看似平滑的经济总量正向增长曲线背后,是党和国家领导人民爬坡过坎、形成新发展理念、推动高质量发展的奋发努力。**

■ 经济转型提升发展稳健性

近年来,我国持续推动经济转型,经济发展经受住了内外部各种风险和不确定因素的考验,克服涉滩之险、闯关之难、爬坡之艰,稳住宏观经济大盘。2020年全球新冠肺炎疫情大流行,世界范围内只有我国保持住正向经济增长率,并在2021 年展现出强势复苏势头,奇迹般地实现 8.4% 的经济增长。疫情三年间(2020—2022 年),我国 4.5% 的 GDP 平均增长速度比美国高 2.8 个百分点,比日本高 5 个百分点,比欧盟高 3.4 个百分点,在二十国集团(G20)国家中一枝独秀。2022 年在疫情散发多发、极端高温天气、地缘冲突等诸多超预期因素冲击下,取得 3% 的增长率,交出一份殊为不易的成绩单。2022 年我国 GDP 比 2020 年约增长 3.5 万亿美元,约占疫情三年全球经济增量的 25% 还多,年均增速高于世界平均水平(2.1%)、发达经济国家平均水平(1.1%)、新兴市场经济国家平均水平(2.5%),是当之无愧的全球经济稳定器和动力源。

事实证明,中国是在"稳"和"安全"的基础上追求高质量发展,已经初步形成能够抵御输入性通胀和风险的经济循环格局。根据世界银行的数据,2022 年我国的购买力平价 GDP(PPP GDP)为 28.9 万亿美元,人均购买力平价 GDP 则为2.05 万美元;美国购买力平价 GDP 则为 25.46 万亿美元;按照购买力平价 GDP计算,中国 GDP 占全球的 18.6%,美国 GDP 占全球的 15.6%。由此可见,以购买力平价 GDP 来看,我国已经超越了美国,位居世界第一。如果按照汇率法计算,2022 年我国 GDP 为 18 万亿美元,和 2021 年相比虽然只增长了 1 792 亿美元,主要原因还是汇率的变化,人民币经历了贬值,兑换为美元后 GDP 缩水。而美国同年 GDP 增量中的 2 万亿美元,自身高通胀和美元升值是其中重要原因。

■ 深化改革助力经济爬坡上坎

为什么只有中国能够在世界经济陷入发展泥潭之际,保持自我复苏、自我修复、自我循环的动力?主要归因于"三大法宝"的有效使用——持续深入推进改革、精准有效宏观调控、充分利用超大规模市场。十八大以来,以习近平同志为核心的党中央科学判断,提出许多重大理论,对发展理念和思路及时作出调整,

（单位：万亿美元，本图仅显示2万亿美元以上国家）

国家	GDP
中国	30.22
美国	25.46
印度	11.86
日本	6.14
德国	5.35
俄罗斯	4.77
印度尼西亚	4.04
巴西	3.84
英国	3.71
法国	3.70
土耳其	3.35
意大利	3.06
墨西哥	2.96
韩国	2.77
加拿大	2.26
西班牙	2.24
沙特阿拉伯	2.15

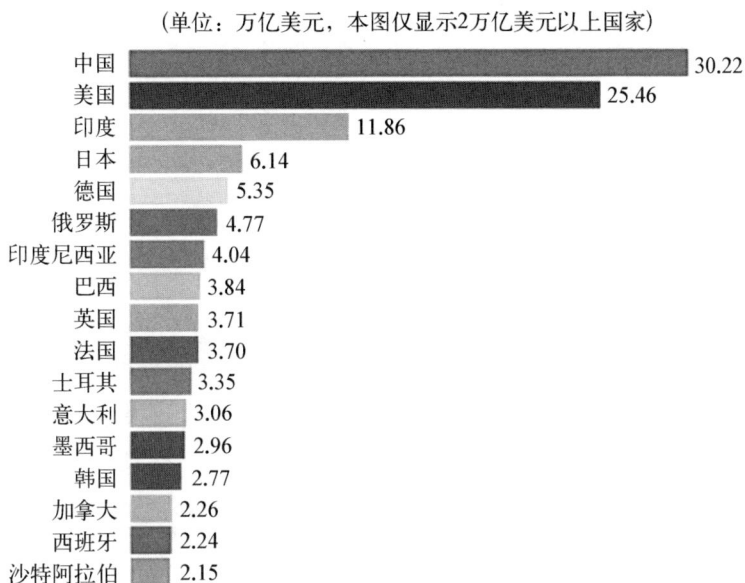

图 1-3 2022 年全球各国购买力平价 GDP 排行榜

资料来源：根据世界银行资料整理。

引领经济社会发展实现历史性跨越。党中央和国务院打响改革"攻坚战"，勇闯"深水区"，敢啃"硬骨头"，持续深入推进国资国企改革、政府行政管理改革、金融体制改革、财税体制改革、市场监管改革、城乡土地市场改革、社会保障改革、科技管理体制改革、贸易投资便利化改革，健全宏观调控政策手段，开启人民币国际化进程，以优化营商环境为牵引在各领域机制体制创新上不断取得突破，全方位、集成性改革的深化成为克服内外经济风险挑战、跨越经济发展暗礁险滩的根本性制度保障。同时，坚持以发展为先，推出一系列的新发展战略及政策，包括构建双循环新发展格局，建设全国统一大市场，携手全球约 1/3 的国家共建"一带一路"，打造区域一体化及城市群，大力培育战略性新兴产业及现代化产业集群，加速数字经济及新型基础设施建设，大力倡导发展绿色低碳经济，积极应对人口老龄化，统筹疫情防控和经济社会发展等，为力保发展势头奠定坚固的实体基础和创造良好的运行环境。

难能可贵的是，我国以自我修复、巩固国内大循环为主，积极做好"六稳""六保"工作，确保国内经济在世界各国中率先复苏。反观主要发达经济体，美联储 2022 年连续 8 次加息共 450 个基点，欧洲央行 4 次加息累计 250 个基点，导致全球债务压力进一步加大，经济金融泡沫明显增加，国际上通货膨胀蔓延。2020

年至 2022 年,美国、英国、欧盟的通货膨胀率分别达 4.6％、4.1％和 4.2％。对比之下,在疫情三年间我国物价基本稳定,在全球通货膨胀率达到 5.5％的大环境下,CPI 仅增加 1.8 个百分点,我国是 G20 中物价波动最小、上涨幅度最低的国家。

知识链接

十年间中国经济转型发展各阶段的关键词

党的十八大以来,中国经济以强劲势头快速发展,无数关键词从中诞生,创新、绿色、可持续、数字化、AI、芯片、大数据、工匠精神、定向调控、精准调控描绘了中国经济的发展势态。从"新常态"到"高质量发展",从"供给侧结构性改革"到"三大攻坚战",从"脱贫攻坚"到"乡村振兴",从"蓝天保卫战"到"碳达峰、碳中和"①,这些词描绘了中国经济转型不同阶段的发展轨迹。

关键词之一:"发展"

从 2012 年到 2022 年,十年之中,围绕"发展"二字,我国发生了巨大变化,十年之间,发展的格局、理念、阶段都在不断变化,政府工作报告中频繁提及发展,创新驱动发展、可持续发展、高质量发展、转变发展方式……发展的形式不断更新,但是发展的主调仍不变化。

2014 年,面对国家发展的"三期叠加"复杂局面,党中央做出判断,宣布我国经济发展进入了新常态。2012 年,从 21 世纪以来,我国经济增速首次下降到 8％,面对这一现象,政府表示"速度再快一点,非不能也,而不为也"。2015 年,"新常态"一词首次出现在当年的政府工作报告中,引起巨大热议。

在 2018 年召开的全国人民代表大会和中国人民政治协商会议中,一方面,国家把高质量发展作为了当年工作的重中之重,另一方面,党中央提出发展从高速向高质量的转变。出现了以下转变关键点,发展重点从"速度"转变到"质量";发展道路从"快"切换到"好"的新跑道;创新、协调、绿色、开放、共享成了新的发展理念。

我国在新发展格局中正式迈入新发展阶段,提出了新的发展理念,不再强调增长目标,不再以"GDP"论英雄是新发展理念的重要体现。在新发展理念的指挥棒下,许多关键词在社会生活中涌现——"全要素生产率""品质

---

① 周亮,李佳鹏,孙韶华等,《这些词串起一条昂扬曲线》,《经济参考报》,2022 年 3 月 3 日。

革命""消费升级""高水平开放""国际一流营商环境""现代化经济体系""工匠精神""供给侧结构性改革""两新一重""六稳六保"……这些词汇都体现出了中国经济从增长到发展，从速度到质量的深刻转变。

此外，在经济不断发展的同时，我国对于"发展"的认识也在不断深入和转变，"新常态"提出之时，正是世界经济格局调整的重要时间节点，中国经济发展走到了一个关键路口，如果不对经济结构改革加大调整力度，就很难实现健康稳定发展。与此同时，"三期叠加""新常态""新发展理念""供给侧结构性改革""高质量发展"……这些经济关键词逐步进入公众视野，体现了我国发展理念的变化，在新发展理念的引领下，我国经济才取得让世人惊叹的、又好又快的发展成就。

关键词之二："路径"

2016 年的政府工作报告首次提出"供给侧结构性改革"，这一关键词出现之后成为当年经济领域最受关注的关键词，从那以后，它频繁出现在历年党和国家重要会议、文件、政策中。

关于供给侧结构性改革，在 2017 年政府工作报告提出的 9 项重点工作任务中，第一项是深入推进"三去一降一补"，强调了国家和政府高度重视深化供给侧改革的重要性，不仅要向纵深推进，加快落实各项改革举措，还要重视供给结构改善，例如从能源行业推进去产能，不断出台去库存举措，加大补短板力度……之后，供给侧改革力度进一步加大，2018 年，改革加大"破、立、降"力度。2019 年，党中央提出的"八字方针"开启了改革调整的新征程。

"供给侧结构性改革"与国家发展密切相关，是全面深化改革的主旋律，一方面要力行简政之道，"简政放权、放管结合""证照分离""双随机、一公开""三证合一""负面清单""互联网＋政务"……不断推进改革，重在"放"出活力。另一方面，要释放供给端的潜力，清理"僵尸企业"，发扬"工匠精神"，发起"品质革命"……同时制度改革也要持续深化，"营改增""个税起征点""专项附加扣除""混合所有制改革""国企改革三年行动"……一连串关键词记录下价格改革、财税改革、国企改革等不断向纵深推进的脚步。

2019 年新冠肺炎疫情暴发以来，供给侧结构性改革进行了方向调整，尤其是宏观方面，政策向"精准"方向靠近，如何稳住经济基本盘成了主要问题，政府出台相关政策进行精准调控，例如"常态化财政资金直达机制""直达实体经济的货币政策工具"等。政策的面对主体是市场，市场是经济的活力源泉,我国实施这一系列宏观调控政策的最终目的是为了帮助受到新冠影响的企业恢复元气,重新激发市场活力,同时,政府还专门针对中小微企业提供相应政策支持,例如"减税降费""减租降息""降准降息""中小微企业贷款延期还本付息政策"。

党的十八大以来,我国一系列的改革措施为国家经济高质量发展打通了路径,以供给侧结构性改革为主干,不断深入推进各方面改革。随着经济进一步发展,改革越来越深入,我国生产水平、生产效率进入了更高阶段。

关键词之三:"动力"

创新是国家发展的动力之一,这一关键词在近几年的政府工作报告中频繁出现。从"大众创业、万众创新"到"坚持创新引领发展",从"培育壮大新动能"到"坚持创新驱动发展"……随着创新发展持续推进,我国经济新动能始终强劲。

2015年,"互联网+""创客平台""云计算"等词的出现,为创新发展拉开了序幕,互联网、智能制造等许多行业发展迎来了新风口。2016年,"新经济""分享经济"被写入政府工作报告,创新的维度不断扩展,深度不断增加,模式不断改革,跨境电商、创新平台,许许多多的新天地不断出现。2017年到2019年,两年时间,我国经济飞速发展,随之而来的许多经济关键词的出现——"数字经济""第五代移动通信""新一代人工智能""'双创'升级版""智能+"……政府工作报告围绕新材料、新能源、人工智能、集成电路、生物制药等"战略性新兴产业"作出战略部署,不断推动我国新兴产业发展。继"互联网+""智能+"后,2021年提出的"数字+"概念在当年的政府工作报告中不断体现,用7个"数字""加"出了建设数字中国的华彩。

"关键词"反映了当年社会发展的态势,"经济关键词"清晰地体现出了中国经济动力的变化,展现了中国经济的一年又一年的新变化。互联网、5G的出现改变了人民的日常生活形式,新兴产业的兴起开启了新的投资空间,数字经济转型成了业态发展新趋势,引领了中国经济的新发展方向,党的十八大以来,依托于数字化,我国经济出现了新的商业模式,不同产业根据各自难点痛点,结合实际发展情况、全球发展趋势进行转型发展,不断出现新的产品、商业模式为我国发展提供了重要推动力,助推我国经济高质量发展。

(资料来源:笔者整理。)

第二节　迷雾中点亮全球经济发展信心　38.6%

关键数据：

- 十年来，我国独自贡献了全球经济增长的 38.6%，这一贡献率超过七国集团(G7)发达国家之和。
- 十年来，我国 GDP 年均增长 6.6%，高于同期世界 2.6% 和发展中经济体 3.7% 的平均增长水平。
- 疫情暴发以来的三年间，2020 年中国成为全球率先实现经济正增长的主要经济体；2021 年中国经济总量占世界经济比重达 18.5%，稳居世界第二位；2022 年中国经济画出一条"V"形复苏曲线，国内生产总值突破 120 万亿元。
- 中国经济增长每提高 1 个百分点，带动世界经济增长约 0.3%。

"世界经济增长引擎""全球经济增长主要贡献者"……说起中国经济，这是海外媒体和观察人士常常提及的词语。过去十年，尽管面临国内外诸多矛盾叠加、风险隐患交汇的严峻挑战，中国经济运行依然保持了缓中趋稳、稳中向好的势头。中国经济增速保持在合理运行区间，体现出中国经济稳中求进的发展态势，传递出中国政府将持续推进改革的信号，中国经济将继续为世界贡献"真金白银"。

■ 世界经济稳定增长的"最强引擎"

世界银行测算结果显示，**2012 年以来的十年间，全球经济增长的 38.6% 来自中国一国，这一贡献率已经超过七国集团(G7)发达国家之和，充分说明中国是推动全球经济增长的"第一动力"。**贡献率比排名第二位的美国高 20%，比第三位的印度高 32.8%。再往前推 10 年，过去 20 年全世界 GDP 增长总量中，有大约 40% 来自中国。

38.6% 的贡献率是什么概念？如何把这一抽象的数字投射到具象的现实？这个贡献率是通过计算中国实际 GDP 增速×中国经济在世界经济中的占比/全

球实际 GDP 增速得来的。假设不考虑中国经济的贡献,世界经济年均增速将放缓 0.6 个百分点,波动强度将提高 5.2%;中国 GDP 每增长 1%,会带动世界经济整体增长 0.3%。**因此毫不夸张地说,如果中国经济缺席,国际市场将是疲乏的、缺少活力的,全球经济增长将失去动能。**

透过 38.6% 这个数字,中国经济对于世界经济的贡献体现在多个方面。中国完成脱贫攻坚、全面建成小康社会,解决了世界上五分之一人口的基本生存和发展问题。中国利用劳动力、土地等资源的比较优势,为世界提供了大量物美价廉商品,极大地降低了世界供应价格,相应地降低了很多国家的通货膨胀率。中国作为消费国,在工业化过程中为出口国创造了很多获利机会,通过进口资本品、制成品、初级产品、原材料,发达国家、发展中国家等都受益不小。作为不断增长的消费市场,中国进口的生活消费品、大宗商品、高端消费品、生产设备等,从欧洲的奢侈品到日韩的生活用品,再到美国的农产品,中国正从世界工厂向世界市场转变。作为投资国,中亚、非洲等地的发展中国家资本比较稀缺,中国的投资为当地创造了工业化机会,带动了制造业发展,在美国、欧盟也创造了工作机会。

更重要的是,中国经济对世界经济的贡献,都是"真金白银"。为什么说是"真金白银"呢?近年来,中国在控制物价上涨方面一直卓有成效,没有出现明显的通货膨胀,因此,每作出一份贡献,都是实实在在的,没有水分。高通胀国家带给世界经济的贡献,是含金量不高的,是需要消化物价上涨带来的水分的。同时,高通胀带来的经济增长,还会让居民手中的货币贬值、购买力下降,导致经济增长的实际贡献率下降。特别是大宗商品价格的上涨,会严重挤压下游生产企业的利润,对企业运行、员工收入增长、居民就业等都带来不利影响。

■ 全球经济困境中的"稳定之锚"

经历三年新冠肺炎疫情的较大冲击,全球经济在悲观氛围中进入 **2023** 年。中国作为世界第二大经济体,在社会稳定和经济增长之间走出一条统筹平衡的维稳之路,较快推动国内经济重回正轨、平稳复苏、健康发展,更是为全球市场复苏、信心提振释放了大量积极信号,提供了广阔消费空间。2021 年,中国人均 GDP 达到 80 976 元,首次超过世界人均水平;2022 年,中国经济走出"V"形反转曲线,GDP 突破 120 万亿元。在新冠肺炎疫情全球肆虐之际,中国率先复产复工,成了世界经济增长的"避风港"。

快速恢复活力的中国经济无疑将成为 2023 年世界经济最为倚重的稳定器。国际货币基金组织预测,2023 年全球经济增速仅为 2.9%,低于 2022 年 3.4% 的增速，更远低于疫情前 2000 年至 2019 年平均 3.8％的增速水平。报告预测，2023 年美国经济增速为 1.4％，欧元区为 0.7％，英国为－0.6％，均显著低于各经济体在 2022 年的增长水平。2023 年以来，中国经济全面企稳回升，消费需求不断释放，投资预期重新回暖，进出口稳定运行。国际经济组织和金融机构纷纷大幅上调对中国经济增长的预期。国际货币基金组织最新预测，中国经济将在 2023 年增长 5.2％，这比该组织 2022 年 10 月的预测高了 0.8 个百分点。该组织表示，其将对 2023 年世界经济增速的预测从去年第四季度的 2.7％调高至现在的 2.9％，这一调整的最重要原因之一就是中国经济活动的开放比预期更快。

　　而中国政府自身将 2023 年中国经济增长的预期目标定为 5％左右，**这将为世界经济复苏提供哪些机遇呢？**

　　一是中国进口将创造稳定的市场需求。加快推进"十四五"重大工程建设中，对能源、资源和设备的进口需求仍将维持高位，为困境中的世界各国企业带来稳定的出货量。世界大宗商品和货运市场都已感受到中国经济回升带来的景气度。

　　二是中国出口将助力全球缓解通胀压力。高通胀是当前世界经济面临的重大挑战之一，虽然相较 2022 年的峰值水平已有所下降，但仍处于近四十年来的高水平。中国经济的回升和生产供应效率的全面恢复，无疑将对包括欧美国家在内的世界各国应对通胀提供强有力的支持。

　　三是中国稳定的引资和投资将为全球资本创造更大的收益。在"一带一路"、区域全面经济伙伴关系协定（RCEP）等国际经贸合作框架下，中国为众多国家在基础设施建设、工业生产能力、商业活动创新等方面提供资金支持，必将有利于世界经济的复苏和长期建设。

　　四是中国的国际技术合作将促进世界经济的高质量发展。特别是中国坚持与发展中国家展开深入的技术和产业合作，必将为这些发展中国家的新能源利用、绿色低碳发展、数字经济建设和人工智能开发等领域注入活力，促进其高质量发展。

> **知识链接**
>
> ### 国外各界看好中国经济发展潜力
>
> 　　在新冠肺炎疫情反复、乌克兰危机持续、通胀压力居高不下等的背景下，2023 年，世界经济面临更加严峻的下行压力。世界银行在《全球经济展

望》中,将2023年全球经济增长预期下调至1.7％,为30年来的第三低水平。其中,美国经济的增长预期被调降至0.5％,欧元区的经济增长预期则被调降至零。但与此同时,世界却普遍看好中国经济。进入2023年以来,海外研究机构、媒体等纷纷表示中国一系列经济数据是"充满希望的信号",中国经济稳健复苏,为世界经济注入强劲动力。不少国际投资机构认为,随着中国优化调整疫情防控措施,消费潜力将得到极大释放。2023年的中国经济将步入强劲复苏的快车道,世界经济也将因此得到有力提振。

经济与合作发展组织5月发布最新一期经济展望报告,将2023年中国经济增长预期从4.6％上调至5.3％。并指出,中国家庭和投资支出的加速将有助于在西方需求低迷之际托底全球贸易。

世界银行东亚和太平洋地区首席经济学家阿迪蒂亚·马图认为,近期非制造业商务活动指数等在内的数据表明,随着家庭和商家逐渐适应疫情后的生活,中国经济持续复苏。

摩根士丹利首席亚洲经济学家切坦·阿希亚日前表示,中国政策制定者承诺通过财政政策、货币政策和疫情防控政策创造协同效应,以促进经济增长复苏,对房地产等领域的监管政策也变得更有利于锚定市场预期,同时中央经济工作会议确认了对国有企业和私营企业的相应支持,这些宏观有利条件有助于支持更强的政策传导,提振私营企业信心,使强劲的经济增长复苏在2023年站稳脚跟。

德国墨卡托中国研究中心认为,少数媒体炒作的外国企业"与中国脱钩"并未发生,"我们在大多数行业中看到的情况通常恰恰相反"。

韩国银行(央行)调查局中国经济组2023年发布报告指出,民间消费和基建、制造业投资将带动中国经济实现复苏,中国经济走势基本符合预期,中国内需在服务消费和基建投资的带动下呈现恢复势头。

美国CNBC网站称,在全球不确定性风险加大的背景下,亚洲尤其是中国充满确定性。

德国《焦点》周刊说,中国现在经济增速放缓,除了贸易摩擦等因素外,经济转型也是一个主要原因,中国正从世界工作台转向世界高科技产品的中心,国企改革正在不断推进,中国经济正走在正确的道路上。

《华尔街日报》刊文称,美欧消费者正疲于应对不断上升的利率、高通胀以及银行业动荡导致的贷款紧缩,2023年全球经济的增长将依赖中国消费者推动。

　　巴西《圣保罗州报》称，作为巴西的主要贸易伙伴，中国经济活力进一步恢复正提振各方对巴西经济、金融市场的预期，对亚洲开展业务和出口产品的公司将从中国经济增长中获益良多。

（资料来源：笔者整理。）

■ 后疫情时代经济复苏"异军突起"

　　2023 年是全面贯彻党的二十大精神开局之年，开局第一季度数据显示，中国经济在压力中逐渐走出波谷，市场在未来预期向好的加持下加速转暖，增长动能不断释放，高质量发展在多重动力驱动下的步伐稳健有力。在一系列稳增长政策推动下，一季度主要经济指标企稳回升，经济"向上"之形基本确立。一是消费市场"回暖"：一季度 GDP 增长率中来自最终消费支出的比重高达 67%，社会消费品零售总额较上年一季度提高 5.8%，而 3 月份消费零售额同比增长率更是高达 10.6%，自上年四季度以来首次突破两位数。**二是投资市场"企稳"：**一季度投资在经济回升中发挥了稳固支撑作用，全社会固定资产投资比上年同一季度提高 5.1%。**三是出口市场"显韧"：**伴随一季度国际大宗商品市场价格高开回落，外贸出口相较 2022 年 12 月涨幅达到 7.5%，同比回升 8.4 个百分点。消费、投资、出口"三驾马车"护航下，主要宏观经济指标大多呈现良好的态势。

　　从整体经济形势来看，形势向好可从表 1-1 中一窥端倪：

表 1-1　2023 年一季度数据彰显中国经济活力

经济平稳增长	一季度 GDP 相较 2022 年四季度增长了 2.2%，相较上年一季度同比增长了 4.5%
物价温和有升	城乡居民消费者物价指数相对上年一季度仅提高 1.3%
就业稳中向好	全国城镇新增就业人数将近 300 万人，城镇调查失业率环比下降 0.1%，为 5.5%，疫情常态化后春季大学校园招聘季频频发力，多个地区举办大型招聘会
国际收支基本平衡	3 月末我国外汇储备规模为 31 839 亿美元，国际收支保持基本平衡，其中经常账户顺差 5 605 亿元为合理规模，对于稳定汇率、促进国内生产和消费均有积极作用

金融活水"流"起来	金融机构人民币各项贷款增加值突破历史高位,贷款余额同比提高将近12%。固定资产贷款余额和经营性贷款余额分别比上年同期提升13.2%和16%,对实体经济贷款增加4.5%,占全社会融资总量的比重达到73.6%
交通物流"跑"起来	国内航线运力恢复近九成,一季度旅客运输量已经恢复到2019年同期88.6%的水平。快递物流加快恢复,全国快递业务量仅用96天便突破300亿件大关,比2019年达到相同目标还提早了99天
消费市场"热"起来	1月全国服务业商务活动指数为54%,自上年8月以来首次返回50%以上,3月进一步提高到56.9%,为近三年的最高点。旅游、餐饮、娱乐等生活类消费市场再现"吃饭要等位、打卡要排队"的热闹场景。"世界商贸晴雨表"义乌又重现海内四方"络绎不绝"的兴旺景象,3月份义乌指数比上年11月提高4.8个百分点,同比增速升至8.2%,顾客流量、成交额、商品及资金周转量、外商入驻数量、新设市场主体数量等各项细分指标得分全面转暖,义乌国际商贸城日均客流量已经强势恢复到疫情暴发前的平均水平

经济快速恢复活力和热度背后,是党和政府在政策制定与落实上的精准发力、凝聚合力、创新求变。面对疫情常态化防控后重启、重振经济的艰巨任务,国家打出一套政策组合拳:

一是总量政策呈现财政政策积极,货币政策稳健。2023年拟一般公共预算赤字率为3%,较上年2.8%小幅上调;地方政府专项债券3.8万亿元,高于上年的预算安排3.65万亿元。广义货币供应量和社会融资规模增速同名义经济增速基本匹配,支持实体经济发展。

二是消费政策聚焦如何刺激提振内需。党的二十大报告提出"着力扩大内需,增强消费对经济发展的基础性作用和投资对优化供给结构的关键作用"。2023年中央经济工作会议也提出"着力扩大国内需求,要把恢复和扩大消费摆在优先位置"。2022年12月14日中共中央、国务院印发了《扩大内需战略规划纲要(2022—2035年)》,随后国家发展改革委印发了《"十四五"扩大内需战略实施方案》,两份文件围绕全面促进消费、加快消费提质升级等提出了具体举措。响应中央部署,地方陆续推出各种促消费活动,为人们端上丰富多彩的"消费大餐"。12月以来,已有超过40个城市宣布发放消费券,覆盖汽车、餐饮、运动等多个领域。贵州省商务厅面向全国消费者发放200万元贵州消费券,郑州各级财政促消费直接投入资金达到2.5亿元,湖北在全省投放体育消费券。当然,扩大居民收入增加的来源才是持续提升消费能力的根源,老百姓"钱袋子"更鼓,消费底气才更足。为此中央经济工作会议提出,多渠道增加城乡居民收入,支持住房改善、新能源汽车、养老服务等消费。

三是产业政策锚定工业经济增长基本盘的稳固。在重点行业上,保障支柱产业产值稳定增长、拉动地区及国家经济回稳向好,通过分类研究、分业施策、突出重点,制定工作措施,指导维护机械、汽车、石化、电子等规模体量较大、占比较高的基础性、"顶梁柱"工业行业提质增效、稳定恢复;增强对战略性新兴产业的扶持力度,在新能源、高端装备、新一代信息技术、新材料、生物产业等增长快、潜力大的新兴领域加快培育更多新的增长点,为实体经济、工业经济发展"添薪蓄力"。支持工业大省、制造业大省"勇挑大梁""勇担重任"、多作突出贡献,支持各地区基于自身优势条件和发展规划,制定适应产业竞争力和创新能力提升的机制,落实产业政策,实现增长目标。

第三节　"完整工业体系"全球一枝独秀　40.2万亿元

关键数据:
- 2009年以来制造业增加值规模保持全球第一位达13年之久。
- 十年来,我国工业增加值翻一番,2022年达到40.2万亿元。
- 十年来,我国工业增加值年均增长率为6.3%,远高于同期全球工业增加值2%左右的平均增速。
- 我国是全世界唯一由联合国认可的工业体系门类最为齐备的国家,拥有41个工业大类、207个工业中类、666个工业小类的工业产品。

制造业是一个国家的立国之本,不管一个国家发展到什么程度,制造业始终是最牢固的根基。所以欧美最近几年都开始重视制造业的发展,积极引导制造业回流。但要说制造业哪家强,从最近10年的实际表现来看,还得看中国。**中国制造业占全球的比重是最高的,接近1/3,且过去几十年比重一直在不断上升。**与中国相反的是,几年之前,一些传统制造业强国包括美国、日本、德国等占全球的比重却一直呈下降趋势。

■ 工业规模及完备性全世界遥遥领先

2022 年,我国工业增加值创历史纪录地达到 **40.2 万亿元**,制造业体量自 **2009 年跃居全球第一位以来已连续保持 13 年**,有 **40% 以上工业产品的产量位居世界第一**。包括粗钢、煤、发电量、水泥、化肥、汽车、微型计算机以及智能手机、工业机器人、新能源汽车等新型产品。2012 年至 2022 年间工业增加值翻一番,从 20.9 万亿元提高到 40.2 万亿元,6.3% 的年均增长率远高于同期全球工业增加值 2% 左右的年均增速。产品国际竞争力持续提升,工业产品出口覆盖世界几乎所有国家和地区,工业对国民经济"压舱石"作用凸显。

中国工业产能实力到底有多强? 通过对比中美日德 4 个国家的工业增加值之后,可以明显地看出目前中国工业增加值在全球可以说是独一档的存在。

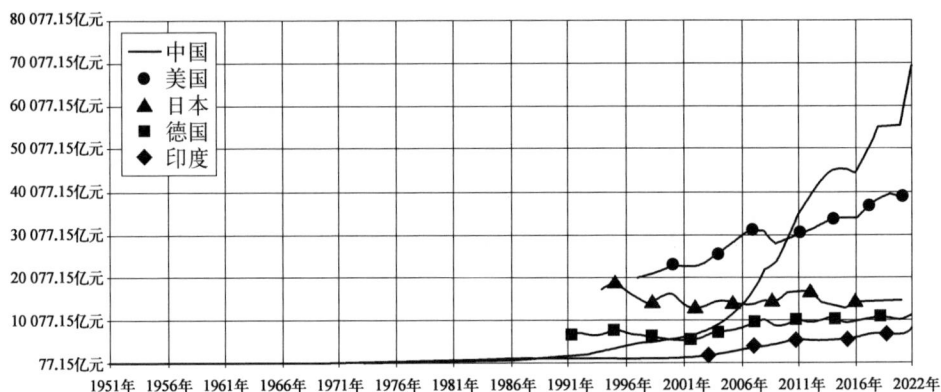

图 1-4　重点国家工业增加值走势图(单位:美元)

资料来源:根据世界银行数据库整理。

不仅如此,我国也是全世界唯一一个联合国标准下工业体系门类最为完备的国家。按照联合国产业分类国际标准,涉及 **41 个工业大类、207 个工业中类、666 个工业小类**的工业产品,我国均具备独立生产制造的能力。特别值得强调的是,我国在 600 多个工业小类中有 220 多种工业品产量都居全球首位。凭借产业体系完备的优势,我国产业链供应链韧性和竞争力不断提升。极端地看,假使与外部联系全部切断,中国工业体系仍然能够自我维持、自我复制、自我升级,可以独立维持、发展,甚至革新产业科技水平。工业体系发展到现代阶段,涵盖层面之广、门类之多、分工之精细,推动"体系完备"门槛高之又高。我国正是依靠海量的工业设备、基础及高等教育的普及、熟练的产业工人、上百万优秀的工程师、难以估量的投资以及坚定不移的独立自主精神得以实现,更是依靠正确地把握工业发展规律，发挥超大规模人口和市场优势，走出一条中国特色工业现代化之路。

知识链接

为什么完整的工业体系对一个国家如此重要

中国是全球唯一一个拥有联合国产业分类中全部工业门类的国家，包括 41 个工业大类、207 个中类和 666 个小类，从轻工业到重工业，能够生产小到衣服鞋袜，大到航天卫星，从原料矿产到工业母机的一切工业产品，构成了一个绝无仅有，行业齐全的工业体系。完整的工业体系，是中国竞争力的重要动力和源泉，在对外贸易中，完善的工业体系使中国在竞争中脱颖而出，不仅能够生产完备的工业产品，还能降低配套资源的生产成本。

根据联合国工业发展组织国际标准产业分类（ISIC），41 个工业大类包括：煤炭开采和洗选业、石油和天然气开采业、黑色金属矿采选业、有色金属矿采选业、非金属矿采选业、开采专业及辅助性活动、其他采矿业、农副食品加工业、食品制造业、饮料制造业、烟草制品业、纺织业、纺织服装和鞋帽制造业、皮革毛皮羽毛（绒）及其制品业、木材加工及木竹藤棕草制品业、家具制造业、造纸及纸制品业、印刷业和记录媒介的复制及文教体育用品制造业、石油加工炼焦及核燃料加工业、化学原料及化学制品制造业、医药制造业、化学纤维制造业、橡胶制品业、塑料制品业、非金属矿物制品业、黑色金属冶炼及压延加工业、有色金属冶炼及压延加工业、金属制品业、通用设备制造业、专用设备制造业、交通运输设备制造业、电气机械及器材制造业、通信设备计算机及其他电子设备制造业、仪器仪表及文化办公用机械制造业、工艺品及其他制造业、废弃资源和废旧材料回收加工业、金属制品、机械和设备修理业、电力热力的生产和供应业、燃气生产和供应业、水的生产和供应业。

（资料来源：笔者整理。）

■ 工业技术"含金量"实现质的提升

工业增加值规模位居全球第一的同时，我国工业产品的含金量是否真如部分人所"唱衰"的与欧美发达国家有较大的差距、有严重的依赖性呢？事实上，十年间，我国不断部署并走实以结构战略性调整为主要目标的产业发展之路，中国制造迈向全球价值链中高端的步伐不断加快。2022年,高技术制造业增加值占规模以上工业增加值比重达到15.5%,其中装备制造业占比为31.8%,战略性新兴产业增加值占GDP比重超过13%,比2012年增加10%。新能源汽车、光伏、智能手机、整装笔记本电脑等高技术工业产品产量连续多年保持全球第一。2022年,国家级先进制造业集群数量达到45个,"专精特新"中小企业数量达到7万多家,世界500强企业榜单中中国制造业企业入围65家,全球独角兽企业榜单中中国企业入围312家,位列全球第二。

其中,令人瞩目的是,我国战略性新兴产业发展规模、速度、质量均迈上新台阶。

一是重点领域重要产业发展成果瞩目:新一代信息技术支柱作用进一步强化,生物产业新动能作用日益增强,新能源汽车产业国际竞争力提升,高端装备制造、新能源、新材料、绿色产业等均保持平稳较快增长,涌现出5G、新能源汽车、显示器件、光伏组件、特高压输变电等一批推动经济高质量发展的支柱性产业,激光晶体、超级计算机、量子计算机、高铁、空间站等重点领域构筑起国际领先新优势,汇聚起集群发展新动力。

二是产业创新驱动特征明显,部分关键技术取得新突破,如高流量低压力空气喷涂(HVLP)铜箔产业等高端原材料实现进口替代,14 nm存储芯片、叠屏显示项目、单晶叶片、生物医药分析检测和分离纯化装置等产品打破国外垄断。

三是产业集群发展效应明显,引领全球技术前沿的未来产业布局加速,共形成66个各具特色、发展优势互补、有效协同的国家级战略性新兴产业集群,涉及22个省、自治区、直辖市的66个集群。

四是头部企业引领带动作用进一步凸显,营收规模达到百亿元以上的企业数量从2012年的47家增加到2021年的216家,占战略性新兴产业上市企业总数的比重由4.8%提升到10.4%。

知识链接

将战略性新兴产业打造成新引擎

进入新发展阶段,必须重视战略性新兴产业发展,二十大报告中对此提出了明确要求和重要指引:"推动战略性新兴产业融合集群发展,构建新一代信息技术、人工智能、生物技术、新能源、新材料、高端装备、绿色环保等一批新的增长引擎。"战略性新兴产业代表新一轮科技革命和产业变革方向,是推动经济发展质量变革、效率变革、动力变革的关键力量。当前，我国面临国内外双重压力，国内经济正处于寻求更优发展结构、更好发展方式、更强发展动力的关键时期，经济发展面临需求收缩、供给冲击、预期转弱三重压力，同时国外局势日渐严峻，单边主义和保护主义盛行，经济发展面临巨大的挑战和机遇。因此必须加快战略性新兴产业发展，构建现代产业发展体系，推动新一代信息技术、生物技术等在传统产业的应用，让战略性新兴产业成为经济增长的新动力，促进数字经济、生物经济、低碳经济发展，推动全面深化改革，提高全要素生产率，促进经济高质量发展，为现代化建设夯实物质和技术基础。

党中央深刻把握全球科技和产业发展趋势，作出了加快培育发展战略性新兴产业的重要部署。从党的十八大以来，党中央对于战略性新兴产业发展给予了高度重视，根据发展情况不断调整发展战略。"十二五"时期，面对国内外形势变化和诸多全球性挑战，党中央、国务院提出加快培育发展战略性新兴产业，促进经济健康平稳发展，增强我国国际竞争力。"十三五"时期，面对加快新旧动能转换的战略要求，党中央和国务院不断下发文件和政策，把主要任务集中在新一代信息技术、高端制造、生物药业、绿色低碳、数字创意等若干领域加快形成支柱产业、推进战略性新兴产业发展上，从国务院印发《"十三五"国家战略性新兴产业发展规划》，到国家发展改革委发布《战略性新兴产业重点产品和服务指导目录》《关于加快推进战略性新兴产业产业集群建设有关工作的通知》，再到工业和信息化部等 4 部门联合印发《关于扩大战略性新兴产业投资培育壮大新增长点增长极的指导意见》，一系列政策为战略性新兴产业的培育和发展保驾护航。《"十四五"规划和2035 年远景目标纲要》中明确提出，要加强技术创新，鼓励企业兼并重组，整合行业资源，有效防止资源浪费。同时发挥产业投资基金引导作用，对于初创和中小微企业加大融资担保和风险补偿力度，"鼓励通过兼并重组手段推动产业快速发展，消除跨地区兼并重组障碍，加强国企之间的同类业务整合，打造一批链主企业，根据产业发展特性与规律精准制定产业准入政策"。以习近平同志为核心的党中央高度重视，着力加强创新创业创造，推动战略性新兴产业从培育壮大到引领发展的跃升，战略性新兴产业发展的阶段要求和主要着力点发生深刻变化。

上述文件的出台为产业发展明确目标、部署任务，在相关政策牵引下，战略性新兴产业实现了从培育到发展到引领的巨大飞跃,发展阶段和着力点不断发生新的变化。数字化引领行业深度转型;集成电路、AI智能、物联网、航空航天、智能制造装备等重大工程顺利实施;国家民用空间基础设施及基因检测技术应用示范中心等积极建设;"互联网+"行动有序开展……新兴产业的发展逐步渗透到生活的方方面面。我国具有中国特色社会主义市场经济的制度优势,为产业创新发展提供了有力支持。广阔的市场空间、巨大的市场规模、丰富的应用领域、可靠的政策保护、完整的供应链体系等都为我国战略性新兴产业发展提供了强大而有力的支撑。

战略性新兴产业意味着新技术、新产品、新业态、新模式,其发展是一个逐渐成长壮大的过程。我国推动战略性新兴产业发展,主要围绕营造良好的产业生态,提供完善体制机制和配套政策体系:一是完善包容审慎监管机制。不断深化改革政府的管理体制,促进政企合作,优化管理结构,及时修订和完善有利于战略性新兴产业高质量发展的相关制度,适应战略性新兴产业创新多、变化快的特点。二是促进要素资源优化配置。重视战略性新兴产业,为产业发展提供有效资源支撑,包括技术、人才、资金等。三是推动产业融合化集群化发展。深入实施国家战略性新兴产业集群发展工程,优化新兴产业重大生产力布局,在行业内形成产业集群,打造一批具有全球影响力的战略性新兴产业集群,构建优势互补、分工明确、相互衔接的产业发展格局。

(资料来源:笔者整理。)

在高端制造与新能源赛道,新能源汽车亮出"中国制造"金名片。20世纪以来,汽车工业一直都是代表一国产业国际竞争力的"招牌"。2022年中国汽车出口量突破300万辆,超越德国跃居全球第二,仅次于日本,实现历史性突破。在备受瞩目的新能源汽车领域,中国品牌在海外市场也交出了不俗的成绩单。**中国新能源汽车为何能在短短几年"弯道超车""异军突起"**?离不开各方面的"天时""地利""人和":

政策和经济上,中国新能源汽车企业在政府的大力支持下,通过"一带一路"倡议积极拓展国际市场。在欧洲,政府鼓励新能源汽车的发展,提供丰厚的政策和补贴支持。这使得欧洲成为全球新能源汽车交易的主场,吸引了众多中国新能源汽车企业出海,崛起一片"新能源汽车经济圈"。

社会和环境上,欧洲因能源危机导致燃油价格上涨,使得欧洲汽车行业面临产能危机。与此同时,全球气候变暖,人们绿色环保意识越来越强,新能源汽车成为大部分海外消费者的首选。欧盟通过的 2035 年禁燃令将有助于新能源汽车的普及,新能源汽车有望取代传统燃油汽车的地位。因此,中国新能源汽车企业出海欧洲,不仅能够帮助当地应对能源危机,还能够推动全球绿色出行的发展。

产业链、供应链优势上,目前国外只有数家企业对新能源换电商用车赛道进行布局,但从电池供应链、整车改造供应链到末端换电站环节,它们布局都不完备,都尚未跑通商业模式,还停留在技术打通阶段。而以目前国内新能源模式的发展情况来看,恰好补充了这一点。我国新能源产业不仅在供应链和产业链方面建立了完善的链条,在产能和市场成熟度来讲,也是大幅领先。

技术优势上,经过多年的市场沉淀,我国新能源汽车产品在设计和制造方面均有较大提升。自主研发的产品在外观、空间、动力、配置等方面具有较好的竞争力,且近年来加大电动化和智能网联步伐,获得大量海外消费者认可。储能电池作为新能源汽车的核心部件十分关键。而中国的宁德时代是储能电池的龙头企业,已在德国、美国、日本、英国、法国等地布局生产基地,预计到 2025 年将实现电池总产能超过 300 亿瓦时(GWh)。

案　例

比亚迪的海外版图扩张之路

作为中国新能源汽车界的"扛把子",目前,比亚迪的海外足迹已遍布全球70 多个国家和地区,且大部分都是发达国家市场。2022 年 3 月比亚迪携ATTO3 登陆澳大利亚市场,成为比亚迪首款战略出海的全球乘用车型。同月,比亚迪和壳牌集团成功签署全球战略合作协议以及股权合作协议,宣布向欧洲境内开放约 30 万个壳牌充电桩使用权。7 月比亚迪宣布正式进入日本乘用车市场,将从 2023 年 1 月开始投放 SEAL、DOLPHIN 和 ATTO3 三款车型。9 月底比亚迪面向欧洲市场,推出汉、唐和 ATTO3 三款车型。10 月与德国汽车租赁公司 Sixt 签署合作协议,在未来六年内提供至少 10 万辆电动汽车,投放到德国高端汽车租赁市场。实际上,进入欧洲、日本这些汽车工业发达的地区,不仅要面临更严苛的市场准入标准,同时也要和老牌豪强展开正面竞争,比亚迪有十足的底气,还是因为自研核心技术所打造出的产品实力和定价优势:全权自研解决了核心零部件卡脖子的隐患;刀片电池破解了困扰用户已久的电池安全难题;CTB电池车身一体化技术简化了生产工艺;DM-i超级混动技术则为车辆带来了革命性的能耗表现。如今,汽车出海已经成为中国工业在全球市场参与竞争合作的闪亮名片。可以说,是新能源汽车让中国汽车产业在全球竞争中真正站了起来。

第四节　扩内需、优结构,护驾经济
"稳中求进"　　65.4%

关键数据:
- 消费对GDP增长贡献率攀升到历史最高水平65.4%。
- 消费逐渐成为拉动经济的第一驱动力,在"三驾马车"中贡献度最高,达到54.7%。
- 我国成为全球第二大商品消费市场,十年来社会消费品零售总额年均增长率达8.8%。
- 我国居民恩格尔系数大幅下降到30.5%,已经进入联合国划分的居民生活富足水平区间(20%—30%)。

党的十八大以后,提振消费已成为"稳经济"的重要抓手。政策层强调经济的高质量发展,并提出将"供给侧结构性改革"作为主线,降低短期"强刺激"的预期,更多地提出"适度扩大总需求"。中共中央政治局会议在强调深化供给侧结构性改革的同时,重提扩大内需,表明在外需持续回落、国际局势不明朗的背景下,内需的重要性逐步提升,"扩内需"无论是对于短期经济刺激还是长期的国际环境来说都有显著的战略意义。

■ 消费拉动经济增长的"主引擎"作用凸显
党的十八大以来,我国坚定地在扩大内需、提升内需对经济支撑作用的结构转型之路上探索前进。尤其是2018年以来,党对于我国国内超大规模市场优势的认识愈加清晰和深入,在此基础上加快培育完整内需体系,打通消费与上游生产、设计、分配、流通,与下游投资、扩大再生产的全链条,推动居民消费积极性的有序释放、潜力的不断挖掘、消费需求结构由量转质的持续优化。

2012—2022年间，消费在国民经济增长中基础性地位得到强化，尤其是2021年最终消费支出对GDP增长贡献率攀升到历史最高水平65.4%（尽管受疫情影响该数据于2022年回落到32.8%）。在拉动经济的"三驾马车"中，消费的作用显著提升，最终消费支出、资本形成总额、货物和服务净出口三部分构成的比例关系由2012年的51.1∶46.2∶2.7调整为2022年的54.7∶42.7∶2.6。消费业已成为带动经济增长的首要驱动力。

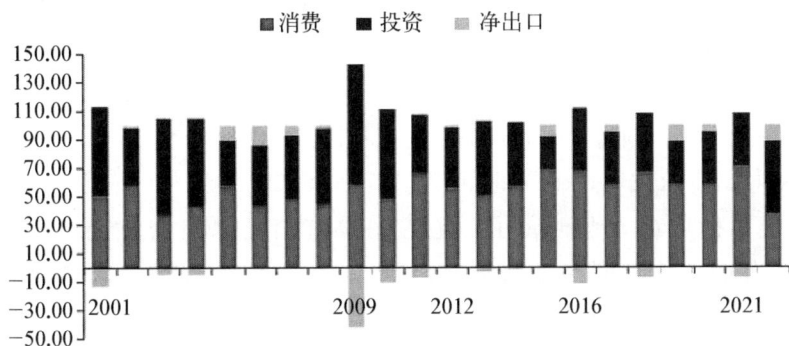

图1–5 21世纪以来我国消费、投资、出口"三驾马车"对GDP贡献率

资料来源：根据相关统计资料绘制。

近十年来，重视消费特别是居民消费对经济增长的基础性作用，一直是党和政府十分关注的问题。2012年到2017年历届中央经济工作会议连续强调发挥消费基础作用的工作思路。2018年、2019年中央经济工作会议首次提出促进形成强大国内市场，改善消费环境，增强消费能力，让老百姓吃得放心、穿得称心、用得舒心。2020年面对新冠肺炎疫情冲击，2020年、2021年中央经济工作会议提出扩大消费最根本的是促进就业，完善社保，优化收入分配结构，扩大中等收入群体，扎实推进共同富裕。党的二十大报告对历年消费工作思路加以总结并强化，更加强调增强消费对经济发展的基础性作用。

当前我国面临的需求收缩、供给冲击、预期转弱三重压力仍然较大，因此要更好统筹供给侧结构性改革和扩大内需，通过高质量供给创造有效需求，支持以多种方式和渠道扩大内需。党和政府提出"要把恢复和扩大消费摆在优先位置。增强消费能力，改善消费条件，创新消费场景"，"要充分挖掘国内市场潜力，提升内需对经济增长的拉动作用"，"着力消除制约居民消费的不利因素"。可以说，党和政府对于如何更好发挥消费在经济发展中的作用的重视达到史无前例的程度，将恢复和扩大消费摆在优先位置，以充分发挥消费对扩大内需的牵引作用，进而提升内需对经济增长的拉动作用。

■ "新消费""新热点"加速内需潜力释放

中国居民的消费能力有多强,潜力有多大? 从两个数据可窥见一斑。**一是当前我国已经成为全球第二大商品消费市场。**2022 年我国社会消费品零售总额达到 44 万亿元,在疫情冲击下依然与 2021 年(44.1 万亿元)基本持平。十年间年均增长率达到 8.8%。**二是全国居民恩格尔系数持续大幅下降。**恩格尔系数常用来衡量一个国家和地区人民生活水平的状况——一个国家生活越贫困,恩格尔系数就越大;生活越富裕,恩格尔系数就越小。2022 年我国恩格尔系数为 30.5%,已经进入联合国划分的居民生活富足水平区间(20%—30%)。作为发展中国家,十八大以来中国的经济发展成就辉煌,百姓从中直接受益便体现为消费能力提升了,质量改善了。此外,在最终消费中,服务性消费比重上升3.6 个百分点,实物性消费比重相应下降 3.6 个百分点,消费结构朝服务性消费方向转型。

十年来,**中国人"买什么"悄然变化,"怎么买"不断升级**。从"购全国好货"到"扫全球尖货",从买商品到买服务,从现金、刷卡到移动支付、刷脸购物、无人销售……小小"购物车"如同一面镜子,折射出百姓对美好生活的向往,记录了中国消费升级、经济结构优化的坚实步伐。**在数字技术的赋能加持下,消费新业态新模式蓬勃发展,融合式发展打破固有边界,线上线下融合、跨界融合、跨界联名、IP矩阵、产业链上下游融合,新消费的内涵、对象日益丰富多元化**。具体表现在:

一是订制化、个性化消费走入寻常百姓家。柔性化生产使得"私人订制"不再"高不可攀",普通消费者也可以享受个性化、专属化的商品和服务,流水线生产不再是"千篇一律"的代名词,标准化、流程化的生产作业模式也能产出花样百出、精雕细琢的个性化商品。

二是服务性消费引领大众消费跨入品质化的全新时代。如何"推陈出新"提供各式各样的"精致服务""花式服务""尝新服务"成为商家"出圈"的法宝。

三是电商平台和在线新经济换道超车、迅猛发展。十几年前,任何人都没预料到,信用卡普及率尚低的中国直接跳过电子商务 1.0,成为电商经济的超级大国。电商、物流、供应链的进一步完善打通乡村消费"最后一公里",全国统一大市场构建进一步畅通工业制成(消费)品下乡、资本及销售渠道下沉、农产品进城的通道。三年新冠肺炎疫情尽管对一系列线下消费、实体商铺造成较大冲击,但同时也倒逼新型消费持续涌现、迅速成长,包括互联网教育、医疗、办公、零售、娱乐等在内的在线新经济在短短两三年内已成蓬勃之势。

四是疫情之下点燃催生若干新型消费热点、爆点。社交媒体电商、"懒人"经济、"宅"经济、"她/它"经济、预制餐饮、夜经济、快闪经济、新国潮等各类新型消费模式爆发，数字消费、绿色消费、健康消费、文化消费等新热点持续活跃，14亿多人口本身蕴含的巨大消费潜力不断被激发，消费需求上升的总体趋势没有改变。

进入"十四五"时期，国家先后印发《"十四五"扩大内需战略实施方案》《扩大内需战略规划纲要（2022—2035年）》，将扩大内需战略和深化供给侧结构性改革融合，进行统筹部署。同时围绕提高居民收入、强化收入分配公平、做好就业固盘工作、打造国内消费市场增长极、优化消费环境等，出台实施了一系列措施，为消费市场稳步恢复、消费景气度持续提升提供了战略性指引。

知识链接

"新型消费"蓬勃发展多点开花

随着社会发展和科技进步，依托于大数据、计算机、互联网的领域的深度发展，新型消费不断升级变革、蓬勃发展，新的消费形式、消费渠道，在满足人民消费需要的同时，更加方便快捷，进一步释放居民的消费潜力，带动经济流动，促进内需，成了消费增长的新空间和经济增长的新动力。新型消费指的是利用各类信息技术实现供需、产销高效匹配，从而适应居民消费的升级趋势和方向，在此基础上会形成一系列新业态、新模式、新场景和新服务，具有明显的数字化、网络化和智能化特点。

2020年国务院办公厅印发《关于以新业态新模式引领新型消费加快发展的意见》中指出，顺应新业态新模式创新和居民消费升级趋势，各地在积极培育发展新型消费的过程中取得显著成效。

北京致力于打造智慧新生活，培育消费新模式。在零售方面，提出了"互联网＋物流"的方式，加强线上线下联系，释放居民消费潜能，同时进一步完善网络销售、跨境电商等政策体系，保证企业和消费者的合法权益，取得了巨大成就，2021年全市限额以上网上零售额同比增长19%，占社会消费品零售总额36.2%。另一方面，政府在改进居民生活设施方面同样取得了巨大进步，智能化、便利化成了新的目标，每百万人拥有连锁便利店（社区超市）数量由2020年的282个增加到310个，书店、便利店等便民场所相继入驻地铁站，方便居民通勤时的需求。依托数字化产业，生活性服务业更加特色化、连锁化、规范化。

上海在消费场景、消费渠道等多个方面做出了改进,不仅提出数字商圈的概念,建设直播电商基地,还推进网络消费新品牌的创立,为了促进消费,政府积极筹办各类购物节、直播月等消费活动,提升消费品牌影响力。2021年,上海全球新品首发季发布近3 000款新品,全年开设各类品牌首店1 078家,其中全球首店和亚洲首店14家,集中推出121个引领性本土品牌,上海140余家老字号集中亮相中华老字号数字博物馆,90个上海网络新消费品牌入围天猫TOP500新品牌。

广东重视信息技术基础建设和载体建设,重视互联网、5G、基站的发展,2021年,广东省新建5G基站4.67万座,累计建成17万座,约占全国八分之一。政府不仅重视线上消费,还促进线上线下的有机结合,营造良好的消费环境,打造新型消费模式。2021年广东省社会消费品零售总额4.42万亿元,位居全国第一。网上零售消费保持两位数增长,限额以上单位通过公共网络实现商品零售额增长22.5%。

2021年,天津举办海河国际消费季,推出"游天津"系列活动,依靠便利的交通设施,进一步发展港口贸易,把文化、商业、旅游相结合,打造具有天津特色的消费地标。其特色是线上线下结合,推广全国老字号品牌,发布一批新品、开办一批首店、举办一批首展,买全国、卖全国,体现"有节、有游、有展、有乐、有趣、有料"。

重庆重视消费者的消费体验,不仅加快推动线上线下消费双渠道融合,还在消费流程等方面进行提升改革,打造具有重庆特色的消费服务场景。2021年试点建设智慧商圈10个、智慧菜场30个。从居民生活设施开始,培育壮大"互联网+社会服务"新消费业态,不断新建网上商场(店)、网上超市、网上餐厅等,开发云家政、云旅游等服务业态。推进电子商务进农村综合示范创建,2021年全市农村网络零售额增长30.6%。

2022年,多地进一步发力,通过多种形式发展壮大新型消费。

天津提出,通过办好海河国际消费季,进一步推动新消费经济的发展,营造新消费环境,打造消费新模式,构建时尚潮流生态链;促进数字化转型,提升数字消费,发展一批沉浸式、体验式、参与式数字消费新业态。

河北进一步发展线上消费新模式,线上线下同步进行,全省网络零售额增长10%以上。河北政府提出要打通传统企业的新消费渠道,培育新型消费,鼓励企业为消费者提供定制、绿色、体验的消费新模式，打造一批电子商务示范基地和企业。

重庆表示，要重视商旅文体并行发展，结合重庆特色巴蜀文化，打造富有重庆特色的美食和旅游资源，充分利用线上平台、线下资源，不断融合发展，推动消费产业联动融合。

湖南同样重视文旅产业建设，结合本地特色，打造旅游消费新模式，推出具有地方特色的旅游景区和旅游路线，扩宽旅游消费场景。不仅推动消费模式发展，提出共享消费、定制消费、体验消费和"智能＋"服务消费等多种模式；还将文化、旅游、消费有机结合，促进"文旅＋"产业融合发展，从而吸引知名电商品牌入驻湖南，带动社区电商、乡村电商的发展。

陕西提出，要大力发展消费新业态、新模式，将消费形式向多样化、高质量转变，培育定制消费、智能消费、互动消费、沉浸式消费等多种新型消费。

黑龙江重视数字消费发展，在数字化的基础上进一步开展电子商务、直播电商等产业。结合社会实际情况，创新智慧商店、无接触配送等新消费形式。同时关注服务消费行业，例如养老托幼、休闲康养、文化体育等行业，推动健康消费、绿色消费等新型消费的发展，促进消费稳定增长。

吉林提出，首先要抓好 11 个国家级和省级电商示范基地，推动 32 个国家电商进农村综合示范县建设，通过新媒体直播等方式，培育一批具有本土特色的直播品牌和供应链；其次要打造自营电商品牌，根据吉林特色，开发更多吉林"触网"产品；最后要重视长春、珲春、吉林 3 个跨境电商综合试验区的建设，支持发展共建共享海外仓。

贵州提出，要开发新的消费热点，培育消费新业态，规范消费秩序。

福建提出，鼓励发展宅经济、夜经济等多种经济模式，充分利用直播电商等平台，催生新型消费热潮。

河南提出，壮大新型消费，培育时尚消费，发展直播电商、社交电商、首店经济、夜经济。

（资料来源：笔者整理。）

■ 投资对经济持续健康发展的作用愈加巩固

强调消费是否意味着不再重视投资呢？并非如此。当前我国公共投资与民间投资良好互动的局面正在逐渐形成。2012 年到 2022 年间社会固定资产投资额实现 7.8％的年均高增长率,累计余额约 494.81 万亿元。从投资结构来看,第三产业投资增速快于投资整体增速,2022 年服务业投资占比为 66.6％,比 2012 年提高约 5 个百分点。高新技术产业、新兴产业投资呈现年均 15％的高增长率,成为各地构建现代化产业体系中的闪亮新动能。

一方面,社会领域投资规模与水平持续并将在未来继续提升。"两新一重"——新型基础设施、新型城镇化、重大工程建设——肩负撬动社会投资与造福民生的双重使命,5G、数据中心、算力中心、工业互联网等新型基础设施建设为数字产业化增添后劲,高速铁路、能源、水利工程等领域建设对经济托底作用不断加强,众多世界级的"超级工程"陆续建成或进展顺利,北京大兴机场、港珠澳大桥、京雄城际铁路、北盘江大桥、浩吉铁路、京新高速公路、"复兴号"高铁、阳江核电站等重大交通、能源类基建项目顺利完工,川藏铁路、白鹤滩水电站、琼州海峡隧道、中欧高铁,乃至天宫空间站等重大在建项目将进一步刷新国际社会对我国公共投资实力及效率的认知。

另一方面,民间投资增长保持平稳,已经成为促增长、稳就业、添活力、调结构的重要力量。2012 年以来,全国民间投资占整体投资比重始终保持在 55％以上,成为拉动投资增长的主力军。十八大以来包括银行类金融机构改革、资本(证券)市场改革在内投融资体制改革在扩大有效投资、推动民间投资方面取得了积极成效。党和国家精准出台、深化细化各类政策措施,不遗余力地塑造民间投资友好的政策环境和营商环境,推动社会投资、激发民间投资、盘活存量资产的各项政策手段"精准直达",为民间投资持续增长、健康发展固本强基,不断加固民间投资"稳"的基础,加速集聚民间投资"进"的动能,探索创新民间投资"活"的机制。为了提升投资便利化水平,党中央、国务院出台了《关于深化投融资体制改革的意见》《政府投资条例》《企业投资项目核准和备案管理条例》等行政法规,三次修订《政府核准的投资项目目录》,大幅取消、下放核准事项,建立了新型企业投资项目核准制度和企业投资项目告知性备案制度。建设了贯通国务院 62 个部门和中央、省、市、县 4 级的投资项目在线审批监管平台,促进了投资审批"一网通办",实现了"企业少跑腿、信息多跑路",投资审批便利化水平大幅提升。

■ 第四次扩大内需战略的重大意义和主要方向

2022 年 12 月中共中央、国务院印发《扩大内需战略规划纲要(2022—2035年)》(下称纲要)提出 1998 年以来国家第四次扩大内需战略,也是党的二十大后新一届中央政治局在年度经济工作中贯彻落实党的二十大精神的关键节点上实现率先破局、带动全局、开创新局而提出有力措施，因此，具有十分重大而深远的意义。

那么，本轮扩大内需战略与前几次在背景和重点上有何不同呢？改革开放以来，我国主要经历了四次特别强调"扩大内需"的政策周期。一是1998年，亚洲金融危机对我国经济发展造成较大冲击，外需急剧收缩，党中央提出"立足扩大国内需求，加强基础设施建设"，实施积极的财政政策，发行长期建设国债、连续下调基准利率等，稳定了经济增长，之后进入了21世纪后的八年黄金增长周期；二是2008年，针对国际金融危机的冲击，党中央提出"把扩大内需作为保增长的根本途径"，出台以大规模增加政府投资为主要内容的一揽子计划，稳定了市场预期，使经济迅速触底反弹，尽管后续造成了产能过剩，但这一时期也让中国进入高铁时代，塑造了国家竞争新优势；三是2014年，面对外贸出口增速放缓等事件，我国出台了"新国九条"等政策，城镇化和互联网就此起飞；四是2020年以来，面对百年未有之大变局叠加世纪新冠肺炎疫情的严重冲击，外向型经济发展模式风险挑战明显增多，我国占全球出口份额超过15%后，增长空间越来越逼仄。2022年12月14日印发的《纲要》和《"十四五"扩大内需战略实施方案》，是历史上最为系统的扩大内需政策体系，这也必将开启新一轮的内需升级和未来优势重塑。

本轮扩大内需战略的突出特征在于强调"超大规模市场优势"与高质量发展相结合：

首先，消费作为稳定经济的基石依然不可动摇。新型消费将承载更多稳增长、促就业的任务。传统消费重点强调"稳中求进"：地产销售强调稳，交通消费旨在升级提效，食品消费更加注重安全。未来消费的边际增量在于服务、共享和低碳，更加突出"积极有为"：线上多样化社交、短视频平台成为新消费热潮，低碳领域绿色家电和新能源车是消费扩容的重要趋势，体育、康养主题是未来文化消费的重要形式。

第二，投资依然是未来经济增长的关键引擎。发展方向将围绕制造强国和新型基建大国展开，制造业内部调整结构趋势不变，传统制造升级改造和先进制造的扩容是未来投资增长点，包括："促进数据、人才、技术等生产要素在传统产业汇聚，推动企业加快数字化改造"；"促进重大装备工程应用和产业化发展，加快大飞机、航空发动机和机载设备等研发"；"推进前沿新材料研发应用"；"在人工智能、量子信息、脑科学等前沿领域实施一批前瞻性、战略性国家重大科技项目"①。基建投资主要强调传统领域"补短板"与新兴领域的系统建设：前者集中在"推进'6 轴 7 廊 8 通道'主骨架建设，增强区域间、城市群间、省际间交通运输联系""积极推进配电网改造和农村电网建设，提升向边远地区输配电能力""加快补齐大江大河大湖防洪短板，推进堤防加固、河道治理、控制性工程、蓄滞洪区等建设"；后者集中在"物联网、工业互联网、卫星互联网、千兆光网建设，构建全国一体化大数据中心体系"②。

　　第三，加大新型公共服务设施投资，强化后疫情时代投资驱动力。 新型公共服务设施具有巨大的投资需求，若引导政策及措施得力，未来十年全国新型公共服务设施投资有望超过 10 万亿元规模，能够成为后疫情时代重要的投资驱动领域。在国家数字化战略背景下，智慧教育、智慧医疗、智慧文旅、智慧广电、智慧图书馆、数字博物馆、公共文化云、智慧社区等数字化公共服务体系加快建设，原有公共服务设施体系围绕服务资源数字化和网络化服务供给，将释放大规模的数字化升级投资需求。以"一老一小"为重点的人口服务体系短板较大，尤其是现有婴幼儿托育所、养老驿站等普惠性公共服务存在严重短缺，亟待通过加大投资提升供给规模与水平，改善供给方式。

第五节　数字经济换道超车"蝶变"
成长　　50 万亿元

关键数据：

- 2022 年，我国数字经济规模突破 50 万亿元。
- 2022 年我国人工智能核心产业规模超过 5 000 亿元，迈入全球第一梯队，人工智能专利申请量居世界首位，占全球一半以上。
- 2022 年我国算力产业总规模位居全球第二，云计算市场规模占据全球 15%。
- 十年来，我国电子商务经济规模增长了 5.5 倍，已经成长为世界上最大的电子商务市场，并且有望持续扩大。

---

① 中共中央、国务院《扩大内需战略规划纲要（2022—2035 年）》，2022 年 12 月。
② 中共中央、国务院《扩大内需战略规划纲要（2022—2035 年）》，2022 年 12 月。

随着信息技术的飞速发展，数字经济的概念日益受到全球关注。作为世界上最大的互联网市场，中国在数字经济的发展中扮演着至关重要的角色，其中最大的亮点无疑是中国网络零售市场规模已经连续 9 年居世界首位。数字经济的发展为中国经济增长注入了新的活力，推动了产业升级和商业模式创新。**随着数字经济、互联网＋、大数据等战略深入实施，数字经济在促进经济增长、提质增效方面发挥了重要作用，**在垂直行业的融合应用一直在加速，大数据、人工智能、智能网联汽车等战略新兴产业持续发展，成为经济发展的新引擎。

■ **数字产业体系迅猛发展，支撑能力更加坚实**

2022 年我国数字经济规模突破 50 万亿元占 GDP 比重也从 21.6％提高到 41.5％，有望在"十四五"末期占比达到 50％，支撑起中国经济的"半壁河山"（见图 1－6）。十余年来，党和国家主动拥抱信息技术革命的时代浪潮，以信息化、数字化培育新动能，以新动能创造新可能，成为当下产业革命的核心力量，在若干个数字核心产业上出现千亿元级、万亿元级的新突破。

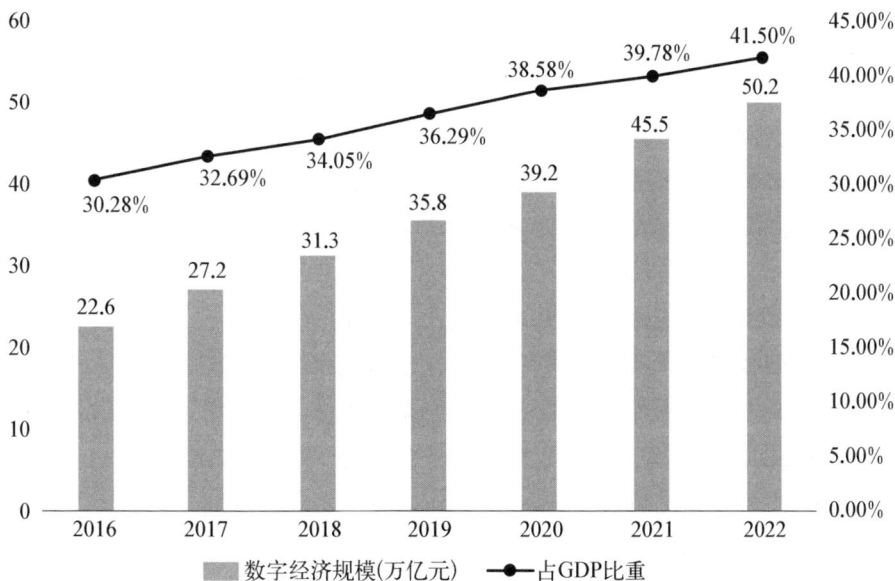

图 1－6 **2016—2022 年中国数字经济规模及占 GDP 比重**

资料来源：根据工信部相关资料统计。

算力产业方面，2022 年底我国算力总规模位居全球第二，近 5 年平均增速超过 30％，云计算、IDC（互联网数据中心）、人工智能等算力核心产业规模达到

1.8 万亿元。其中,云计算市场规模达 3 229 亿元,占据了全球 15％ 的市场份额,由阿里云、华为云、腾讯云和百度智能云组成的"中国四朵云"显示出极强的国际竞争力,尤其是阿里云拥有 6％ 的全球市场份额,仅次于谷歌,排名第二。

信息通信产业方面,核心技术从 3G 迭代升级到 5G,作为数字经济发展的基础底座在规模和质量上稳步提升,信息基础设施打通信息"大动脉",并在 5G 网络建设上实现了全球规模最大、质量最优。电信业务收入比 2012 年提高 46.3％；网民规模比 2012 年增加了 84％。

软件和信息技术产业方面,2022 年突破 10 万亿元历史最高点,业务收入达到 108 126 亿元,几乎是 2012 年的 10 倍,为制造、农业、金融、城市建设、民生服务等传统产业装上"智慧大脑""数字神经",为元宇宙、类脑智能、空天网等未来产业提供底层技术创新。国产办公软件、工业软件、操作系统、数据库、社交媒体软件等产品"硬刚"国际巨头的底气越来越足,在成熟度、可用度、性价比上加速接近甚至赶超国际主流产品。

人工智能产业方面,大步迈进入全球第一梯队。截至 2022 年底,计算机视觉、智能传感器、智能芯片、智能语音、人机交互、分布式计算等人工智能核心产业规模超过 5 000 亿元,人工智能专利申请量居世界首位,占全球一半以上。部分关键应用技术已经达到或接近世界先进水平：在算法模型、开源框架等关键核心技术上已取得重要突破,以阵列封装为核心技术智能芯片取得重大进展,图像识别、语音识别等模式识别进入国际深度学习的第一方阵,智能传感器、智能网联汽车等标志性产品有效落地应用。

■ 产业数字化动能加快释放,赋能千行百业转型

工业互联网产业"无"中生"有",迎来快速成长期,对支撑制造强国和网络强国建设,提升产业链现代化水平,推动经济高质量发展和构建新发展格局,都具有十分重要的意义。截至 2022 年底,产业规模达到 1.2 万亿元,全方位赋能国民经济中的 45 个大类行业,已超过 8 000 万台,"工业互联网＋5G"极大提升了工业企业核心生产单元的效率,其中关键工序数控化率、数字化研发设计工具普及率分别比 2012 年提高了 34％ 和 28.8％。在我国超过 3 万亿元的智能制造装备产业中,已经培育出超过百家智能制造企业和营业收入超过 10 亿元的"小巨人"企业,为国民经济 90％ 以上的制造业行业提供高水平数字化车间和智能工厂。

工业机器人产业优势明显,支撑制造业迈向中高端。机器人工业代表了一

个国家高端制造业的智能技术水平与精细化水平，因此被称为"制造业皇冠顶端的明珠"。其自身规模并不大，但能量不容小觑。作为生产工具，机器人具有操作精细、稳定等特点，能解决一些生产环节的难题；作为新兴技术载体，机器人是人工智能、5G 等数字技术连接制造业的桥梁。发挥好机器人的撬动作用，不仅能让制造业提质增效，还有望开辟新领域、新赛道，为制造业发展创造新机遇。当前，我国稳居全球第一大工业机器人市场。2022 年我国制造业机器人密度达到每万人超 300 台，比 2012 年增长约 13 倍。一些领域的创新走在世界前列，如借助机器视觉技术，给机器人装上"火眼金睛"，引领工业排产、质检的潮流。

案　例

人形机器人将是产业数字化的下一个"风口"

全球机器人产量的 1/3 在中国，中国机器人产量的 1/3 在上海，上海新时达机器人超级工厂是我国首个能够以"机器人制造机器人"的智能工厂。走进新时达机器人超级工厂，仿佛进入了一个未来的科幻世界，20 000 平方米的厂房只有 9 名工人。从事智能补喷、零件装配、物料运输、激光焊接、视觉识别检测、样品检测的都是清一色的机器人。全部车间实现百分之百的设备可视化联网化，故障信息也能够远程推送，因此 9 名工人只需负责远程操控。

当下，机器人已经是发达国家制造业巨头急欲"抢滩"的新"蓝海"战场。2023 年，英伟达在 ITF World 2023 半导体大会上表示，人工智能的下一个浪潮将是"具身智能"。特斯拉 CEO 也曾表示，特斯拉"大部分的长期价值"最终将来自正在开发的人形机器人"擎天柱"。而我国已经在机器人领域积蓄了强大的市场和应用场景优势，目前我国工业机器人已在国民经济 60 个行业大类、168 个行业中类中"发光发热"，制造业的机器人应用密度是全球平均水平的近 3 倍。我国不仅工业机器人应用市场全球最大，产能也连续 9 年领跑全球，而且产业链体系相当完整，从核心零部件在关键技术上不断取得突破，到整机集成应用创新有序推进，正以"一国之力"加速 AI 时代的到来。

■ 新基建提速，数字经济发展"基座"不断夯实

你是否还对拿着 3G 手机看 2008 年北京奥运会赛事的新奇感和兴奋感记忆犹新？当年北京奥运会举世瞩目，而中国也借由此次盛会，开启了 3G 技术运

用的大门,视频通话、手机报、掌上手机电视等业务在 3G 技术的支持下逐一实现,我国实现了通过手机看奥运的新媒体时代,中国也正式进入"3G 元年"。随后我国在 2013 年正式进入 4G 时代,2019 年 5G 商用牌照正式发放。**从 3G 跟随,到 4G 引领,再到 5G 跨越,仅仅用了十年左右的时间,我国移动信息通信技术时刻"与时间赛跑"**,完成了令世人惊叹的信息基础设施技术迭代跨越。

十年间,**数字新基建用户更多,覆盖面更广**。截至 2022 年底,我国 5G 基站建成开通数量达到 230 万个,5G 网络覆盖了所有地级市城区、县城城区和 96%的乡镇镇区,5.61 亿人用上 5G 移动通话,5.66 亿人用上固定互联网宽带——以上三组数字均位居全球第一。**数字新基建网速更快,用户资费更低**。2015 年以来,7 年网速提高 7 倍,单位流量上网费率降低至以前的 5%。**数字新基建大幅缩小城乡"数字鸿沟"**。十年来,中央财政先后拨付补助资金支持 13 万个行政村通光纤,建设 7 万个 4G 和 5G 基站,全国现有行政村已全面实现"村村通宽带"。

在我国全球规模最大的光纤和移动宽带网络体系中,覆盖了众多崇山峻岭、雪域高原、激流险滩,各种危栈梯空、飞鸟无踪的险恶自然环境,都挡不住"村村通宽带""县县通 5G""市市通千兆"的步伐,都挡不住数字经济护航"共同富裕"大船的一往无前。

党的十八大以来,国家深刻认识到"数字不平等"会进一步拉大收入差距,因此高度重视缩小城乡间、区域间的"数字鸿沟",打响"电信普遍服务"的攻坚战。**截至 2022 年底,全国各省行政村均已实现光纤宽带和 4G 信号双覆盖,数字技术突破物理阻隔,将偏远地区乡村振兴、农民致富的格局打开,一个个美丽的数字助力乡村脱贫的故事正在生动上演。**

案 例

数字经济助力贫困地区脱贫致富

位于喜马拉雅山脚下的西藏自治区山南市隆子县玉麦乡,曾经是个人迹罕至、人烟稀少,只有格桑花"驻守"的、与世隔绝的不毛之地。而随着光纤宽带和 4G 移动网络的建设,目前已有 230 多名农牧民长久安家,家家开起民宿、建砖楼,幼儿园、小学、医院等配套设施一应俱全,发展起原汁原味的藏族风情旅游,摇身一变成了宜居乐业的"惠民家宽示范乡"。

位于准噶尔盆地古尔班通古特沙漠中的新疆阿勒泰吉木乃县曾经极度干涸

缺水,戈壁连天,植被匮乏,却是骆驼养殖的优质场所。为了支持当地养殖产业发展,中国移动在吉木乃县铺设宽带基站,全面实现4G网络覆盖、700M的5G全覆盖,2019年支持县里建成全国最大规模的骆驼养殖智慧基地——"万驼园"产业园,并为骆驼戴上5G智慧项圈。借助智慧项圈的信息汇总和大数据分析,市场监管、畜牧、卫生、检疫等部门能够及时掌握全县骆驼的健康、流向、存栏、配种等情况,工商、商务等部门还会协助牧民预判的市场供需、销售方向和价格趋势。当下"万驼园"已培育十余户年入百万元的养殖大户,永久定居牧民40户,雇佣工人50余名。

位于内蒙古呼伦贝尔市新右旗的克尔伦苏木芒来嘎查村户均年收入不足4 000元,是远近闻名的贫困村。2021年,电信普遍服务把4G网络和信息技术带到了芒来嘎查。有了网络,草原上的羊就有了电子档案,每只羊耳标中的芯片能收集、记录它们的谱系和出生以来的所有数据,有了这样的数字身份证,种畜追溯效率和接羔率大幅提升,芒来嘎查的"西旗羊肉"也成了远近闻名的优质羊肉品牌,牧民家的牧场,一年就能有近60万元的收入。这里的草原畜牧业正在转型升级,如今种羊扩繁基地、家庭牧场、家庭生态旅游等产业相继发展,借助通畅的网络,芒来嘎查的自然风光和民族文化走出了大草原,带动更多牧民吃起了"旅游饭"。

■ 电子商务跃上新台阶,快速发展成绩亮眼

2012—2022年,电子商务市场规模从7.85万亿元增长到超43万亿元,市场规模是十年前的5.5倍(见图1-7)。十年间,电子商务模式与业态迭代创新,即时零售、直播电商、短视频电商、社区团购等新业态加速演进,无人零售、大规模订制、小程序电商等新消费场景不断涌现。电子商务拉动消费增长的作用持续提升,为消费者提供了层次丰富、形式多样的消费选择,推动人民生活水平从全面小康向更高目标迈进。电子商务无接触、线上化的独特优势契合统筹疫情防控与经济社会发展的要求,在防疫保供和稳定物价方面发挥了重要作用。同时,"丝路电商"提质扩容,跨境电商蓬勃发展,促进外贸进出口持续增长。"数商兴农"深入实施,电商惠农机制不断创新,助力巩固拓展脱贫攻坚成果同乡村振兴有效衔接。电子商务催生了一批新的职业形态,成为许多年轻人创业的主阵地、增加居民收入的新渠道。可以看到,电子商务作为数字经济的重点领域,正在从消费端向生产端、供给端快速推进,通过数实融合重构产业链与价值链,帮助传统产业转型升级。

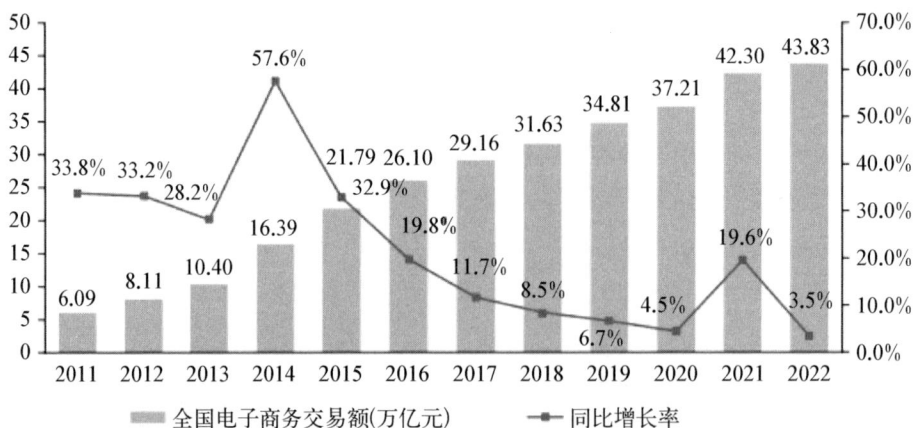

图 1-7 2011—2022 年全国电子商务交易额

资料来源：根据相关工信部统计资料整理。

当前，以人工智能为代表的新一轮科技革命在全球范围内迅速兴起，我国电子商务发展呈现如下特征和趋势：

一是即时零售赋能实体商业数字化转型。在"宅经济"带动下，我国电子商务线上线下协同联动快速发展，外卖平台也从以餐饮配送为主演变成"万物配送到家"。2022 年我国即时配送订单超过 400 亿单，同比增长 30% 左右。各大电商平台和传统零售企业纷纷布局即时零售，平台和自营两种即时零售模式同步发展。即时零售新业态的兴起，不仅开拓了电子商务新的增长点，使得时效性和本地化属性强的消费需求在线上得到满足，更为线下实体商家带来新的发展机遇。依托线下实体零售业务和末端配送效率优势，即时零售业务向上下游延伸，有助于打通全领域数字化通路，助力线下实体商业实现线上线下相融合。

二是电商直播间成为新型网络店铺。截至 2022 年 12 月，我国直播电商用户规模为 5.15 亿，已占网民整体的 48.2%，直播电商吸引更多商家将其作为营销引流的"标配"，服务范围快速扩大。直播电商利用"人货场"新交互场景激发消费者潜在需求，缩短消费决策时间，销售转化率较传统电商明显提升。2022 年主要直播电商平台交易额增速高于传统电商平台，与传统网店相比，直播间能实现双向实时互动，凭借超长的直播时长和密集的场次覆盖，直播间已成为新型网络店铺。品牌商纷纷入驻直播间，品牌自播成为企业营销的重要方式，利用私域流量助力品牌持续增长。直播电商行业正从流量驱动转为产品和内容驱动，进入以品牌自播、知识主播、技术赋能和定制化直播等为特点的发展新阶段。

三是短视频内容"种草"助力流量红利变现。 2022年，电商消费行为呈现出碎片化、社交化、娱乐化的特点，"兴趣内容引导购买"的短视频通过优质内容占据受众的注意力和时间，达到深度"种草"的目的。短视频成为全民化应用。截至2022年12月，短视频用户规模首次突破10亿，年新增用户自2018年以来均在6 000万人以上，用户使用率高达94.8%。短视频平台持续拓展电商业务，"内容＋电商"的种草变现模式已深度影响用户消费习惯。短视频平台依托流量和效率优势持续吸引商家入驻，新开店商家数量增速明显。用户通过内容消费产生商品消费，短视频带来的商品交易额快速增长。

四是线上服务助力消费场景创新。 2022年政府工作报告提出"推动线上线下消费深度融合，促进生活服务消费恢复，发展消费新业态新模式"。推进生活服务业数字化转型，不仅对方便百姓生活、提振消费具有重要意义，而且为行业转型升级和高质量发展注入了新动力。互联网家政平台用户规模不断增长，线上渗透率持续提升，线上渠道已经成为家政行业重要的需求来源。截至2021年12月，中国互联网家政平台月活跃用户规模达2 919万人；在线医疗用户规模达2.98亿人，占网民整体的28.5%。随着政策的开放与推进，医药电商行业正迎来新一轮的增长，市场规模进一步扩大。

案　例

中国互联网新电商的突围之路

1. 破而后立，"东哥"白手起家

2014年5月22日，京东在美国纳斯达克证券交易所挂牌交易，股票代码"JD"，成为中国第一家在美国纳斯达克成功上市的大型综合电子商务公司。白手起家的刘强东正式迎来人生的巅峰。

谈起白手起家的励志人物，"东哥"刘强东绝对榜上有名。1992年，"小镇做题家"刘强东考入中国人民大学，毕业后在外企工作了两年。1998年，刘强东拿着攒下的积蓄在中关村租了个柜台售卖刻录机和光碟，取名"京东多媒体"，也就是"京东商城"的前身，正式开始创业。

到了2001年，京东商城已成为当时中国最大的光磁产品代理商，刘强东的个人财富也首次突破了1 000万元。2003年，京东多媒体连锁店已经发展到十多家，从这时候起，刘强东把京东商城定位为传统渠道商，打算复制国美、苏宁的商业模式经营IT连锁店。正当刘强东兴致勃勃准备继续大展拳脚的时候，一场

瘟疫给了他迎头痛击。"非典"开始肆虐,刘强东的"京东多媒体"生意惨淡,同时也为了防止员工感染,走投无路的刘强东选择将12家门店全部关闭,开始尝试线上销售。彼时的刘强东连BBS是什么意思都不懂,为了推销自己的网上商铺,到处在论坛发"广告贴",终于一家论坛的创办人这样回复了他的帖子:"京东我知道,这是唯一一个我在中关村买了三年光盘没有买到假货的公司。"因为这句话,当天刘强东就成交了六笔生意。

2004年1月1日,京东多媒体网站正式上线。2004年底,刘强东下定决心关闭所有线下店面,转型为一家专业的电子商务公司,这一战略决策让京东得以抓住了未来的消费趋势。2007年,京东获得第一笔融资,由此进入发展的快车道。同年,刘强东做出两大决定性战略决策,一是向全品类扩张,从只做3C产品转为一站式购物平台,二是决定自建仓配一体的物流体系,这是京东真正蜕变的开始。2014年,京东集团在美国上市。同年,京东市场交易额达到2 602亿元,净收入达到1 150亿元。与淘宝十年"厮杀",京东最终赢得了属于自己的"江湖地位"。

2."是兄弟就来帮我砍一刀"

"姐妹,过来帮我助力一下""兄弟,来帮忙砍一刀"……当微信聊天框出现上述语句后,接下来你的好友毫不意外地就会发来一条拼多多助力链接。

2015年,黄峥创立的拼好货上线,抓住传统电商未能有效助力农产品上行的机遇,以社交拼团模式将产地农产品售给消费者。同年9月,黄峥的公司内部孵化新电商平台拼多多。拼多多旨在凝聚更多人的力量,用户通过发起和朋友、家人、邻居等的拼团用更低的价格买到更好的东西,体会更多的实惠和乐趣。通过沟通分享形成的社交理念,形成了拼多多独特的新社交电商思维。同时拼多多为了吸引用户注册和消费,"邀请好友砍一刀领现金红包""邀请好友拼团更优惠""邀请好友助力获免单资格"等活动层出不穷,作为互联网电商的后起之秀,凭借着C2M拼团购物的营销模式以及用"真金白银"刺激用户邀请好友的营销手段,迅速在高度"内卷"的电商领域站稳脚跟。2018年7月26日,拼多多正式在纳斯达克上市。2019年,拼多多超越京东成为中国第二大电商平台。

2019年6月,拼多多正式推行"百亿补贴"战略,以维持平台活跃买家、活跃商户的高速增长。随后,阿里"聚划算"、京东"京喜"纷纷发力补贴。拼多多"百亿补贴"负责人宗辉表示:"我们的目标是让消费者每天都过618,每晚都过双11!"拼多多的"百亿补贴"加剧了电商平台的"内卷"化,价格敏感的下沉市场得到进一步开发。面对"阿里"和"京东"的围追堵截，拼多多的"百亿补贴"也在逐步加码，不断创造电商行业的补贴新纪录，这也标志着电商领域"阿里""京东"的"双雄会"正式变成了"三国杀"。

3. 抖音等短视频电商"外围突入"，异军突起

2016年9月，抖音正式上线，短视频赛道开始在资本市场上角逐。凭借优秀的内容输出和更年轻化多元化的营销策略，字节跳动孵化出来的抖音平台一路"外围突进"，在腾讯系和阿里系的众多对手中笑到了最后，撑起来了整个短视频领域的半边天。

抖音的电商之路同样是不断发育、不断试错、不断"厮杀"的过程。从2018年开始，发展电商业务成为抖音乃至字节跳动的战略级决策。最初的抖音电商选择成为"大佬"的"小弟"——为第三方平台带货。2018年3月，抖音与淘宝合作，针对百万级粉丝的红人账号内测了购物车功能，用户点击后，商品信息可以跳转到淘宝链接。抖音安安稳稳地开始充当短视频种草的角色。2019年抖音开始自建平台小店。当用户在抖音小店下单时，可直接在抖音内完成购买流程，无须跳转至第三方平台。同时推出打通购物车的计划，继购物车可以跳转淘宝链接之后，还接入了京东、唯品会等更多的第三方电商平台，完成实名的用户可链入抖音覆盖淘宝、京东、考拉、唯品会等第三方电商平台的巨大商品链接库。2020年直播进入全民时代，抖音电商开启了声势浩大的明星直播带货模式。同年字节跳动正式成立了以电商明确命名的一级业务部门，统筹以抖音为核心的多个内容平台的电商业务运营。随之，抖音推出商家管理App抖店和抖音支付，进一步完善抖音电商的基础设施。

2021年4月8日，在抖音电商首次生态大会上，电商总裁康泽宇提出了一个新名词——兴趣电商。相比传统电商依靠消费者有目的性的购物，兴趣电商依托抖音大数据算法的精准匹配能力，深层次地解析并预测每个用户的喜好与行为，从而满足用户潜在的购物需求。至此抖音电商"发育"成"完全体"，与拼多多一样，建立起属于自己的电商生态环境。

党的十八大以来，党中央和国家准确把握新技术革命发展趋势，从国家战略的高度，对数字经济推进进行全局性、系统性的谋篇布局。2015年7月至8月，国务院先后颁布《关于积极推进"互联网＋"行动的指导意见》和《促进大数据发展行动纲要》，强调互联网和大数据对传统经济的赋能效用。党的十八届五中全会提出，实施网络强国战略和国家大数据战略，拓展网络经济空间，促进互联网

和经济社会融合发展，支持基于互联网的各类创新。同年12月，习近平主席在第二届世界互联网大会开幕式上强调推进"数字中国"建设。党的十九大提出，推动互联网、大数据、人工智能和实体经济深度融合，建设数字中国、网络强国、智慧社会。2019年5月，中共中央办公厅、国务院办公厅印发《数字乡村发展战略纲要》，将发展数字经济拓展到乡村领域。党的十九届五中全会提出，发展数字经济，推进数字产业化和产业数字化，推动数字经济和实体经济深度融合，打造具有国际竞争力的数字产业集群。随后出台了《网络强国战略实施纲要》《数字经济发展战略纲要》，从国家层面部署推动数字经济发展。2021年3月，十三届全国人大四次会议通过《国民经济和社会发展第十四个五年规划和2035年远景目标纲要》，其中第五篇专题部署"加快数字化发展，建设数字中国"。2022年1月，国务院印发"十四五"数字经济发展规划》。同年《政府工作报告》再次倡导"促进数字经济发展"，明确提出"加强数字中国建设整体布局"。党的二十大报告中提出的推动数字经济与实体经济融合发展的战略部署，意味着要把实体经济作为数字经济"下半场"的主攻方向和关键突破口。在党和国家的战略部署下，数字经济相关政策浓度得到全域化提升。

第六节　民营经济困局，起伏中展现韧性　　5、6、7、8、9

关键数据：

- 民营经济对全国GDP的贡献率稳步显著提高，占国民经济比重从2012年的低于50%上升到2022年的高于60%。
- 当前民营经济贡献了50%以上的税收，60%以上的国内生产总值，70%以上的技术创新成果，80%以上的城镇劳动就业，90%以上的企业数量。
- 我国企业500强中的民营企业数量已经超过一半，2020年进入世界500强的中国企业中民营企业占到28家。

民营经济是推进中国式现代化的生力军，是高质量发展的重要基础，是推动我国全面建成社会主义现代化强国、实现第二个百年奋斗目标的重要力量。在中共中央、国务院印发《关于促进民营经济发展壮大的意见》中，**"推进中国式现**

代化的生力军"这一定位系首次提出。此外，"5、6、7、8、9"是概括民营经济在经济社会发展中重要作用的更常用说法。其实，这一特征也深刻反映了促进民营经济发展壮大对推进中国式现代化的重要意义。

■ 民营企业在国民经济成分中占比上升

十八大以来，民营经济对全国GDP的贡献率稳步显著提高，占国民经济比重从2012年的低于50%上升到2022年的高于60%。在国有、民营、外资三驾马车共同奋力拉动下，中国经济快速稳定发展；三驾马车经济本身的比重结构，也已发生了重大变化，形成了一个新的经济发展格局。"40年来，我国民营经济从小到大、从弱到强，不断发展壮大"，"民营经济具有'5、6、7、8、9'的特征，即贡献了50%以上的税收，60%以上的国内生产总值，70%以上的技术创新成果，80%以上的城镇劳动就业，90%以上的企业数量"，这是对民营经济地位新变局作出的最权威的评价。

关于"5、6、7、8、9"的特征，有大量数据能够证明这一判断的正确性：

民营企业占全国企业法人总量的98%。市场主体是经济发展的微观基础。主要数据：2012年、2015年和2022年，全国企业法人中，国有企业法人占3.36%、2.31%和1.17%，民营企业法人占96%、96.1%和98%，外资企业法人占2.54%、0.79%和0.41%。2012—2022年间，民营企业数量翻了两番。2022年，全国1.69亿户市场主体中，个体工商户1亿多个。

民营企业占全国企业资产的50%左右。企业资产是经济增长的物质基础。2012年全国规模以上工业企业资产，国有控股企业占40.6%，民营企业资产占37%，外资企业22.4%。2020年三者分别占38.4%、42.6%和19%，2021年三者分别占36.7%、42.9%和20.4%。规模以下工业企业中95%以上为民营企业，如果加上规模以下民营工业企业资产，民营企业资产可能占整个工业企业资产的50%左右。此外，民间投资占全国固定资产投资总额的56.9%。

民营企业占工业企业营收的52%。营业收入是GDP增长的主要源泉和企业再发展的主要动力。2012年、2015年、2020年和2021年，全国规模以上工业企业营业收入中，国有企业占26.4%、21.8%、25.8%和25.7%；民营企业占49.7%、56.1%、51%和51.8%；外资企业占23.9%、22%、22.8%和22.4%。全国规模以上工业企业利润中，国有企业占24.5%、17.2%、23%和26.1%；民营企业占52.9%、58.8%、48.7%和47.7%；外资企业占22.6%、24%、28.3%和26.2%。

民营企业占全国进出口总额的49%。对外贸易是经济增长的重要"马车"

之一。2012年、2015年、2020年和2021年,全国进出口总额中,国有企业占19.4%、16.4%、14.3%和15.2%;民营企业占31.6%、37.2%、47%和48.9%;外资企业占49%、46.4%、38.7%和35.9%。2021年,民营企业出口额占全国出口总额的57.7%,占全国顺差的136.5%。

■ **民营企业成为参与国内外竞争的重要力量**

党的十八大以来,一批民营企业践行新发展理念,主动融入国家重大战略,在总体规模和实力实现新跨越的同时,走出国门续写中国奇迹。

一是民营企业龙头、领军企业实力再上台阶。全国工商联发布的2022中国民营企业500强榜单显示,民营企业500强入围门槛再创新高,达263.67亿元(营业收入),比上年增加28.66亿元。百强的营收门槛为791.4亿元,五成百强企业的营收处于1 000亿—2 000亿元区间。前十强民营企业入围门槛约为4 100亿元,以互联网、先进制造为代表。

三是民营企业参与国家重大战略的实施机制不断完善,发展空间更加广阔。中国民营企业500强中,有467家企业积极防范化解重大风险,426家参与污染防治攻坚战,270家参与"两新一重"建设;创新成果产出不断提升,406家企业的关键技术主要源于自主开发与研制,426家企业通过自筹资金完成科技成果转化;235家企业开展海外投资,195家企业参与"一带一路"建设。

案 例

民营领军企业宁德时代的崛起之路

2023年2月13日,宁德时代为美国福特汽车建设运营其位于密歇根州的全球首座独资电池工厂,由中国民营企业向国际汽车巨头企业授权动力电池专利技术许可无疑具有标志性的意义,代表着我国已经在新能源汽车产业及核心技术上走在世界前列,而引领这一发展前沿的正是出身"草根"的民营企业。宁德时代是近年来我国民营企业抢抓新技术机遇创新发展的标杆性企业,深耕新能源新材料领域,宁德时代出产的动力电池不仅连续六年世界范围内被使用量最大,在研发投入规模、专利增长速度、技术路线广度等指标上,均位于全球第一。基于材料突破的钠离子电池更是国家正在鼓励的原始性创新,是全球电池产业名副其实的"技术+制造"的双料冠军。

宁德时代成立于2011年,2018年6月登录创业板,并在当年一举拿下创业板市值第一的王座,2021 年 5 月市值突破 1 万亿元。短短 10 年,宁德时代从一家新公司成长为市值过万亿元的巨头,分析其原因,离不开政府大力支持。董事长曾毓群表示:"近几年地方营商环境持续优化,城市公共服务配套条件不断改善,'亲''清'政商关系逐步构建,这给企业发展提供了良好的软环境,无形中帮助宁德时代提升了市场竞争力。可以说,在家乡发展,我们如鱼得水,从来没觉得自己是个'外人'。"

抓住国家新能源汽车政策大势,宁德时代进入发展快车道。如今,宁德时代将目光投向更广阔的天地,以各种形式走出国门,在北美地区,德国、匈牙利等欧洲地区,印尼等东南亚地区,直接投资设立工厂,抑或提供专利技术服务。目前,宁德时代已经攻占了超过 30% 的欧洲市场份额,超过 15% 的美国市场份额,并且这些数字还在持续提升。宁德时代恰好成立于 2011 年这一中国经济转型发展的转折时期,从注册资金只有 100 万元的初创民营企业,到连续六年的新能源电池全球市场销售冠军,仅仅用了十余年时间,这正是我国民营经济由弱到强、实现高质量发展华丽嬗变的缩影。

四是民营企业不断地内修外炼、转型发展与提高质量。民营企业保持总体效率效益稳中有升的同时,在国家经济加快转型、向高质量发展中同样扮演着重量角色。十年来,一大批民营企业完成了管理结构与机制向现代公司治理转变。他们以国际著名公司为学习标杆,逐步改变过去的以个人治理、家庭治理为主的治理模式,向符合中国公司规范和国际公司标准的现代治理转变。部分公司推行高管持股、员工持股、社会持股等制度,全面推行高管人员市场招聘制和优胜劣汰制,将企业发展战略与经营管理有机融合于国家战略与产业政策,以实现员工、投资者、企业和国家的共赢。以华为、宁德时代、恒力集团等为代表的一批优秀民营企业,正在引领更多的企业向现代公司企业转变与发展。

五是一批民营企业正在成为中国各行业领域科技创新的领头羊。民营企业的研发投入和研发项目已占全国企业的 60% 左右,发明专利申请数占全国的 50% 以上,新产品销售收入占全国的 65% 左右。中国的"专精特新"企业,80% 以上是民营企业。中国资本市场的创业板、科创板,70%—80% 公司是民营企业。2022 年中国有独角兽企业 356 家,数量仅次于美国,其中 90% 以上是民营企业。以华为、比亚迪、海康威视、科大讯飞等为代表的一批大型科技型民营企业,不仅在国内担当着重要角色,在国际的影响也日益扩大。

六是民营企业积极将自身利益与员工利益、社会利益、国家利益紧密结合、

相互融合,积极承担各类社会责任。 民营企业已经成为中国社会慈善捐赠的最大主体,成为地区自然灾害救助、自然生态保护赞助、重大公益活动举办、新冠肺炎疫情防治支援的重要出力者。目前共有 1 200 多家上市公司发布了 2022 年社会责任报告,其中多半是民营企业。这些社会责任报告不仅反映企业的公益慈善贡献,还展示企业的治理结构、员工关爱、社区服务、环境保护、遵法守规,等等。

这十年,是民营企业做大做强和走向世界的十年。中国企业 500 强中的民营企业数量已经超过一半。2020 年进入世界 500 强的中国企业中民营企业有28 家。中国企业走向世界、融入国际,对外直接投资增长迅速,其中民营企业发挥的作用越来越大。

■ 民营企业发展的政策及综合环境持续向好

近年来,社会上、网络上围绕民营企业、民营企业家的质疑之声一度甚嚣尘上,对于民营经济自身发展的信心、对于公众对民营经济的信任度,均产生了一定的负面影响。有的声音质疑民营经济比重的大幅度提高,认为民营经济应当逐步退场;有的声音将极少数民营企业中的资本任性与违规,引申扩大为似乎整个民营资本都在任性与违规;等等。这种杂音在舆论和心理上对民营企业一度产生了严重冲击。中国改革开放四十多年的历史,就是逐步纠正对民营经济的错误认识,更多地承认和更大地支持民营经济发展的历史。因此,多数民营企业家能够理性对待各种杂音,少为所动、不为所动;党和国家在总体舆论上也及时纠正了这些杂音。

一方面,民营企业营商环境更好。 2020 年以来,党中央、国务院把保就业、保民生、保市场主体作为宏观经济的政策取向,在税收、金融、就业、社保等方面出台了一揽子扶持措施,积极营造公平竞争的市场环境,民营企业展现出强有力的发展韧性。中小企业协会常务副会长马彬说,近年来,各项政策措施密集出台,民企发展环境持续向好,税收贡献超过 50%,投资占比超过 60%,发明创新占比超过 70%。

另一方面,民营企业舞台更大。 2023 年 1 月,我国首条民营资本投资控股高铁——杭台高铁开通运营。近年来,越来越多的民营企业更加顺利地进入重点行业和领域。2019 年,中共中央、国务院印发《关于营造更好发展环境支持民营企业改革发展的意见》明确深化"放管服"改革,进一步精简市场准入行政审批事项,不得额外对民营企业设置准入条件。三年多来,各地严格执行市场准入负面清单，按照"非禁即入""非限即入"原则，打破各种各样的隐性壁垒，给民企发展创造充足市场空间。

> **知识链接**
>
> ### 民营经济政策法律不断推进，营商环境不断优化
>
> 　　民营经济十年新发展，得益于党和国家相关政策法律不断完善和营商环境不断优化。党中央、全国人大和国务院，继续制定并落实支持民营经济发展的方针、法律与政策，在一些重要方面还有新推进和新举措。
>
> 　　**中央方针政策方面：**2012 年 11 月召开的党的十八大，针对民营经济遭受市场环境不公平的对待，明确提出："各种所有制经济依法平等使用生产要素、公平参与市场竞争、同等受到法律保护。"2013 年 11 月中共十八届三中全会做出了《关于全面深化改革若干重大问题的决定》，明确提出了"公有制经济和非公有制经济都是社会主义市场经济的重要组成部分，都是我国经济社会发展的重要基础"，并强调"公有制经济财产权不可侵犯，非公有制经济财产权同样不可侵犯"。2016 年 11 月出台了《中共中央国务院关于完善产权保护制度依法保护产权的意见》，更加明确地要求保护私人财产权利。2017 年召开的中共十九大，针对市场不公平特别是垄断问题，明确提出："清理废除妨碍统一市场和公平竞争的各种规定和做法，支持民营企业发展，激发各类市场主体活力。"2018 年 9 月出台了《中共中央 国务院关于营造企业家健康成长环境、弘扬优秀企业家精神、更好发挥企业家作用的意见》，把尊重和保护企业家的重要性提到一个新的高度。2021 年 11 月召开的十九届六中全会，重申要坚持"两个毫不动摇"，要"构建政商亲清关系，促进非公有制经济健康发展和非公有制经济人士健康成长"。2022 年 4 月出台《中共中央 国务院关于加快建设全国统一大市场的意见》，要求"完善统一的产权保护制度""实行统一的市场准入制度""维护统一的公平竞争制度""健全统一的社会信用制度"。
>
> 　　**国务院法规政策方面：**十八大以来，国务院先后制定和修订了大量关于民营经济的政策法规，为民营经济的健康发展进一步提供了具体的法规政策支撑。主要法规包括：《不动产登记暂行条例》(2015 年 3 月)、《优化营商环境条例》(2020 年 1 月)、《保障中小企业款项支付条例》(2020 年 7 月)、《民办教育促进法实施条例》(2021 年 5 月)、《市场主体登记管理条例》(2021 年

8月）。主要政策包括：《关于进一步促进资本市场健康发展的若干意见》（国发〔2014〕17号）、《关于促进市场公平竞争维护市场正常秩序的若干意见》（国发〔2014〕20号）、《关于推进国内贸易流通现代化建设法治化营商环境的意见》（国发〔2015〕49号）、《关于实行市场准入负面清单制度的意见》（国发〔2015〕55号）、《关于创新重点领域投融资机制鼓励社会投资的指导意见》（国发〔2014〕60号）、《关于全民所有自然资源资产有偿使用制度改革的指导意见》（国发〔2016〕82号）、《关于在全国推开"证照分离"改革的通知》（国发〔2018〕35号）、《国务院关于开展营商环境创新试点工作的意见》（国发〔2021〕24号）等等。

全国人大重要法律方面：全国人大先后制定和修订了若干重要法律，其中相当部分法律都涉及民营经济发展和民营企业权利与义务。2018年3月，全国人大将作为爱国统一战线的重要组成部分——"社会主义事业的建设者"正式列入宪法。而这个"建设者"包括民营经济领域的中高层管理人员。2018年10月第四次修正了1993年12月制定的《公司法》，将独资企业纳入公司法调整范围。2020年5月出台了《民法典》。《民法典》综合、修改和替代了过去的婚姻法、继承法、民法通则、收养法、担保法、合同法、物权法、侵权责任法、民法总则等多部重要法律，将其统一化、系统化、规范化，形成一部系统完整的重大法典。其他重要法律有：2016年3月制定的《慈善法》，对以民营企业为重要主体的各类慈善捐赠行为进行规范、支持和鼓励。2017年9月修订的《中小企业促进法》，2019年4月修订了《反不正当竞争法》，2022年6月修订的《反垄断法》，等等。

党和国家方针政策法律法规推进，加快了中国优化营商环境的进程。营商环境包括企业等市场主体在准入、生产、经营、退出等市场经济活动相关的硬件条件、软环境，以及程序流程便利化、满意度等主客观因素。由于民营经济已经占据我国市场主体的95％以上，因而，毫不夸张地说，我国营商环境是否持续得到提升与优化，主要看民营企业及企业家的真实获得感。世界银行从21世纪初开始，就用营商环境的优化条件标准及其评价来推动新兴市场经济国家逐步走向现代市场经济。自2003年起，世界银行每年出一份《营商环境报告》，从开始用5项指标对全球133个经济体进行了营商环境便利度排名，到后来指标扩大到11个，评价的经济体达190多个。近十年来，中国在建立健全营商环境制度、提升营商环境水平方面做了大量工作，取得了令世界瞩目的成就。中国在世界的排名迅速靠前。2012 年至 2019 年的 7 年间,中国营商环境的世界排名从第 99 位提升到 31 位,提升了 68 位,实现了营商环境优化的跨越,得到了世界银行的高度肯定与赞扬。2020 年 7 月,世界银行发布的《中国优化营商环境的成功经验——改革驱动力与未来改革机遇》的专题报告,认为中国政府近年来在"放、管、服"改革、优化营商环境领域取得了巨大成就。

(资料来源:笔者整理。)

第二章
吹响创新冲锋号，加速迈向科技自立自强

新时代十年，我国科技领域涌现出一系列原创性、突破性、标志性的重大成果，创新火种已燃成民族复兴的熊熊火炬。这十年，为何我国在科技领域能取得如此巨大的成就？靠的是，以习近平同志为核心的党中央坚持将科技创新摆在全局工作的核心位置，前瞻性、系统性、整体性推进创新驱动发展战略。靠的是，我国科技人员勇于创新和无私奉献的精神。靠的是，我国科研经费投入的历史性飞跃，科技产业化能力的显著增强，高等教育的重大突破，高科技人才队伍的快速集结，科技贡献度的持续提升。迅猛发展的科技创新，带来了更便利、更美好的生活，带来了高质量发展更强劲有力的引擎，带来了实现中华民族伟大复兴更坚定的信心和更强大的能力。在建设社会主义现代化强国、推动中国式现代化的新征程上，科技创新必将成为前进号角、时代强音。

> ## 知识链接
>
> ### 国家创新驱动发展战略
>
> 党的十八大提出"实施创新驱动发展战略"，党的二十大进一步提出"加快实施创新驱动发展战略"。从"实施"到"加快实施"，不仅昭示着创新始终是引领发展的第一动力，也表明我国科技创新的内外部环境发生了新变化，迫切需要完善并加快实施创新驱动发展战略，为经济社会发展赋新能，为全面建设社会主义现代化国家开新局。
>
> 2016年，中共中央、国务院印发了《国家创新驱动发展战略纲要》，并发出通知，要求各地区各部门结合实际认真贯彻执行。《国家创新驱动发展战略纲要》提出分三步走实现战略目标：第一步，到2020年进入创新型国家行列，基本建成中国特色国家创新体系，有力支撑全面建成小康社会目标的实

现。第二步,到 2030 年跻身创新型国家前列,发展驱动力实现根本转换,经济社会发展水平和国际竞争力大幅提升,为建成经济强国和共同富裕社会奠定坚实基础。第三步,到 2050 年建成世界科技创新强国,成为世界主要科学中心和创新高地,为我国建成富强民主文明和谐的社会主义现代化国家、实现中华民族伟大复兴的中国梦提供强大支撑。

(资料来源:中国政府网)

第一节 以高强度经费投入激活原始创新力   3.09 万亿元

关键数据:

- 我国全社会 R&D 经费支出增长至 3.09 万亿元,自 2013 年以来连续九年稳居世界第二大研发投入国的地位。
- 十年来,我国基础研究 R&D 经费支出占比连续四年稳定在 6% 以上,基础研究 R&D 经费支出规模增加了 2 倍。
- 十年来,我国企业 R&D 经费支出增长了 1.4 万亿元,年均增长 18%,占全社会 R&D 经费支出比重由 74% 提高至 78%。
- 我国高被引论文数提升至 4.99 万篇,在 2012 年基础上翻两番,占世界的份额首次超过四分之一。

全社会 R&D 经费支出即全社会研究与试验发展经费,为实施研究与试验发展(R&D)活动而实际发生的全部经费支出。该指标是反映一个国家发展科学技术努力程度的代表性指标。国际上通常采用全社会 R&D 经费支出反映一国的科技实力和核心竞争力。

■ R&D 经费投入连创新高,为原始创新提供强有力支撑

我国 R&D 经费支出连创新高,为我国实现从"0"到"1"的原始创新提供强有力支撑。2022 年,我国的全社会 R&D 经费支出达 3.09 万亿元,首次突破了

3 万亿元大关,自 2013 年以来连续九年稳居世界第二大研发投入国的地位。2022 年,全社会 R&D 经费投入延续"十三五"以来连续七年增长保持两位数的势头,同比增长高达 10.4%。同时,全社会 R&D 经费投入强度(全社会 R&D 经费支出与 GDP 之比)与之同步提升。2012 年,全社会 R&D 经费投入强度不到 2 个百分点,2022 年提高至 2.55%,一举超过欧盟国家的平均水平。虽然,在改革开放之初,我国科技研发近似一张"白纸"、一块"空地",比如 1992 年全社会 R&D 经费支出不到 0.02 万亿元。但是,"道阻且长,行则将至;行而不辍,未来可期"。历经 30 年的不懈努力、接续奋斗,特别是新时代的全面布局,现在我国科技研发已拥有比肩国际的自信和能力。

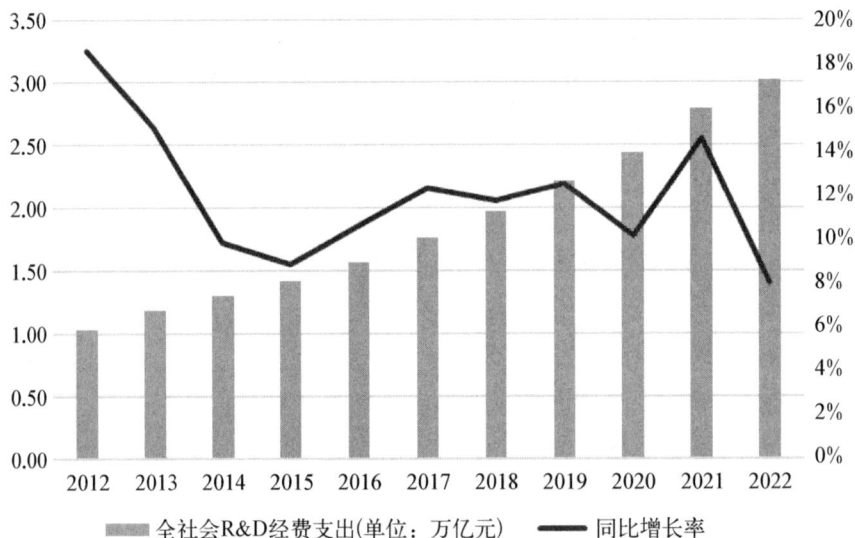

图 2-1　2012—2022 年我国全社会 R&D 经费支出及其增长

资料来源:根据《中国统计年鉴》相关数据绘制。

我国基础研究 R&D 投入日益增长。根据《中国统计年鉴》统计数据,2021 年基础研究、应用研究、实验发展的 R&D 经费支出比重为 7∶11∶82。相比 2012 年,基础研究 R&D 经费支出占比提高了 2 个百分点,连续四年稳定在 6% 以上。基础研究 R&D 经费支出的规模也比 2012 年翻了两番,接近 2 000 亿元。要进一步发挥研发投入的规模效应和支撑作用,离不开研发投入的结构优化和效率提升。基础研究一直处于从研究到应用、再到生产的科研链条起始端,实现高水平自立自强迫切需要加强基础研究,从源头和底层解决关键技术问题。"万丈高楼平地起,一砖一瓦皆根基。"当前,我国基础研究的地基更加夯实,相信未来

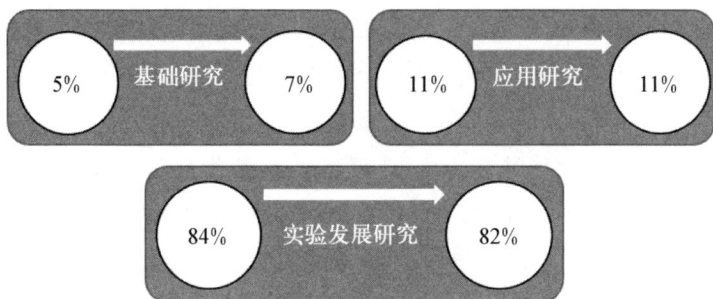

图 2‑2　2012 年和 2022 年我国全社会 R&D 经费配置结构

资料来源:根据《中国统计年鉴》相关数据绘制。

的科技大厦将越来越高。

与创新型国家相比,我国基础研究的 R&D 经费比重还存在提升空间。美国和英国的基础研究 R&D 经费占 R&D 经费总支出的比重一直在 15%—20% 区间。法国长期保持在 20% 以上,个别年份甚至超过 25%。日本和韩国相对较低,但仍维持在 12% 以上。我国基础研究经费投入占比一直在 6% 附近徘徊,低于许多创新型国家。基础研究对一国国际产业话语权和国际竞争力具有决定性意义,战略价值不言而喻。近年来,中央高度重视基础研究,制定出台了一系列推动基础研究的相关政策。其中,《关于全面加强基础科学研究的若干意见》具有历史性、标志性意义,是新中国成立以来首次以国务院文件形式全面部署加强基础研究的文件,它明确我国基础科学研究三步走发展目标。随后,各省市纷纷出台专项政策,加大对基础研究的支持力度。这标志着我国正式进入基础研究飞速发展的重要阶段,关键核心技术突破的决胜时刻。

知识链接

我国支持基础研究的相关政策文件

2018 年 1 月 9 日,国务院发布《关于全面加强基层科学研究的若干意见》,明确提出:到 2020 年,我国基础科学研究整体水平和国际影响力显著提升,在若干重要领域跻身世界先进行列,在科学前沿重要方向取得一批重大原创性科学成果,解决一批面向国家战略需求的前瞻性重大科学问题,支撑引领创新驱动发展的源头供给能力显著增强,为全面建成小康社会、进入创新型国家行列提供有力支撑。到 2035 年,我国基础科学研究整体水平和国际影响力大幅跃升,在更多重要领域引领全球发展,产出一批对世界科技发展和人类文明进步有重要影响的原创性科学成果,为基本实现社会主义现代化、跻身创新型国家前列奠定坚实基础。到21世纪中叶,把我国建设成为世界主要科学中心和创新高地,涌现出一批重大原创性科学成果和国际顶尖水平的科学大师,为建成富强民主文明和谐美丽的社会主义现代化强国和世界科技强国提供强大的科学支撑。

2020年1月21日,科技部、发改委、教育部、中科院、自然科学基金委联合发布《加强"从0到1"基础研究工作方案》。方案指出,国家科技计划突出支持关键核心技术中的重大科学问题。面向国家重大需求,对关键核心技术中的重大科学问题给予长期支持。重点支持人工智能、网络协同制造、3D打印和激光制造、重点基础材料、先进电子材料、结构与功能材料、制造技术与关键部件、云计算和大数据、高性能计算、宽带通信和新型网络、地球观测与导航、光电子器件及集成、生物育种、高端医疗器械、集成电路和微波器件、重大科学仪器设备等重大领域,推动关键核心技术突破。

2020年4月29日,科技部办公厅、财政部办公厅、教育部办公厅、中科院办公厅、工程院办公厅、自然科学基金委办公室联合发布《新形势下加强基础研究的若干重点举措》,从优化基础研究总体布局、激发创新主体活力、深化项目管理改革、营造有利于基础研究发展的创新环境、完善支持机制五个方面,为进一步加强基础研究指明方向。

(资料来源:中国政府网)

■ 投入主体更加多元化,民营企业活力十足

我国科技研发投入的来源主体更加多元化。"一人难挑千斤担,众人能移万座山。"这十年,我国更多的企业,特别是民营企业研发活动的主动性被极大地激活,为实现科技创新自立自强夯实了坚实基础。2012—2021年,企业 R&D 经费支出增长1.4万亿元,年均增长18%,企业 R&D 经费支出占全社会 R&D 经费支出的比重由74%提高至78%,增加了4个百分点。科技部和全国工商联发布的《关于推动民营企业创新发展的指导意见》强调,培育一批核心技术能力突出、集成创新能力强、引领产业发展、具有国际竞争力的创新型民营企业,推动了以民营企业为主体的新型研发机构的发展。2022年,全国工商联发布了

"2022民营企业研发投入前10强"榜单,研发投入金额排在前十的民营企业分别为华为、阿里巴巴、腾讯、百度、吉利、蚂蚁集团、美团、京东、快手和网易。这十家企业在2021年的研发投入总和近4 000亿元,占全国企业R&D经费的比重接近两成。

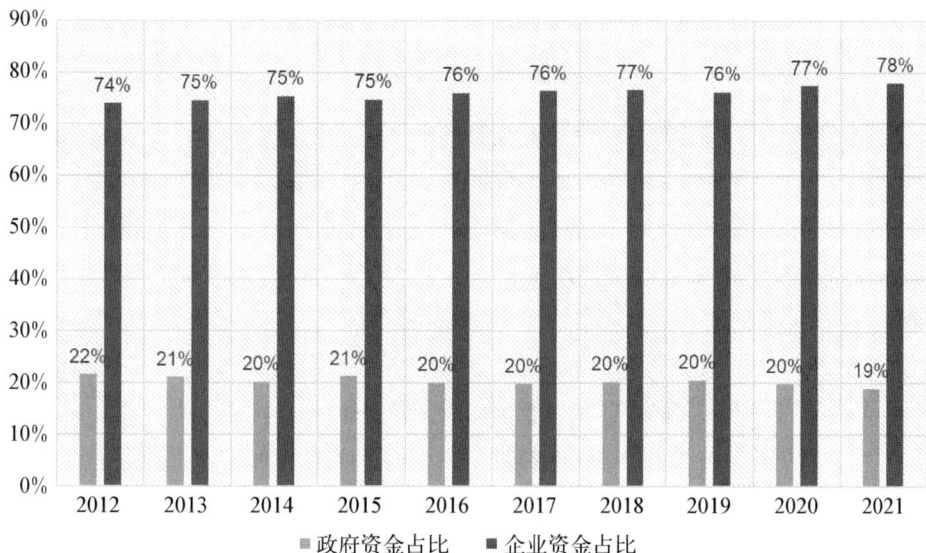

图 2 - 3　2012—2021 年我国全社会 R&D 经费执行结构

资料来源:根据《中国统计年鉴》相关数据绘制。

案　例

华为、阿里巴巴、腾讯等公司加大科技投入

深耕科技创新的华为,R&D经费投入稳居国内首位。华为财报显示,2022年,华为投入的研发经费为238亿美元,折合人民币约1 639亿元。高投入、高回报,华为在5G领域取得了全球领先优势。近几年,华为在操作系统、芯片设计、智能汽车等领域全面布局。华为创始人表示,科技的发展离不开基础科学的支撑,只有通过不断地追求基础科学的突破,才能够在国际舞台上保持竞争力和领先地位。因此,他呼吁全社会都要重视基础科学的研究和发展,为科技创新提供强有力的支持和保障。

改变人们生活方式的阿里巴巴,其科技研发投入也在持续增长,其2022财年年度报告显示,2022年一年阿里科研投入已经超过1 200亿元。阿里的研发

投入基本上是用在云计算领域,阿里巴巴云的飞天操作系统更是国内唯一自主研发的云计算操作系统,是阿里巴巴云最底层的核心技术。在前沿基础研究领域,阿里巴巴集团旗下的科技创新孵化基地达摩院,也迎来了"丰收季"。2021年12月,达摩院宣布成功研发出世界范围内第一款基于DRAM的3D键合堆叠存算一体芯片。

依靠社交领域起家的腾讯,近年来在自主创新领域不断加大投入。腾讯2022年财报数据显示,腾讯研发投入达到了614亿元,2019年以来累计支出超过1 800亿元。腾讯AI与北京协和医院合作研发出"便携式智能化手术导航系统",这一项在医疗领域具有革命性的发明,其将磁共振、CT等影像发给AI进行学习,构建出一个3D的"透明脑"模型,使医生可以精准定位到需要手术的区域。腾讯世界自然基金会还打造了一个数字平台用于保护野生动物,即通过AI识别,提升了识别物种的效率。

■ 春种一粒种、秋收万颗粮,科技产出量质齐升

高强度 R&D 经费投入推动我国科技创新产出大幅增加、原始创新力显著增强。 原始创新力增强的直接表现是,让世界震惊的科技论文发表规模。2022年我国高被引论文数为4.99万篇,在2012年的基础上翻了两番。高被引论文数占世界的份额首次超过四分之一。截至2022年9月,我国热点论文的数量为1 808篇,占据世界半壁江山,多指标继续领跑世界:一是高水平国际期刊论文数量排名居世界第一;二是农业科学、材料科学、化学、计算机科学、工程技术等五个领域论文的被引用次数居世界第一;三是生物与生物化学、环境与生态学、地学、数学、微生物学、分子生物学与遗传学、综合类、药学与毒物学、物理学、植物学与动物学等十个领域论文被引用次数排名世界第二位。

原始创新力增强的另一个表现是,让世界惊叹的专利申请规模。我国仅用30年时间,就发展成为世界第一专利大国。2011年,我国受理发明专利申请数量就已超过美国,2015年又在发明专利授权量上超越美国,成为全球发明专利申请量和授权量第一的大国。PCT专利申请量从2012年的1.9万件增至2021年的6.96万件。据WIPO的统计,2021年PCT专利国际申请量最多的国家是中国,之后是美国、日本、韩国和德国。这些成就都离不开包括《专利质量提升工程实施方案》《关于规范专利申请行为的若干规定》《关于专利申请相关政策专项督查的通知》等文件的支撑及为专利申请提供的补贴和奖金等方式的激励。当前,我国已从"中国制造"转向"中国创造"。

表 2-1 2012—2020 年世界主要国家专利申请量(单位:万件)

国别/年份	2012	2013	2014	2015	2016	2017	2018	2019	2020
中国	53.5	70.5	80.1	96.8	120.5	124.6	139.4	124.4	134.5
美国	26.9	28.8	28.5	28.8	29.5	29.4	28.5	28.5	27.0
日本	28.7	27.2	26.6	25.9	26.0	26.0	25.4	24.5	22.7
韩国	14.8	16.0	16.4	16.7	16.3	15.9	16.3	17.2	18.0
德国	4.7	4.7	4.8	4.7	4.8	4.8	4.7	4.7	4.2

资料来源:根据世界知识产权组织(WIPO)相关数据整理。

高强度的经费投入、高度重视的科技研发,推动我国掀起科技发展浪潮、全民科创风尚,一项项重大工程纷纷落地,利在千秋。

案 例

华为Mate60 Pro"芯"突破彰显科技自立自强

2023 年 8 月 29 日,华为 Mate60 Pro 首次发布,备受全世界广泛关注。自美国制裁以来,华为麒麟 9000 芯片的供应始终受到限制,华为不得不放缓手机业务发展,同时继续研发麒麟 9000 系列芯片,以及和晶圆代工厂共同努力突破技术升级,使得国产芯片代替成为可能。虽然美国的制裁对华为的 5G 手机业务造成严重打击,但也加快了华为手机零件的国产化进程。而华为 Mate60 Pro 所搭载的麒麟 9000S 芯片就是华为自主研发的一颗高性能芯片。通过拆机看到,这款麒麟 9000S 处理器上面刻有"Hi3610"字样,代表着芯片是海思麒麟,后缀"cn"则直截了当地说明了这是中国制造的麒麟芯片。这款芯片的代工厂是中芯国际,采用了先进的 7 纳米堆叠技术。与传统的高通骁龙芯片相比,麒麟 9000S 芯片具备更高的集成度、更快的运行速度。华为通过自主研发的芯片,实现了对手机硬件和软件的更好优化,让用户在使用华为手机时能够获得更出色的体验。另外,华为 Mate60 Pro 供应链中,40 多家核心厂商基本全是国产。

Mate60 Pro 的问世绝非偶然。华为一直致力于自主研发芯片,积极拥抱创新,不断提升自身的技术实力。Mate60 Pro 是华为多年来科技创新持续投入的成果。Mate60 Pro 的问世极具里程碑意义。它是一次技术飞跃的见证。在全球半导体产业链中,我国一直处于弱势地位,依赖进口芯片成为一大制约因素。

华为 Mate60Pro 的麒麟 9000S 芯片的出现,改变了这一格局。这不仅是国内首款纯国产 5G 芯片,还摆脱了我国对国际芯片的依赖,实现了自主可控。它是一种创新精神的展示。华为在全球范围内树立了一个榜样,证明了中国企业在面对巨大挑战时,依然能够不断进步、创新突破。既为我国产业链升级提供了动力,也为我国实现科技自立自强注入强大信心。

第二节　以强化科技转化力提升高技术产业　20.99 万亿元

关键数据:

- 十年来,我国高技术产业的营业收入从 10.23 万亿元增长到 20.99 万亿元,总体规模翻了一番。
- 我国高技术产业的企业数从 2012 年的 2.46 万家,增长到 2021 年的 4.56 万家,总体规模将近翻了一番,民营高技术企业数占高新技术企业数的比重超过八成。
- 我国高科技产品出口额增长至 9 423 亿美元,超越欧盟,在全球各个国家和地区中排名第一。

高技术产业是指研发投入大、产品附加值高、国际市场前景良好的技术密集型产业,具备智力性、创新性、战略性和资源消耗少等特点。在统计上,高技术产业是指国民经济行业中研发经费投入强度相对高的制造业行业,高技术产业是国民经济先导产业,是我国培育高质量发展新动能的重要产业,更是我国获取未来技术新优势的关键。

表 2‑2　高技术产业分类(2017 年)

行　业　大　类	主　要　内　容
医药制造业	化学药品制造、中药饮片加工、中成药生产、生物药品制造、卫生材料及药用辅料制造等
航空、航天器及设备制造业	飞机制造、航天器及运载火箭制造、航空航天相关设备制造、其他航空航天器制造、航空航天器维修等

续　表

行　业　大　类	主　要　内　容
电子及通信设备制造业	电子工业专业设备制造、光纤光缆锂电池制造、广播电视设备制造、电子器件元件及专用材料制造、智能消费设备制造等
计算机及办公设备制造业	计算机整机、零部件、外围设备制造、工业控制计算机及系统制造、信息安全设备制造、办公设备制造等
医疗仪器设备及仪器仪表制造业	医疗仪器设备及器械制造、仪器仪表制造、光学仪器制造、其他仪器仪表制造等
信息化学品制造业	文化用、医学生产用信息化学品制造等

资料来源：国家统计局

■ 高技术产业规模扩张之快,令人赞叹

虽然我国高技术产业起步较晚,但是经过半个多世纪发展,高技术产业越来越成为推动国民经济发展、优化经济结构的中坚力量。党的十八大以来,我国相继出台了一系列重大政策文件。《中国制造2025》是我国实施制造强国战略第一个十年的行动纲领,旨在推动中国制造业向高技术产业转型升级。《国家科技创新2030重大项目》提出了中国在未来十年内重点支持的科技创新项目,其中

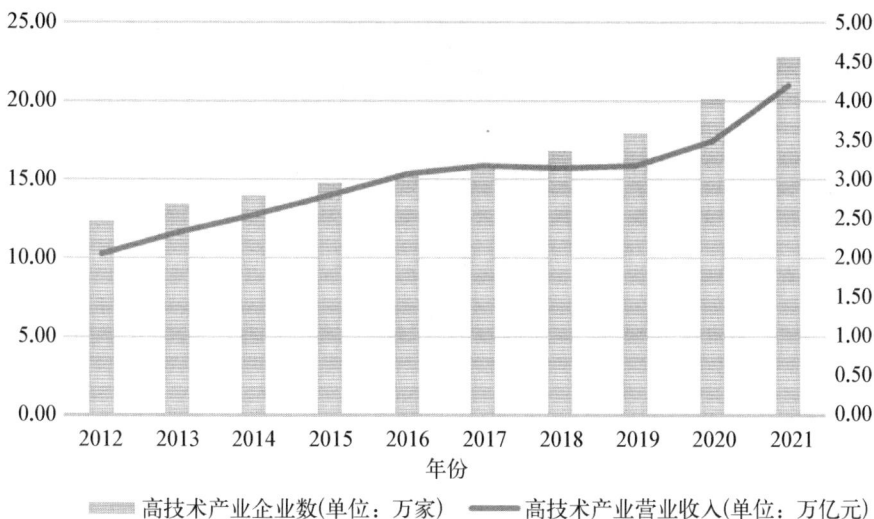

图 2 - 4　2012—2021 年高技术产业营业收入和企业数

资料来源：根据《高技术产业统计年鉴》的相关数据绘制。

57

包括高技术领域的重大科技创新项目。这些政策文件推动我国高技术产业实现跨越发展、精彩蝶变,我国高技术产业营业收入从 2012 年的 10.23 万亿元,增长到 2021 年的 20.99 万亿元,总体规模翻了一番。高技术产业的营业收入增加值占规模以上工业增加值比重从 2012 年的 9.4％,提高到 2021 年的 15.1％,提升了 5.7 个百分点。

知识链接

中国制造 2025 的战略目标

立足国情,立足现实,力争通过"三步走"实现制造强国的战略目标。

第一步:力争用十年时间,迈入制造强国行列。

到 2020 年,基本实现工业化,制造业大国地位进一步巩固,制造业信息化水平大幅提升。掌握一批重点领域关键核心技术,优势领域竞争力进一步增强,产品质量有较大提高。制造业数字化、网络化、智能化取得明显进展。重点行业单位工业增加值能耗、物耗及污染物排放明显下降。

到 2025 年,制造业整体素质大幅提升,创新能力显著增强,全员劳动生产率明显提高,两化(工业化和信息化)融合迈上新台阶。重点行业单位工业增加值能耗、物耗及污染物排放达到世界先进水平。形成一批具有较强国际竞争力的跨国公司和产业集群,在全球产业分工和价值链中的地位明显提升。

第二步:到 2035 年,我国制造业整体达到世界制造强国阵营中等水平。创新能力大幅提升,重点领域发展取得重大突破,整体竞争力明显增强,优势行业形成全球创新引领能力,全面实现工业化。

第三步:新中国成立一百年时,制造业大国地位更加巩固,综合实力进入世界制造强国前列。制造业主要领域具有创新引领能力和明显竞争优势,建成全球领先的技术体系和产业体系。

表 2-3　2020 年和 2025 年制造业主要指标

类别	指　　标	2013 年	2015 年	2020 年	2025 年
创新能力	规模以上制造业研发经费内部支出占主营业务收入比重	0.88％	0.95％	1.26％	1.68％
	规模以上制造业每亿元主营业务收入有效发明专利数[1](件)	0.36	0.44	0.7	1.1

续　表

类别	指　标	2013 年	2015 年	2020 年	2025 年
质量效益	制造业质量竞争力指数[2]	83.1	83.5	84.5	85.5
	制造业增加值率提高	—	—	比2015年提高2个百分点	比2015年提高4个百分点
	制造业全员劳动生产率增速	—	—	7.5%左右("十三五"期间年均增速)	6.5%左右("十四五"期间年均增速)
两化融合	宽带普及率[3]	37%	50%	70%	82%
	数字化研发设计工具普及率[4]	52%	58%	72%	84%
	关键工序数控化率[5]	27%	33%	50%	64%
绿色发展	规模以上单位工业增加值能耗下降幅度	—	—	比2015年下降18%	比2015年下降34%
	单位工业增加值二氧化碳排放量下降幅度	—	—	比2015年下降22%	比2015年下降40%
	单位工业增加值用水量下降幅度	—	—	比2015年下降23%	比2015年下降41%
	工业固体废物综合利用率	62%	65%	73%	79%

1. 规模以上制造业每亿元主营业务收入有效发明专利数=规模以上制造企业有效发明专利数/规模以上制造企业主营业务收入。
2. 制造业质量竞争力指数是反映我国制造业质量整体水平的经济技术综合指标,由质量水平和发展能力两个方面共计12项具体指标计算得出。
3. 宽带普及率用固定宽带家庭普及率代表,固定宽带家庭普及率=固定宽带家庭用户数/家庭户数。
4. 数字化研发设计工具普及率=应用数字化研发设计工具的规模以上企业数量/规模以上企业总数量(相关数据源于 3 万家样本企业,下同)。
5. 关键工序数控化率为规模以上工业企业关键工序数控化率的平均值。

(资料来源:《中国制造 2025》)

■ 高技术产业的水平提升之快,令人赞叹

从企业层面看,高技术产业企业数从 2012 年的 2.46 万家,增长到 2021 年

的4.56万家,总体规模翻了将近一番。值得关注的是,民营高技术企业数占高新技术企业数的比重超过八成,成为支撑我国科技创新的强大主力,一大批高技术民营企业成长为具有国际竞争力的创新型领军企业。华为、阿里巴巴、联想、京东、小米、腾讯、字节跳动,进入2022年全球最具创新力的50家公司榜单。

从产业领域看,一方面电子及通信设备制造业成为高技术产业的关键领域,营业收入由2018年的9.8万亿元增长至2021年的13.3万亿元,四年时间提高了近50%,占高技术产业营业收入的比重近七成。电子及通信设备制造业的企业数从2018年的1.8万家增加至2021年的2.5万家。另一方面生物医药行业呈现快速发展之势,医疗仪器设备及仪器仪表制造业营业收入由2018年的1万亿元提高到2021年的1.3万亿元,占高技术产业营业收入比重近一成,企业数从2018年的0.6万家增加至2021年的0.9万家。为了培育高技术中小企业,2012年国务院发布《国务院关于进一步支持小型微型企业健康发展的意见》,提出走"专精特新"和大企业协作配套发展的道路。2021年7月30日的政治局会议首次将"发展专精特新中小企业"上升至国家层面。随着中央政策关注程度的加深,多个省份出台了相应的扶持政策,促进当地中小企业转型升级与核心竞争力的增强。

表2-4 支持"专精特新"中小企业发展的系列政策

时 间	文 件	主 要 内 容
2012年4月26日	国务院发布《国务院关于进一步支持小型微型企业健康发展的意见》	走"专精特新"和与大企业协作配套发展的道路,加快从要素驱动向创新驱动的转变
2013年7月16日	工信部出台《关于促进中小企业"专精特新"发展的指导意见》	加强对"专精特新"中小企业的培育和支持,促进中小企业走专业化、精细化、特色化、新颖化发展之路,不断提高"专精特新"中小企业的数量和比重,提高中小企业的整体素质,增强核心竞争力
2018年11月26日	工信部发布《关于促进中小企业专精特新"小巨人"企业培育工作的通知》	决定在各省级中小企业主管部门认定的"专精特新"中小企业及产品基础上,培育一批专精特新"小巨人"企业
2019年4月17日	中办、国办发布《关于促进中小企业健康发展的指导意见》	以专精特新中小企业为基础,在核心基础零部件(元器件)、关键基础材料、先进基层工艺和产业技术级差等领域,培育一批主营业务突出、竞争力强、成长性好的专精特新"小巨人"企业

续　表

时　间	文　件	主　要　内　容
2021 年 1 月 23 日	财政部、工信部联合印发《关于支持"专精特新"中小企业高质量发展的通知》	2021—2025 年，中央财政累计安排 100 亿元以上奖补资金，引导地方完善扶持政策和公共服务体系，分三批（每批不超过三年）重点支持 1 000 余家国家级专精特新"小巨人"企业高质量发展

资料来源：中国政府网

　　"十四五"规划纲要明确指出，推动互联网、大数据、人工智能等同各产业深度融合，推动先进制造业集群发展。党的二十大报告强调，推动战略性新兴产业融合的集群发展。《关于积极推进"互联网＋"行动指导意见》《促进大数据发展行动纲要》《新时期促进集成电路产业和软件产业高质量发展的若干政策》《新能源汽车产业发展规划（2021—2035 年）》等政策文件也是高技术产业发展的重要支撑，助力关键技术领域实现群体性突破。当前，我国部分产业具备较强国际竞争力，比如华大等机构基因测序能力进入全球第一阵营，我国自主设计的大飞机C919、长征新一代运载火箭、中国标准动车组相继问世，国产钻井平台实现可燃冰首次成功试采，核电、新能源汽车等产业均取得突破。

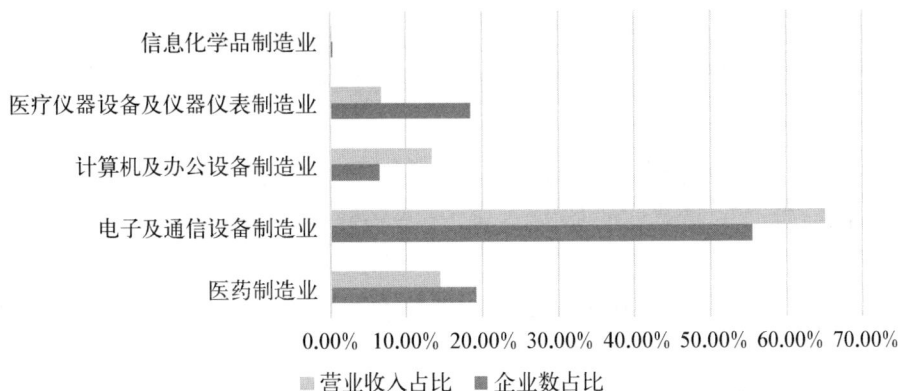

图 2‑5　2021 年高技术产业行业结构

资料来源：根据《高技术产业统计年鉴》的相关数据绘制。

■ 高技术产业的整体效益增长之快，令人赞叹

　　2012 年，全国高技术产业利润仅为 0.6 万亿元，战略性新兴产业重点行业利

润同比增长 14％,其中 26 个行业同比增长达 13.4％,比同期工业利润增速高出 4.9 个百分点。2017 年上半年,战略性新兴产业重点行业实现利润同比增长 16.1％,利润率提高到 8.5％。从上市公司数据看,过去五年战略性新兴产业上市公司盈利水平始终高于传统产业,战略性新兴产业领域上市企业 2023 年一季度利润率达 9.8％,比非金融类上市公司总体高 2.6 个百分点。

(单位:万亿元)

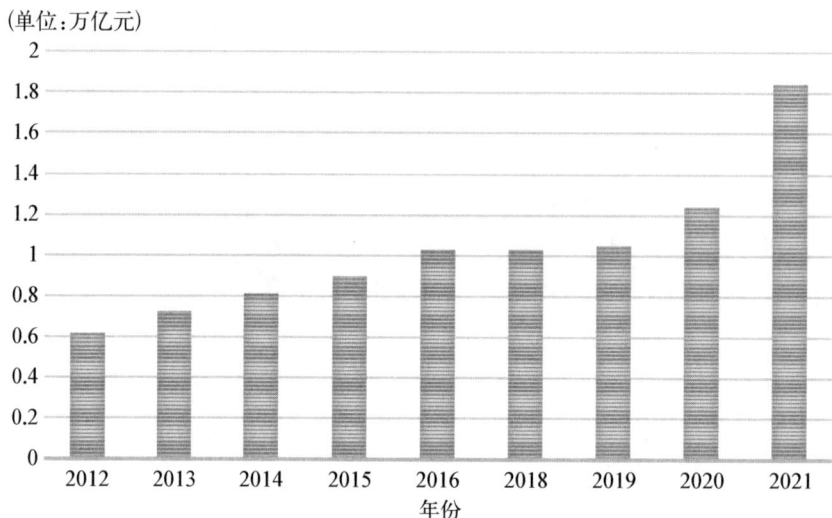

图 2-6　2012—2021 年高技术产业利润

资料来源:根据《高技术产业统计年鉴》的相关数据绘制。

注:未统计到 2017 年高技术产业利润。

■ 高技术产业的国际影响力之大,令人赞叹

在 20 世纪 90 年代初的时候,我国高科技领域处于刚起步阶段,高科技产品出口占比仅为全球总量的 0.6％左右,世界排名也非常靠后,主要原因还是缺少尖端科技。我国仅用了 20 年时间就完成了逆袭,从 1995 年的全球高科技产品出口排名第 15 位,到 2004 年我国超越美国,成为全球高科技产品出口第一的国家。2017 年,我国高科技产品出口额为 6 542 亿美元,一举超越欧盟,在全球各个国家和地区中排名第一。

中国制造了全球超过七成的手机,另外较知名的有通信设备、电视、PC 等产品。在手机制造领域,我国已形成完善的手机产业链,强大的产业链优势,让苹果公司试图转移生产线都面临巨大的困难。苹果公司在印度、越南等地的生产线都需要依靠中国出口的手机元件。在电视制造领域,主要是依托于全球前两

大液晶面板企业京东方和 TCL 华星。京东方和 TCL 华星合计生产全球超过六成的电视用液晶面板。由于产能和技术优势,如今韩国的三星都需要从这两家面板企业大量采购液晶面板。在通信设备制造领域,如今全球仅剩下四大通信设备企业,其中华为、中兴这两家就是中国企业。

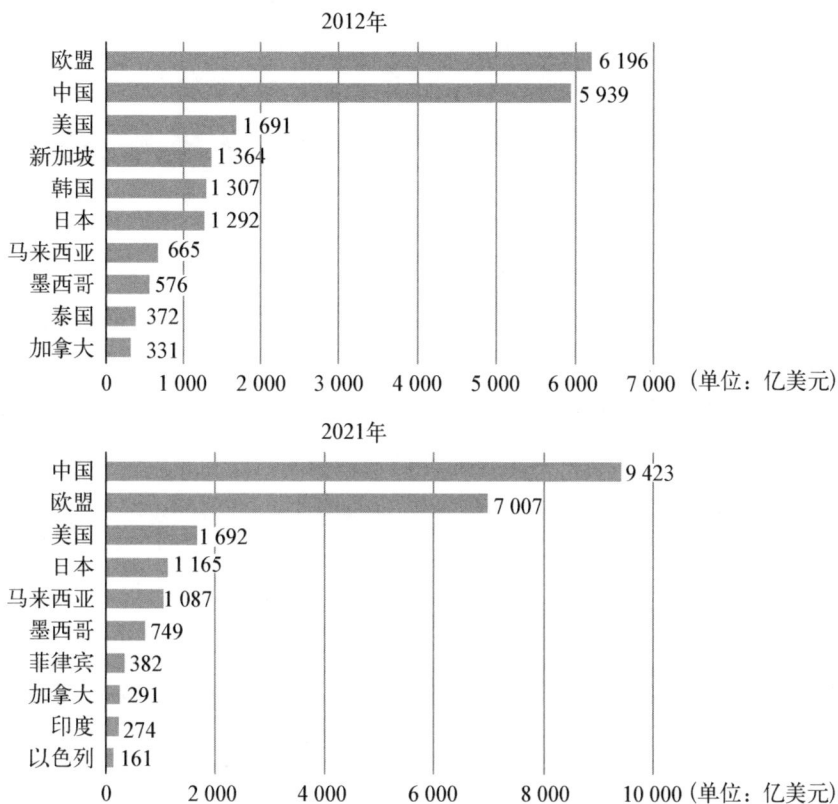

2012年

国家/地区	出口额(亿美元)
欧盟	6 196
中国	5 939
美国	1 691
新加坡	1 364
韩国	1 307
日本	1 292
马来西亚	665
墨西哥	576
泰国	372
加拿大	331

2021年

国家/地区	出口额(亿美元)
中国	9 423
欧盟	7 007
美国	1 692
日本	1 165
马来西亚	1 087
墨西哥	749
菲律宾	382
加拿大	291
印度	274
以色列	161

图 2-7 2012 年和 2021 年高科技产品出口额前十的国家和地区

资料来源:根据世界银行的相关数据绘制。

■ "双创"之风为高技术产业发展注入新活力

"双创"即"大众创业、万众创新",是国家基于转型发展需要和国内创新潜力提出的重大战略,旨在优化创新创业环境,激发蕴藏在人民群众之中的无穷智慧和创造力,让那些有能力、想创业创新的人有施展才华的机会,实现靠创业自立,凭创新出彩。

"双创"催生了一系列新的就业形态和灵活就业方式。一是"双创"推动了返乡就业潮。2020年,国家发展改革委牵头与18个部门联合印发了《关于推动返乡入乡创业高质量发展的意见》。截至2020年底,返乡入乡创业群体逆势上涨,首次突破1 000万人,达到1 010万人,实现就地就近就业的返乡留乡人员达到1 900多人。二是"双创"推动了我国中小企业的快速发展。在各种政策支持和大力宣传下,大量中小微企业快速涌现,市场主体在十年间增加近两倍。三是"双创"提升我国的国际影响力。2017年,联合国大会将中国"双创"写入联合国决议,旨在呼吁世界各国支持大众创业、万众创新。自2017年以来,超过100场海外双创周活动已在五大洲29个国家50多个城市成功举办,得到当地创业者和产业界的热烈响应。

▍高新区为高技术产业发展构筑新载体

国家高新区是支撑高质量发展的重要引擎,是突破关键核心技术的重要力量,是开放创新合作的重要平台。一个高新区能否具有竞争力、能否拥有发展潜力,关键在于能否把"高"和"新"两篇文章作实、作好。截至2023年2月,我国国家级高新区增加至177家,较2012年增加88家。我国高新区生产总值从2012年的5.4万亿元增长至2021年的15.3万亿元,以全国2.5%的建设用地创造了13.4%的国内生产总值。根据"十四五"规划,到"十四五"末,我国高新区数量将达到220家左右,实现东部大部分地级市和中西部重要地级市基本覆盖。当前,我国最具影响力的高新技术园区包括中关村科技园、上海张江高新技术产业开发区、深圳高新区。

案 例

中关村科技创新发展

中关村科技园,被誉为"中国硅谷",起源于20世纪80年代初的"中关村电子一条街"。在前沿技术领域,中关村产生了百度全球最大自动驾驶平台Apollo、寒武纪。在关键核心技术领域,中关村发布了国内首款通用CPU、国内首个软硬件技术体系"长安链"、全球首个治疗肝衰竭的干细胞新药等极具影响力的创新成果。中关村产业总收入从2012年的2.5万亿元增加至2021年的8.4万亿元,对北京全市经济增长贡献率在30%以上,约占全国高新区的1/6。从"中关村电子一条街"到"新技术产业开发试验区",从中国第一个国家高新技术产业开发区到世界领先科技园区,从一区十六园到全国各地接连建设起中关村科技园,中关村与时代同频、与世界共振,扛着中国科创事业发展的大旗,走出海淀、走出北京、走出国门,站到了世界舞台中央。

案例

张江高新技术产业开发区科技创新发展

上海张江高新技术产业开发区始建于 20 世纪 90 年代初，是首批国家级高新区，是上海市培育战略性新兴产业的核心载体和实现创新驱动发展的示范区域，园区内高新技术企业最为密集。历经 30 多年，从阡陌乡野到科创之城，走出一条特色创新之路。张江是我国策源潜力卓越之城，拥有全球规模最大、种类最全、综合能力最强的世界级光子大科学设施集群。张江是"双创"事业蓬勃发展之城，集聚了约 50 万从业人员、2.3 万家企业、1 800 家高新技术企业、179 家外资研发中心。作为上海双创载体集聚度最高的区域，现有双创载体 100 家。张江是我国关键核心技术突破的主战场、主阵地，成为全国集成电路产业重镇、全球知名的"硅谷"。上海集成电路产业规模占全国比重约四分之一，2022 年张江集成电路产业销售收入完成额 2 011 亿元，占上海比重超过六成，在集成电路产业集聚设计、制造、封装测试、设备材料等企业约 500 家，其产业地位不言而喻。

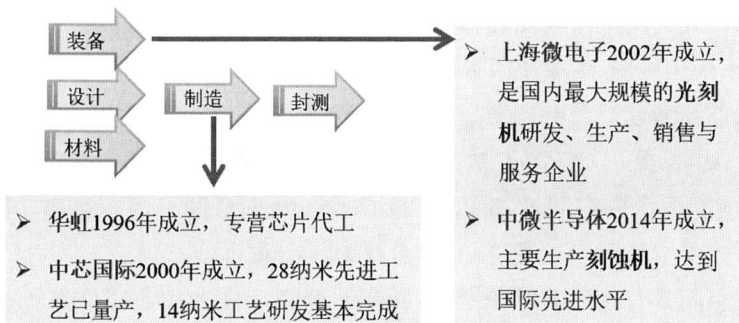

资料来源：笔者自绘。

案例

深圳高新技术产业园区科技创新发展

深圳高新技术产业园区成立于 1996 年，是科技部"建设世界一流科技园区"发展战略的首批试点园区之一。2021 年，科技部火炬中心通报国家高新区综合评价结果，深圳高新区位列全国第二，且综合质效和持续创新力单项排名第一。深圳高新区的持续创新，离不开"基础研究＋技术攻关＋成果产业化＋科技金融十人才支撑"全过程创新生态链。数据显示,2020 年,深圳高新区 PCT 国际专利申请量接近 1.5 万件,占全市七成以上,意味着全国 20% 以上的 PCT 专利申请量来自深圳高新区。华为、中兴通信、腾讯、大疆创新等都是深圳高新区培育出的企业。深圳瑞声声学科技公司是声学领域的"隐形冠军",同样也来自深圳高新区,与三星、华为、小米、OPPO、vivo 等知名手机品牌建立了长期稳固的合作关系。深圳高新区自主创新总体呈现"六个九"的特征。

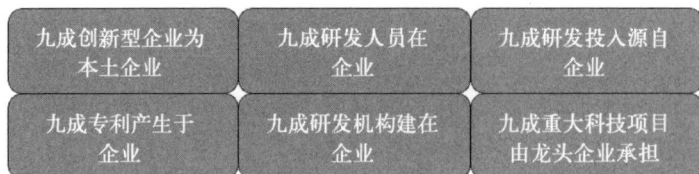

九成创新型企业为本土企业	九成研发人员在企业	九成研发投入源自企业
九成专利产生于企业	九成研发机构建在企业	九成重大科技项目由龙头企业承担

资料来源:笔者自绘。

■ 众创空间、孵化器、加速器为高技术产业发展搭建新平台

众创空间是顺应创新 2.0 时代的创新趋势,把握全球创客浪潮兴起新机遇,根据互联网及其应用深入发展、知识社会创新 2.0 环境下的创新创业特点和需求,通过市场化机制、专业化服务和资本化途径构建的成本较低、更加便利、全要素开放式的新型创业公共服务。2016 至 2021 年的六年时间里,我国众创空间由 4 298 个增长至 9 026 个,总数翻了一番。其中,国家级众创空间数量增加 700 多个,非国家级众创空间增加了 4 000 多个。众创空间总面积也由 2016 年的 0.23 亿平方米增长至 0.37 亿平方米,几乎翻了一番。

众创空间具有较强的服务能力,六年时间累计服务创业团队数量超过 100 万个,达到 130.33 万个,年度服务创业团队数量由 2016 年的 15.43 万个增长至 2021 年的 21.80 万个。众创空间也拥有较强的吸纳就业能力,六年时间累计吸纳就业人数接近 1 000 万人,达到 997.28 万人,年度吸纳就业人数由 2016 年的 99.36 万人增长至 2021 年的 188.69 万人,吸纳的就业人数翻了一番。

表 2−5　2016—2021 年我国众创空间总体情况

年份	2016	2017	2018	2019	2020	2021
众创空间总数(个)	4 298	5 739	6 959	8 000	8 507	9 026
国家级众创空间(个)	1 337	1 976	1 889	1 819	2 202	2 071

非国家级众创空间(个)	2 961	3 763	5 070	6 181	6 305	6 955
众创空间总面积(亿平方米)	0.23	0.25	0.34	0.36	0.37	0.37
服务的创业团队数量(万个)	15.43	23.71	23.90	23.38	22.11	21.80
吸纳就业人数(万人)	99.36	173.50	160.15	190.97	184.61	188.69

资料来源:根据《中国科技统计年鉴》整理。

孵化器是以服务大众创新创业,促进科技成果转化,优化创新创业生态环境,培育企业家精神为宗旨,面向科技型创业企业和创业团队,提供物理空间、共享设施和专业化服务的科技创业服务载体。我国的科技企业孵化器于1987年在湖北武汉诞生。孵化器数量从2012年的1 239家增长到2021年的6 227家;国家级科技企业孵化器则是孵化器里的"尖子生",2019年,我国国家级科技企业孵化器迈过千家大关,2021年达1 412家。截至2021年,孵化器场地面积总和达1.3亿平方米。在这些孵化器中,2021年全国在孵企业约23万家,R&D投入808.6亿元,累计获得风险投资3 886.7亿元,累计获得财政资助267.2亿元。

> **知识链接**
>
> ### 孵化器的功能与作用
>
> 孵化器对于企业就像是大自然的阳光、土壤与水源。一是能够为企业提供良好的平台与创业氛围,为企业提供创业服务物理空间、基础设施。二是能够为企业提供配套服务,包括人力资源、管理咨询、知识产权、企业授信评估、投融资、市场推广、项目申报、科技成果对接及转化等全方面、多维度的闭环式孵化服务支持系统。三是能够为企业链接外部资源,减少创业成本,降低创业风险。四是能够通过在市场、信息、资金、管理、服务等各个方面,结合政府政策给予企业扶持。
>
> (资料来源:笔者整理。)

企业加速器类似一种高效的资源整合工具,它通过建立与政府、企业、高校、研究机构、中介机构、科技园区的宽阔通道,组织和搭建创新服务网络,不断地将优质资源整合到企业加速器及高成长性企业。2000年,上海建立了我国第一个科技企业加速器——大康企业加速器有限公司,之后经历了几年探索期,特别是

图 2-8 2012—2020 年我国科技企业孵化器数量

资料来源：2020 年火炬统计手册

近几年,科技企业加速器快速发展。据不完全统计,2019 年全球企业加速器总量已超过 1 000 家,我国企业加速器总量达到 250 家左右,占全球比重达四分之一。我国科技企业加速器发展虽处于初级阶段,但其对助推经济结构升级、促进区域经济发展作用不可小觑。

■ 政策、金融、服务等为高技术产业发展提供最优沃土

一方面,科技领域的"放管服"改革顺利落地实施,完善了以信任为前提的科研管理机制,减轻科研人员负担,充分释放创新活力,调动科研人员的积极性,激励科研人员敬业报国、潜心研究、攻坚克难,大力提升原始创新能力和关键领域核心技术攻关能力。另一方面科技金融支持科技企业发展的力度持续加大。人民银行数据显示,2022 年,我国科技型中小企业贷款余额同比增长 24.3%,高出各项贷款增速超过 13 个百分点。"专精特新"企业贷款余额同比增长 24%,高出各项贷款增速超过 12 个百分点。包括主板、科创板、创业板、新三板、区域性股权交易市场的多层次资本市场,极大弥补了科技企业融资缺口。

> **知识链接**
>
> ### 我国科技领域的"放管服"改革
>
> 2015 年,随着体制机制改革的不断深入,全国推进简政放权放管结合职

能转变工作电视电话会议首次提出"放管服"的治理理念。

2016 年,中办、国办印发《关于进一步完善中央财政科研项目资金管理等政策的若干意见》,明确下放预算调剂权限,实行预算部门批复前项目资金预拨制度。

2017 年,"放管服"正式向高教领域迈进,激发教学科研人员干事创业的积极性和创造性。教育部等五部门联合下发《关于深化高等教育领域简政放权放管结合优化服务改革的若干意见》,进一步改进高校教师职称评审机制,完善和加强高校经费使用管理,提升高校内部治理,强化监管优化服务机制。

2018 年,国务院印发《关于优化科研管理提升科研绩效若干措施的通知》,提出建立以信任为基础的科学研究管理运行机制。

2019 年,《中共教育部党组关于抓好赋予科研管理更大自主权有关文件贯彻落实工作的通知》确立"完善科研管理制度,落实科研自主权,增强科研人员获得感",标志着在科研领域"放管服"改革进入了新阶段。

2021 年,国办发布《关于改革完善中央财政科研经费管理的若干意见》,从七个维度提出 25 条措施,为创新"减压",赋予科研人员更为宽松的经费管理权利空间。

2022 年,随着新修订的《中华人民共和国科学技术进步法》正式实施,科研技术人员项目申报、材料报送、经费报销等方面的负担进一步减轻。

(资料来源:今日科苑)

第三节　扩大高等教育规模,大力培育人才　　4 430 万人

关键数据:

● 我国高等教育在学总规模提高到 4 430 万人,稳居世界第一,毛入学率上升至 57.8%,相比 2012 年增长了 27.8 个百分点。

- 我国高等教育投入增长至 1.4 万亿元,占 GDP 比例始终维持在 1.4％的水平,接近欧盟国家的平均水平。
- 十年来,我国普通高等学校累计培养了高素质专业人才 7 700 多万人,给现代制造业、战略性新兴产业和现代服务业培养了 70％以上的从业人员。
- 十年来,我国高校承担了全国六成以上的基础研究、八成以上的国家自然科学基金项目,获得了六成以上的国家科技三大奖励。

育才造士,为国之本。当今世界,高等教育是各个国家发展水平和发展潜力的重要标志,是各个国家参与国际科技竞争的重要基础。办好高等教育,事关我国前途命运,事关民族和谐幸福。我们对高等教育的需要比以往任何时候都更加迫切,对科学知识和卓越人才的渴求比以往任何时候都更加强烈。党的十八大以来,高等教育发展与祖国共进、与时代同行、与社会共振,在不断满足人民群众对高等教育的需求方面迈出坚实步伐,创造出举世瞩目的成就,持续为实现中华民族伟大复兴的中国梦提供智力支撑、人才支持。

知识链接

中国教育现代化 2035

2019 年 2 月 23 日,中共中央、国务院印发了《中国教育现代化 2035》,提出推进教育现代化的总体目标是:到 2020 年,全面实现"十三五"发展目标,教育总体实力和国际影响力显著增强,劳动年龄人口平均受教育年限明显增加,教育现代化取得重要进展,为全面建成小康社会作出重要贡献。在此基础上,再经过 15 年努力,到 2035 年,总体实现教育现代化,迈入教育强国行列,推动我国成为学习大国、人力资源强国和人才强国,为到 21 世纪中叶建成富强民主文明和谐美丽的社会主义现代化强国奠定坚实基础。2035 年主要发展目标是:建成服务全民终身学习的现代教育体系、普及有质量的学前教育、实现优质均衡的义务教育、全面普及高中阶段教育、职业教育服务能力显著提升、高等教育竞争力明显提升、残疾儿童少年享有适合的教育、形成全社会共同参与的教育治理新格局。

(资料来源:中国政府网)

■ **新时代,我国高等教育规模大起来了**

1978 年,我国高等教育在学总规模仅 228 万人,毛入学率只有 2.7%,意味着在高等教育适龄的人群中,100 个人只有 2—3 个人接受高等教育。当时人才稀缺问题成为我国推进改革开放进程的一大阻力。2012 年,我国高等教育在学总规模增长至 3 325 万人,三十多年增长近 15 倍,毛入学率达 30%。新时代十年,我国高等教育呈现质的飞跃。2017 年,高等教育在学总规模提高至 3 699 万人,其总量占世界两成,我国一举跃升成为高等教育第一大国,毛入学率达 45.7%。**2021 年,我国高等教育在学总规模为 4 430 万人,稳居世界第一,毛入学率上升至 57. 8%,相比 2012 年增长了 27.8 个百分点。**这意味着在高等教育的适龄人群中,100 个人有接近 60 个人接受高等教育,越来越多家庭实现了大学生"零的突破"。我国高等教育实现了从"相对落后"到"规模第一"的转变,从"精英教育"到"大众教育"转变。全球没有任何其他国家,能够快速拥有如此大规模接受高等教育的人群。

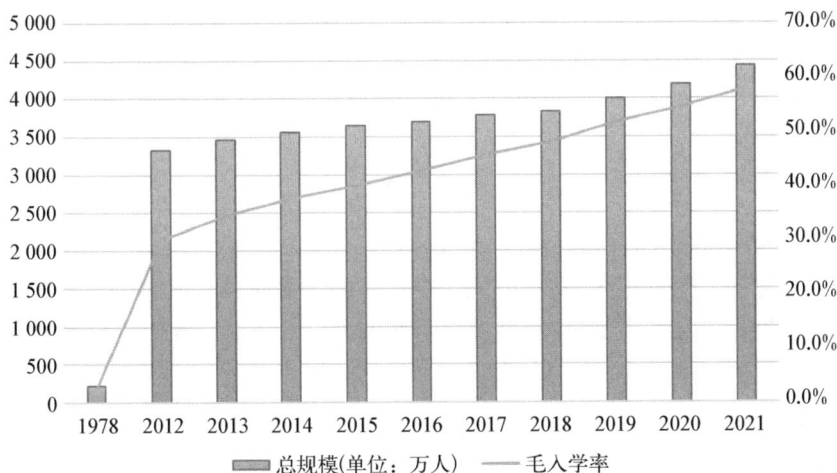

图 2‐9 1978 年、2012—2021 年我国高等教育总规模和毛入学率

资料来源:根据《全国教育发展统计公报》绘制。

注:高等教育在学总规模涵盖研究生、普通本科、职业本科和高职(专科)、成人本科、网络本科以及高等教育自学考试本专科等各种形式的高等教育在学人数,是衡量高等教育发展水平的基础性指标。国际上认为,高等教育毛入学率在 15% 以下时属于精英教育阶段,15%—50% 为高等教育大众化阶段,超过 50% 便进入普及化阶段。

■ **新时代,我国高等教育投入高起来了**

俗话说,"兵马未动,粮草先行"。如此大规模的高等教育,自然少不了高等教育经费的巨大投入。2012 年,我国高等教育经费投入不到 8 000 亿元,2020

年增长至近 1.4 万亿元。这些年,我国高等教育投入占 GDP 比例始终维持在 1.4% 的水平,接近欧盟国家的平均水平,但仍低于 OECD 国家的平均水平。教育部统计数据显示,全国普通高等学校生均公共财政预算教育事业费支出由 2012 年的 1.6 万元提高至 2021 年的 2.3 万元,增幅接近 50%,快于 OECD 国家的高等教育生均经费。从结构看,我国高等教育经费投入出现新变化,非政府主体对高等教育投入的努力程度逐渐增强,政府投入比例不断上升变为投入结构趋于稳定。与国际上其他国家相比,我国高等教育更依赖于政府投入,对财政依赖度较高。

表 2-6 2012—2020 年我国高等教育经费投入(单位:亿元)

年份	2012	2013	2014	2015	2016	2017	2018	2019	2020
高等学校	7 644	8 179	8 694	9 518	10 125	11 108	12 022	13 462	13 999
普通高等学校	—	7 976	8 510	9 364	9 973	10 947	11 859	13 296	—
成人高等学校	—	203	184	154	151	161	163	166	—

资料来源:根据《中国教育统计年鉴》整理。

■ 新时代,我国高等教育环境好起来了

一是教职工数量逐年增加。2021 年的教职工数量提高至 50 多万名,极大缓解了高等教育师资力量紧张的问题,为我国培育具有全球视野、战略思维的人才提供重要的教学基础。二是学校面积持续扩大。2021 年全国普通高等学校校舍总面积增长至 10.88 亿平方米,相比 2012 年扩大了四分之一。三是教学设备更加完善。2012 年普通高等学校的教学科研仪器设备值为 2 935 亿元,到了 2019 年这个数据翻了一番,提高至 6 095 亿元。2021 年,生均教学科研实习仪器设备值也达 1.7 万元。人力、物力的巨大投入,极大改善了我国存在的高校骨干专业实践教学基础薄弱、教学支撑条件不足、现有教学设备无法满足教学需求等问题,推动高等教育进入新的飞速发展阶段。

表 2-7 2012—2021 年普通高等学校相关情况

年份	2012	2013	2014	2015	2016	2017	2018	2019	2020	2021
教职工(万人)	225	230	234	237	240	244	249	257	267	279

续　表

校舍总建筑面积（亿平方米）	8.11	8.42	8.63	8.91	9.27	9.54	9.77	10.12	10.53	10.88
教学科研仪器设备值（亿元）	2 935	3 310	3 658	4 059	4 514	4 995	5 533	6 095	—	—

资料来源：根据《全国教育发展统计公报》整理。

■ 新时代，我国高等教育结构优起来了

一是专业目录的学科结构更优化。党的十八大以来，共有 265 种新专业纳入本科专业目录，目前目录内专业有 771 种，新增本科专业布点 1.7 万个，撤销或停招 1 万个。二是预算投资的空间结构更优化。我国一直大力推进中西部高校基础能力建设工程。"十三五"期间，累计安排中央预算内投资 107 亿元，落实了"一省一校"和"一校一案"。119 所部属和东部高水平大学参加支援 103 所中西部高校，实现西部 12 个省（区、市）和新疆生产建设兵团全覆盖。三是共建机制更加优化。这十年，高校与相关部委、大型企业、地方政府新增共建高校 151 所。依托高校共建机制，首批"双一流"共建各地政府投入建设资金超过 660 亿元，省部共建地方高校在"十三五"期间获得经费超过 1 000 亿元，有效提升共建高校整体办学水平、服务国家和区域重大战略能力。

■ 新时代，我国高等教育制度立起来了

2015 年，我国将"211 工程""985 工程"等重点建设项目统一纳入"双一流"建设。2017 年共有 140 所高校和 465 个一级学科入选"双一流"建设。2019—2021 年评选了教学大师奖、杰出教学奖、创新创业英才奖，以及在高校一线作出杰出贡献的"大先生"。这极大地激发了广大教师提升教学能力、潜心教书育人的热情。总体来看，新时代十年，"双一流"建设在人才培养、学科建设与科学研究、社会服务与文化传承创新、国际交流与合作、治理体系结构优化与管理创新等方面取得了一系列标志性成果，承担了超过 80％的博士生和近 60％的硕士生培养任务，是培养基础研究人才和科技创新人才的重要制度安排。

知识链接

我国"双一流"建设

2015年，中央全面深化改革领导小组第十五次会议审议通过《统筹推进世界一流大学和一流学科建设总体方案》，对新时期高等教育重点建设作出新部署，将"985工程""211工程""优势学科创新平台""特色重点学科建设"等重点建设项目，统一纳入世界一流大学和一流学科建设，要求以中国特色、世界一流为核心，推动一批高水平大学和学科进入世界一流行列。

2017年，教育部、财政部、国家发展改革委联合印发《统筹推进世界一流大学和一流学科建设实施办法（暂行）》，提出坚持以学科为基础，支持建设一百个左右的学科，着力打造学科领域高峰。每五年一个建设周期，2016年开始新一轮建设。建设高校实行总量控制、开放竞争、动态调整。

2018年，教育部、财政部、国家发展改革委发布《关于高等学校加快"双一流"建设的指导意见》，对当前高校落实"双一流"建设总体方案和实施办法给出了具体指导，进一步明确要以坚持特色一流、坚持内涵发展、坚持改革驱动、坚持高校主体为根本原则。

2022年，教育部、财政部、国家发展改革委印发《关于深入推进世界一流大学和一流学科建设的若干意见》，强调要突出培养一流人才、服务国家战略需求、争创世界一流的导向，深化体制机制改革，统筹推进、分类建设一流大学和一流学科。这标志着新一轮"双一流"建设实质性启动。

（资料来源：笔者整理。）

■ 新时代，我国高等教育实力硬起来了

这十年，我国高等教育大步走上了坚持特色发展、强调多样化探索、追求"中国特色、世界一流"的高质量发展道路。一是高校实力进入世界第一方阵。根据全球知名度较高、影响力较大的两个大学评价工具——THE和ARWU的榜单，2012年THE世界大学排名前100的中国高校只有5所。2022年我国9所大学进入前100的榜单，包括清华大学、北京大学、上海交通大学、复旦大学、浙江大学、中国科学技术大学、四川大学、中国科学院大学、南京大学。2012年我国没有高校进入ARWU世界大学排名前100。2022年，我国入前100榜单的高

校增加至 8 所，分别为清华大学、北京大学、浙江大学、上海交通大学、中国科学技术大学、复旦大学、中山大学以及华中科技大学。

表 2-8　THE、ARWU 大学排行榜前 100 中国大学数量

	2012	2013	2014	2015	2016	2017	2018	2019	2020	2021	2022
THE	5	4	4	4	4	4	5	6	6	7	9
ARWU	0	0	0	0	0	2	2	3	6	7	8

资料来源：笔者整理。

注：THE 世界大学排名为"泰晤士高等教育世界大学排名"（Times Higher Education World University Rankings），《泰晤士高等教育》分别与路透社、爱思唯尔合作，逐渐建立并完善了自己的排名系统，此排行榜囊括了世界综合大学排行、学科排行、声誉排行，以及亚洲及金砖五国两个地区性排行榜。ARWU 为"世界大学学术排名"，于 2003 年 6 月由我国上海交通大学教育研究生院（原高等教育学院）世界一流大学中心首次公布，是世界上最早的综合大学排名。尽管 ARWU 的最初目的是寻找中国顶尖大学的全球地位，但它已经引起了世界各地大学、政府和公共媒体的重大关注。

二是新学科建设飞速发展。在新工科建设方面。这十年，我国累计实施 1 457 项新工科项目，探索构建产学研用多要素融合、多主体协同的育人机制，累计支持 1 100 多所本科院校与近 800 家企业合作立项 3.7 万项，企业提供经费及软硬件支持约 112 亿元。在新医科建设方面，我国连续举办 10 届中国大学生医学技术技能大赛，支持 11 所高校开展八年制临床医学教育，推动"医学＋X"复合型人才培养改革试点。在新农科建设方面，我国建成了 36 门耕读教育相关国家级一流课程，编写出版了《耕读教育十讲》首部新农科新形态教材，打造建设了 184 个耕读教育实践基地。在新文科建设方面，新增 3 000 余个文理、文工等学科交叉融合专业点，并在 29 所高校设立 70 个文科类基础学科拔尖人才培养基地。

三是在线教育范式世界领先。先后举办了中国慕课大会、世界慕课大会，形成了一整套包括理念、技术、标准、方法、评价等在内的慕课发展的中国范式。截至 2022 年 2 月底，我国上线慕课数量超过 5.25 万门，注册用户达 3.7 亿，已有超过 3.3 亿人次在校大学生获得慕课学分，慕课数量和应用规模居世界第一。建成了"国家高等教育智慧教育平台"，发起成立世界慕课与在线教育联盟，成为主动引领世界高等教育未来发展"变轨超车"的战略一招、关键一招。我国高等教育正在由参与者向主导者转变，由"引进来"向"走出去"转变。

■ 新时代,我国高等教育服务社会经济的能力强起来了

一方面,高校成为社会人才的输出站。2012—2021年,普通高等学校累计培养了高素质专业人才7 700多万人,给现代制造业、战略性新兴产业和现代服务业增加了70%以上的从业人员,也为我国加快实现科技创新自立自强贡献了巨大的力量。另一方面,高校成为科技创新的主阵地。党的十八大以来,高校承担了全国六成以上的基础研究、八成以上的国家自然科学基金项目,获得了六成以上的国家科技三大奖励。高校主动肩负起突破关键核心技术的使命、研制国家利器的重担。

案 例

大学服务社会经济

■ 被誉为世界上首座"不会熔毁的核反应堆"的石岛湾高温气冷核电站,是清华核能人和数百位科学家的多年"磨一剑"的成果。

■ 北京大学在全球首创胚胎着床前遗传学诊断系列新方法。

■ 浙江大学牵头在防控人感染H7N9禽流感等新发传染病防治体系方面取得重大突破。

第四节　培育和汇聚科技人才,夯实科创底座　　2.2亿人

关键数据:

● 我国人才资源总量增长至2.2亿人,占全国人口总量超过七分之一,成为全球规模最宏大、门类最齐全的人才资源大国。

● 十年来,我国取得各类专业技术人员资格证书人数累计达1.17亿人,其中初级职称4 579万人、中级职称4 454万人、高级职称2 301万人。

● 十年来,我国留学回国人数上升至104.9万人,远远超过同期出国留学人数,留学回国人数累计共523.9万人,是1978—2011年留学回国人数的6倍多。

- 我国同181个建交国普遍开展了教育合作与交流，与159个国家和地区合作举办了孔子学院（孔子课堂），与58个国家和地区签署了学历学位互认协议。

千秋伟业，人才为本。党的十八大以来，我国实施重大人才工程，深化人才发展体制机制改革，加快推动人才强国建设，广开进贤之路、广纳天下英才，加速集结了一支规模宏大、素质优良、梯次合理、影响巨大、贡献突出的人才队伍。据人社部统计，2022年，我国人才资源总量超过2亿人，达2.2亿人，占全国人口总量的比例超过七分之一，成为全球规模最宏大、门类最齐全的人才资源大国。这些人才资源凝聚起中华民族伟大复兴的磅礴之力。

■ "千里江山"出英才，顶尖人才队伍更庞大

科学家的重要性毋庸置疑，在过去的数千年时光里，阿基米德、伽利略、牛顿、爱因斯坦等人都为人类文明进程贡献了不可磨灭的力量。自2018年起，国际学术网站（Research.com）每年发布"全球顶尖科学家排名"，这些科学家的研究成果代表着人类科技发展的前沿水平。2022年10月发布的排名共收录了19.6万名科学家，我国有7 795位科学家入榜，与第三版相比增加了852人，人数超过日本，排名上升至全球第5位。我国各高校以及研究单位中，中国科学院、浙江大学、清华大学上榜科学家占据前三。

表2-9 全球顶尖科学家前十位国家

国　家	第　三　版		第　四　版	
	入选人数	百分比	入选人数	百分比
美　国	75 899	40.77%	78 014	39.88%
英　国	17 237	9.26%	18 166	9.29%
德　国	9 986	5.36%	10 746	5.49%
加拿大	8 127	4.37%	8 360	4.27%
中　国	6 943	3.73%	7 795	3.99%

续　表

国　家	第　三　版		第　四　版	
	入选人数	百分比	入选人数	百分比
日　本	7 362	3.95%	7 556	3.86%
澳大利亚	6 369	3.42%	6 562	3.35%
法　国	5 912	3.18%	6 393	3.27%
意大利	4 956	2.66%	5 397	2.76%
荷　兰	3 857	2.07%	4 095	2.09%

资料来源：根据国际学术网站（Research.com）整理。

2012—2021年，Web of Science 收录了自然科学和社会科学期刊中被引论文影响力排在前1%的作者，其中我国在化学、材料、工程科学、生命科学等学科领域的作者数量增长迅速，从2016年的204人次增长到2021年的1 053人次，增长超过5倍。在2021年的"高被引科学家"名单中，哈佛大学是世界上拥有"高被引科学家"人数最多的大学科研机构（214人次），紧随其后的是中国科学院（154人次），已连续多年位列全球第二位。我国"高被引科学家"覆盖22个学科领域，化学领域入选人次最多，高达107人次，材料科学领域居第二位，入选104人次，工程学领域入选71人次，计算机科学领域入选39人次。2021年，我国"高被引科学家"在材料科学（43.84%）[1]、数学（43.24%）、化学（41.67%）、工程学（40.83%）、计算机科学（34.55%）五个领域的入围人次居全球首位。

我国享受国务院政府特殊津贴专家、百千万人才工程国家级人选的人数逐年递增。"国务院政府特殊津贴专家"是党中央、国务院按照一定程序认定给予国务院政府特殊津贴的专家的称号，两年选拔一次。享受国务院政府特殊津贴专家不仅包含了两院院士，还覆盖了在科研成果转化和技术推广中业绩突出，产生了显著的经济效益和社会效益，为行业技术进步和地区经济发展作出了重大贡献的人士，以及在信息、金融、财会、外贸、法律和现代管理等领域具有特殊贡献的人员，对学科建设、人才培养、事业发展发挥了重大作用的人员等。2021年

---

[1] 括号内的数字代表在该学科领域中国"高被引科学家"所占比重。

年末全国享受国务院政府特殊津贴专家累计 18.7 万人，比 2012 年的 16.7 万人增加了 2 万人。

案 例

科技人才为国家经济社会作出巨大贡献

- 李四光打开了中国第四纪冰川地质研究的大门，创立了地质力学。
- 钱学森是我国的"导弹之父""航天之父"，是中国现代史上伟大的人民科学家。
- "两弹一星"之父的邓稼先，是我国核武器研制与发展的主要组织者、领导者，他领导了许多学者和技术人员，成功地设计了中国核氢弹，把中国国防自卫武器引领到了世界先进水平。
- 陈景润是世界著名数学家，证明了哥德巴赫猜想中的"1＋2"（大偶数表为一个素数及一个不超过二个素数的乘积之和），他的"陈式定理"震惊世界。
- 黄大年是著名地球物理学家，2009 年毅然放弃国外优越条件回到祖国，取得了一系列重大科技成果，填补了多项国内技术空白，成为时代楷模。
- "中国天眼之父"南仁东主导提出利用我国贵州省喀斯特洼地作为望远镜台址，从论证立项到选址建设历时 22 年，为 FAST 重大科学工程建设发挥了关键作用，实现了中国拥有世界一流水平望远镜的梦想。

"百千万人才工程"，是加强中国跨世纪优秀青年人才培养的一项重大举措。1994 年 7 月由人事部提出，1995 年底由人社部、科技部、教育部、财政部、原国家计委、中国科协、国家自然科学基金委员会等七个部门联合在全国范围内组织实施。2012 年中组部、人力资源社会保障部等 11 部门共同印发了《国家高层次人才特殊支持计划》，将"百千万人才工程"纳入"国家高层次人才特殊支持计划"统筹实施。2021 年，共有 6 500 多人入选百千万人才工程，比 2012 年的 4 100 人增加了 2 000 多人。厚重的"人才账本"，成为我国实现科技自立自强的强硬底气。

■ "厚植沃土"育人才，专业技术人才家底更殷实

科技自立自强的关键在于专业技术人才自立，只有实现专业技术人才自立才能在国际科技竞争中抢占先机。

一是，这十年越来越多人才取得各类专业技术人员资格证书。2012—2021年，我国取得各类专业技术人员资格证书人数高达 1.17 亿人，其中初级职称

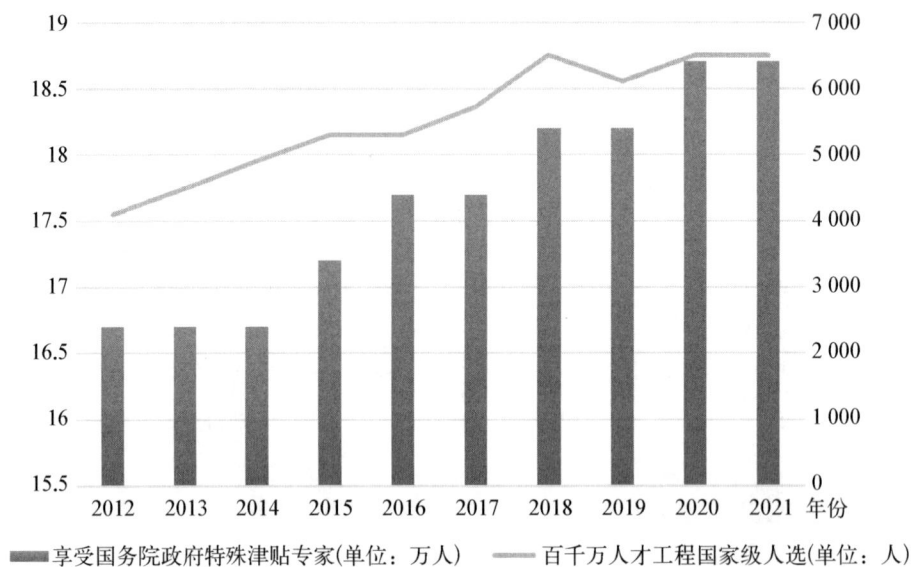

图 2-10　2012—2021 年我国政府特殊津贴专家和百千万人才发展情况

资料来源：根据《人力资源和社会保障事业发展统计公报》整理绘制。

4 579 万人、中级职称 4 454 万人、高级职称 2 301 万人。截至 2022 年,我国高技能人才超过 6 000 万人,技能人才占就业人员总量的比例超过 26%。

二是,这十年我国公民整体素质日益提升。公民具备科学素质的比例由 2010 年的 3.20% 提高到 2020 年的 10.56%。一方面,这些成就离不开对技工教育重视程度的提升。据统计,2021 年底全国共有 2 492 所技工院校,在校生达 426 万余人,每年向社会输送约百万名毕业生,已形成了以技师学院为龙头、高级技工学校为骨干、普通技工学校为基础的现代技工教育体系。另一方面,这些成就离不开我国大规模职业技能培训活动的开展。2018 年,我国确立并推行面向全体劳动者的终身职业技能培训制度。2019 年,我国开展为期 3 年的职业技能提升行动,加快建设知识型、技能型、创新型劳动者大军。截至 2021 年底,全国共开展补贴性职业技能培训 8 300 多万人次,累计发放职业培训券 1 800 多万张,有效提高了劳动者技能水平和就业创业能力。

三是,专业技术人才晋升通道持续拓宽。2022 年,人社部出台意见,健全职业技能等级制度体系,形成由学徒工、初级工、中级工、高级工、技师、高级技师、特级技师、首席技师构成的职业技能等级(岗位)序列,打破专业技术人才成长的"天花板",新时代技能人才再迎政策利好。

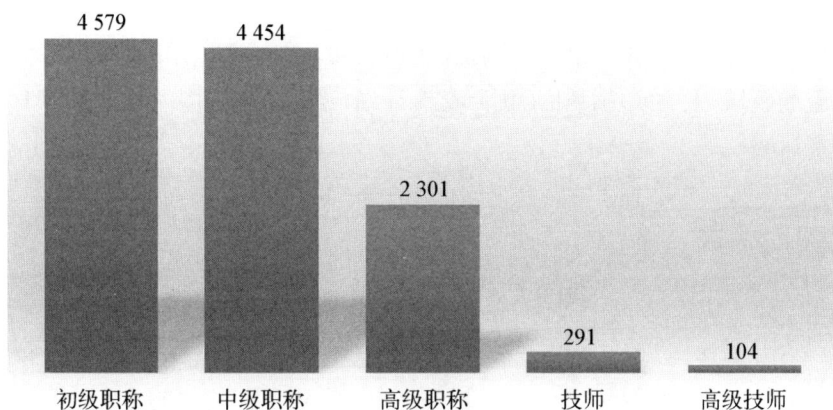

图 2 - 11　2012—2021 年我国职业资格评价情况(单位:万人)

资料来源:根据《中国劳动统计年鉴》整理绘制。

专业技术人才知识更新工程,简称"653 工程",是培养创新型专业技术人才的重大项目。2011 年至 2020 年,我国实施了第一轮专业技术人才知识更新工程,在装备制造、信息、生物技术、新材料等 12 个重点领域和现代物流、知识产权、食品安全等九个现代服务业领域,累计开展了 1 264.3 万人次知识更新继续教育活动,建设了 200 家国家级专业技术人员继续教育基地,完成了每年约百万人次高层次急需紧缺专业技术人才的培训任务。2021 年,新一轮专业技术人才知识更新工程启动,并设立高级研修项目、专业技术人员能力提升项目、数字技术工程师培育项目、国家级专业技术人员继续教育基地建设项目等四个重点子项目。这将为我国打造一支规模宏大的青年科技人才队伍,培养大批卓越工程师和专业技术骨干提供重要支撑。

博士后制度也是培养创新型青年人才的一项重要制度。到 2021 年底,我国共有博士后科研工作站 3 888 个,累计招收培养博士后近 30 万人。在博士后培育计划方面,2016 年启动"博士后创新人才支持计划"以来,我国加强了博士后科研流动站、工作站的建设,博士后培养的"孵化点"越来越多。我国还借助全国博士后创新创业大赛,搭建了一系列高水平的交流展示和"揭榜挂帅"平台。在博士后经费投入方面,我国进一步完善了博士后经费多元投入机制,加快推进博士后科学基金会改革,统筹使用各类人才、科技等经费基金,加大对博士后的经费支持力度。在博士后制度地方化方面,不同地区都建立了具有地方特色的博士后制度体系、工作体系和服务体系,如湖北的"博士后人才倍增计划"、江苏的"卓越博士后计划"、福建的"海峡博士后交流资助计划"等博士后培养和引才计划,培养和吸引了一大批博士后人才。在博士后国际合作方面,我国聚焦重点领域,大力实施博士后国际交流计划,吸引更多的国内外优秀博士从事博士后研究。

知识链接

我国人才体系的"四梁八柱"

2016 年 2 月,党中央印发第一个人才发展体制机制改革综合性文件《关于深化人才发展体制机制改革的意见》。随后,中央和国家相关部门配套出台政策 140 余项,各省区市出台改革政策 700 多项,人才体制机制改革呈现密集创新突破态势。

2018 年,中办、国办印发《关于深化项目评审、人才评价、机构评估改革的意见》,优化科研项目评审管理、改进科技人才评价方式、完善科研机构评估制度,树立正确的人才评价使用导向。随后,科技部等五部门联合开展清理"唯论文、唯职称、唯学历、唯奖项"专项行动,对各类科技评价活动进行全面清理和整改。

此外,《关于分类推进人才评价机制改革的指导意见》《关于完善科技成果评价机制的指导意见》《关于深化实验技术人才职称制度改革的指导意见》……一份份改革文件着力破解人才工作体制机制障碍,中国特色人才制度优势进一步彰显。

(资料来源:人力资源和社会保障部)

■ **"筑巢引凤"纳人才,"留学潮""归国潮"更猛烈**

在来华留学方面,我国教育的国际吸引力持续上升,来华留学规模大幅增长。2012 年来华留学规模为 32.8 万人,2019 年来华留学生规模突破 50 万人,达 52 万人,比 2012 年增加了近 20 万人。亚洲国家和地区是来华留学的最大生源地,占比接近六成,紧随其后的是非洲和欧洲的留学生。而且,越来越多留学生来我国接受学历教育。2012 年来华留学接受学历教育的人员占比只有四成,2019 年这个比例提高至接近六成,学习工科、管理、理科、艺术、农学的来华留学生数量显著增长,增幅超过 20%。另外,"一带一路"建设推动了我国与沿线国家教育合作持续深化。我国已与 24 个"一带一路"沿线国家签署高等教育学位学历互认协议,沿线国家和地区来华留学人数迅速增长,尤其巴基斯坦、哈萨克斯坦和泰国来华留学的学生数量占比呈现较大幅度提升。

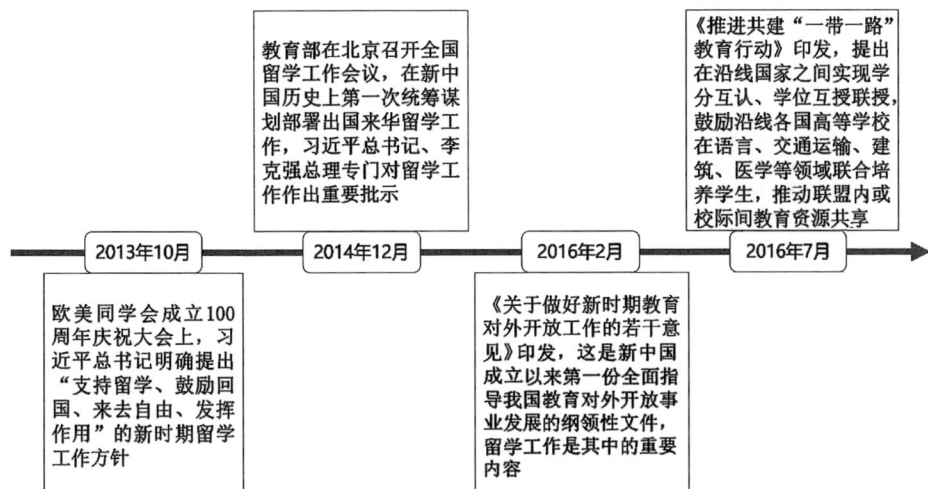

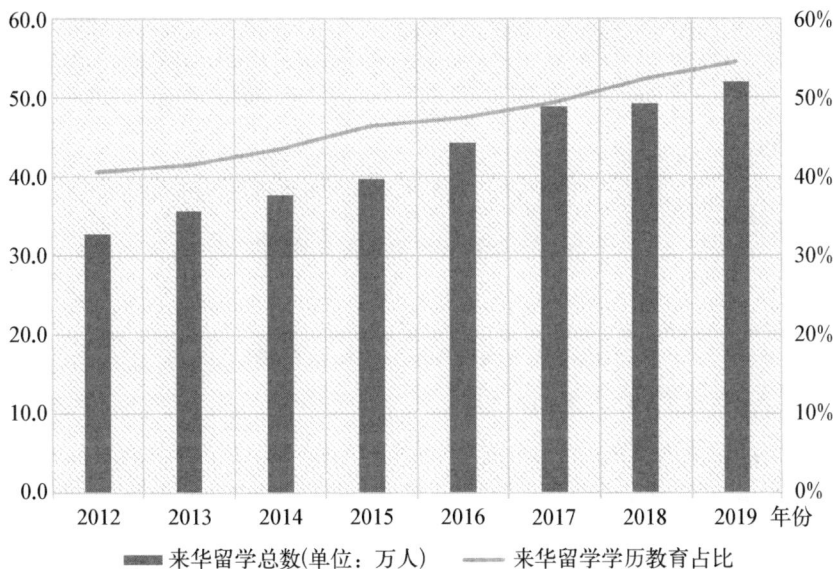

教育部在北京召开全国留学工作会议,在新中国历史上第一次统筹谋划部署出国来华留学工作,习近平总书记、李克强总理专门对留学工作作出重要批示

《推进共建"一带一路"教育行动》印发, 提出在沿线国家之间实现学分互认、学位互授联授,鼓励沿线各国高等学校在语言、交通运输、建筑、医学等领域联合培养学生,推动联盟内或校际间教育资源共享

2013年10月   2014年12月   2016年2月   2016年7月

欧美同学会成立100周年庆祝大会上,习近平总书记明确提出"支持留学、鼓励回国、来去自由、发挥作用"的新时期留学工作方针

《关于做好新时期教育对外开放工作的若干意见》印发,这是新中国成立以来第一份全面指导我国教育对外开放事业发展的纲领性文件,留学工作是其中的重要内容

图 2－12 2012—2020 年来华留学情况

资料来源:根据教育部相关统计整理绘制。

在留学回国方面,过去许多中国学子出国求学后选择留在国外,如今越来越多中国学子出国求学并选择回国发展。从 1978 年到 2011 年,各类留学回国人

员总数累计达 81.84 万人,出国留学人数高达 224.51 万人,该年出国留学人数是留学回国人数的三倍。新时代十年,我国人才流失的局面发生逆转,近年来出现了罕见的人才回流潮。2012 年,我国出国留学规模为 39.96 万人,该年留学回国规模为 27.3 万人。到了 2020 年,我国出国留学规模为 66.21 万人,该年留学回国规模为 77.7 万人,首次超过该年出国留学人数。2021 年,我国留学回国人数继续上升至 104.9 万人,远远超过该年出国留学人数。2012—2021 年十年间,我国留学回国人数共 523.9 万人,是 1978—2011 年留学回国人数的六倍多。

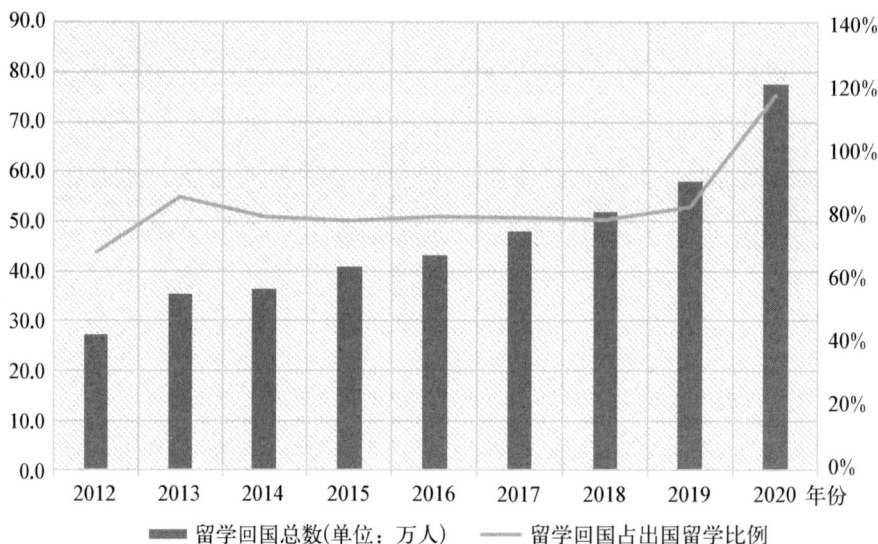

图 2 - 13　2012—2020 年留学回国情况

资料来源:根据教育部相关统计整理绘制。

留学归国人才是我国科技人才的重要补充。目前,国家重点项目学科带头人中,超过七成是海归,大量的中国科学院院士、中国工程院院士是海归,为我国前沿研究、产业发展提供了有力支撑。

案 例

留学归国人员科技创业

任晓兵是无数留学归国人才中科学领域的代表。2017 年 1 月举行的国家科学技术奖励大会上,任晓兵主持的“基于晶体缺陷调控的铁性智能材料新物理效应”荣获 2016 年度国家科学技术奖——国家自然科学奖二等奖。任晓兵说:

"现在是在中国做科研最好的时代。中国有更大的舞台,能提供更多的机遇和上升空间,在这样的环境下,我们可以大施拳脚,实现更大的人生价值。"

刘自鸿是无数留学归国人才中创业的代表。2012 年,斯坦福的海归博士刘自鸿毅然决然地辞去了美国 IBM 公司的工作,回到深圳创办了柔宇科技有限公司。受益于当地良好的创业土壤,公司仅用两年就开发出了厚度只有 0.01 毫米的可折叠柔性显示屏,被国际学术界评价为 21 世纪最具颠覆性的电子信息革命之一,有望创造下一代信息产业的新生态。

新时代,我国国际人才流动趋势的逆转,得益于我国积极破除制度藩篱,提高政策开放度,建立了更完善的留学回国政策法规体系。这十年,我国实施了中国留学人员回国创业启动支持计划和高层次留学人才回国资助项目、海外赤子为国服务行动计划等一系列政策,鼓励留学人才回国创新创业。同时,逐步开放了外国人才来华工作许可。科技部相关数据表明,2021 年回国创新创业的留学人员首次超过 100 万人,累计发放外国人来华工作许可证达 118 万张,共有留学人员创业园 372 家,入园企业超过 2.5 万家,9 万名留学回国人员在园就业创业。

表 2-10 支撑海外人才来华、留学归国人员相关政策举措

时间	政策举措
2012 年	中组部、人社部等 25 个部门联合下发《外国人在中国永久居留享有相关待遇的办法》,明确持中国"绿卡"的外籍人士在投资、购房和子女入学等方面可享受国民待遇
2013 年	《关于为外籍高层次人才办理签证及居留手续有关事项的通知》发布,明确了签证及居留手续的办理流程,为海外高层次人才出入境提供了便利
2015 年	《关于做好留学回国人员自主创业工作有关问题的通知》将海归纳入国家高校毕业生就业创业支持范围
2016 年	出台的《关于实施创业担保贷款支持创业就业工作的通知》将留学回国人员列入创业担保贷款支持对象范围

■ "自主开放"促合作,国际化教育的"朋友圈"更广阔

一是我国人才教育开放度持续提升,全球布局不断拓展。截至 2022 年,我国同 181 个建交国普遍开展了教育合作与交流,与 159 个国家和地区合作举办

了孔子学院(孔子课堂),与 58 个国家和地区签署了学历学位互认协议。二是点面结合的区域教育合作机制持续完善。深入实施了共建"一带一路"教育行动,加强了同共建国家教育领域互联互通,建设了 23 个鲁班工坊,启动了海外中国学校建设试点。成立了"中国—东盟职业教育联合会",设立了中国上海合作组织经贸学院,启动了"未来非洲—中非职业教育合作计划",深化了中国—中东欧教育交流合作。三是人文交流活动更加频繁。教育部共筹办中外高级别人文交流机制会议 37 场,签署 300 多项合作协议,达成近 3 000 项具体合作成果。四是在人文交流机制框架下,形成了中美青年创客大赛、中俄同类大学联盟、中英中法百校交流、中南(非)职业教育联盟等教育品牌项目,为双边关系发展注入正能量和暖力量。

第五节　以科技进步贡献点燃高质量
发展引擎　　60.2%

关键数据:

- 我国科技进步贡献率已由 2007—2012 年间的 52.2% 提高到 2015—2020 年间的 60.2%,提升了 8 个百分点。
- 墨子号、悟空号、高温超导列车……一批重大原创科技成果涌现。
- 蛟龙号、天眼号、北斗……一批关键核心技术实现突破。
- C919 大飞机、5G 和 6G 技术、深海一号……一批应用科技成果频现。

　　科技进步贡献率,广义是指技术进步对经济增长的贡献份额,它反映在经济增长中投资、劳动和科技三大要素作用的相对关系。其基本含义是扣除了资本和劳动后,科技等因素对经济增长的贡献份额。这些因素既包括科学知识、技术发展或工艺改进,还包括劳动者素质提高和管理创新等。科技进步贡献率是用于衡量科技竞争实力和科技成果转化为现实生产力的综合性指标,也可以反映科技支撑经济社会发展的整体效益。**我国科技进步贡献率已由 2007—2012 年间的 52.2% 提高到 2015—2020 年间的 60.2%,提升了 8 个百分点**。60.2% 的背后是一系列重大成果、关键核心技术的突破,意味着技术进步对我国经济增长的巨大贡献,也体现出我国高质量发展的澎湃动能。

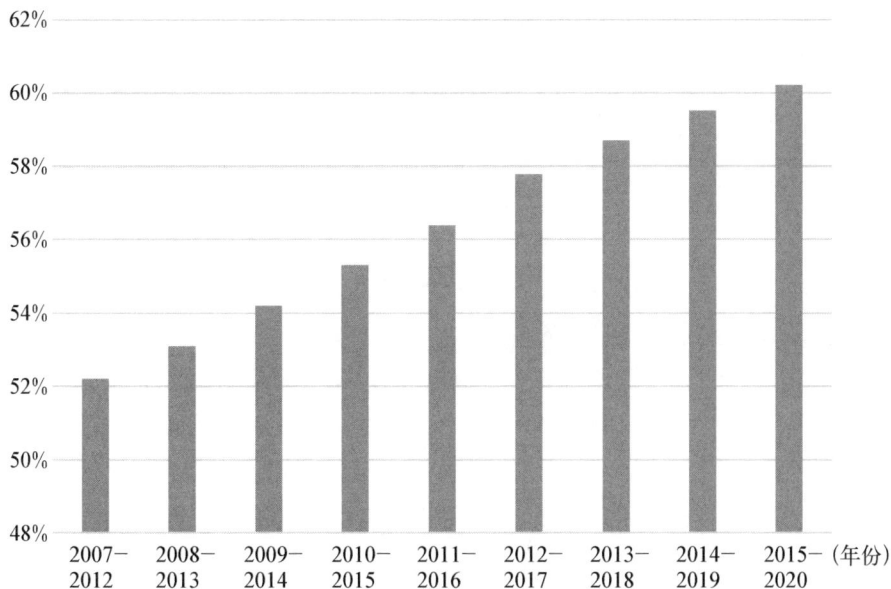

图 2–14 2007—2020 年我国科技进步贡献率情况

资料来源:根据《中国科技统计年鉴》整理绘制。

我国科技成果硕果累累,上可至"九天揽月",下可达"五洋捉鳖"。在量子通信、光量子计算机、高温超导、中微子振荡、干细胞、合成生物学、结构生物学、纳米催化、极地研究等领域取得一大批重大原创成果。战略高技术捷报频传,载人航天和探月工程、采用自主研发芯片的超算系统"神威·太湖之光"、国产首架大飞机 C919、蛟龙号载人深潜器、自主研发的核能技术、天然气水合物勘查开发和新一代高铁、云计算、人工智能等成果举世瞩目。

■ 新时代,我国重大原创科技成果不断涌现

"墨子号"实现千里传信。全球首颗量子科学实验卫星"墨子号"自 2011 年完成中科院组织实施的空间科学先导专项的立项综合论证,正式进入工程研制阶段以来,历经五年的研制,2016 年 8 月 16 日在酒泉卫星发射中心发射升空。目前,"墨子号"量子科学实验卫星已实现了地球上相距 1 200 公里两个地面站之间的量子态远程传输,向构建全球化量子信息处理和量子通信网络迈出重要一步。

高温超导列车领跑全球。2021 年,由中国自主研发的世界首台高温超导磁浮列车正式试车,在大气环境下,该车时速可达到惊人的 620 公里/小时,超过音速的二分之一,比当今最快的高铁还要快上一倍。该高温超导磁悬浮列车在配

合真空管道、进一步减少空气阻力之后，速度可达惊人的1 000公里/小时。相信在不远的未来，它将会成为铁路运输领域的中坚力量。

"蛟龙号"潜入最深海底。"蛟龙号"载人潜水器是我国第一艘深海载人潜水器。从2009年至2012年，"蛟龙号"取得1 000米级、3 000米级、5 000米级和7 000米级海试成功。2012年"蛟龙号"载人深潜器创造了下潜7 062米的世界深潜纪录，从此为我国进入深海世界打开了大门。2017年蛟龙号顺利完成了大洋第38航次第三航段最后一潜，标志着试验性应用航次全部下潜任务圆满完成。

"天眼"遥望更远星河。世界最大的天文观测设备"天眼"是500米口径球面射电望远镜（FAST），是我国天文学和制造业领先世界的标志，更是无数科技工作者和工程技术人员创造的奇迹。2016年"天眼"落成启用，实现了我国在科学前沿领域自主知识产权的突破，创造了数项世界之最和59项发明专利。它的灵敏度超过德国100米口径望远镜的10倍以上，综合性能比美国"阿雷西博"高10倍，拥有世界最大的超大跨度、超高精度、主动变位式的索网结构。自2017年以来，"天眼"已发现660余颗新脉冲星。

"北斗组网"营造最美星空。2000年，北斗一号第一颗卫星奔向太空，开启了我国北斗导航系统的组建序幕。2017年11月起，从北斗三号首发双星至北斗三号收官之星的两年多时间里，我国连续实施20次北斗发射，将30颗北斗三号全球组网卫星和2颗北斗二号备份卫星顺利送入预定轨道，刷新了全球卫星导航系统组网发射的世界纪录。2020年7月31日，北斗三号全球卫星导航系统建成开通。北斗成为和美国全球定位系统（GPS）、俄罗斯格洛纳斯系统、欧洲伽利略系统并列的全球卫星导航系统。

■ 新时代，我国应用科技领域硕果累累

大飞机翱翔天际。C919是中国商用飞机公司（COMAC）研制的一款单通道、窄体、中等航程的商用飞机。它代表着中国在民用航空领域取得的重要成就。2023年，中国东方航空使用中国商飞全球首架交付的C919大型客机，执行MU9191航班任务，从上海虹桥机场飞往北京首都机场。这标志着C919的研发、制造、取证、投运全面贯通，我国民航商业运营国产大飞机正式起步。

5G、6G技术抢占先机。2019年，我国推出5G商用以来，5G网络取得快速发展，中国5G城市数量居世界第一，5G投资稳步增长，5G普及率全球最高。据统计，2021年我国5G基站数占全球70%，在5G技术领域处于世界领先地位。5G技术逐渐普及的同时，我国的6G技术也在迅猛发展。最新发布的《中

国互联网络发展状况统计报告》显示,我国目前 6G 专利技术排名世界第二,6G专利申请量排名世界第一。目前全球 6G 专利申请量约 3.8 万项,其中我国专利申请量共 1.3 万余项,位居全球首位。

"深海一号"筑牢能源底座。"深海一号"是由我国自主研发、设计、建造的首座十万吨级深水半潜式生产储油平台。2021 年 1 月 14 日,"深海一号"能源站在山东烟台交付启航,于同年 6 月 25 日在海南陵水海域正式投产,用于开发我国首个 1 500 米深水自营大气田——陵水 17 - 2 气田。这标志着我国深水油气田开发能力和深水海洋工程装备建造水平取得重大突破,对提升我国海洋资源开发能力、保障国家能源安全和支撑海洋强国战略具有重要意义。

■ 新时代,我国科技成果转化持续加速

促进科技成果转化是加强科技与经济紧密结合、发挥科技创新在经济转方式调结构中重要作用的关键环节。技术合同交易额是衡量科技成果转化的重要指标,也是反映科技创新活跃度的重要指标。我国在完善科技成果转化政策体系的基础上,持续推进高标准技术要素市场建设,强化技术研发与成果协同转化,推动了一批重大科技成果实现转化应用。2021 年,科技成果转化引导基金的

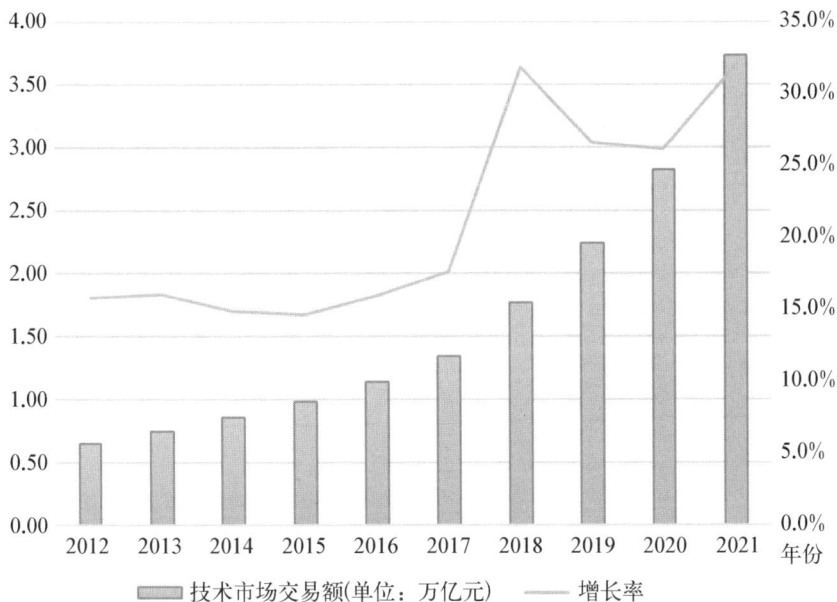

图 2 - 15 2012—2021 年我国技术市场交易额情况

资料来源:根据《中国科技统计年鉴》整理绘制。

资金总额达到 624 亿元,共登记技术合同 67 万项,同比增长 22.1%。技术合同成交额达到 3.73 万亿元,是 2012 年的 5.8 倍;平均每项技术合同成交额达 556 万元,是 2012 年的 2.43 倍。

我国全球创新指数排名从 2012 年的第 34 位升至 2022 年的第 11 位,实现全球科技创新指数排名的 11 连升,排名上升了 23 位,是世界各国中唯一持续快速上升的国家。**新时代十年,我国科技进步之大、科技实力提高之快前所未有,新时代十年是我国成功跨入创新型国家的行列、全面融入全球创新网络的关键时期,也是我国实现高水平科技自立自强、建设科技强国的重要起点。**

第三章
对外开放动能澎湃，国际经贸显示度
引领力持续增强

　　党的十八大以来，我国在持续推进更高水平对外开放上的力度更大、魄力更强、范围更广。我国在构建开放型经济新体制上频频落子，在"一带一路"建设、自主开放、实施自贸区战略、培育外贸竞争新优势等方面取得了重大进展。推动共建"一带一路"高质量发展，以高标准、可持续、惠民生为目标，提出构建人类命运共同体的伟大设想；**对外贸易持续快速发展，结构不断优化，质量效益稳步提升**；外商直接投资在区域、产业分布上更加协调，结构更加合理，质量不断提高，在外资营商环境塑造上愈加注重对标国际最先进的规则；以自贸试验区制度创新和自由贸易协定战略提升为核心，对标国际规则，加大压力测试力度，稳步扩大制度型开放。

第一节　"一带一路"建设谱写人类共同
发展新篇章　　12万亿美元

关键数据：

- "一带一路"倡议提出以来，我国与"一带一路"区域国家货物贸易总额达到12万亿美元，年均增长速度高达7.5%，比同一时期全国货物贸易额年均增速快2%。
- "一带一路"倡议提出以来，我国对沿线国家累计投资约1613亿美元，沿线国家对中国投资共计约712亿美元。

- "一带一路"倡议提出以来,我国在沿线区域完成公路、铁路、桥梁、口岸、空港等基础设施工程累积合同金额达到 8 000 亿美元,签约金额达到 1.2 万亿美元,占全国对外工程投资总额的 50%。
- 世界银行预测,全球大概将有 760 万人在共建"一带一路"的过程中摆脱极端贫困,同时约有 3 200 万人在"一带一路"的外溢效应中摆脱中度贫困。

十年来,共建"一带一路"已成为深受欢迎的国际公共产品和国际合作平台。倡议秉持团结代替分裂、合作代替对抗、包容代替排他的理念,坚持以和平合作、开放包容、互学互鉴、互利共赢为核心的丝路精神,将"一带一路"建成和平之路、繁荣之路、开放之路、创新之路、文明之路,成为国际上少数有温度、传播正能量、顺应世界发展趋势的倡议。这一倡议在驱动我国高水平对外开放的同时,也积极推动人类命运共同体建设,引领新型全球化发展,是造福世界的"发展带"和惠及人类的"幸福路"。

■ "一带一路"深入挖掘我国对外贸易潜力

在全球经济增长态势面临严峻挑战、全球化形势不容乐观的大环境下,中国与"一带一路"沿线国家和地区的贸易稳步向前、韧性十足,成为"中国外贸之刃"。截至 2022 年底,我国与"一带一路"区域国家货物贸易价值总额达到 12 万亿美元(累积存量),接近 2013 年水平的 2 倍,年均增长速度高达 7.5%,比同一时期全国货物贸易额整体年均增速快 2% 左右;占全国对外贸易总量比重从 2013 年的 25% 增加到 29.7%,2023 年一季度这一比重进一步提高到 34.7%。

图 3-1 我国与"一带一路"沿线国家贸易额十年间增长近两倍

资料来源:根据相关统计绘制。

十年来,共建"一带一路"这一伟大倡议在中国政府及民众的倾情投入下,协议国、伙伴国、国际组织等各方参与者勠力齐心,在改善各国人民共同福祉的共识基础上同舟共济,取得亮眼的成绩单。于中国自身而言,"一带一路"建设不仅成为对外贸易增长的"火车头",也成为推动贸易投资自由化、便利化水平显著提升的强大动力。那么在"一带一路"经贸合作中孕育诞生出哪些创新的模式和载体呢? 其中便不能不提到"丝路电商"、海外仓,以及中欧班列这些大家经常在各类媒体报道上听到的新名词。

　　"数字丝绸之路"和"丝路电商"是点亮"一带一路"经贸合作的火花。围绕电子商务等外贸新模式,依托国家间在大数据、云计算、数字货币等数字基础设施的合作,"数字丝绸之路"从理想蓝图变为现实。从 2017 年"数字丝绸之路"的设想由我国政府首次提出,到 2022 年底已经有 17 个国家与我国签署相关合作谅解备忘录,23 个国家与我国在"丝路电商"双边合作机制的建设上达成协议。疫情期间,"丝路电商"更是开辟了外贸发展的线上新通道,一系列会议、论坛、展会、对接会等在"云端""无障碍"举办,包括:"丝路电商"国际合作高峰论坛、全球数字贸易博览会·丝路电商合作论坛、跨境电商大会"丝路电商"国际合作论坛等。国务院新设 46 个跨境电商综合试验区(以下简称"综试区"),海关总署增设"9710""9810"跨境电商 B2B 出口贸易方式,推动通关便利化。"数字丝绸之路"在我国创建新贸易生态系统、深化与发展中国家的贸易关系的过程中扮演重要角色,将推动实现无纸化贸易网络,并将世界经济提升到一个新的水平。

> **知识链接**
>
> ### 百年未有之大变局下"数字丝绸之路"建设意义重大
>
> 　　伴随数字经济和数字技术高速发展,"数字丝绸之路"赋予"一带一路"崭新内涵,成为"一带一路"高质量发展的重要引擎。为贯彻新发展理念,持续推动共建"一带一路"高质量发展、深化数字合作,充分认识"数字丝绸之路"建设面临的战略机遇与问题挑战,推进战略、规划、机制对接,加强政策、规则、标准联通,不断探索"一带一路"数字领域合作发展的新路径,意义重大。
>
> 　　全球数字化与数字全球化为创新发展提供了新动力,"连接""融合""一体化"作为数字化的关键词,在引领国际区域合作模式创新的同时,也推动"一带一路"进入新发展阶段。作为产业升级的"加速器"、应对疫情冲击的"减震器",数字领域合作正为"一带一路"沿线国家与地区经济社会共同发展带来新的战略机遇与合作需求。
>
> 　　数字基础设施建设有力提升"一带一路"发展动能。大规模传统基础设施建设项目曾是"一带一路"的重点。近年来,数字基础设施建设日益成为"一带一路"发展的重要环节,关键性的互联网基础设施相继落地。"一带一路"数字交通走廊和跨境光缆信息通道加快建设。在海缆建设方面,"亚非欧

1号"洲际海底光缆标志性项目投入运营；在陆缆建设方面，依托运营商之间合作，构建大量跨境光缆；在新基建方面，数据中心、云计算中心等也有一些布局，中国—东盟信息港、中阿网上丝绸之路全面推进，"数字丝路地球大数据平台"实现多语言数据共享。部分"一带一路"沿线国家数字基础设施较为薄弱，通过经验分享、数字基建合作等方式，因地制宜，探索具体的合作方式，助力沿线各国提升数字基础设施建设，为其提供广阔发展空间。

数字经济新业态成为疫后推动经济复苏关键引擎。数字经济是全球未来的发展方向。处于数字经济发展初期的"一带一路"沿线国家与地区，有着迫切的数字发展愿景和动力。公开报道显示，东盟很多国家提出了面向2030年、2035年的数字经济发展规划，按照世界银行的预测，2025年东盟数字经济的市场规模将达到3 000亿美元。新冠肺炎疫情下，数字经济为世界经济复苏和发展提供了积极变量，5G、人工智能、智慧城市等新技术新业态新平台兴起，网上购物、远程医疗、在线教育、跨境物流、协同办公等"非接触经济"全面提速，为共建"一带一路"提供了新发展契机。

构建数字经济全球治理规则体系正当其时。面对全球治理体系的剧烈变革和新冠肺炎疫情的冲击，数字技术与互联网媒介深度融合，促使数字空间中不同群体、个体间实现前所未有的连接，网络空间命运共同体拓展了人类命运共同体的构建路径，有利于缓解人类现实社会的张力，维护世界和平与发展。同时，数字治理涉及数据资源开发利用、隐私保护、跨境数据流动、域外管辖权、网络安全、平台责任与平台治理等众多议题，目前，全球范围内尚未形成统一的数字经济治理规则体系，大量数字治理规则处于空白。中国是数字经济大国，也是数字贸易大国，正崛起成为推动网络空间治理良性变革的关键力量，推进"数字丝绸之路"建设不仅具备良好产业基础和巨大市场空间，推动构建适合"一带一路"数字经济发展的规则框架也正当其时。

（资料来源：笔者整理。）

海外仓作为新型外贸基础设施，已成为带动"一带一路"外贸高质量发展的重要平台。2022年1月至11月，境外主流媒体涉及跨境电商海外仓的新闻报道量超15 000篇，话题热度持续较高，无论是在美国、英国等发达国家，还是越南、巴拿马、新加坡等共建"一带一路"国家，都对跨境电商海外仓予以关注。近年来，中国商务部出台进一步支持跨境电商海外仓发展的政策措施，江苏、山东等地亦加快与"一带一路"沿线国家跨境电商产业园和海外仓合作。作为跨境供应链的主力，海外仓是跨境电商、跨境零售本土化的关键基石，疫情之后海外仓的重要性进一步提升。疫情期间亚马逊 FBA 仓库数次限制货物入库；相反，中国的海外仓配送时效快、运输成本低、购物体验好，同时可简化申报、"秒级"通关。当前全球供应链不畅、贸易萎缩，海外仓在稳定畅通产业链供应链上发挥了调节器、缓冲剂的作用，同时也助力推动形成国内国际双循环相互促进的新发展格局。

知识链接

跨境电商综合试验区扩容升级

2020 年 4 月，国务院新增 46 个跨境电商综试区，以发挥跨境电商独特优势，助力对外贸易克难前行。至此，全国跨境电商综合试验区增至 105 个，覆盖 30 个省区市。跨境电商综合试验区通过探索建设"数字丝绸之路"，与丝绸之路经济带和 21 世纪海上丝绸之路建设形成线上线下互动格局，为"一带一路"建设注入新的内涵和动力。

综试区按照党中央、国务院决策部署，复制推广前四批综试区成熟经验做法，推动产业转型升级，开展品牌建设，引导跨境电子商务全面发展，全力以赴稳住外贸外资基本盘，推进贸易高质量发展。同时，要保障国家安全、网络安全、交易安全、国门生物安全、进出口商品质量安全和有效防范交易风险，坚持在发展中规范、在规范中发展，为各类市场主体公平参与市场竞争创造良好的营商环境。

其中，郑州航空港经济综合实验区积极推进"空中丝绸之路"建设。紧紧围绕"空中丝绸之路"建设，加快"枢纽＋口岸＋保税＋产业基地"融合集聚，走出了一条独具特色的临空经济发展之路。2022 年，郑州机场完成货邮吞吐量 62.5 万吨，全国排名提升至第六位，货运、客运规模连续 4 年保持中部"双第一"。截至 2022 年 12 月，在郑州机场运营的全货运航空公司达 31 家，开通全货机航线 51 条，通航城市 63 个，基本形成覆盖全球主要经济体的航线网络体系。2021 年 6 月，郑州—马尼拉首条全货运航线开通，为中国企业利用 RCEP 寻找合作机会、拓展市场提供更多支持。此外，中国邮政在郑州机场新开 4 条邮件运输专线，设立国际邮件集散中心，为推动郑州机场成为全国第四大国际邮件枢纽口岸奠定基础。

（资料来源：根据人民网报道整理。）

在"一带一路"国际贸易大通道中,不能不提到中欧班列。一列火车连接了欧亚大陆两端,构筑起世界联通新桥梁,让"一带一路"交通物流"大动脉"通了起来、活了起来。2023年,距离2011年第一列中欧班列开通已经过去12年。相关数据显示,相对于海运和空运,中欧班列运输价格是航空运输的1/5,运输时间是海运的1/4,同时中欧班列运输能较好地满足欧洲绿色低碳环保运输的要求。近一两年,中欧班列积极与海运、空运合作,推出多式联运等高效运输新方式,以期减少中间环节,缩短运输时间,为中欧消费者提供更快更好的跨境消费物流体验。目前,中欧班列开通运行82条线路,发车辆超过6.5万列,覆盖了24个欧洲国家,将200余个欧洲大小城市和我国相联通,累积发送货物总价值高达3 000亿美元,基本形成对亚欧地区全覆盖的交通物流网络,有效打通了跨国贸易的堵点,激活了地区经济发展的潜力,已经成为亚欧大陆凝聚共识、汇聚活力的"钢铁驼队"。其中,新能源汽车成为中欧班列运量新增长点,让新能源汽车"坐着"火车去欧洲,已成为不少国内车企的"出海"新选择。

■"一带一路"国际投资合作实现互利共赢

"一带一路"已经成为中资企业"走出去"的热土甚至首选地。而沿线国家对中国投资的格局也逐渐被打开。2013年到2022年,沿线国家累计吸引中资直接对外投资约1 613亿美元。"一带一路"沿线国家在中国累计设立新市场主体3.2万家,实现落地投资金额共计约712亿美元。

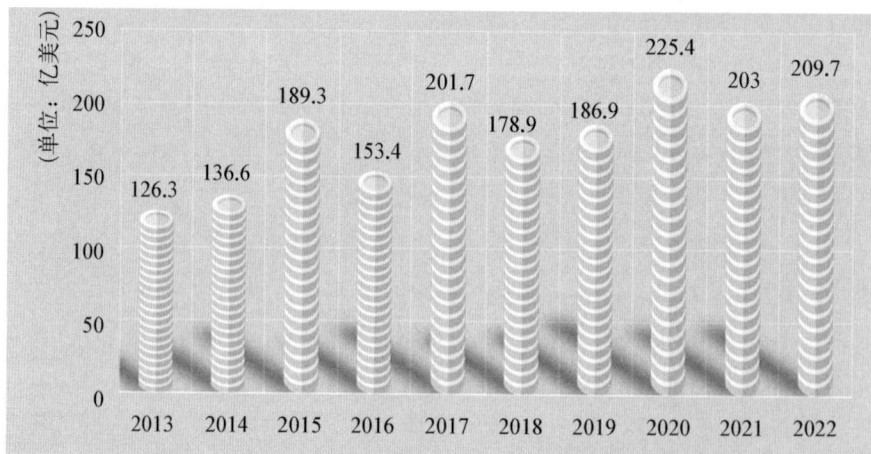

图3-2 2013—2022年中国对"一带一路"国家投资情况

资料来源:根据"一带一路"相关资料统计绘制。

现阶段，我国与"一带一路"伙伴国家的投资合作以多样化的丰富形式铺陈开来。中资企业"抱团出海""携手出海"势头强劲，产业园区投资占总投资额比重约为 35%，在 46 个国家建立了产业园区，不仅为东道国当地贡献了 66 亿美元的税收财政收入，也为 42.1 万当地居民提供了就业岗位。我国与 40 多个国家，以及东盟、非盟、拉美和加勒比国家共同体等区域组织签署产能合作文件，将产能合作的单边与多边舞台搭建得更宽更广。与包括法国、韩国等在内的 10 余个发达国家签署第三方市场合作文件，推动我国优势产业、重点企业积极嫁接发达国家的先进技术和市场网络渠道，在国际发展舞台上更加活跃。与多个国际组织开展行业标准、技术标准、建设标准上的务实合作，在数字经济、工程建筑、标准化建设、知识产权保护等领域发出更响亮的中国声音。

目前，一批标志性的"大工程""大项目"已经在国际产业投资、产能合作历史上留下浓墨重彩的一笔。在重型工业、装备制造业等领域，土耳其班德尔马碳化硼厂、埃及 EETC500 千伏输电线路、科威特阿祖尔炼油厂等，均具有填补东道国产业或关键技术空白的历史意义。在新能源产业方面，我国凭借技术优势，为东道国能源结构绿色低碳加速转型注入了动力，面向"一带一路"沿线国家的绿色能源投资项目金额比重已超过传统能源项目，有力回应了外界对于我国向外输出落后、高污染产能的质疑和指责。我国改革开放以来打造特殊经济功能区、开发区、高新技术园区等"增长极"的经验做法得到沿线众多发展中国家的认可，并复制效仿，作为促进经济增长的重要手段。柬埔寨西哈努克港经济特区、埃塞俄比亚东方工业园区、中埃·泰达苏伊士经贸合作区等代表性园区，无论是在中国本土还是东道国人民心中，都成为双边友好、开放发展、互利合作的标志性符号。

案　例

柬埔寨西哈努克港经济特区中柬深化"一带一路"合作典范

中国与柬埔寨长期以来都是良好的合作伙伴，2023 年是中柬建交 65 周年。建交以来，中国坚定支持柬埔寨各领域发展，同时为柬埔寨提供力所能及的帮助，双方不断加强深入合作，取得了丰硕成果。

2008 年，西哈努克港经济特区作为中国首批批准的境外经贸合作区成果奠基，它不仅是中国和柬埔寨两国之间的国家级经济合作区，还是"一带一路"的标志性项目之一。十多年来，西哈努克港经济特区保持高速发展，目前特区内有

175 家企业,年进出口总额约 25 亿美元,特区工业产值对西哈努克省的经济贡献率超过 50%。2022 年西港特区内企业的进出口贸易额占柬全国进出口贸易总额的 5%,达 13.74 亿美元,同比增长 38.23%。全年特区进出口贸易额同比增长 42.75%,实现疫情冲击下的逆势上扬。

西港特区自建设完成以来,在国际和柬埔寨国内都带来了巨大影响,在国际上,它逐渐成了"一带一路"建设中的样板项目,为"一带一路"后续建设提供了有效参考;对于柬埔寨国内,西港特区已经成了西哈努克省经济发展的"火车头",充分带动了当地经济发展。目前已经为当地提供了超过 3 万个就业岗位,特区规模巨大,发展势头强劲,成了西哈努克省当之无愧的发展引擎。同时始终坚持为人民服务,构建中国柬埔寨命运共同体,打造绿色园区、国际园区、幸福园区,坚持扎根人民、服务人民、造福人民。

西港特区在柬埔寨经济发展中的重要性受到了多方肯定,柬埔寨《金边邮报》评论称[①],西哈努克省人均年收入约 3 500 美元,在柬埔寨全国处于领先水平,西港特区在其中发挥了重要作用。西哈努克港港口首席执行官洛金臣表示,"制造业是柬埔寨优势产业,特区内的各类加工厂,以及源源不断的新入驻企业,稳定了柬埔寨的进出口贸易",西港特区中的企业进出口贸易在港口进出口贸易中占了很大比重,特区带动了港口进一步发展。柬埔寨商业部副国务秘书兼发言人宾索维吉表示:"西港特区提供了大量就业机会,助力柬埔寨在全球供应链中稳占一席之地。它是'一带一路'框架内柬中合作共赢的典范。"

经过十多年的发展,西港特区的建设得到了柬埔寨政府的大力支持,为了方便企业进行相关政策的解读和业务办理,减少企业从注册到建厂投资过程中的手续办理流程,柬埔寨政府在西港特区综合服务办公楼中设立了相关政府机构代表处,包括柬埔寨发展理事会、海关等。柬埔寨发展理事会经济特区委员会主任酿•金特说:"企业不出园区就可以完成所有手续,时间节约了至少一半。这也充分证明柬政府对西港特区的重视。"

2023 年,西港特区同样面临新的机遇,期待更多企业入驻,迎来更好的发展机会。未来西哈努克港经济特区将建成 300 家企业入驻、近 10 万产业工人就业的配套功能齐全的生态化样板园区,进一步打造柬埔寨"工业发展走廊",使西港特区经济发展具备新动力。

---

① 赵益普:《柬中合作"金名片"愈发亮眼》,《人民日报》2022 年 9 月 8 日。

■"一带一路"基础设施联通交出亮丽成绩单

"一带一路"倡议提出至今，我国在沿线区域承包了大量公路、铁路、桥梁、口岸、空港等建筑工程，累计完成合同金额达到 8 000 亿美元，签约金额达到 1.2 万亿美元，不仅满足了东道国对公共投资基础设施的迫切需求，同时也贡献了全国整体对外工程投资总额的 50% 还多。

基础设施合作方面，就不得不提到中巴经济走廊、瓜达尔港自贸区这"两大"旗舰项目、样板工程，这一长达 3 000 公里，涵盖公路、铁路、光缆、能源的立体式大通道，可为东亚、中亚、南亚、北非、中东国家开展未来经济能源合作奠定基础。

铁路建设方面，中老铁路、印尼雅万高速铁路、中泰铁路、马来西亚东海岸铁路、莫斯科-喀山高速铁路、中蒙俄经济走廊中线铁路升级改造、中吉乌铁路、肯尼亚蒙内铁路、匈塞铁路等多个旗舰项目向全球展现了基建强国的雄厚实力。

公路建设方面，中巴经济走廊框架下"苏木段"高速公路等重点项目、塞尔维亚 E763 高速公路、孟加拉国卡纳普里河底隧道顺利完工并移交东道国通车。

港口口岸建设方面，巴基斯坦瓜达尔自贸区、吉布提国际自贸区、希腊比雷埃夫斯港、斯里兰卡科伦坡港口城、肯尼亚拉穆港等项目串联起"海上丝绸之路"重要支点，为深化外部国际大循环打造出便捷可靠的航海大通道。

航空合作方面，国际民航运输航线网络不断拓展，已经有超过 100 个国家，以及东盟、欧盟等区域性组织与我国签署官方双边航空运输协定，其中超过 50 个国家与我国长期保持客货运航线通达。

能源合作方面，电网工程技术的"中国标准"全面"走出去"覆盖了 150 多个国家，澳大利亚、意大利、菲律宾、希腊、葡萄牙、巴西、阿曼等 10 个国家的骨干输电网由中资企业建设运营，"中国制造"重大海外电力项目建设成果得到国际普遍认可、高度赞扬。

数字基建方面，我国业已实现"海上丝绸之路"的亚非欧 1 号海缆和东南亚—中东—西欧 5 号海缆"双海缆"覆盖；与超过 50 个国家和地区合作建设了将近 150 个光纤接入节点；与沙特、阿联酋、东盟等国家和地区共同建设 5G 网络、云计算及大数据中心，其中在阿联酋的基站数量已经突破 600 个。**优质的基建项目对于推动东道国经济社会发展和民生改善发挥了显著的作用。**例如，根据巴基斯坦计划委员会估计，中巴经济走廊目前已经完成的项目及工程已经为当地居民创造 2.85 万个新增就业机会。

案 例

一江水一条路　共谱中老情

2020年12月，由中国电力建设集团有限公司投资建设的老挝南欧江流域梯级水电项目三级水电站最后一台机组成功并网发电。二期项目一、三、四级电站的9台机组在2020年全部投产发电，实现"一年九投"目标，全面进入发电大产出阶段。这标志着该项目建设再上新台阶，逐步实现全流域一体化联调联运，为老挝经济社会发展输送优质清洁电能，为中老全面战略合作伙伴关系发展、构建中老命运共同体注入新动能、作出新贡献。

南欧江梯级水电项目"一库七级"，分两期建设，总装机容量1272兆瓦，年均发电量约49.66亿千瓦时，总投资约27.33亿美元。其中，一期项目二、五、六级电站已投入商业运营。二期项目一、三、四、七级电站于2016年4月开工建设，2017年底大江截流，2019年12月首机发电。截至2020年底，已发电装机容量达1062兆瓦累计发电量超63亿千瓦时。2021年全流域电站将全部建成，进入梯级联运的发电时期。

中老铁路也是中国和老挝高质量共建"一带一路"的标志性工程。2021年12月3日中老铁路顺利通车。这条铁路北起中国云南昆明，南至老挝首都万象，是第一条采用中国标准、中老合作建设运营，并与中国铁路网直接连通的境外铁路，全长1035公里。2023年4月11日，在老挝万象站售票厅，中老铁路老挝段第一张国际旅客列车车票诞生。4月13日，中老铁路从昆明南、万象站双向对开国际旅客列车，昆明至万象间可实现乘火车当日通达。铁路一通，昆明到万象从此山不再高、路不再长。

这条黄金线路，增强了互联互通能力。自中老铁路开通以来，货畅其流、人享其行，"黄金大通道"的效益日渐凸显。数据为证：截至2023年4月9日，中老铁路累计发送旅客超1393万人次、货物超1838万吨。正是互联互通，让老挝的各类进口的新鲜水果能快速运到中国昆明，并销售至中国各地；正是互联互通，云南的旅游经济持续升温走高，乘坐火车出行观光成为不少人的首选。可以说，货物卖得好、人员流动畅，借由一条铁路实现的互联互通，正在让沿线人们品尝着发展的"甜头"，而且会越来越甜。

互联互通的根基在心心相通。一座大坝、一条铁路，是两国、多地联结的"桥梁"，更是群众心意相通的"纽带"。老挝一位歌手创作了名为《腾飞于中老铁路》

的歌曲，其中有句歌词写道："如一家人般相亲相爱，老中铁路一轨相通"。实践充分证明，只有千方百计铺设民心相通的"通道"、奏响民心相通的"乐章"，才能为两国间开展更深入的合作打下广泛社会基础。

案　例

路桥港见证中欧"一带一路"建设稳步推进

共建发展之桥。佩列沙茨大桥长 2 440 米，由中国路桥公司牵头的中国企业联合体承建，是中国和克罗地亚建交以来规模最大的交通基础设施建设项目，2018 年正式开工。这座大桥横跨克罗地亚南部亚得里亚海的小斯通湾，连接该国大陆与佩列沙茨半岛，建成后能实现克罗地亚人民连接南北国土的企盼和梦想。当地人前往"亚得里亚海上的明珠"——杜布罗夫尼克再也不用多次出入邻国波黑国境，两三分钟就能走完原来耗时 3 小时的路程。因此，大桥还在建设时，就有不少克罗地亚人慕名前来拍照留念。

让归家路不再漫长。匈塞铁路是中国—中东欧国家合作的标志性项目，也是中国铁路技术和装备与欧盟铁路互联互通技术规范的对接。铁路全长约 350 公里，连接贝尔格莱德和匈牙利首都布达佩斯，其中塞尔维亚境内长 183 公里，设计最高时速 200 公里，新开通的铁路大量采用中国高铁的技术和设备，列车最高运行时速大幅提升，贝尔格莱德与诺维萨德之间的运行时间压缩至 30 分钟左右。这条铁路改变了上千名"打工人"从塞尔维亚首都贝尔格莱德到中北部城市诺维萨德往返四五个小时的漫长通勤路。不少居民感慨说，乘坐高速铁路往返两个城市，就如同在同一座城市上下班，感觉轻松多了。塞尔维亚总统武契奇多次盛赞这一铁路项目表示，得益于中方提出的合作设想，匈塞铁路建设已成为塞尔维亚现代化建设的一部分。

彰显合作共赢。比雷埃夫斯在希腊语中意为"扼守通道之地"，这里一直是希腊重要港口。然而，多年前，比港衰败不堪，大批船东一度弃港而去。2008 年，中国远洋海运集团（中远海运）与希腊方面签署为期 35 年的特许经营权协议，成立中远海运港口比雷埃夫斯码头有限公司（PCT），正式接管比港二号、三号集装箱码头。古老的比港由此迎来新生。目前中远海运对比港集装箱码头的建设和升级投资总额已超过 6 亿欧元，为当地创造了约 3 000 个直接就业岗位，这对曾深陷债务危机的希腊来说，无疑是经济复苏的重要助力之一。

■ "一带一路"金融合作步伐稳健、行稳致远

在"一带一路"中,资金融通是高质量共建"一带一路"的支撑和保障。而且国家间的金融合作往往难度更大,对规则、制度、法律的协调度要求更高。

历经 10 年,我国一方面同相关国家开展了金融互相开放的平等协商谈判,另一方面不断深化国内金融体制改革,在多方勠力同心共同推动下,政府间的本币互换安排、人民币清算结算安排、金融监管合作谅解备忘录等机制不断落地生效。中国银行、中国工商银行、浦发银行等银行类金融机构,以及海通证券、兴业证券、国泰君安等其他各类金融机构与实体产业"携手出海",不断布局海外市场,在开拓海外融资、投行业务的道路上"披荆斩棘",成为服务"一带一路"中资企业、中国工程建设走出去最可靠、最重要的金融支持和保障。中资金融机构扎根"一带一路"沿线国家市场,为走出去企业提供更好的金融服务。截至 2020 年底,11 家中资银行或证券机构的 80 家一级海外机构分布在 29 个"一带一路"沿线国家;相应的,我国也吸引了 22 个沿线国家的 50 多家金融机构来华设立了 60 家法人银行、分行、地方代表处等。

同时,政策性金融与开发性金融也撬动了大量政府基金和社会资本,为多渠道融资体系和多层次资本市场的建设提供了经验和标准,将金融保障高质量共建"一带一路"落到实处。截至 2021 年 12 月,国家开发银行累计完签共建"一带一路"专项贷款合同约 4 312 亿元等值人民币,发放贷款 3 105 亿元等值人民币。丝路基金已累计签约项目 47 个,承诺投资金额 178 亿美元,同 30 多个国家和地区的投资者以及多个国际和区域性组织建立了广泛的合作关系。2020 年以来,金融支持在应对全球新冠肺炎疫情带来的经济冲击上发挥了重要作用,党和国家政府出台若干专项文件,保障"一带一路"金融开放合作在疫情冲击下依然能够稳步向前、行稳致远。商务部联合国家开发银行加大开发性金融对共建"一带一路"的支持,为在建项目和受困企业提供精准的金融支持;国家央行发出倡议,号召各国尽最大努力保持本币汇率稳定,维护银行间常态化合作机制。各级开发性金融机构本着"平等参与、利益共享、风险共担"的原则,为沿线区域的产业投资、工程建造、民生社会项目提供了安全、持续、稳定的融资体系,在投资和融资模式创新、方式创新、合作创新方面取得了重大突破,中资金融机构的入驻、布局和经营,对东道国资本市场的规范性建设起到了示范作用。

知识链接

亚投行打造国际多边合作新典范

2023 年亚洲基础设施投资银行(以下简称"亚投行")成立 7 周年，自成立以来，亚投行始终秉持多边开发银行模式和原则，始终坚持国际性、规范性和高标准，为发展中国家经济发展提供动力。随着 2022 年底非洲国家毛里塔尼亚的获批加入，亚投行现已拥有来自世界六大洲的 106 个成员，覆盖全球 81% 的人口和 65% 的 GDP，成为成员数量仅少于世界银行的全球第二大国际多边开发机构。

2016—2022 年，在基础设施建设、推动当地经济与社会发展、改善人民生活等方面，亚投行已累计批准 202 个项目，融资总额超过 388 亿美元，撬动资本近 1 300 亿美元，涉及能源、交通、水务、通信、教育、公共卫生等领域的可持续基础设施建设与成员经济的绿色复苏，项目遍布全球 33 个国家。实现标准普尔、穆迪、惠誉 3 家国际评级机构最高信用评级，并得到巴塞尔银行监管委员会的零风险权重认定，收获越来越多的国际"信任票"。新冠肺炎疫情暴发以来，亚投行推出 200 亿美元危机恢复基金，助力全球经济复苏。

以孟加拉国帕德玛巴瑞村为例，它获得亚投行批准的首批贷款后，在 2018 年首次实现电力接入，从此结束了无电历史。帕德玛巴瑞村是在项目支持下众多被"点亮"的村庄之一，项目惠及孟加拉国近 1 250 万乡村人口。除了全力支持成员的基础设施建设，亚投行在业务发展与融资工具创新领域不断提速。2022 全年亚投行的气候融资总额已占到批准融资总额的 55%，提前三年实现了其在《中期发展战略》中制定的气候融资目标。同时，亚投行加大对域外成员的融资支持力度，2022 年批准首个巴西项目与首个科特迪瓦项目，进一步扩展了亚投行在拉丁美洲与非洲的业务范围。

亚投行积极参与落实"一带一路"国际合作高峰论坛的重要成果。2020 年 7 月，亚投行正式担任多边开发融资合作中心(MCDF)基金托管方和 MCDF 项目执行机构，并将组建秘书处支持 MCDF 日常运作。MCDF 是 2017 年首届"一带一路"国际合作高峰论坛的重要成果，是基础设施互联互通领域的多边发展合作平台，旨在通过促进信息分享、支持项目前期准备和能力建设，支持包括"一带一路"倡议在内的基础设施互联互通建设。

(资料来源：笔者整理。)

借助"一带一路"双边贸易量猛涨,人民币国际化有了更加广阔的平台和推进空间。截至 2022 年底,人民币在本外币跨境收付总额中的占比接近 50%,跨境人民币收付总额达 42 万亿元,**已成为全球第五大支付货币**。同时,境外主体持有境内人民币资产的余额为 9.6 万亿元,**人民币已成为全球第五大交易货币**。目前,中国与累计 40 个国家和地区的中央银行或货币当局签署过双边本币互换协议,总金额超过 4 万亿元;在清算机制安排方面,截至 2022 年,已有 29 个国家和地区为 31 家中资银行发放境外机构清算业务执照,数量甚至超过"一带一路"区域,人民币作为国际清算货币的资格在世界主要国际金融中心得到认可。此外,人民币已经成为超过 80 个国家央行的外汇储备货币,其中不乏韩国、新加坡等发达国家。人民币在国际货币基金组织(IMF)特别提款权货币篮子的权重已经跃居第三,是当之无愧的全球重要储备货币。

进入 2023 年以来,一系列事件标志着我国跨境人民币结算交易探索迈出实质性一步。在"一带一路"沿线区域以及全球范围内,人民币已经与 9 个国家实现货币直接交易兑换,包括马来西亚林吉特、新加坡元、泰铢、阿联酋迪拉姆、沙特里亚尔、美元、匈牙利福林、澳元、波兰兹罗提、日元,另外与 12 个国家在区域交易中实现直接交易,包括柬埔寨瑞尔、蒙古图格里克、哈萨克斯坦坚戈、印尼卢比等。2023 年 4 月 26 日,阿根廷政府宣布将使用人民币结算从中国进口商品贸易;5 月 15 日,内地与香港利率互换市场互联互通合作正式上线运行;5 月 16 日,来自阿联酋的液化天然气(LNG)运输船"马尔文"轮在中国海油广东大鹏液化天然气接收站完成接卸,是我国首单以人民币结算的 LNG 运输项目。

■ "一带一路"架设起人类共享共建共治之桥

"一带一路"建设与现有的国际组织、多边合作联盟有什么不同?最大的区别在于其对不同国家、不同民族的文化、理念、价值观、宗教信仰的包容性是人类历史上所罕见的。在"和而不同""互相理解""互相宽容""多元共生""互鉴互惠"的基本共识下,"一带一路"在最大限度内为沿线国家和地区人民搭建了精神文明、文化传统、艺术传承的交流舞台,并通过举办艺术节、文化节(周)、电影节、音乐节、文物展、图书展、影视作品互译互播等形式,实现了文化与精神文明的互认、共享、交流、融通。截至 2022 年,各类人文文化交流载体陆续建立,92 个国家和两个国际组织共同发起共建了丝绸之路国际剧院联盟、博物馆联盟、艺术节联盟、图书馆联盟、美术馆联盟,目前已经拥有超过 500 家国内外成员单位。"鲁班工坊"等 10 余个文化交流和教育合作品牌逐步形成,来自 36 个国家和地区超过 150 所高校加入了"丝绸之路大学联盟"。中国电视剧《山海情》翻译成阿拉伯语在沙特、阿联酋、伊拉克、阿曼等国展播后获得了如潮好评。2022 年 12 月 8 日习近平总书记访问沙特阿拉伯，于该国《利雅得报》发表署名文章《传承千年友好，共创美好未来》，点赞了中国与沙特出品的动漫作品《孔小西和哈基姆》。文化的交流互鉴，是推进"一带一路"沿线各国不同文明的传播、文化的交融，促进民心相通、增进互信的重要途径。国之交在于民相亲，民相亲在于心相通。民心相通是民心相亲的基础，而民众之间的文化纽带是否牢固至关重要，因此"一带一路"建设高度重视以民心为核心的社会根基，不断强调夯实"一带一路"向纵深推进的民意基础。

"一带一路"贯穿亚欧非大陆，沿线部分经济体存在发展水平低、产业结构落后、发展动力不足等问题，如何应对并解决治理贫困、改善民生的巨大难题和艰巨挑战呢？ 我国不仅在兴建改善贫困国家基础设施和建设工业能力上投以巨资，同时也将大量优秀的中国工程师、技术团队、科学家、教育家、有经验的项目管理人员派往相关国家，解决其人才短缺及技术瓶颈问题，不仅"输血"更要"造血"，"授人以鱼不如授人以渔"，为相关国家国民素养提高、能力培养建设提供了强大助力。

以 2021 年马达加斯加粮食援助项目为例，通过中方近 2 亿欧元的农业产业投资，约 40 万公顷的杂交水稻制种基地将在马达加斯加落地，该项目使用我国最先进的杂交育种技术培育 10 000 吨杂交水稻种子，预计可为当地 20 万农民增收 50% 以上。项目建成后，马达加斯加将从 114 万人严重缺乏粮食保障的贫粮国一跃而成粮食出口国，实现其多年的目标，也了却了多年来马国政府与人民的期待和愿景。2022 年，我国农业专利技术已经在 150 多个国家推广和应用，超过 1 500 项技术在种子培育、抗化肥作物生产、农业生物化学技术、畜牧业水产养殖、农田灌溉设施、农产品高附加值加工等领域得到应用，世界粮农组织（WFO）估计中国已带动世界粮食产量平均提高 40%—70%，惠及超过 150 万户发展中国家农民，甚至将其称为"21 世纪新的绿色革命"。联合国世界粮食计划署（WFP）驻华代表高度赞扬了中国对于推动世界农业技术进步的贡献："世界粮食计划署愿同中国合作大力推广这项技术，让更多发展中国家受益于中国减贫经验。"

除了物质投入，中国还通过搭建平台、组织培训、智库交流等多种形式，开展减贫交流，分享减贫经验。2021 年发布的《人类减贫的中国实践》白皮书显示，2012 年以来，中国共举办 130 余期国际减贫培训班，来自 116 个国家（组织）的官员参加培训。**根据世界银行预测，全球大概将有 760 万人在共建"一带一路"**

的过程中摆脱极端贫困,同时约有 3 200 万人在"一带一路"的外溢效应中摆脱中度贫困。

知识链接

中国免除非洲 17 国债务

在中非合作论坛第八届部长级会议上,中国外交部长王毅宣布,截至 2021 年底,中方将免除非洲 17 个国家,共 23 笔对中国的无息贷款债务。除此之外,中方 2021 年将继续向 17 个非洲国家提供一批新的粮食援助。对于这项决定,有人并不理解:中国自己还刚刚完成脱贫,搞免债到底是不是在"穷大方"?

中国对非洲的援助,切实改善了当地人的生活,改善了非洲国家的发展环境。过去 20 年里,中国的资金推动了许多非洲国家的基础设施建设热潮。中国企业帮助非洲国家建设和改造了 1 万多公里的铁路、约 10 万公里的公路、1 000 座桥梁和 100 个港口,中企还援建了发电厂、医院、学校等。

约翰霍普金斯大学中非研讨会的一项研究表明,中国在帮助非洲国家管理债务方面发挥了重要作用。研究人员记录了 2000 年至 2019 年期间,10 个非洲国家的 16 起债务重组案例,总价值约 75 亿美元,发现中国勾销了至少 94 笔无息贷款的累计欠款,累计金额超过 34 亿美元,约合 232 亿元人民币。而且中方没有对债务违约提起诉讼,也没有进行资产扣押。2009 年,中国免除了非洲 32 个国家的 150 笔到期对华债务,累计金额 189.6 亿元人民币。2011 年,中国加入世贸十周年之际,时任中国商务部部长助理余建华曾表示,中国免除了 50 多个重债穷国的 400 多笔政府贷款债务。

非洲国家有市场,有人口,有丰富的自然资源,也是地缘关系的重要力量,谁能够在全球格局中得到非洲的支持,那么就会有更大的战略价值。所以中国一直在深化中非发展合作的格局,力求实现双方共赢。这一战略,把巨额的贸易顺差,变成了亚非拉国家的支持,变成了海外项目,也变成了类似西芒杜铁矿这样的矿产资源。到 2021 年,商务部数据显示,中非贸易额达 2 542 亿美元,同比增长 35%。其中我自非进口 1 059 亿美元,对非洲出口 1 483 亿美元,分别同比增长 43.7% 和 29.9%。中国连续 13 年保持非洲最大贸易伙伴国地位。中国在非洲承包工程新签合同额达 779 亿美元,相当于 5 310 亿元人民币。

近年来,美国和其他西方国家频繁指责,中国的贷款导致一些非洲国家掉入"债务陷阱"。英国慈善组织"债务正义"在 7 月对世界银行的数据进行分析称：非洲的债务危机不能怪中国。非洲国家欠西方的债务，是欠中国的三倍。根据世界银行数据，非洲大陆 6 960 亿美元外债，只有 12% 是欠中国贷方的，也就是 835 亿美元，而非洲欠西方私人债务占全部债务的比例为 35%。

（资料来源：笔者整理。）

站在全球发展何去何从的十字路口，"一带一路"有助于弥补全球和平赤字、发展赤字、安全赤字、治理赤字。当前，"一带一路"建设宛若全球惊涛骇浪中孑然挺立的青松。在全球新冠疫情、大国博弈摩擦升级、地缘冲突等狂风逆流中，"一带一路"点燃人类携手前行、荣辱与共的明灯。到 2023 年 1 月底，151 个国家和 32 个国际组织已经通过签署正式协议加入"一带一路"朋友圈，这 200 余份共建"一带一路"合作文件成为维护多边贸易体制主流地位的机制保障，通过开放促进要素自由流动、资源高效配置、市场深度融合，为促进各国经济增长提供强劲动力和广阔空间。

"一带一路"之所以能够彪炳人类史册，除了其举世瞩目的经济贡献，更在于其突出"共享"二字。"一带一路"倡议**不设准入门槛、不附加成员条件**，不排斥不同的国家政体、政治制度、意识形态，**不搞小团体，不拉拢不内耗，不建"小院高墙"，不设置**贸易和投资合作上技术、环境、劳工、低碳等"隐性壁垒"，不"以大欺小""恃强凌弱"，**不搞歧视，**不是将国家按照实力、地位在内部分成三六九等，而是为所有伙伴国家提供发声、发言、协商的机会，坚决反对各类制裁、军事等威胁，最终愿景是全世界人民共同携手，走上一条光明的康庄大道。这就是"一带一路"合作展现出强劲韧性和旺盛活力的"密码"所在。

第二节　从"贸易大国"到"贸易强国" 42.07 万亿元

关键数据：
- 我国对外贸易进出口总值从"20 万亿元俱乐部"进入"40 万亿元俱乐部"，达到 42.07 万亿元。

- 我国连续 14 年保持世界第一大出口国地位,连续 6 年稳坐全球第一大货物贸易国的宝座。
- 我国占全球进口增长比重高达 17.1%,为世界经济的复苏提供了有力的市场支持。
- 十年来,我国知识密集型服务进出口年均增长率高达 9.3%,占服务贸易进出口总额比重增加了 10.3%。

十年来,对外贸易质量持续提升,对外贸易结构不断优化,为我国从"贸易大国"到"贸易强国"转变、高水平对外开放格局基本形成奠定了坚实基础。对外贸易的快速发展,既有力拉动国内经济增长,为巩固经济恢复基础、保持经济运行在合理区间内作出积极贡献,更彰显了中国在全球供应链产业链中重要地位和作用的不可替代性。

■ 从"中国制造"向"中国智造"和"中国创造"转变

外贸之于中国的特殊意义在哪里?它早已不仅仅是国民经济的一个部门、一个领域,而且是中国对外开放战略的风向标。2022 年全年我国对外贸易进出口总值历史性地达到 42.07 万亿元,连续 6 年稳坐全球第一大货物贸易国的宝座。这一高基数基础上的突破是在世界范围内需求萎缩、预期转弱的不利大背景下取得的。党的十八大以来,中国外贸在发展模式、发展目标上实现了根本性的转变,稳扎稳打取得历史性的成就。在从"外贸大国"向"外贸强国"迈进的轨迹中,对外贸易结构不断升级、对外贸易品质不断提升、国际市场竞争力增强、成为强化巩固中国国际大国、国际强国地位的最主要原因之一。

从高度上看,我国外贸规模走出了一条基数大、速度稳的华丽增长曲线。从 2010 年进入"20 万亿元"俱乐部以来,我国外贸规模用八年时间迈上 30 万亿元台阶,又仅用四年时间突破 40 万亿元台阶,2022 年占国际市场份额比 2012 年高出 3 个百分点,达到 13.5%。其中,占国际出口贸易总量比重高达到 14.7%,我国连续 14 年保持世界第一大出口国地位;占全球进口增长比重更是高达 17.1%,为世界经济的复苏提供了有力的市场支持。

从广度上看,我国政府在外贸战略上始终没有满足于"偏科""瘸腿",而是不断培育更多更具活力的外贸主体,扩展贸易的内容和范围。十余年来,从事外贸经营活动的国内市场主体增长了近 2 倍,企业参与国际市场竞争的底气更足。在区

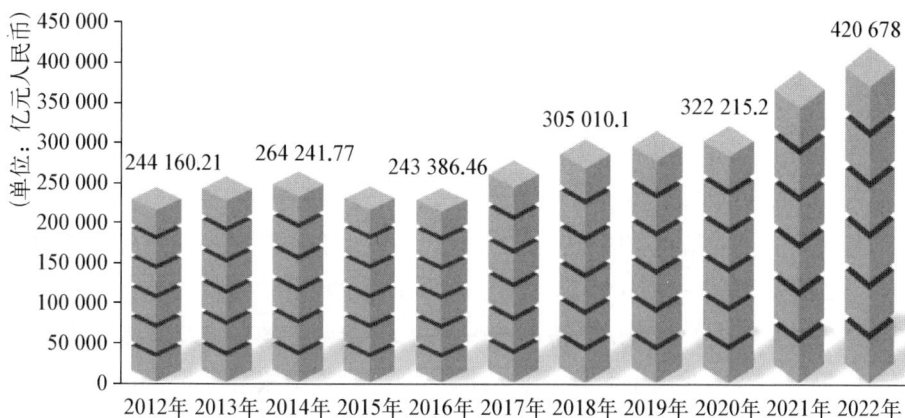

图 3-3 2012—2022 年中国进出口贸易总额数据

资料来源:根据《中国统计年鉴》绘制。

域结构上,外贸不再是沿海及东部地区的专属优势,中西部地区外贸额占全国贸易比重在 2022 年提高到 18.7%,比 2012 年增长了 7.6 个百分点。在贸易对象上,从以面向美国、欧盟、日本、中国港澳台等发达国家和地区为主的开放,逐渐向平衡东南亚、中东欧、拉美、非洲等发展中国家和地区转变,并针对发达经济体、新兴市场经济体采取了不同的进出口策略,极大丰富了贸易"朋友圈",特别是随着"一带一路"倡议的深入推进,中国外贸正日益成为拉动发展中世界经济发展的"火车头"。

"中国制造"曾经代表着品种丰富、物美价廉,更是因为敏捷的生产交付能力,受到世界人民和厂商的喜爱;如今随着时代的接续,"中国智造"和"中国创造"更是让全世界"大开眼界"。无论是智能消费类电子产品,还是以新能源汽车为代表的高端制造业,数字技术和高新科技赋能产业,开辟了对外贸易的新赛道。国内各地区积极融入全球价值链,在全球贸易价值链上地位不断攀升。如传统外贸强省江苏省 2022 年贡献出全国 20% 的高新技术出口产品。全国范围来看,出口产品的档次、质量、附加值和技术含量持续提升,机电产品在我国整体出口中平均份额最高,2022 年占比高达 57.2%。汽车出口增长成为亮点,2022年汽车出口额是 2012 年的 1.5 倍。集成电路出口增长(32%)首次超过进口增长(25.6%),芯片自给率有所提高。

■ 贸易结构不断优化,协调均衡发展成效显著

十八大以来,我国对外贸易发展的优异成绩单,集中体现为四个"更":

一是对外出口结构更加高级。以数字化、智能化、绿色化为特征的知识密集

型贸易已成为推动经济发展的新兴力量。在全球价值链分工中,我国知识密集型服务贸易地位不断提升,已逐渐从低端向高端迈进。2012—2022年间,我国知识密集型服务进出口年均增长率高达9.3%,占出口总额比重增加了10.3%,彰显出服务业开放的巨大潜力。在全球经济复苏乏力和国际金融危机持续蔓延背景下,知识密集型服务业保持较快增长态势,对国民经济贡献率不断提升。在细分领域,个人文化和娱乐服务出口增长5.8倍,计算机、软件和信息服务出口增长3.2倍,知识产权出让增长2.1倍,在最难啃的"硬骨头"——金融服务上也实现1.6倍的增长。在全球经济下行压力增大、国际市场环境复杂多变背景下,知识密集型服务业出口继续保持较高增长势头。离岸服务外包增长了2.9倍,1 127万人从事外包产业服务。

二是国内区域发展更趋均衡。东部及沿海贸易大省向贸易强省进军,质量效益同步提升;中西部及内陆地区抢抓机遇,利用内陆、沿边自贸试验区、综保区,"陆上丝绸之路"以及中欧班列等开放平台,坚持稳中求进、步步为营参与开拓国际市场。

三是贸易伙伴更加多元。在努力维护巩固与欧美、日韩等西方发达国家贸易关系的同时,不断将东盟、中亚、非洲、拉美等新兴市场拉入"一带一路"或自由贸易协定"朋友圈",2022年发达经济体和新兴市场与我国的贸易额比例分别为38.3%;26.2%,对于抵御地缘政治引起的供应链产业链"断链"风险发挥了积极作用。

四是与世界共享中国发展机遇的能量更加强大。我国14亿多人口,其中4亿多中等收入群体,构成全球规模最大的单一国家市场,年均产生2.5万亿美元的进口需求,是任何国家都难以舍弃的贸易机遇。而中国也通过扩大进口、缩小贸易顺差的新型外贸发展战略回应了世界各国的诉求。尤其值得一提的是,中国创造性地提出并连续举办国家级的国际进口博览会,这一创举已经超越了主流经济学的资源禀赋理论或比较优势理论,以及发展经济学的进口替代或出口导向战略,主动让渡市场、扩散发展红利、打破"中心—外围"的发展"魔咒"。五届进博会不仅达成3 457.9亿美元的累计成交额,更是在消费升级、技术创新、制度改革等众多领域产生难以估量的溢出效应。

尤其值得关注的是,在全球需求萎缩的背景下,我国服务贸易"逆风"展现出巨大发展潜力,为全球经济带来了重要的机遇和潜力。随着国内消费升级步伐加快,我国服务贸易发展空间巨大,发展潜力十足。由于新冠肺炎疫情等多种因素的影响,全球服务贸易的复苏速度相对于货物贸易而言显得缓慢。尽管全球服务贸易总额在2020年至2022年期间下降了5.1%,但中国的服务贸易仍然表现出色,服务贸易逆差达到了 10 年来的最低水平。这主要得益于我国服务业对外开放程度不断提高、创新驱动战略深入实施以及"一带一路"倡议等因素。目前,我国已成为全球第三大服务出口大国,同时也是仅次于美国的服务进口强国。

■ 贸易新模式不断涌现,竞争新优势加速形成

在新兴贸易业态方面,跨境电商、市场采购规模迅速扩大,使其成为推动外贸增长的"神来之笔"。跨境电商进出口规模五年增长近十倍,市场采购贸易出口规模七年增长七倍,呈现出蓬勃发展态势。

在中国最大的小商品出口基地和全球最大的小商品集散中心义乌,每天有 1 000 个以上装满小商品的集装箱从义乌港海关监管场所启程,通过市场采购模式走向世界。广州白云国际机场是中国三大门户复合枢纽机场之一,近年来,乘着"广货出海"的"春风",跨境电商逐渐成为白云机场口岸的重要支柱业务之一,2021 年仅广州白云机场口岸跨境电商进出口交易额就突破了 1 000 亿元,成为全国首个跨境电商业务突破千亿元的空港口岸。

多年来,伴随着外贸新业态的培育,一系列外贸改革举措也在持续加码。"网购保税进口""跨境电商 B2B 直接出口""跨境电商出口海外仓"等监管模式,满足了跨境电商企业的发展需求,使"买全球""卖全球"成为现实。"审核快了,手续简化了!"这是外贸企业对十年来口岸营商环境持续优化的最大感受。海关数据显示,进出口环节监管证件已由 86 个减少到 41 个,整体通关时间四年来压缩了一半以上。其中节省的每一个小时、每一分钟都能对应折算出企业的经济效益。

第三节　更大力度吸引和利用优质
外资　　9.1%

关键数据:
- 十年来,我国实际使用外资规模再创历史新高,2022 年达到 1.2 万亿元。
- 我国自 2017 年以来实际使用外资规模连续四年位居世界第二,连续三十多年位居发展中国家首位。

> ● 近五年,我国外商投资收益率是 9.1%,高于欧美发达国家的 3% 左右,也高于新兴经济体的 4%—8%。

2008 年以来,全球跨国投资低迷。但中国吸引外资克服多重困难,实现稳中有增、稳中提质,印证中国市场对外资依然保持较强吸引力。在全球疫情反复、乌克兰危机爆发、跨国投资疲软的背景下,我国利用外资实现较快增长,凸显了中国完整的产业体系、超大规模的市场、稳定的社会大局、长期向好的经济基本面等综合优势,为外资企业在华发展创造了良好的基础,让外资"敢投"。引资规模不断增长的同时,引资结构也不断优化。在当前全球经济下行和贸易保护主义抬头的阴影下,中国始终是外商投资"热土"。

■ 吸引利用外资稳增彰显中国市场吸引力

大胆吸收利用外资是我国改革开放历史性战略决策的"扛鼎力作",是长期坚定不动摇的基本国策。2022 年,我国实际使用外资规模再创历史新高,达到 1.2 万亿元(1 891.3 亿美元),同比增长 6.3%,从 2017 年以来连续四年位居世界第二,连续三十多年位居发展中国家首位。吸收外资规模占全球跨国直接投资比重从 8.2% 上升到 11.4%。根据外汇局测算,近五年,**我国的外商投资收益率是 9.1%,欧美是 3% 左右,新兴经济体是 4%—8%**。

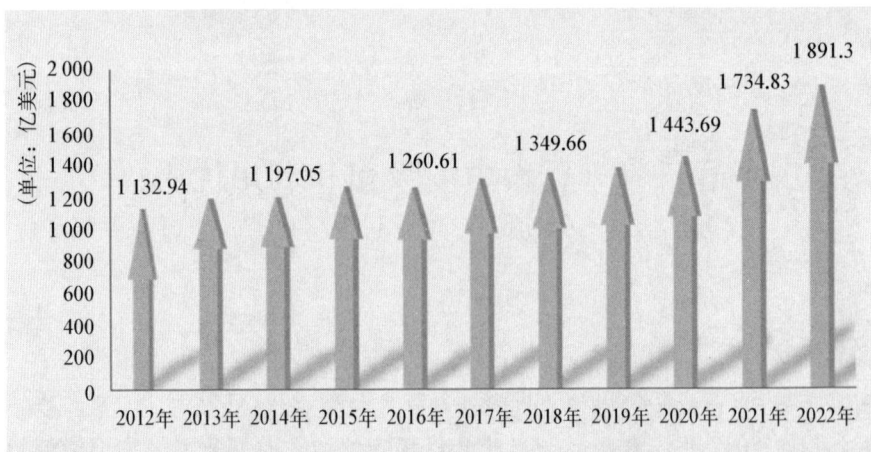

图 3‑4　2012—2022 年中国实际利用外资数据

资料来源:根据《中国统计年鉴》绘制。

2022 年,外资企业数量已经占据我国全部市场主体总量的 2% 左右,成为中国特色社会主义市场经济的重要组成部分。在作用上,外资企业对外贸易额占到全国整体贸易额的 40%,税收收入占到 17% 左右,对城镇就业的直接或间接带动作用约为 10%。尤其是疫情以来,党中央和国务院对"稳外资"高度重视,连续四年印发多份政策文件、作出重要部署并落实落细,中央经济工作会议等重要国家级会议持续为新发展阶段、新形式新挑战下更好利用外资确定了大方向。

■ 外商投资在结构调整中稳步提升质量

党的十八大以来,我国外资企业投资方向展现出向高新技术产业、高端制造业、战略性新兴产业,以及研究服务、技术服务、金融服务、高端商务为代表的现代服务业等高价值领域倾斜的趋势。以特斯拉上海超级工厂为例。2022 年工厂全年交付量达到 71 万辆,超过特斯拉全球交付量的一半,其中,仅 Model Y 一款车型的交付量就已经超过 45 万辆,几乎追平 2021 年特斯拉的全车型交付成绩。上海超级工厂自投产以来长期"成功地近乎满负荷运转",生产供应了北美以外世界市场 80% 以上的整车产品,已然是特斯拉最重要的全球出口中心。目前,中国市场上特斯拉车辆已经实现 95% 以上由本土生产,不仅构建起以特斯拉为中心的新能源汽车全产业生态,还在芯片、新材料、驾驶系统、车身、零部件等产业链领域培育起大量本土"特斯拉小伙伴",而且在临港新片区、长三角地区形成特斯拉"4 小时朋友圈"等产业集群。

中国特色社会主义进入新时代以来,我国既不再需要大规模依靠引进外资以消化吸收国外引进技术,也不再需要大规模引进"两高一资"项目扩大国内产能。这导致我国制造业以吸引中低端制造业来吸引外资的规模收缩的同时,制造实力的稳步提升也吸引诸多世界知名高科技企业来华投资。以世界制造强国德国为例。2021 年以来,德国化工巨头巴斯夫、科思创、赢创、默克均在华新设研发中心或生产基地;其知名车企奥迪、大众、宝马、奔驰均扩大在华研发团队,投巨额资金在华布局新能源汽车产业;大陆、博世、采埃孚、蒂森克虏伯、科德宝等采取中外合资等方式,扩大汽车零部件在华研发规模及生产规模。随着新动能昂扬成势,我国制造业吸引外资新旧动能接续转换,快速增长的高端外资不仅弥补了中低端外资的流入缺口,而且通过增强研发力度、促进区域协同发展等方式为制造业高质量发展赋能。对外国企业和跨国企业来说,它们不仅获得了更高的生产率、更高水平的技术条件、更大的国际市场份额,也不断巩固强化了我国作为创新要素资源"强力磁极"的国际地位。

中国不仅已经成为高技术型外资企业的"热土""乐土",也为外资企业的绿色发展、低碳转型提供了新机遇,越来越多外资企业加入我国双碳战略发展,打出绿色先手牌。ZARA 母公司西班牙爱特思(INDITEX)集团在 2022 年底已经在集团旗下所有门店、办公室、机构实现可再生能源 100％使用,环保、可循环系列服装产品已经占到品牌所有产线的一半;此外,集团承诺 2023 年彻底停止使用一次性塑料包装产品;到 2025 年将供应链耗能量、用水量均减少 1/4;到 2040年实现全集团净零排放目标。麦当劳 2022 年开始在中国建设 LEED 认证"零碳餐厅",计划在 2023 年底之前实现 1 800 家餐厅的 LEED 绿色认证,一旦计划顺利完成,我国 LEED 认证绿色餐厅数量将成为世界第一。LEED 绿色餐厅通过物联网能耗管理系统和变频排烟系统等,能够降低 40％左右的年均能耗量。**在碳达峰碳中和"1＋N"政策体系文件中,国家已经对鼓励外资助力绿色低碳发展作出具体部署**,明确提出要落实鼓励外商投资产业目录,完善相关支持政策,吸引和引导外资投入清洁低碳产业领域;完善鼓励外资融入我国清洁低碳产业创新体系的激励机制,严抓知识产权保护;推动建立技术创新国际合作平台,促进低碳零碳负碳技术联合攻关。2022 年 10 月 25 日,国家发改委等六部门印发《关于以制造业为重点促进外资扩增量稳存量提质量的若干政策措施》,提出加快外商投资绿色低碳升级,引导外资积极参与碳达峰碳中和战略。中国在推进碳达峰碳中和过程中,必将催生出巨大的市场需求,吸引外资企业投身到中国绿色低碳发展进程中。

第四节　企业走出国门"乘风破浪"
竞帆全球　　第 2 名

关键数据：
- 2015 年我国对外直接投资首次超过实际使用外资,成为资本净输出国。
- 十年来,我国对外投资流量年均增长 8.2％。2022 年对外直接投资流量位列全球第二位;存量位列全球第三位,占全球跨境投资存量的 6.7％。

我国已进入新一轮高质量对外开放,企业海外投资热情正在不断高涨。一批又一批企业加快"走出去"进程,积极响应"走出去"号召,不断提高对外开放水平,走向更高质量、更深层次的对外开放。在我国政府的大力支持下,国内很多高科技企业开始走向海外,寻求更大的发展空间,并且取得了显著成效,在高科技、智慧电器、新能源、互联网等领域涌现出一批知名跨国公司。

■ 对外直接投资连续多年保持量质齐升

十八大以来,党和中央政府积极重视提升我国对外直接投资能力,不断完善优化对外投资管理模式、服务机制、监管体制,为中资"走出去"提供了制度上、政策上的保障。**2015 年我国对外投资取得历史性突破,**对外直接投资首次超过实际使用外资,成为资本净输出国,自此我国持续向对外投资大国的地位奋进。2022 年我国对外直接投资流量为 1 580 亿美元,位列全球第二位;截至 2022 年末,对外直接投资存量为 3.6 万亿美元,位列全球第三位,占全球跨境投资存量的 6.7%。2012—2022 年,我国对外投资流量年均增长 8.2%。

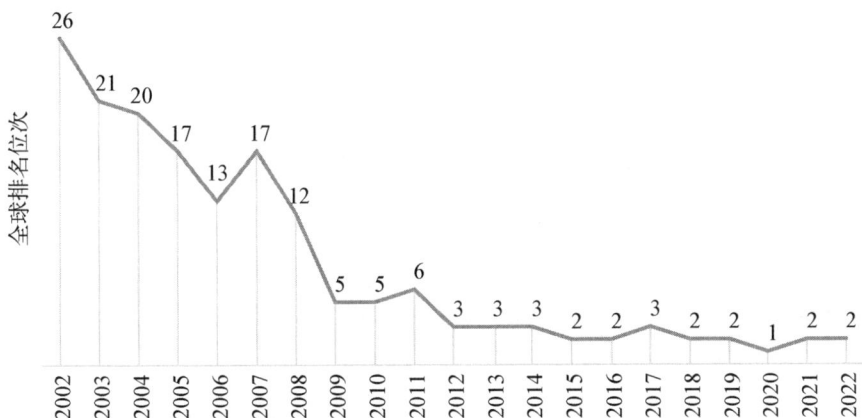

图 3－5 2002—2022 年中国对外直接投资流量在全球的位次

资料来源:根据世界银行数据库统计绘制。

当前,我国已成为全球重要的对外投资大国,对外直接投资展现出若干新的特征和趋势:

一是投资区域国别分布日益广泛。2022 年大约有 4.6 万家中资跨境企业分布在 190 个国家和地区,不再局限于传统的欧美市场,而是向新兴市场如东南亚、拉美、非洲、中东等地区拓展。

二是行业和领域更加广泛和多样。投资的对象不再只是游戏、社交、电商等互联网产业,而是涵盖了新能源汽车、智能硬件、物联网、金融科技等软硬科技产业,利用互联网、人工智能、物联网、云计算等技术,将传统实业与数字经济融合创新,进行出海业务的全方位数字化转型和创新。

三是企业及品牌竞争力和影响力更加强大。中资跨境企业不再依赖于低成本和低价的优势,而是借助于技术创新、产品优化、服务升级、品牌建设等方面,提高自身的产品和服务的质量和水平,满足海外用户的需求和喜好,符合海外市场的标准和规范,树立起一个全球化的品牌。

四是对外投资方式更加多样化。早期的对外投资以绿地投资(新建)为主,2003 年以后,中资企业掀起一股以获取先进技术和研发成果为目标的跨国并购热潮,不仅超越绿地投资成为更加主导性的投资方式,而且使得大量中资企业在国际市场迅速崛起、打出"名号"。回顾十八大以来十余年间中国企业"走出去"的实践路径,可以总结出大量生动的经验模式,例如:"安营扎寨""借船出海""借鸡生蛋""改头换面""星火燎原""抱团出海""农村包围城市"等,其中每条路径都有成功的典范,在降低本地建设生产运营成本、降低本土化经营风险、灵活充分利用海外资源和市场等方面,走出了有中国特色的新路子。

■ 越来越多企业走向世界拓展发展机遇

随着经济实力的增长,中国企业"走出去"投资、在全球布局已成为常态。

福耀集团,全球规模最大的汽车玻璃专业供应商,是最早出海的传统企业的代表之一,2016 年赴美投资超 10 亿美元,重建了位于"铁锈地带"俄亥俄州代顿市郊区的巨大工厂,以建立全球最大的汽车玻璃单体工厂。

来自福建的安踏集团经历了从产品"走出去"到品牌和资本出海、从"草根风"到"国际范"的转变。近年来,安踏集团先后收购意大利运动品牌斐乐、芬兰体育品牌亚玛芬。目前,安踏已在全球设立五大研发中心,成为中国行业第一、全球前三的国际化体育用品集团。

在互联网行业,5G 移动互联网时代的全面来临为中国企业海外扩张提供了前所未有的机遇,大数据、人工智能、云计算等新一代信息技术使得中国平台企业在开拓海外版图上动能满满、全副武装,通过 App 出海、平台出海和服务出海等新方式,迅速形成了规模经济。2018 年 TikTok(字节跳动旗下短视频社交平台)初入海外市场,当时 Facebook 创始人扎克伯格对这个疯狂在自家平台打广告的应用不以为然。然而自 2021 年起,TikTok 已经成为全世界下载量第一的软件,超越谷歌和 Facebook,达成全球访问量最多的成就仅仅用了 Facebook 一半的时间,上线 5 年,TikTok 全球月活已经超 10 亿人。跨境电商平台更是早已闯出一番天地,代表企业 SHEIN(希音)起步于欧洲,拓展至北美洲,后进入中亚,运用"左手全球搞流量,右手中国搞供应链"的打法,打败 ZARA、HM 等快时尚巨头,一跃成为估值赶超前两者之和、达到千亿美元的超级独角兽。

知识链接

十年间中国企业"走出去"的政策环境不断优化

党的十八大以来,中国政府加强对企业"走出去"的政策力度,加强我国国际化程度,更加融入全球化的进程。十年时间,我国不断为企业"走出去"助力,一方面出台相关政策引领企业发展,保障企业的相关合法利益,开创企业对外投资新模式,不断丰富外汇交易品种方便企业投资交易,推动自由贸易区高质量发展。另一方面建立为企业保驾护航的平台,引导企业积极参与"一带一路"建设,鼓励在跨境电商方面开拓布局,推动数据跨境有序流动,推动中国贸易投资向自由化、便利化进一步发展。

加强对外投资合作高质量发展的政策引领。十年来,中国不断提高对外投资合作的质量,一方面政府出台政策,对于企业对外直接投资管理方式进行改革创新,在原有的基础上,加强监管,降低投资风险,同时进一步深化对外投资领域的"放管服"改革,与贸易国家签订合作协议,完善双边投资合作机制,力求稳定长久的合作机制。对于境外投资出台政策进行规范引导,推动中国从投资大国向投资强国的转变。另一方面政府加强对外投资相关制度建设,建立健全相关法律法规,有效保障投资者相关权益,建成"走出去"公共服务平台,创新投资发展新模式,包括绿色投资和数字经济投资等多种形式;推动投资形式多样化,实施绿地投资、收购并购、股权置换等多种形式。

助力企业抢抓市场机遇。中国市场经济具有中国特色社会主义市场经济的特征,市场规模和市场需求巨大,要结合国内外市场需求,充分发挥各类所有制企业的特色,引导相关产业的所有制企业开展境外投资。一是对于产业内的龙头企业,要鼓励他们"走出去",积极开展对外合作,包括但不限于技术研发合作、海外工程承包和劳务合作等,从多个方面汲取国外优秀发展经验,改进自身发展模式。二是致力于培育中国大型跨国公司和跨国金融机构,进一步提高我国在国际金融市场上的影响力。三是完善对外投资法律法规制度,对内做好相关保障,维护国内企业的合法利益,对外与相关国家签署有效协议,降低投资风险。

贸易强国战略为企业"走出去"保驾护航。2017年党的十九大报告指出要加快推进贸易强国建设,商务部提出建设经贸强国"三步走"战略,同时确定战略目标,2020年前,进一步巩固经贸大国地位;2035年前,基本建成经贸强国;2050年前,全面建成经贸强国,并提出实施消费升级、对外贸易、利用外资、对外投资、援外、精准脱贫、多双边合作、"一带一路"合作等八大行动计划和具体举措。近几年来,国际局势日益严峻,从早期的中美贸易战到近期的俄乌战争,国际政治局势越发复杂,加之2019年新冠疫情给全球经济造成了巨大冲击,全球供应链、产业链受到影响,中国企业"走出去"面临新挑战。在这样的风险和机遇下,中国企业在国家的有力支持下,抓住经济重心东移的机会,集合数字经济趋势,开展国际合作,创新合作新形式。比如,阿里、京东、腾讯、百度、字节跳动等互联网行业巨头以VC/PE投资模式,加快布局跨境电商,加快走出去的速度。

大力推动数字经济"走出去"。党的十八大以来,数字经济成了我国发展的一大重心,中国加快建设网络强国、数字中国、智慧社会。为了进一步提高数字经济活力,我国采取多种措施推动数字经济建设,一是加快培育数据要素市场,推动知识资源共享,尤其是生产制造领域,要加强企业间、行业间的技术交流,充分利用数字化优势,打造数字化交流平台,提升资源数字化水平。二是鼓励新要素出现,推动新产业、新平台、新模式发展,充分利用数字经济的优势,打造开放共享的平台,同时加强平台治理与监管,优化平台发展环境。三是积极推动数字经济对外投资合作的发展模式,2016年G20杭州峰会提出的《二十国集团数字经济发展与合作倡议》,2022年提出的《金砖国家数字经济伙伴关系框架》,都表明中国数字经济在逐渐融入全球数字化发展进程,中国积极参与全球数字经济治理。

积极推动对外投资合作绿色发展。中国高度重视对外投资合作绿色发展。为了提高中国企业在对外投资合作过程中的环保意识,我国连续出台多项法律政策[①],2013年的《对外投资环境保护指南》,要求企业遵守东道国环境保护的相关政策法规。2015年,有关丝绸之路发展,我国出台的《推动共建丝绸之路经济带和21世纪海上丝绸之路的愿景与行动》中提出共建绿色丝绸之路,为了"一带一路"的良好健康发展,2017年,政府出台《关于推进

---

① 逯新红:《中国支持企业"走出去"十年之路》,《中国对外贸易》,2022年第10期。

绿色"一带一路"建设的指导意见》和《"一带一路"生态环境保护合作规划》,2021 年出台《对外投资合作绿色发展工作指引》,2022 年出台《关于推进共建"一带一路"绿色发展的意见》和《对外投资合作建设项目生态环境保护指南》等政策,一系列政策都是为了"一带一路"绿色发展建设服务。中国提出,要力争到 2025 年共建"一带一路"绿色发展取得明显成效,到 2030 年基本形成共建"一带一路"绿色发展格局。

不断推进汇率形成机制改革。汇率是中国对外投资和国际贸易的重要影响因素,十年来,中国一步步推进外汇管理体制改革,完善以市场供求为基础的有管理的浮动汇率制度。首先,增强人民币汇率弹性,早在 2014 年,人民币对美元汇率波幅扩大至 2‰。其次要扩大人民币跨境使用范围,推动人民币结算趋势,有效实现人民币国际化,提升人民币在国际货币体系中的地位。再次,要加强外汇储备经营管理制度,建立外汇管理负面清单制度,拓宽使用渠道,提高收益水平。最后,要放宽境外投资汇兑限制,促进企业和个人对外投资便利化,改进企业和个人外汇管理。日益严峻的国际局势推动人民币和中国资产成为全球避险工具,进一步提高了人民币和中国资产的国际化趋势和国际认可度。

进一步促进跨境贸易投资便利化。不断完善关于境外融资及有价证券管理、境外证券市场投资外汇管理、外债及对外担保管理等相关法规。丰富外汇交易品种,为企业"走出去"提供更加便利的金融服务,提高金融开放水平,为企业外汇风险管理提供支撑。另外,推进中国债券市场对外开放,采取开放试点模式,探索跨境贸易投资新形式,有效促进企业对外投融资便利化。完善贸易投资交易机制,实行"备案为主、核准为辅"境外投资管理模式,为企业更好地"走出去"提供更好的制度保障。

(资料来源:笔者整理。)

目前中国企业出海已经是遍地开花。2022 年,美的、海尔、格力、科沃斯等家用电器集团的海外市场营收占比基本均已达到集团总营收的 40%—50%,外向型发展特征进一步凸显,"中国制造"智能家电、智慧家电受到外国居民的广泛喜爱和信任。华为海外业务占比已经高达 75%。小米业务遍及全球 100 多个国家和地区,智能手机出货量在全球 62 个市场排名前五,在 14 个市场排名第一,在海外"疯狂圈粉"。当然,中资出海的不仅是制造类企业,比如,国货美妆品牌完美日记、花西子、花知晓等打破了国际美妆市场被欧美、日韩垄断的局面。

商务部统计数据显示,中国企业"走出去"的主要目的地是东南亚、欧盟、北美,三个地区的中资"走出去"企业分别占到74%、65%、62%,并且其中有60%的企业在上述三个地区都有业务布局。同时,拉丁美洲、非洲、中东海湾地区正成为中资"新蓝海",一个"新航海时代"已经到来。

■ 政府牵头企业组团"出海"事半功倍

现阶段,从中国政府到中资企业,对于"出海"的机会和挑战已有了明确的认识和判断,"出海"与否早已不是一个选择题,"出海"行稳致远才是必答题。2023年中央经济工作会议提出要做到"四个敢":让干部敢为、地方敢闯、企业敢干、群众敢首创。随即,众多地方政府组团"出海",掀起了一场海外市场抢夺竞赛。

案 例

政府牵头带领企业开拓海外市场

2023年中央经济工作会议提出要做到"四个敢",政府支持经济复苏反弹后,民营企业最发达的浙江最敢为人先。12月4日,浙江省商务厅牵头率领浙商经贸代表团开启了为期6天的欧洲市场行,这是浙江省"千团万企拓市场抢订单行动"的首站,该行动由省商务厅牵头、政府带头联动企业赴境外参展、开展商务洽谈,联动企业赴境外参展、开展商务洽谈,助力企业拓展海外市场。几乎同一时间,浙江嘉兴日本AFF参展团也乘包机出发赶赴日本东京。此次包机团里共有参展企业50家,近百人。紧接着还有宁波市,该市"百团千企万人"拓市场促招引行动首发团于12月6日一早起飞奔向阿联酋。

江苏省也不甘落后。12月9—18日,苏州市商务局组织开展的赴法国、德国包机启程。当地媒体报道,此次包机是自2020年疫情以来中国首个赴法国、德国经贸团组包机。据介绍,这次包机服务,由苏州市商务局主要负责人带队,总人数超200人。

更有意思的是,广东一声不吭早已抢先"起飞"。早在2022年11月,广州市商务局包下专机,带领40多家外贸企业奔赴东南亚,助力企业访政府、通人脉、探市场、抢订单、建渠道。拥有自贸区优势的海南省也没闲着。12月6日,海南自贸港赴日招商团在日本东京举办"海南自由贸易港政策和投资机遇说明会",这是疫情以来海南首个"出海抢单"团组。

非沿海省份自然也不甘人后,四川首架商务包机于12月5日起航,来自31

家企业的 40 人飞赴欧洲，开展为期 9 天的经贸促进活动。湖南省商务厅于 12 月 10 日至 21 日组织的经贸代表团出访莫桑比克、坦桑尼亚、马达加斯加等非洲三国。同期，河南省商务部门组织企业赶赴德国、法国、比利时、印度尼西亚、马来西亚等该省重点出口市场开展推销活动。此番加入"出海抢单"的省份和城市还有很多。整体而言，从南到北，从沿海到内陆，一场组团出海、比拼经济复苏的大赛正在上演。

海外集中招商的优势在于，由政府牵头"出海"，企业在掌握海外市场信息、提升产品及企业推介效果等方面将更加全面高效。面对不确定的海外市场，外贸和跨国企业仅靠自身单打独斗，往往很难取得显著成效。各地政府包机组团"出海"，带动越来越多的企业重返国际市场，让企业看到了走出困境的希望。在政府部门的引导和推动下，"组团式"发展也为企业带来了难得的契机。**"该出手时就出手"，政府在企业需要时伸出"援助之手"，这是社会主义市场经济对政府的内在要求，也是服务型政府的题中之义。**

第五节　高水平改革开放试验田
"收成"好　　21 个

关键数据：

- 2013 年迄今，我国共设立了 21 个自贸试验区，复制推广制度创新成果 278 项。

- 从最早的上海自贸区挂牌至今，外商投资准入负面清单缩减了 86%，限制措施从 190 项减少到 27 项。

- 2013 年迄今，21 个自贸试验区占全国国土面积不到 4‰，贡献的进出口额占到全国的 17.3%，吸收外资占到全国的 18.5%。

自贸试验区从 2013 年上海成立第一家发展到今天，我国已批准设立六批共 21 家自贸试验区，自贸试验片区达到 67 个。自贸试验区以深化改革、扩大开放为目标，以制度创新破除体制机制障碍，对接高标准国际经贸规则，不断加大对外开放压力测试力度，集聚国内国际高端资源要素，推进产业链供应链开放发展，加快将自身打造成为国内国际双循环的重要枢纽,为中国构建新发展格局贡献重大力量。

■ 自贸试验区扩容形成制度型开放新"雁阵"

党的十八大提出要加快实施自由贸易区战略,提高中国制度型开放水平。2013 年上海设立了全国第一个自贸试验区,迄今全国共设立了 21 个自贸试验区,复制推广制度创新成果 278 项,外商投资准入负面清单缩减了 86%(限制措施从 190 项减少到 27 项)。21 个自贸试验区占全国国土面积不到 4‰,但是贡献的进出口额占到全国的 17.3%,吸收外资占到全国的 18.5%。海南自贸港作为我国首个也是迄今唯一的自由贸易港,自 2018 年挂牌以来贡献了 120 多项制度创新成果。自由贸易港作为自贸区的"升级版",海南将通过 30—50 年的创新奋斗,将自贸港打造成为我国开放新高地、亚太经济全新增长极。上海自贸试验区临港新片区于 2019 年正式挂牌,将自贸试验区改革创新试验田、开放压力测试区、现代化治理先行区的功能定位进一步推向新的高度。

自贸试验区建设从 2013 年 9 月设立上海自贸试验区一枝独秀,到当下 21 家自贸试验区开放新"雁阵"。党的二十大报告提出要"实施自由贸易试验区提升战略,扩大面向全球的高标准自由贸易区网络"。十年来,各自贸试验区以"为国家试制度"为己任,在制度创新、经济绩效、开放水平、金融创新、政府改革等方面取得了一系列成就:

一是高水平开放先行先试。外商投资准入负面清单限制措施由最初的 190 项缩减到现在的 27 项,带动全国外资准入负面清单限制措施压缩至 31 条,海南自由贸易港发布了第一张国家层面的跨境服务贸易负面清单。制造业领域基本全面放开,金融等服务业开放水平不断提升,出入境、海关、外汇、税收等环节的管理服务不断完善,开放领域越来越宽。

二是均衡开放格局基本形成。经过六次扩容后,21 个自贸试验区覆盖了全国 49 个城市,基本形成了由沿海到内陆,由"点"到东部"一条线"再到中西部的网络格局,各地自贸区遵循差异化发展战略,立足于各地的经济规模、产业禀赋、开放程度,制定了特色化的目标、功能和定位。

三是改革创新成果快速推广。目前,278 项全国性制度创新成果涵盖贸易及海关监管、投资管理、政府职能转变、金融开放、新型要素市场、营商环境等多个领域,改革红利持续释放。

四是高质量发展势能不断强化。2022 年,21 家自贸试验区实现进出口总额7.5 万亿元,同比增长 14.5%,占全国总量的 17.8%;实际使用外资 2 225.2 亿元,占全国总量的 18.1%。持续加大力度积极布局数字经济、新一代信息技术、生物医药、新能源、新材料等高新技术产业，初步建成了一批具有较强竞争力的产业集群。2022 年，全国自贸试验区高新技术产业实际利用外资增速远超全国平均水平 28.3%，同比增长 53.2%。

表 3－1　自贸试验区六批制度创新成果在全国及复制推广数量

范围	领　域	第 1 批 2014 年	第 2 批 2016 年	第 3 批 2017 年	第 4 批 2018 年	第 5 批 2019 年	第 6 批 2020 年
全国	投资管理	9	3	1	6	5	9
	贸易便利化	5	7	1	9	6	7
	金融开放创新	4	—	1	—	—	4
	服务业开放	5	—	—	5	—	—
	事中事后监管	5	2	2	7	6	6
	人力资源	—	—	—	—	—	5
特定区域	海关特殊监管区	6	7	—	3	—	1
	自贸试验区	—	—	—	—	1	3
	其他特定区域	—	—	—	—	—	2
合　计		34	19	5	30	18	37

资料来源：根据资料整理。

案　例

上海自贸试验区在贸易监管"首创""第一"

弹指一挥间，上海自贸区设立进入第十年，面积也已从 28.78 平方公里扩大到 120.72 平方公里。十年来，上海自贸区在贸易监管方面的"首创""第一"不胜枚举。

从上海租的飞机，却能在异地完成监管，这是上海自贸区的创举。2019 年 4 月，在浦东机场综保区内注册的国银飞机租赁（上海）有限公司，一架出租给南航的 ERJ190 租期届满，并敲定爱尔兰买家。上海浦东机场海关主动对接广州白云机场海关，由此实现全国首架综保区内租赁退租飞机异地委托监管。此后，浦东机场海关又进一步走通了直飞异地监管、维修异地监管等业务,目前已同北京、天津、广州等地9个主管海关建立配合机制,2021年全年共异地监管飞机29架,为企业节约成本约850万元。

进口汽车的政策突破同样给力。上海洋山保税港区,于2020年5月升格为洋山特殊综合保税区。挂牌两个月后,525台总值1.4亿元的奔驰进口整车在此走通"保税仓储"之路,避开了已延续十余年的进口整车落地即征税惯例,进口商在觅到买家前,可暂缓缴纳高达4 200万元税款,极大减轻运营成本和资金压力。

2022年3月,洋山特殊综保区再上层楼,二期顺利实现封关运作。在二期浦东机场南部区域,围绕中国大飞机服务总装,中国商飞总装制造中心上海飞机制造公司进入围网内,由此又产生一个全国首创监管案例——上飞公司在上海设有宝山大场和浦东两个基地,分别位于洋山特殊综保区围网以外和以内,但彼此间货物流转频繁。在没有任何先例和经验可循的情况下,上海海关通过信息系统一体化管理等方法,实现了"一司两地"一体化监管。

2021年,上海自贸区进出口总额达1.9万亿元,占上海外贸五成。与此同时,已有33项制度在全国"开花",率先对接国际一流标准的跨境投资规则和贸易规则,也为我国充分发挥自贸区对外开放平台作用、进一步融入经济全球化贡献了上海智慧。

■ 自贸区推动制度创新向"系统集成"转换

对于普通大众,如果被问到"你心中的自贸区代表什么?",普遍的答案可能是"海关程序更简便、效率更高""保税购物更方便、价格更低"等。然而,中国自贸试验区的目标在于系统集成改革。除了最直接的贸易自由化便利化,自贸区在国际投资管理、政府治理体系、贸易自由化便利化、金融领域开放和监管等方面进行制度创新,构建了基本成熟定型的系统集成体系。

首先,自贸区是国际投资管理制度系统创新的载体,主要由外商投资准入负面清单管理模式及对外投资服务促进体系构成。构建对外投资服务促进体系方面,实施境外投资备案管理,建设境外投资服务平台;提高境外投资便利服务水平,支持企业参与国际竞争与合作。

第二,自贸区是政府治理体系创新的载体,主要由商事登记制度、市场准入制度改革创新和以政府职能转变为核心的事中事后监管制度创新构成。在十年建设基础上,上海自贸区进一步优化"商事登记确认制""一业一证"改革,深入推进"市场准营承诺即入制",健全行业综合许可和综合监管制度;推动出台放宽市场准入特别措施，打造营商环境综合示范区。临港新片区探索外商准入准营承诺即入制，聚焦重点产业探索"央地协同"监管机制；深入开展"一业一证"＋"证照联办"改革，打造营商环境制度创新高地。

第三，自贸区是深化金融领域开放系统创新的载体，主要由自由贸易账户（FT账户）分账核算系统、境外融资与跨境资金流动宏观审慎管理制度、自贸试验区金融服务业对外开放负面清单指引等制度构成。上海自贸区在央行总部支持下，自主开展自贸试验区分账核算业务的金融机构可按相关要求向区内及境外主体提供本外币一体化的自由贸易账户金融服务，这标志着自由贸易账户外币服务功能的正式启动。上海自贸试验区首创的自由贸易账户分账核算体系是探索投融资汇兑便利、扩大金融市场开放和防范金融风险的一项重要制度安排，为上海自贸试验区先试先行资本项目可兑换等金融领域改革提供了工具和载体。

案　例

上海自贸试验区建设从 1.0 版到 3.0 版

1. 上海自贸试验区建设 1.0 版

2013 年 9 月，中国（上海）自由贸易试验区正式挂牌运作。《中国（上海）自由贸易试验区总体方案》（以下简称《总体方案》）确定的目标是力争建设成为具有国际水准的投资贸易便利、货币兑换自由、监管高效便捷、法治环境规范的自由贸易试验区，为我国扩大开放和深化改革探索新思路和新途径，更好地为全国服务。

从 1.0 版开始，上海自贸试验区始终紧紧把握制度创新这一核心，以扩大开放—深化改革—制度创新为主线，从三条路径推进建设：

第一，优化政策管理体系，遵循简政放权、放管结合、优化服务的改革逻辑，推进治理体系现代化发展，建立健全市场监管体系，努力做到权责明确、公平公正、透明高效，构建符合市场规律的准入体系，试验政府职能由注重事前审批向注重事中事后监管转变。

第二，主动对接国际贸易投资高标准规则，创新贸易发展新方式，扩大投资领域，增加开放程度，形成与国际接轨、适应国际国内要素有序自由流动的管理制度和监管模式。

第三，提高法律保障，优化法律意识，营造良好的法治营商环境，根据行为规则和监管制度制定一致原则，推进国际化、市场化、法治化。

上海自贸试验区 1.0 版实践表明，自贸试验区是一个制度创新高地，制度创新要可复制可推广,为全面深化改革和扩大开放探索新途径。《总体方案》明确规定,上海自贸试验区要及时评估试点实施效果,形成可复制可推广的改革经验,更好发挥示范引领、服务全国的积极作用。2014 年 12 月 21 日,国务院发布《关于推广中国(上海)自由贸易试验区可复制改革试点经验的通知》,上海自贸试验区的可复制改革试点经验在全国范围内推广。

2. 上海自贸试验区建设 2.0 版

2014 年 4 月 8 日,国务院印发《进一步深化中国(上海)自由贸易试验区改革开放方案》。从 1.0 版总体方案到 2.0 版深化改革方案,上海自贸试验区实施范围从 28.78 平方公里扩展到 120.72 平方公里,发展目标从具有国际水准的自由贸易试验区提升为开放度最高的自由贸易园区,任务措施从改革开放创新举措上升到创新制度体系。

从扩大开放、深化改革创新举措提升到创新制度体系,升级到 2.0 版的上海自贸试验区建设紧抓制度创新这个核心,主动服务国家战略,其成果一方面为全面深化改革、推动高水平对外开放积累了宝贵经验,另一方面也彰显了在深化改革和扩大开放中设立试验区的重要作用。在对试验区案例进行全面总结评估基础上,党中央、国务院根据上海自贸试验区的成果,统一作出进一步复制推广的战略部署。在全国范围内复制推广的改革事项有 28 项,其中涉及投资管理领域、贸易便利化领域、金融领域、服务业领域、事中事后监管领域;在全国其他海关特殊监管区域复制推广的改革事项有 6 项,包括期货保税交割海关监管制度、融资租赁海关监管制度、进口货物预检验等。

3. 上海自贸试验区建设 3.0 版

2017 年 3 月 24 日,中央全面深化改革领导小组审议通过了《全面深化中国(上海)自由贸易试验区改革开放方案》。2017 年 3 月 31 日,国务院印发《全面深化中国(上海)自由贸易试验区改革开放方案》,确定了上海自贸试验区的建设目标:到 2020 年,率先建立同国际投资和贸易通行规则相衔接的制度体系,把自贸试验区建设成为投资贸易自由、规则开放透明、监管公平高效、营商环境便利的国际高标准自由贸易园区。该方案同时还提出在洋山保税港区和上海浦东机场综合保税区等海关特殊监管区域内,设立自由贸易港区。

上海自贸试验区 3.0 版建设具有更鲜明的"升级版"特色:一是开放与创新融为一体的综合性;二是政策配套制度集成的系统性;三是对标国际最高标准开展风险压力测试;四是强化与国家战略联动;五是从投资贸易便利提升为投资贸易自由,率先探索建设自由贸易港区。

第六节　自由贸易区战略"朋友圈"扩圈升级　35%

关键数据：

- 十年来，我国对外签署的自贸协定数从 10 个增长到 19 个。2022 年底，我国和自贸区伙伴国的贸易额占全国贸易总额的比重由 17% 增长到 35%。
- 我国主导的 RCEP 是目前为止全球人口总量、经济总量和货物贸易量最大的自贸区，15 个成员国共同开启了东亚地区经济合作新纪元。
- 2022 年 1 月 1 日以来，我国同其他 14 个成员国贸易额占全国当年外贸总额的 30.8%。东盟贸易额占我国外贸比重达到 15.5%，东盟作为我国第一大贸易伙伴地位更加稳固。
- 我国于 2021 年 9 月提出加入 CPTPP 申请，已对 CPTPP 全部条款进行了全面深入分析、研究和评估，梳理了可能需要采取的改革举措和修改的法律法规。目前正按照加入 CPTPP 的程序，与各成员国进行沟通和磋商。

党的二十大报告提出，要"扩大面向全球的高标准自由贸易区网络"。扩大面向全球的高标准自由贸易区网络是建设贸易强国必由之路，只有如此才能充分依托我国大规模市场优势，吸引全球优势生产要素，助力企业攀登全球价值链，培育国际贸易竞争新优势。在我国的自贸区网络中，最受瞩目的无疑是 RCEP 和 CPTPP。自 RCEP 于 2022 年 1 月 1 日正式生效以来，全球人口最多、经贸规模最大、最具发展潜力的自由贸易区进入全面实施的新阶段，各成员国亦从中受益。同时，我国积极推动加入 CPTPP，主动对照相关规则、规制、管理、标准，稳步扩大制度型开放。

■ RCEP 带来真金白银和共同繁荣

过去十年以来，我国加快实施高标准自由贸易协定战略，通过多边、双边自由贸易投资协定，打造面向全球的贸易投资合作"朋友圈"。全面推动《区域全面经济伙伴关系协定》(RCEP)实施生效，积极对标国际标准争取加入《全面与进步跨太平洋伙伴关系协定》(CPTPP)和《数字经济伙伴关系协定》(DEPA),积极构建国际电子商务、数字服务贸易规则,继续推进中国—东盟自贸区3.0版升级,与更多有意愿的国家开展自贸投资协定谈判……对外签署的自贸协定数由2012年的10个增长到19个,增长了近一倍。**到2022年底,我国和自贸区伙伴国的贸易额占全国贸易总额的比重由17%增长到35%。**

其中,RCEP自贸区之所以全球瞩目,是因为其囊括的全球人口最多、经贸体量最大,2022年正式生效以来,正在为相关国家带来实实在在的发展好处。

一方面,RCEP其实离我们普通人并不遥远。去超市购物时就能真切地体会到,2022年以来,东南亚的水果、日韩的化妆品、澳大利亚的保健品、新西兰牛奶等进口商品不仅更多了,而且也更便宜了。跨境电商数据更具有说服力。2022年以来,RCEP成员国商家在天猫国际上的活跃度显著提高,销售额明显增长,其中,澳大利亚、新西兰、日本、韩国企业通过天猫国际平台的对华商品出口均挤进前十名,澳大利亚产品销售额增长率更是高达两位数。在RCEP关税同盟框架下,超过90%货物类商品得以享受零关税,其中食品、农业、消费品、汽车等品类关税减免力度最大,相应地,成员国居民受益也最大,尤其是RCEP契合了我国居民消费结构升级的迫切需求,推动我国从出口强国向消费(进口)强国的转变,促进对外贸易的平衡化发展。

另一方面,企业得以利用关税减让、原产地累积规则、贸易便利化等政策红利,收获真金白银的实惠。一是区域内90%以上的货物贸易将逐步实现零关税,使企业能够享受更低的成本和更大的市场空间。二是协定规定了简化海关通关手续、采取预裁定、抵达前处理、信息技术运用等高效管理手段,尽可能缩短货物在区域内的流通时间。三是优化规则,增强竞争力。协定涵盖了服务贸易、投资、知识产权、电子商务等领域,设立了统一的原产地累积规则,有利于企业提升产品质量和创新能力,参与区域产业链和供应链合作。如广西柳工作为RCEP协定下首批经核准的出口商,可以随时随地对20%以上的出口货物自主开具原产地声明,再将整车产品零关税出口到东南亚的RCEP国家。一年多以来,全国各地企业借助RCEP投资规则生效的有利契机,积极和日本、韩国、新加坡等国对接,鼓励和引导上下游关联企业带动制成品、制造技术和制造标准"走出去"。

■ 加速对接CPTPP提高开放水平

党的二十大报告提出"构建面向全球的高标准自由贸易区网络",建设自由贸易区成为我国推进新一轮高水平对外开放、主动应对百年未有之大变局的重要战略举措，加强双边、多边、区域经济合作成为我国对外经贸关系发展的重要形式。

CPTPP 的全称是"全面和进步跨太平洋伙伴关系协定"（Comprehensive and Progressive Agreement for Trans-Pacific Partnership）。CPTPP 是国际公认的高标准、宽领域、广覆盖的协定，对于中国来说，加入 CPTPP 是深化改革、扩大开放的必由之路。2021 年，中国正式提交了申请加入 CPTPP 的书面信函。

中国的经济发展已进入新阶段，实行高水平对外开放是实现高质量发展的必然要求。当前，中国经济正面临升级产业结构、跨越中等收入陷阱等任务。加入 CPTPP，将为中国构建国内国际双循环新发展格局提供更广阔的外部市场。CPTPP 致力于打造零关税贸易圈，大大降低投资壁垒，吸引更多国际资本向区域内转移。高达 95％的关税减免覆盖率将方便中国企业以更低成本参与国际产业链分工。有学者通过研究推测，加入 CPTPP 能够为中国的 GDP、出口和进口分别带来 0.74％、4.69％和 5.34％的增长。同时，加入 CPTPP 还将不断加深我国与亚太国家的经济联系，有助于巩固中国在亚太产业链供应链中的主导地位，粉碎美国所竭力鼓吹的对华"脱钩断链"图谋。

CPTPP 被称为当今世界上最高标准的自由贸易协定，因此其对成员国的市场开放程度也提出了更高要求。中国有意愿也有能力加入 CPTPP。中国参与的"区域全面经济伙伴关系协定"（RCEP）已于 2022 年 1 月启动。RCEP 是迄今世界上涵盖人口最多，经贸规模最大的自由贸易协定。一年多来，与 RCEP 成员国的贸易总量占中国对外贸易总量的 30.8％，可谓成效显著。RCEP 的签署，为中国参与高水平自贸协定积累了宝贵经验，也为中国加入 CPTPP 打下良好基础。且日本、澳大利亚、新西兰等七个国家拥有 RCEP 和 CPTPP 成员国的双重身份，这为中国的谈判进程大大降低了难度。

为了顺利对接 CPTPP 的高标准，自 2022 年起，中国已在国内部分自贸试验区先行先试 CPTPP 部分规则。北京、海南、广州南沙等地区都陆续建立了示范区、试验区，探索与 CPTPP 兼容的监管规则，为全国制度型开放提前进行压力测试。

中国加入 CPTPP 具有哪些跨时代的意义？一方面，中国会对 CPTPP 这个开放的体系产生明显和有效的支撑作用，对于稳定全球经贸合作的预期以及降低市场不确定性是非常关键的。**另一方面，**加入 CPTPP 对中国来讲也非常重要。CPTPP 规定了各种贸易和投资规则，这些规则将要求中国采取措施推进市场改革，在竞争激烈的全球市场中，这些改革也能使中国经济更具竞争力和韧性。中国正在推动"双循环",需要更好地加强与外部经贸合作伙伴的联系,中国也在积极探索以更高水平的开放去促进资源有效使用,响应时代和环境发展的需求。CPTPP 这个平台会有助中国进一步实现可持续发展目标,兑现对世界开放的承诺,促进中国自身经济的发展和社会的进步。**此外,**中国加入 CPTPP 的意义是推动创新。创新需要市场,也需要企业,还需要有足够的机制和稳定的环境保障。CPTPP 中涉及技术领域的合作,创新合作,知识产权保护,都非常有利于创新活动的开展,使创新活动获得的商业回报更加稳定,从而获得更好的市场期待。加入 CPTPP 的作用在面临全球化挑战,发展经济,保障社会福利等方面都是非常值得期待的。

当然在加入 CPTPP 过程中,中国也面临着不少挑战。客观地说,中国在市场准入、电子商务、劳工保护、国企补贴、知识产权、政府采购等方面仍与 CPTPP 的标准存在差距。但是从另一方面来看,加入 CPTPP 也能够为中国深化国内经济体制改革提供重要契机。中国的改革进程已进入深水区,正面临调整产业结构、增强科技创新活力、健全现代市场体系等一系列难题。如果中国能够以加入 CPTPP 为导向,下决心解决经济体制改革中难啃的"硬骨头",营造公平竞争的市场环境,激发国内市场活力,则有助于构建与国际主流规则接轨的市场经济体系,加快实现中央所提出的"建设开放型经济强国"的目标。

第四章
文化强国建设驶入快车道，文化繁荣铸就国家新辉煌

在人类漫长的历史之河中，我们的祖先用劳动和智慧创造了光辉灿烂的人类文化，这些文化源远流长，积淀着中华民族最深沉的精神追求，是中华民族生生不息、发展壮大的丰厚滋养和突出优势。在新时代，我们又如何更好继承、发展和弘扬中华文化，凝聚民族力量呢？十八大以来，我国广大文化工作者坚定文化自信，积极推动文化事业繁荣发展，公共文化服务、文化产业高质量发展，不断提升中华文化国际影响力，为发展社会主义先进文化、铸就中华文化新辉煌奠定了坚实基础。**文化建设与文艺繁荣已然成为中国特色社会主义"五位一体"总体布局的重要内容，也是丰富人民群众精神生活、满足人民美好生活向往的重要维度。**

第一节　以公共文化丰富精神文明
135.5 平方米

关键数据：

- 至 2021 年底，全国平均每万人拥有图书馆建筑面积达 135.5 平方米，比 2012 年的 78.2 平方米增长 73.3%；全国公共图书馆总计达 3 303 个。
- 中央财政安排公共文化服务体系建设相关资金，连续多年维持在每年 200 亿元以上。
- 全国登记备案的博物馆达 6 183 家，比 2012 年增加 3 114 家。

> ● 十年来,公共文化服务机构设施总面积由 5 700 多万平方米增长到 1 亿多平方米;人均文化事业费由 35.46 元增长到 80.2 元。

我国全面建成小康社会,不仅实现了物质文明的极大发展,更是精神文明的持续丰富,其中社会公共文化的发展是重要表现。十八大以来我国公共文化事业快速发展,公共文化服务设施不断完善,基本公共文化服务均等化方面取得了显著成效,公共文化活动持续活跃繁荣,社区覆盖面不断扩增,公共文化吸引力和服务能力不断提高,保障人民享有更充实、更丰富、更高质量的精神文化生活。与公共文化发展直接相关的是图书馆、艺术馆及博物馆等公共设施及其提供的文化服务,以图书馆建设为例,2021 年全国平均每万人拥有图书馆建筑面积达135.5 平方米,比 2012 年的 78.2 平方米增长 73.3%,年均增长 6.4 平方米,见证我国"文化小康"的坚实步伐。

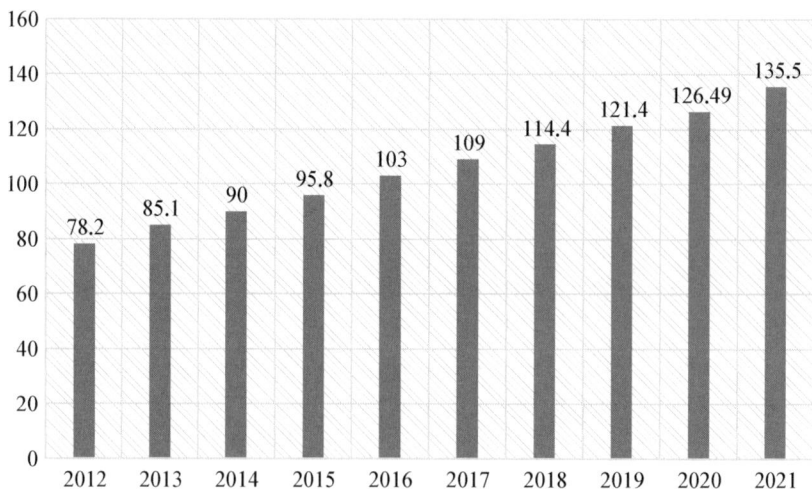

图 4 - 1　2012—2021 年我国平均每万人图书馆建筑面积(单位:平方米)

资料来源:根据《中国统计年鉴》整理。

知识链接

《关于加快构建现代公共文化服务体系的意见》的重点任务

一是建立健全公共文化服务体系建设协调机制。 要以公共文化服务体系建设协调机制为平台，充分发挥各部门职能作用和资源优势，在规划编制、政策衔接、标准制定和实施方面加强统筹。

二是建立公共文化服务标准体系。各地要根据《国家基本公共文化服务指导标准(2015—2020年)》，尽快制定适合本地区的细化、具体实施标准，逐步建立国家指导标准与地方实施标准相衔接的标准体系。完善公共文化设施建设和管理标准，加快制定政府、公共文化单位和重大文化工程评估标准。

三是推动贫困地区公共文化建设跨越式发展。制定推进贫困地区公共文化服务体系建设的具体实施方案，编制贫困地区公共文化建设专项规划，谋划实施重大项目。分析本地贫困地区公共文化建设面临的实际问题，找准突破口，采取"一县一策"的精准投入方式，分步推进贫困地区公共文化服务体系建设。

四是激发公共文化服务活力。深化管理体制改革，实现"行政权力出得去，社会资源进得来"，把一些具体的事务让渡或者委托给事业单位、社会组织。要加快推进公益性文化事业单位改革，建立法人治理结构，吸纳有关方面代表、专业人士、各界群众参与管理。研究制定政府向社会力量购买公共文化服务的意见和指导性目录。引入市场机制，鼓励社会力量、社会资本参与公共文化服务体系建设。

五是稳步推进重大文化惠民工程。充分发挥重点项目的龙头带动作用。继续做好国家公共文化服务体系建设示范区创建工作。在制度设计和体制机制创新上，取得具有推广价值的创建成果。同时，统筹推进全国文化信息资源共享工程、国家数字图书馆推广项目和公共电子阅览室建设计划。开展重大文化惠民项目基层融合发展试点。

六是以点带面发挥典型的示范带动作用。深入推进标准化工作、基层综合文化服务中心、公共文化机构法人治理结构、公共文化设施社会化运营等试点工作，发现和总结地方改革创新典型，助推各地加强现代公共文化服务体系建设。

七是建立公共文化服务财政保障机制。合理划分各级政府基本公共文化服务支出责任，保障提供基本公共文化产品和开展基本公共文化服务所必需的资金。完善转移支付体制，加大中央财政和省级财政转移支付力度，保障基层城乡居民公平享有基本公共文化服务。拓展资金来源渠道，加大政府性基金与一般公共预算的统筹力度。创新公共文化服务投入方式，采取政府采购等方式,支持社会各类文化机构参与提供公共文化服务。加强对公共文化服务资金管理使用情况的监督与审计,开展绩效评价。

八是加快推进公共文化服务立法。推动公共文化服务保障法尽快出台。同时,还将推进公共图书馆法、古籍保护条例等重要法律法规的出台,努力形成一套比较完善的公共文化服务立法框架。

(资料来源:笔者整理。)

■ 公共文化发展"奏出时代强音"

十年来,各级政府积极推动中央全面深化改革的总体部署,坚定文化自信、增强文化自觉,坚持社会效益为引领、社会效益和经济效益相统一,推动文化改革发展各项任务落地,社会公共文化服务设施水平和能力不断提升,公共文化服务体系日趋完善。**不仅是图书馆,文化馆、美术馆、博物馆、体育馆都取得了重大建设突破,推动群众文化生活更加丰富多彩,社会主义文化强国建设迈出了坚实步伐。**

基本公共文化服务标准化均等化是第一要务,那么该如何保障? 答案必须是法律和规章,2015 年和 2021 年我国先后发布了两版国家基本公共服务标准,进一步明确了目前阶段我国基本公共文化服务覆盖的主要方面,以及相应的服务对象、服务内容、服务标准等。国家基本公共服务标准体系的构建,为地方落实提供依据,各地根据地方财政及需求情况,陆续出台了符合自身实际的基本公共文化服务实施标准,构建出既有基本共性、又有特色个性的基本公共文化服务标准指标体系,也走出一条以公共文化服务标准化促进均等化的中国特色发展道路。

我国现代公共文化服务体系建设迈入了发展"快车道"。 在各级政府主导下,积极推动社会参与、共建共享、提高效能。从 2012 年到 2021 年,以公共图书馆、文化馆、博物馆、乡镇(街道)综合文化站为主的公共文化服务机构设施总面积由 5 700 多万平方米增长到 1 亿多平方米;人均文化事业费由 35.46 元增长到 80.2 元;公共文化服务惠及总人次由 15 亿多增长到 30 多亿。从 2016 年至 2021 年,中央财政共安排公共文化服务体系建设相关资金,连续多年维持 200 亿元以上的高投入。

如何更好地引导公共文化领域发展?"书香社会"建设是捷径。 在基本公共文化服务均等化基础上实现"百尺竿头更进一步",推动更多公共文化领域快速发展，群众文化生活日益丰富。"书香社会"不断繁荣，引领全社会公共文化更好发展，丰富群众文化生活。至 2021 年底，全国公共图书馆总藏量为 126 178 万册(件)，阅览座席数达 134.4 万个；而在 2012 年，全国公共图书馆总藏量仅为 68 827 万册(件)，阅览座席数也仅为 73.5 万个，分别增长 83.3％和 82.9％。人均图书藏量从 2012 年的 0.51 册上升到 2021 年的 0.89 册。全民阅读推广活动广泛开展，全国公共图书馆服务效能也稳步提升，2021 年全国公共图书馆总流通人次达 74 614 万人，比 2012 年增长 71.8％。2021 年我国图书馆实际持证读者达到 1.03 亿人，而 2012 年时仅为 2 484.51 万人，增长 3.15 倍。

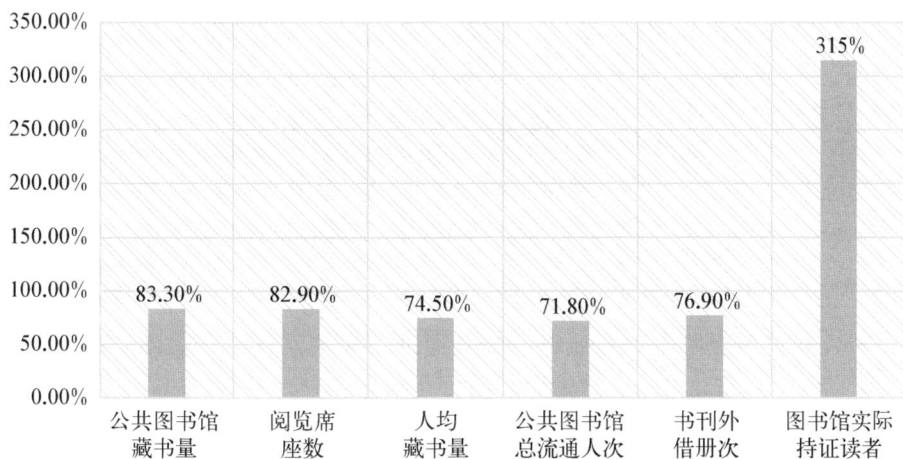

图 4‐2　2012—2021 年我国公共图书馆主要指标增长情况

资料来源：根据《中国统计年鉴》整理。

文化改革和创新领域同样存在很多体制机制问题，如何才能实现持续更好发展？答案是重点突破，更好培育文化创新发展"试验田"。我国国家公共文化服务体系示范区已经建成 120 个，覆盖到全国三分之一的地级市，已覆盖到所有省份的国家公共文化服务体系示范项目也达到了 205 个。北京大学学者李国新、李斯[①]的研究认为，国际可比并能体现公共图书馆发展水平的共性指标中，我国公共图书馆的设施总量、设施面积和纸质藏书总量在 2019 年就已经跃居世界第一，充分体现重点突破、示范引领之后全面铺开的公共文化发展成效。

我国贫困地区的公共文化服务体系建设也得到加快发展。2015 年 11 月，原文化部、国务院扶贫办等七部门印发《"十三五"时期贫困地区公共文化服务体

---

① 李国新、李斯：《非凡十年：现代公共文化服务体系实现跨越式发展》，《中国报道》2022 年 10 月。

图片来源：新华社

系建设规划纲要》对相关工作作出规划和安排。**经过艰苦努力的工作，到目前，七成以上的国家扶贫工作重点县的公共图书馆和文化馆设施达到全国平均水平，98％的乡镇建成了符合国家标准的综合性文化服务中心。**整个"十三五"期间，全国各省份累计派出 8 万多名文化工作者深入边远贫困地区、边疆民族地区以及革命老区，培训基层文化骨干，全国各级文化部门累计组织贫困地区基层文化队伍培训 13 万班次，接受了培训的人次达 1 400 万。

■ "创新模式"推动公共文化服务城乡全覆盖

党的二十大报告中指出，中国式现代化的基本内涵之一就是物质文明和精神文明相协调的现代化，作为城市精神文明建设和文化事业发展最直接体现的图书馆、博物馆、艺术馆等城市文化设施，是实现"滋养民族心灵，培育文化自信"的最佳公共文化事业平台。**在区域协调的原则下，如何让公共文化发展更好覆盖城乡区域？**

图书馆、文化馆设立总分馆制，这是近十年来推进公共文化服务城乡一体化建设的重大改革与创新举措。根据统计，目前全国 95％左右的县（市、区）已基本建成图书馆、文化馆总分馆制，分馆总数已经达到 10 万多个，遍布城乡的全民阅读、全民艺术普及服务网络基本形成。总分馆制创新了图书馆、文化馆组织体系，优化了供给服务方式，畅通优质文化资源和服务向基层下沉、向农村延伸的渠道，为促进人民精神生活共同富裕提供有力支撑。

案　例

图书馆的"嘉兴模式"

在嘉兴，早在 2020 年 8 月 10 日出版的《人民日报》第六版刊文《凝心聚神谱新篇——社会主义先进文化制度怎么守正创新?》，嘉兴市图书馆为"全国公共文化服务体系打造一张亮丽名片"，是我国文化繁荣发展的一个缩影。这个 158 名员工的图书馆，一年内开展 5 000 多场文化活动，到馆人次超过 400 多万，创造了令人惊叹的城市文化现象。其中的组织秘密何在? 值得进一步深挖研究。

早从 2015 年开始，嘉兴市就形成了相对完善的"嘉兴市城乡一体化公共图书馆总分馆服务体系"标准，2018 年又升格为省级标准。通过积极创新活动内容和形式，让拥有百年历史的老图书馆焕发出新活力，成为嘉兴人民的文化家园，为全国公共文化服务体系打造了一张亮丽名片。

嘉兴市图书馆构建了图书馆总分馆体系。早从 2007 年开始，在嘉兴市政府的帮助下，南湖区、余新镇和嘉兴市图书馆共同出资，建成了嘉兴市图书馆的首个分馆，也就是南湖区余新分馆。到如今，嘉兴市全部 10 个乡镇和 8 个街道都有自己的分馆，分馆是由嘉兴市图书馆、所在区和乡镇（街道）共同出资、共同建设，馆长由总馆指派，按照统一标准进行管理与考核。嘉兴市图书馆定期召开分馆交流会，并制订了完善的评优机制，分馆之间形成良好的内部竞争，"现在许多分馆的特色活动办得比总馆还精神"，这是嘉兴市图书馆很多工作人员的共识。

在嘉兴市图书馆总分馆体系中，城市书房、智慧书房、农村礼堂书屋等创新形式不断涌现，他们精准把握自身的地位，把服务对象锁定在邻里和乡亲。比如图书馆信息技术与服务部针对老年人免费开设夕阳红 e 族老年信息素养培训班，教他们使用电脑和智能手机，老人们都围坐在电脑前，交流课堂内容、重复操作步骤，激发很高的学习热情。如今，这样的活动不光是在总馆，全市 18 个分馆也都在举行，乡镇老人在自家图书馆门口也能参与更多的信息技术培训活动。

到嘉兴各地走一走，会发现各乡镇图书馆分馆独具特色，位置好、面积大、设施全,看得出下了不少功夫建设。借助总分馆一体化模式,将公共文化的触角延伸到乡镇基层。根据部门特点与服务内容,各分馆自主策划活动,更具专业性。如今,嘉兴市图书馆不仅能阅读、自习,借助优质多样的文化活动,"动"起来的图书馆更具吸引力,成了老百姓文化生活的新选择。

图书馆是一座城市的书房,不仅能滋养当代都市人的心灵,还可以满足小镇居民的文化需求。长沙市图书馆、嘉兴市图书馆的生命力,源自它们不断满足读者多样化文化需求,这也正是公共文化服务的内涵所在。总分馆相辅相成、各司其职,城乡居民找到了自己的文化空间,文化权益得到保障。公共文化服务的落脚点在农村、社区等社会基本单元,想要实现城乡文化一体化,分馆担任起重要的角色。利用图书馆为公共文化服务增添内涵,推动城乡文化一体化建设。

案 例

图书馆的"长沙模式"

长沙市图书馆提出积极贯彻党的二十大精神,坚持以人民为中心,更好探索区域图书馆赋能城市经济社会发展的"长沙模式"。从居民的反馈看,"环境好""活动多""服务好"等已经成为长沙市图书馆最靓丽的标签,周末到图书馆已经成为很多家庭的首选活动。

根据长沙市图书馆的统计数据,2021年全年平均每天进馆有5 000多人次,进馆读者总规模达150万人次,借还图书255万册次。至2021年底,长沙市图书馆持证读者为69.5万人,相比较2012年增长11倍。长沙市图书馆旺盛的人气、持续走高的形象,是近十年我国公共图书馆蓬勃发展的缩影。

"长沙模式"的核心是构建地区图书馆网群,以长沙市图书馆为中心馆,区县(市)图书馆为总馆,街道(乡镇)图书馆为分馆,社区(村)为流通服务站,学校图书馆、民办图书馆、专业图书馆等共同参与。到2022年11月"长沙模式"包括中心馆1个,总馆9个,分馆150个(含2022年新建10个),自助图书馆42个(含地铁自助图书馆15个),流动图书车6台,服务站(点)96个,馆校共建青苗计划实践基地60个。依托总分馆体系,纳入总分馆体系的乡村图书馆(室)总计63家。岳麓区、长沙县实现分馆全覆盖,长株潭公共图书馆实现了图书通借通还。"长沙模式"的总分馆创新活力和服务效能不断提升,一批优秀基层分馆不断涌现，如望城区松果分馆 2022 年流通量达 35.4 万册次，岳麓区 24 小时自助图书馆年流通量达 10.5 万册次，怡海分馆、茶园子乡村书吧等众多分馆成为孩子课后学习的"新乐园"。

随着经济社会发展，更多元化的社会需求也不断产生，全国各地图书馆也在不断探索着新的需求供给模式。从城市书房到"健心客厅"，不久的将来，我们会在更多的城市图书馆看到、享受到"长沙模式""嘉兴模式"的图书馆，图书馆也会成为更多城市、乡村读者的心灵港湾，成为全社会最受欢迎的"城市书房"。

■ 博物馆等文化载体不断"出圈""破圈"

对文物和文化遗产要坚持保护第一位的原则，同时合理利用文化遗产，充分挖掘其历史价值、文化价值、爱国价值等，通过博物馆、图书馆、艺术馆、国家文物保护利用示范区等让陈列在我国大地上的各类遗产等都"活"起来。用中华文明的灿烂成就，教育青少年认识中华文明起源和发展历史脉络，不断增强青少年的民族自豪感、民族自信心，并最终塑造我们最强的民族凝聚力。

图片来源：人民网

通过博物馆等平台让各类文化遗产更好地向世人展示中华文明 **5 000 多年的灿烂历史**。文化和旅游部提供的数据显示，近十年来我国博物馆行业发展迅速，设施建设成效显著，各类文物藏品更加丰富，"博物馆热"持续升温。2021 年底全国登记备案的博物馆达 6 183 家,比 2012 年增长 3 114 家。其中 5 605 家博物馆免费开放,占全国登记备案博物馆的 90% 以上;定级博物馆达 1 218 家、非国有博物馆增至 1 989 家、行业博物馆达到 942 家,类型多元、主体丰富的现代博物馆体系基本形成。2012 年全国博物馆藏品数量 2 318 万件/套;至 2021 年底,全国博物馆藏品数量 4 665 万件/套,增长了 101.3%。此外,流失海外文物追索返还工作取得了丰硕成果,1 800 多件(套)流失文物回归祖国①。

图片来源：新华社

以重大工程项目、重点文化作品彰显文化实力、文化自信。 2022 年 7 月 23 日,国家批准实施的重大文化工程——中国国家版本馆——举行落成典礼。中国国家版本馆是国家版本资源总库和中华文化种子基因库,全面履行国家版本资源保藏和传承职责。建设国家版本馆,充分体现党和国家传承发展中华文化的重大决心,通过汲取历史智慧更好走向未来。集合全国近百所高校及科研院所专业力量的《辞源》第三版修订工作竣工,《中国古籍总目》及《史记》(修订本)等一大批古籍整理精品力作推出。一系列弘扬中华优秀传统文化的影视作品持续热播,《本草中国》《我在故宫修文物》等纪录片展现中华文明的博大精深,《中国汉字听写大会》《中国诗词大会》等文化益智节目激发全民学习热情。

---

① 当代中国研究所,《新时代这十年(2012—2022)》,人民出版社,2023 年 3 月。

■ "新主流"作品赢得市场满堂喝彩

近十年来，国家高度重视文艺事业发展，始终把繁荣文艺创作、扶持文艺精品创作作为加快建设文化强国的重要内容，不断加大推进和支持力度，既有"仰望星空"的思想建设，又有"脚踏实地"的社会生活，文艺创作日益活跃，精品力作不断涌现。**文化作品创作从"高原"到"高峰"，感人奋进的优秀作品不断涌现，为什么会发生这么大变化？**

党和国家十分重视文化作品的创新创意发展，一方面不断推出紧密配合中心工作、配合重大主题的文化作品；另一方面，在积极推动市场化发展的基础上，我国文化创作水平和制作能力也在不断进步，文化创作的艺术创新、工业化能力、观众意识更得到较大提升，优秀文化作品数量和质量都明显增加，出现一批具有思想影响力、艺术感染力、市场传播力的代表性作品。

以影视剧为例，党的十八大以来，被文化界影评人称为"新主流"的影视剧创作现象备受关注。**新主流，既不同于着眼于主流价值表达而忽视主流市场接受的传统"主旋律"题材，也不同于仅着眼于主流市场占有而忽视主流价值传达的商业娱乐作品，其"新"就新在力图找到主旋律故事与主流市场观众的共情点，并且完成主流价值的传播。**影视创作者更自觉地将主流价值与主流市场相结合，既自觉、鲜明、积极地传达社会主义核心价值观，同时尊重传播规律、尊重商业规律、尊重观众体验，并最终最大限度地占有大众市场，从而打造主流价值与主流市场相统一的头部影视作品。

近十年来，更多的文艺作品注重讲述中国故事，着重弘扬民族精神，凸显中国风格、中国气派。以抗美援朝战争中长津湖战役为背景的电影《长津湖》，展现了中国志愿军在恶劣的环境下保家卫国的艰苦和卓绝，最终被打造成战争题材精品，成为我国影史票房冠军。电视剧《觉醒年代》《山海情》《运河边的人们》《人世间》《县委大院》等优秀作品融入更多时代精神、时尚元素，通过更好的情景展现、人物塑造，收获了大批观众特别是青年群体的称赞。

在坚持社会效益基础上，实现更好的经济效益，是近些年来我国许多优秀文化作品高质量发展的体现。如电影《长津湖》《攀登者》《中国医生》《我和我的父辈》《峰爆》《守岛人》《哪吒之魔童降世》等，都取得票房和口碑"双丰收"。在北京冬奥会上唱响的歌曲《一起向未来》在抖音、快手两家短视频平台播放量高达58.4亿次，引发全民传唱热潮，歌曲《你笑起来真好看》在抖音、快手达111.5亿次播放，受到广大群众的喜爱。

将中国传统历史文化演绎成现代艺术，推动中华传统优秀文化在审美表达

资料来源：1905 电影网

上更符合现代人眼光，与现代观众实现情感互动、心灵交汇。《典籍里的中国》以"文化访谈＋戏剧＋影视化"方式，让在典籍里的文字"活"起来。京剧《燕翼堂》通过戏曲艺术的表达，展现了中华优秀传统文化与革命文化的交融整合、互补生辉。《新刘三姐》既富有丰富浓郁的民族特色，也融入了许多时尚元素，具有清新、灵动、鲜活的审美意境。专题节目《中国节日系列节目 2021 季》在春节、清明、七夕、中秋等中国传统节日连续推出，持续出圈引发强烈社会反响。《唐宫夜宴》移步换景之间，就可以欣赏到《千里江山图》《簪花仕女图》《捣练图》等一幅幅流传千百年的名画作品。2021 年 8 月，由故宫博物院、中国东方演艺集团有限公司等共同出品的舞蹈诗剧《只此青绿》惊艳世人。该剧以舞蹈为主要的表现手段，实现艺术创造力与中华文化价值的创新融合，成为传统文化"破圈"的精品佳作。人们越发看到，摒弃浮躁、潜心创造的创作信念已经深入人心，广大文艺工作者以社会主义核心价值观为引领，努力创作更多有中国风格、中国气派的优秀作品。

案 例

过去十年我国影视剧"新主流"产品取得突出成就

过去十年，中国主流影视剧创作实现了重大跨越。《建国大业》《建党伟业》《建军大业》《我和我的祖国》《我和我的家乡》《1921》《革命者》等作品，主动调整创作基调，借助市场元素，注入现实参照，艺术创新有了突破，扩展了主流创作的传播规模，强化了市场的传播效果，使主旋律创作在市场上受到广泛认可。以《战狼》《湄公河行动》《夺冠》《我不是药神》等为代表的带有鲜明类型特征的影片，则借助于电影工业的基础、类型叙事的特征，在灾难和危机事件推动下，塑造舍生取义、舍生忘死的新英雄形象，突出了爱国主义、英雄主义的鲜明主题，从而使类型创作有了强烈的情感感染力和价值传播力。这些作品，体现主流价值、主流电影类型、主流电影市场的融合，在社会上激起思想和情感的巨浪，起到了凝聚共识、振奋精神的重要作用。

在电视剧领域，2012 年现实题材作品占比达 56%，到 2021 年上升为 74%。从时代之变、中国之进、人民之声中提炼三年以来党和国家重大的活动、社会重大事件，特别是决战脱贫攻坚、抗击新冠肺炎疫情等，全方位展现新时代中国共产党和中国人民的奋斗之志、创造之力、发展之果，展现新时代精神图谱。话剧《龙腾伶仃洋》以港珠澳三地携手共建港珠澳大桥的故事，表现了港珠澳三地的同心协力与民族自信。纪录片《摆脱贫困》记录了中国全面建成小康社会的伟大历史进程，彰显社会主义制度的优越性。歌剧《天使日记》讲述了抗击新冠肺炎疫情期间，医护人员和援鄂医疗队勇当最美逆行者的感人事迹。《诗在远方——"闽宁经验"纪事》《琵琶围》等图书生动书写了我国打赢脱贫攻坚战的非凡历程，展现出良好的精品特质和文学价值。广播剧《中国北斗》《黑色沃土》《有事找彪哥》《守望黄河口》等分别讲述了航天科技、黑土地保护、基层社会治理、黄河口生态保护等方面的生动故事。

■ 中华文化传承不断取得新进步

文化遗产承载着中华民族的血脉和魂魄，是不可再生的中华优秀文明资源，历史文化遗产不仅属于当代的我们，也属于我们的子孙后代，深刻影响着中国的未来发展。自 2012 年以来，我国十分重视历史文化遗产保护和利用工作，把文物保护利用和文化遗产保护传承等工作提升到留住文化根脉、守住民族之魂的战略高度，我国历史文化遗产保护工作取得重大突破。中国坚定的文化自信建立在中国五千多年的文明传承基础之上，并支持中国的道路自信、理论自信和制度自信。因此，保护好、传承好历史文化遗产，就是对历史负责、对人民负责。

自党的十八大以来，我们国家对历史文化遗产保护的力度持续加强，首先对我国历史文化遗产家底逐步摸清。第三次全国文物普查、第一次全国可移动文物普查和长城、石窟寺等专项调查都已经顺利完成，普查登记不可移动文物 766 722 处，国有可移动文物 1.08 亿件套，测量历代长城总长度为 21 196.18 公里。全国重点文物保护单位共计 5 058 处。省级重点文物保护单位 2 万余处，市县级重点文物保护单位 11 万余处。至 2022 年 12 月，中国有大运河、鼓浪屿、良渚遗址等世界文化遗产 56 项,列入联合国教科文组织非物质文化遗产名录(名册)的项目共计 43 项,是总数位居世界第一的文物资源大国。

我国不断通过考古工作实证中华文明发展的脉络。包括 8 800 多项考古发掘项目在有序开展,中华文明探源工程、"考古中国"重大项目、文物保护工程、革命文物保护利用工程、中华古籍保护计划、传统工艺振兴计划等都取得丰硕的成果,浙江良渚、陕西石峁、河南二里头、四川三星堆等一批重要遗址实证我们五千多年的中华文明发展史。水下考古稳步推进,组织实施南海、东海、黄渤海及内水重点区域水下文化遗产调查,西沙北礁海域完成首次深海考古试探,"南海Ⅰ号"沉船考古发掘文物超 18 万件套,"致远舰""经远舰""定远舰"等水下考古陆续开展。

第二节　以文化产业建设文化强国
52 385 亿元

关键数据:

- 十年来,我国文化及相关产业发展迅速,增加值从 18 071 亿元增长到 52 385 亿元。

- 十年来,我国文化产业市场主体持续发展壮大,全国规模以上文化企业数量从 3.6 万家增长到 6.5 万家,年营业收入从 5.6 万亿元增长到 12.2 万亿元。

- 我国广播电视服务业总收入快速增长,2022 年为 12 419.34 亿元,较 2012 年增长 279.9%。

- 我国电影产业得到快速发展,2022 年全国营业影院数为 12 568 家,营业银幕数为 76 486 块,均位居世界第一位,其中电影银幕数在 2012 年时仅为 13 118 块,十年间增长 483.1%。

- 十年来,中国移动游戏产业爆炸式增长,已经成长为全球电竞产业最大市场:电竞核心观众、电竞赛事营收均位列全球之首。

近十年来全球经济增长乏力,世界进入一个新的经济周期。在此背景下,文化产业凭借独特的产业价值链,快速地成长方式及广泛的渗透力、影响力和辐射力,不仅成为全球经济和现代产业发展新亮点,也构成我国转型发展的重要方向。2021年3月发布的《中华人民共和国国民经济和社会发展第十四个五年规划和2035年远景目标纲要》中提出"健全现代文化产业体系和市场体系""扩大优质文化产品供给""推动文化和旅游融合发展"，为我国文化产业发展指明方向。

■ 文化产业发展强劲，市场主体"活力四射"

党的十八大以来，中国围绕推进社会主义文化强国建设的宏伟目标，提出将文化产业培育成为国民经济支柱性产业，推动文化产业的快速发展。我国文化产业总规模稳步持续增长，文化产业增加值始终保持两位数的增速，展现出"千帆竞发、百舸争流"的良好发展态势。从2012年到2021年，我国文化及相关产业发展迅速，增加值从18 071亿元增长到52 385亿元，年均增速为12.55%，高出同期国内生产总值约3.8个百分点，占我国GDP比重从3.48%上升到4.56%，**文化产业已成为我国重要的战略性支柱产业，是推动我国经济实现高质量发展的重要内生动力。**

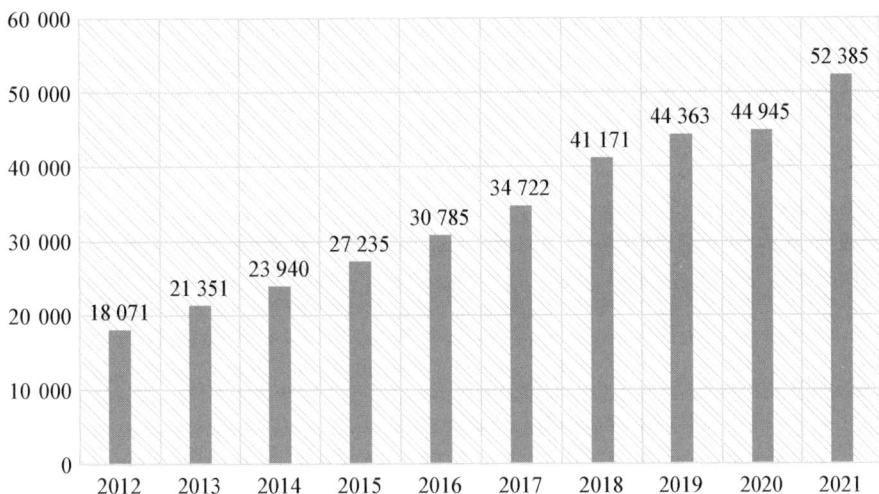

图4-3 2012—2021年我国文化及相关产业增加值（单位：亿元）

资料来源：根据文化旅游部资料整理。

庞大的产业规模，推动文化产业进入经济建设主战场，成为我国经济增长的新动能新引擎。产业结构不断优化升级，新闻服务、出版发行与版权服务等传统文化行业保持稳步增长。互联网、大数据、云计算、5G、人工智能及区块链等数字技术已成为促进文化产业网络化、智能化、数字化转型发展的重要引擎，数字内容、动漫游戏、视频直播、视听载体、手机出版等新兴的文化业态，成为文化产业发展新动能和新增长点。文化与旅游产业融合发展实现良好发展成效,文化产品和文化服务更加优质多元,人民群众的文化消费能力日益提升。

知识链接

我国"十四五"中健全现代文化产业体系的规划内容

坚持把社会效益放在首位、社会效益和经济效益相统一,健全现代文化产业体系和市场体系。

扩大优质文化产品供给。实施文化产业数字化战略,加快发展新型文化企业、文化业态、文化消费模式,壮大数字创意、网络视听、数字出版、数字娱乐、线上演播等产业。加快提升超高清电视节目制播能力,推进电视频道高清化改造,推进沉浸式视频、云转播等应用。实施文化品牌战略,打造一批有影响力、代表性的文化品牌。培育骨干文化企业,规范发展文化产业园区,推动区域文化产业带建设。积极发展对外文化贸易,开拓海外文化市场,鼓励优秀传统文化产品和影视剧、游戏等数字文化产品"走出去",加强国家文化出口基地建设。

推动文化和旅游融合发展。坚持以文塑旅、以旅彰文,打造独具魅力的中华文化旅游体验。深入发展大众旅游、智慧旅游,创新旅游产品体系,改善旅游消费体验。加强区域旅游品牌和服务整合,建设一批富有文化底蕴的世界级旅游景区和度假区,打造一批文化特色鲜明的国家级旅游休闲城市和街区。推进红色旅游、文化遗产旅游、旅游演艺等创新发展,提升度假休闲、乡村旅游等服务品质,完善邮轮游艇、低空旅游等发展政策。健全旅游基础设施和集散体系,推进旅游厕所革命,强化智慧景区建设。建立旅游服务质量评价体系,规范在线旅游经营服务。

深化文化体制改革。完善文化管理体制和生产经营机制,提升文化治理效能。完善国有文化资产管理体制机制,深化公益性文化事业单位改革,推进公共文化机构法人治理结构改革。深化国有文化企业分类改革,推进国有文艺院团改革和院线制改革。完善文化市场综合执法体制,制定未成年人网络保护、信息网络传播视听等领域法律法规。

(资料来源:笔者整理。)

从顶层设计、战略部署,再到具体措施和政策支持体系的建构,共同形成推动我国文化产业高质量发展的强大合力。从 2012 年到 2022 年,文化产业市场

主体持续发展壮大，全国规模以上文化企业数量从 3.6 万家增长到 6.5 万家，年营业收入从 5.6 万亿元增长到 12.2 万亿元。

■ 重点行业"全面开花"，产业体系更富竞争力

尽管国际国内经济发展遭遇到贸易战、疫情等挑战，但**文化产业在创新驱动发展战略下实现平稳发展，文化新业态行业发展韧性持续增强**，在体量持续增大的同时，质量效益也持续提升，初步构建起行业结构合理、各门类齐全、科技含量高、创新创意强、富有竞争力的现代文化产业体系。

各重点行业全面突破、协调发展，在我国经济稳增长、调结构的高质量发展进程中发挥积极作用。2022 年，全国规模以上文化及相关产业企业实现营业收入 121 805 亿元，保持 1% 低速增长。在九个文化行业中，内容创作生产、新闻信息服务、文化投资运营、文化装备生产和文化消费终端生产五个行业营业收入比上年实现增长。文化新业态特征较为明显的 16 个行业小类实现营业收入为 43 860 亿元，比上年增长 5.3%，快于全部规模以上文化企业 4.4 个百分点，文化新业态行业营业收入占全部规模以上文化企业营业收入的 36.0%。在 16 个行业小类中，13 个行业营业收入比上年增长，增长面达 81.3%。

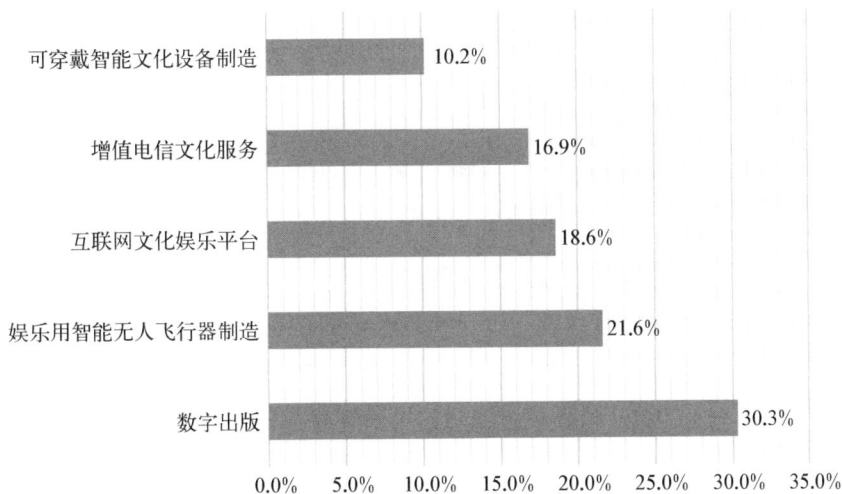

图 4-4　2022 年增速较快的五个行业小类文化行业

资料来源：根据文旅部相关资料整理。

2022 年，全国营业影院数为 12 568 家，营业银幕数 76 486 块，均位居世界第一位，其中电影银幕数在 2012 年仅为 13 118 块，增长 483.1%。总票房 300.67 亿元，

较 2012 年(170.74 亿元)增长 76%,在受疫情影响导致全年影院营业率被动低位运行的市场环境下,获此票房成绩实属不易。其中,国产电影票房为 255.11 亿元,在总票房中占比为 84.85%,国产片连续第三年占市场票房份额达八成以上。[①]

2022 年,我国广播电视服务业总收入 12 419.34 亿元,较 2012 年增长 279.9%。2022 年全国广播节目制作时间 787.65 万小时,播出时间 1 602.15 万小时。电视节目制作时间 285.21 万小时,播出时间 2 003.64 万小时。全国制作发行电视剧 160 部、5 283 集,影视剧类电视节目制作时间 6.1 万小时,电视剧共计播出 20.82 万部,影视剧类电视节目播出达 878.95 万小时。

表 4 - 1　2022 年我国广播电视服务业发展情况

类　目	指　标	数　量
广播电视服务业总收入	总收入	12 419.34 亿元
	较 2012 年增速	279.9%
全国广播节目时间	制作时间	787.65 万小时
	播出时间	1 602.15 万小时
电视节目时间	制作时间	285.21 万小时
	播出时间	2 003.64 万小时
全国制作发行电视剧	制作发行电视剧	160 部、5 283 集
	影视剧类电视节目制作时间	6.1 万小时
	电视剧播出部数	20.82 万部
	影视剧节目播出时间	878.95 万小时

资料来源:根据文旅部相关资料整理。

一批适应数字化时代的特色产业正扬帆起航。以电竞和游戏产业为例,近年来,中国移动游戏呈爆炸式增长,中国已经成长为全球电竞产业最大市场:电竞核心观众、电竞赛事营收均位列全球之首。其中中国电竞用户同比增速逐步趋向平稳,2021 年达到 4.25 亿人,25 岁以下年轻用户达到 1.27 亿人。此外,中

---

① 灯塔研究院:《砥砺前行,向阳而生——2022 年中国电影市场年度盘点报告》,2023 年 1 月。

国凭借 3.6 亿美元的赛事收入,成为全球收入最高的电竞市场,也是全球范围内极具电竞商业价值的市场。中国电竞产业发展在国际化上效果显著。在游戏开发、赛事参与、俱乐部合作、商业赞助等方面,中国电竞与海外持续双向输出,中国从电竞大国迈入电竞强国行列。

■ 积极推动"多业融合",产业发展提质增效

要推动文化产业高质量发展,必须坚持深化供给侧结构性改革,通过文化创意、科技创新、产业融合催生新发展动能,用数字化提升产业链现代化水平和创新链效能,持续健全现代文化产业体系和市场体系。因此,**积极推动科技发展与文化、旅游融合,为文化产业发展植入了更多科技基因、休闲要素,成为十八大以来我国文化产业政策最为突出、鲜明的特征。**

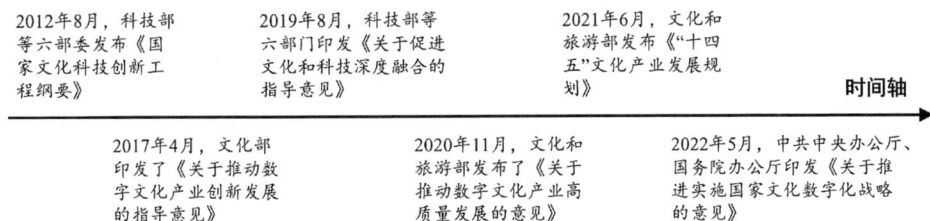

2012年8月,科技部等六部委发布《国家文化科技创新工程纲要》

2019年8月,科技部等六部门印发《关于促进文化和科技深度融合的指导意见》

2021年6月,文化和旅游部发布《"十四五"文化产业发展规划》

时间轴

2017年4月,文化部印发了《关于推动数字文化产业创新发展的指导意见》

2020年11月,文化和旅游部发布了《关于推动数字文化产业高质量发展的意见》

2022年5月,中共中央办公厅、国务院办公厅印发《关于推进实施国家文化数字化战略的意见》

图 4-5　2012 年以来我国文化产业规划与政策文件颁布

资料来源:根据相关资料整理。

文化与科技更好融合,已成为我国文化产业发展的新兴增长点。为了更好推动文化科技融合工作的开展,2018 年 3 月,科技部、中宣部、中央网信办、文化和旅游部、广播电视总局发布《国家文化和科技融合示范基地认定管理办法(试行)》。迄今为止,相关部门分四批次认定了 85 家国家文化和科技融合示范基地。

根据工信部统计,2021 年全国软件和信息技术服务业规模以上企业超 4 万家,完成软件业务收入达到 94 994 亿元,同比增长 17.7%。数字文化新业态特征较为明显的 16 个行业小类实现营业收入 39 623 亿元,两年平均增长 20.5%,高于文化产业平均水平 11.6 个百分点。新兴数字文化产业为更好地满足人民精神文化生活的需求、增强人民群众的获得感和幸福感作出重要贡献。

文化与旅游更好融合,是提升文化和旅游相生共兴的最近路径。2009 年 8月,文化部和国家旅游局共同发布了《关于促进文化与旅游结合发展的指导意见》,提出推动文化和旅游结合发展。2018 年文化和旅游部成立,为文化与旅游深度融合发展提供了组织和管理保障。2018 年 3 月,国务院办公厅《关于促进

全域旅游发展的指导意见》提出,"科学利用传统村落、文物遗迹及博物馆、纪念馆、美术馆、艺术馆、世界文化遗产、非物质文化遗产展示馆等文化场所开展文化、文物旅游,推动剧场、演艺、游乐、动漫等产业与旅游业融合开展文化体验旅游"。党的二十大报告和国务院《"十四五"旅游业发展规划》都提出"坚持以文塑旅、以旅彰文,推进文化和旅游深度融合发展"。

知识链接

《关于推进实施国家文化数字化战略的意见》解读

中共中央办公厅、国务院办公厅联合印发《关于推进实施国家文化数字化战略的意见》(以下简称《意见》),要求各地区各部门结合实际认真贯彻落实。

《意见》明确,到"十四五"期末,基本建成文化数字化基础设施和服务平台,形成线上线下融合互动、立体覆盖的文化服务供给体系。到 2035 年,建成物理分布、逻辑关联、快速链接、高效搜索、全面共享、重点集成的国家文化大数据体系,中华文化全景呈现,中华文化数字化成果全民共享。

《意见》提出了 8 项重点任务。一是统筹利用文化领域已建或在建数字化工程和数据库所形成的成果,关联形成中华文化数据库。二是夯实文化数字化基础设施,依托现有有线电视网络设施、广电 5G 网络和互联互通平台,形成国家文化专网。三是鼓励多元主体依托国家文化专网,共同搭建文化数据服务平台。四是鼓励和支持各类文化机构接入国家文化专网,利用文化数据服务平台,探索数字化转型升级的有效途径。五是发展数字化文化消费新场景,大力发展线上线下一体化、在线在场相结合的数字化文化新体验。六是统筹推进国家文化大数据体系、全国智慧图书馆体系和公共文化云建设,增强公共文化数字内容的供给能力,提升公共文化服务数字化水平。七是加快文化产业数字化布局,在文化数据采集、加工、交易、分发、呈现等领域,培育一批新型文化企业,引领文化产业数字化建设方向。八是构建文化数字化治理体系,完善文化市场综合执法体制,强化文化数据要素市场交易监管。

《意见》要求,在数据采集加工、交易分发、传输存储及数据治理等环节,制定文化数据安全标准,强化中华文化数据库数据入库标准,构建完善的文化数据安全监管体系,完善文化资源数据和文化数字内容的产权保护措施。加快文化数字化建设标准研究制定,健全文化资源数据分享动力机制,研究制定扶持文化数字化建设的产业政策,落实和完善财政支持政策,在文化数字化建设领域布局国家技术创新中心、全国重点实验室等国家科技创新基地，支持符合科创属性的数字化文化企业在科创板上市融资，推进文化数字化相关学科专业建设，用好产教融合平台。

《意见》强调，各地要把推进实施国家文化数字化战略列入重要议事日程，因地制宜制定具体实施方案，相关部门要细化政策措施。各地区各有关部门要加强对《意见》实施情况的跟踪分析和协调指导，注重效果评估。

（资料来源：笔者整理。）

2019年12月，北京出台《关于推进北京市文化和旅游融合发展的意见》，从资源利用、空间布局、产品业态、公共服务、市场管理、对外交流、保障措施七个方面推动发展；2020年4月，广东推出《广东省加快推进文化和旅游融合发展三年行动计划（2020—2022年）》，提出实施红色文化和旅游提质升级、岭南特色文化传承利用等九大重点工程……**文化与旅游深度融合不断创新形式，激发巨大消费潜力，旅游演艺、红色旅游、乡村旅游、文化遗产旅游蓬勃兴起，文博热蔚然成风，国潮国风成为年轻人新时尚。**

知识链接

《"十四五"旅游业发展规划》关于文化与旅游融合的要求

坚持以文塑旅、以旅彰文。以社会主义核心价值观为引领，让旅游成为人们感悟中华文化、增强文化自信的过程，推动旅游业实现社会效益和经济效益有机统一。

文化和旅游深度融合，建设一批富有文化底蕴的世界级旅游景区和度假区，打造一批文化特色鲜明的国家级旅游休闲城市和街区，红色旅游、乡村旅游等加快发展。

推动革命文物集中连片保护利用和党史文物保护展示，提升重大事件遗迹、重要会议遗址、重要机构旧址、重要人物旧居保护展示水平。推动有条件的文博单位增强旅游服务功能，提高展陈水平。依托非遗馆、非遗传承体验中心（所、点）、非遗工坊等场所培育一批非遗旅游体验基地，推动非遗有机融入旅游产品和线路，实现更好传承传播。

以国家级旅游度假区及重大度假项目为基础，充分结合文化遗产、主题娱乐、精品演艺、商务会展、城市休闲、体育运动、生态旅游、乡村旅游、医养康养等打造核心度假产品和精品演艺项目,发展特色文创产品和旅游商品,丰富夜间文化旅游产品,烘托整体文化景观和浓郁度假氛围。

大力发展红色旅游。突出爱国主义和革命传统教育,坚持培育和践行社会主义核心价值观,有效提升红色旅游规范化发展水平。把伟大建党精神等党和人民在各个历史时期奋斗中形成的伟大精神融入线路设计、展陈展示、讲解体验中,讲好革命故事、根据地故事、英烈故事,让人民群众在旅游中接受精神洗礼、传承红色基因。

实施文化和旅游创意产品开发提升工程,支持博物馆、文化馆、图书馆、美术馆、非遗馆、旅游景区开发文化和旅游创意产品,“创意下乡”“创意进景区”。

(资料来源:笔者整理。)

图片来源:新华社

案 例

数字文旅充分融合,杭州经验成“他山之石”

在后疫情时代,我国强化数字文旅体验和线上线下互动,将文化内容与数字娱乐充分融合,将文化场馆、旅游景区植入网络游戏、动漫、电影、直播等数字娱乐场景之中,采取"游戏+虚拟游""动漫+云展""电影+沉浸式体验"等方式,构建数字"虚拟文化空间",带动由虚拟体验形成的周边产品消费。线上游、数字游大大促进了传统旅游方式与业态的转型发展。

作为人文历史底蕴深厚的城市,杭州提出了"奋进新时代、建设新天堂"的发展远景,其中文化产业作为朝阳产业,在顶住疫情不断照亮人民群众精神文化生活的同时,保持着蓬勃向上的产业发展态势,2021年全市文化产业实现增加值2 586亿元,同比增长8.7%,占GDP比重14.3%;全市规上文化企业实现主营业务收入8 212亿元,同比增长11.6%,占全省比重达61.5%。根据统计,目前杭州市文化产业总量居全国副省级城市第一。

"奋进新时代、建设新天堂"和建设世界一流的社会主义现代化国际大都市目标都离不开文化的内动力支撑。以水为脉,踏浪而来,在之江文化产业带和大运河(杭州段)文化产业带引领带动下,杭州基本形成以数字内容、影视生产、动漫游戏、创意设计、现代演艺等为优势发展行业的文化产业高质量发展格局。

跻身于全国城市文化产业发展第一方阵,离不开众多文化产业平台的支撑,全球专业、顶尖、极具引领性的动漫盛会中国国际动漫节,被誉为中国四大重点文化会展之一的杭州文博会,中国数字阅读大会、中国视听创新创业大会、杭州国际工艺周、杭州艺博会等光彩夺目的城市文化品牌论坛,都显示出了杭州的人文特色、历史底蕴、江南风韵、中国气派及国际影响力。第十八届中国国际动漫节,吸引57个国家和地区的292家中外企业机构参与,第十六届杭州文博会邀请40个国家与地区的3 800余家文化企业和品牌线上线下参展。

数字化经济和数字化服务是杭州城市的特色,文化科技融合加速,数字文化领域发展表现强劲,成为杭州文化产业发展中的一大亮点。2022年,杭州市国家级文化和科技融合示范基地绩效评价结果优秀。推进"文创e点通"迭代应用,优化文化产业数字治理服务,入选全省数字文化系统第三批优秀应用。宋城演艺、网易云音乐入选第四批国家文化和科技融合示范基地(单体类),目前全市基地总数居全国副省级城市第一。浙江数字文化国际合作区获批国家文化出口基地,成为全国唯一的数字文化贸易功能区。

杭州文化领军企业壮大势头正劲,创新创业新天堂更是鸢翔凤集,人才济济。2021年,全市规上文化企业1 288家,已有上市文化企业54家。浙江出版、浙报传媒、华数传媒和华策影视等4家在杭企业入选"全国文化企业30强",数量居全国同类城市第一。同时,全市拥有国家文化和科技融合示范基地、中国国际影视产业合作实验区等18个国家级重点文化产业园区(基地),并引进余华、麦家、郎朗等 30 余位文化名人和 212 位知名网络作家。

第三节 以文化交流讲好中国故事
1 803 亿美元

关键数据：
- 2022 年，我国文化产品进出口额为 1 803 亿美元，是 2012 年 217.3 亿美元的 8.3 倍。
- 中国语言文化不断走向世界，有 180 多个国家和地区开展中文教育，76 个国家将中文纳入国民教育体系，国际正在学习中文人数超 2 500 万，累计学习和使用中文人数近 2 亿。
- 中国游戏产业不断走出去，抢占海外市场份额，在美国市场的收入占比为 32.58％，在日本、韩国的收入占比分别为 18.54％ 和 7.19％，合计贡献了中国自主研发游戏出海收入的 58.31％。

在 21 世纪头 20 年，中国紧紧抓住发展重要战略机遇期，不断深化改革开放，中国经济实现巨大腾飞，综合国力迈上新台阶。站在"两个一百年"奋斗目标的历史交汇关键节点上，高品质、高效率的中华文化继承发展与对外传播对于推进中华民族伟大复兴历史进程具有重要意义。2022 年，我国文化产品进出口额为 1 803 亿美元，是 2012 年 217.3 亿美元的 8.3 倍，文化产品出口总额近些年来稳居全球首位，中华文化积极"走出去"，我国国际话语权和文化影响力显著提升。

> **知识链接**
>
> ### 《商务部等 27 部门关于推进对外文化贸易高质量发展的意见》内容解读
>
> 商务部等 27 部门于 2022 年 7 月 20 日印发《关于推进对外文化贸易高质量发展的意见》（以下简称《意见》），是我国对外文化贸易领域又一份重要指导性文件。

近年来，我国对外文化贸易发展取得明显成效，文化贸易规模稳步增长，结构不断优化，产品和服务走出去步伐加快，有力带动文化产业提质升级，中华文化国际影响力不断提升。但同时，我国对外文化贸易发展还存在一些问题和短板，文化贸易发展仍有较大的空间和潜力。

《意见》从七个方面提出 28 项具体任务举措：

一是深化文化领域改革开放，提出了积极探索高水平开放路径、深化文化领域审批改革、扩大优质文化产品和服务进出口等 3 项举措。

二是挖掘文化贸易发展潜力，对数字文化、出版物和版权、广播影视节目、文艺精品、中华特色文化、文化创意和设计服务等 6 个重点领域作出具体部署。

三是激活创新发展新动能，提出了提升文化贸易数字化水平、加强国家文化出口基地建设、鼓励数字文化平台国际化发展、创新发展数字内容加工业务等 4 项举措。

四是激发市场主体发展活力，提出了培育壮大市场主体、加强国际化品牌建设、发挥平台载体赋能作用、扩大文化领域对外投资等 4 项举措。

五是拓展合作渠道网络，提出了健全文化贸易合作机制、拓展文化贸易合作渠道、聚集重点市场深化合作等 3 项举措。

六是完善政策措施，提出了完善投入机制、创新金融服务、落实税收政策、提升便利化水平等 4 项举措。

七是加强组织保障，从加强组织领导、强化人才支撑、加强知识产权保护、完善统计评价体系等 4 个方面提出要求，确保各项举措落到实处。

（资料来源：笔者整理。）

■ 积极推动"走出去"，文化贸易不断实现新增长

文化贸易活动是与一般商品贸易不一样的交易活动，是国际文化产品与服务的进出口经济行为，涉及货物贸易、服务贸易及知识产权贸易等，是国际贸易发展中的重要且特殊部分。文化产品和贸易还包含并传递了一定的文化价值认同，是不同社会文化背景的交易主体对对方生产方式、生活方式认可、认同并最终接受的过程。

作为文化传播和实现经济价值的重要路径，积极发展文化产品和服务贸易是我国加快建设社会主义文化强国和贸易强国的必然要求。自党的十八大以

来,我国全面推动中华优秀传统文化创造性转化和创新性发展,高度重视中华文化"走出去",积极发展对外文化产品和文化服务贸易,开拓文化国际市场,鼓励优秀文化产品如影视剧、表演类节目、游戏等数字文化产品"走出去",不断加强文化出口基地建设。2022年我国对外文化贸易额超过了 2 200 亿美元,同比增长约 11%,其中文化产品进出口额 1 803 亿美元,相比 2012 年增长 6.5倍。**我国文化产品进出口规模多年位居世界第一位,已经形成一批具有国际影响力的文化企业、产品和品牌。**其中,网络游戏等数字文化领域已经具备较强的国际竞争力,中国主导和制定的手机动漫标准、数字艺术显示标准等被确立为国际标准。

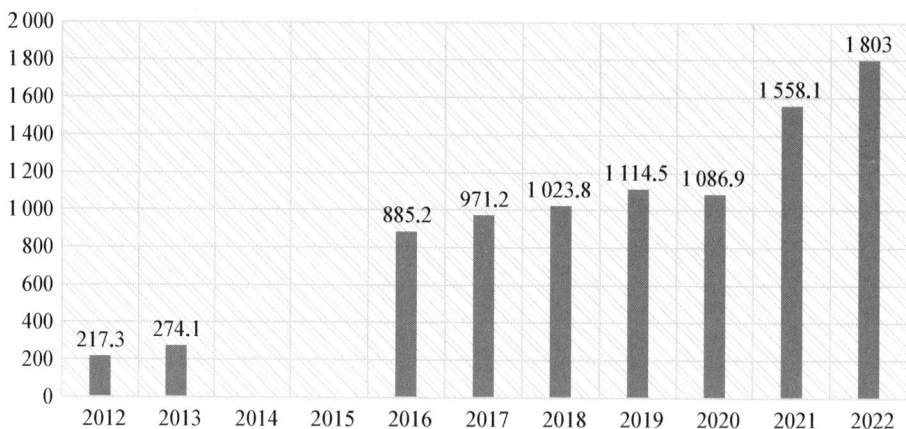

图 4-6 **2012—2022 年我国文化产品进出口增长(单位:亿美元)**

资料来源:作者根据文旅部相关资料整理。其中 2014 年、2015 年数据缺失。

在文化产品进出口贸易快速发展的同时,中国对外文化服务贸易也增长迅速,更好地推动我国对外文化传播、增强文化竞争力、加深与世界各国文化交流等。国家外汇管理局的统计数据显示,2009 年至 2022 年,我国文化服务进出口规模由 177 亿美元增长至 414 亿美元。

文化贸易出口的文化产品和服务,大都具备广泛的市场需求和较高的文化价值属性,可以极大增强进口国社会和人民对中国文化的深入了解与更好认同,提升中国国际人文形象和影响力。例如,传统彩灯是中国代表性非物质文化遗产项目,四川自贡以彩灯为媒介,自 1990 年首次走出国门在新加坡举办灯展以来,自贡彩灯走进了 80 多个国家和地区,累计观灯人数超过 5 亿人次。仅 2022年春节期间,自贡就在海外布展 25 场灯会,取得良好社会效益和经济效益。

我国国家文化出口基地建设

为更好贯彻落实党中央、国务院决策部署,推动对外文化贸易的高质量发展,从 2017 年开始,商务部会同中央宣传部、原文化部以及原新闻出版广电总局等部门启动了国家文化出口基地建设。其目标和宗旨就是创新文化贸易发展的体制机制和政策措施,发挥基地集聚、引领和辐射作用,培育一批有较强国际竞争力的文化企业和较强辐射力的国际文化交易平台,摸索适应文化贸易创新发展的模式和经验,带动我国文化贸易高质量发展,为提升中华文化软实力提供支撑。《国家文化出口基地发展报告 2022》显示,2021 年我国已有 29 家国家文化出口基地,出口额超过 167.7 亿美元,占我国总体对外文化贸易出口额的 11％。

■ 推动文明交流互鉴,自信走向世界舞台中心

2022 年 7 月,习近平主席在致"意大利之源——古罗马文明展"开幕式的贺信中再次向世界表明了中国的主张和承诺,"**中国愿同国际社会一道,坚持弘扬平等、互鉴、对话、包容的文明观,以文明交流超越文明隔阂,以文明互鉴超越文明冲突,以文明共存超越文明优越,推动构建人类命运共同体**"。文明交流互鉴是增进各国人民友谊的桥梁,是推动人类社会进步的动力、维护世界和平的纽带,弘扬全人类共同价值,一个重要目标就是促进以文明交流超越文明隔阂,以文明互鉴超越文明冲突,以文明共存超越文明优越。**面对世界百年未有之大变局,中国通过文明交流互鉴增进对全人类共同价值的认同,倡导平等、互鉴、对话、包容的文明观,通过加强对外交流和文明对话,促进世界各国的相互理解与信任。**

2022 年在北京举办的冬奥会,向全世界客观、全面地展现了一个更加自信、开放、包容的中国,特别是在开幕式中,"二十四节气倒计时""冰雪五环破冰而出""黄河之水天上来"等震撼性表演场景,向各国人民充分展示了中华优秀传统文化的深厚底蕴和内涵魅力。以中华文化元素为基础、以奥林匹克精神为展现的冬奥会吉祥物"冰墩墩",令人欣喜地激活了中国文化产业的市场活力,获得国际国内消费者的喜爱。

中华文化对外传播、为全世界提供丰富而独特的"精神食粮"是我国追求的重要工作。文化交流和互鉴体现了一个国家文化、精神价值、人文观念乃至生活

方式,也更容易在文化传播等方面对消费者产生潜移默化的影响,让中华文化深入人心。文化"走出去"的重要任务就是讲好中国特色社会主义的故事、讲好中国梦的故事、讲好中国人的故事、讲好中华优秀文化的故事、讲好中国和平发展的故事,把中国主张、中国智慧、中国方案寓于其中,使更多国家和地区的人民想听爱听、听有所思、听有所得。**"以文载道、以文传声、以文化人,向世界阐释推介更多具有中国特色、体现中国精神、蕴藏中国智慧的优秀文化。"**

近十年来,中国更加重视文化交流和加强文化领域的多边合作。随着中国对外开放的不断深入及中华文化走向世界,重点推动了多项中外文化交流活动,比如实施亚洲旅游促进计划、亚洲文化遗产保护行动、促进"一带一路"人文交流倡议。此外,亚洲文明对话大会、"相约北京"奥林匹克文化节等文化盛会旅游年(节)的成功举办,使我国和世界人民在人文交流中增进了解、拉近彼此距离。**积极参加和举办国际性大型文化活动,有效地构筑全方位、多层次、宽领域的对外文化交流新格局,在多个文化发展领域都取得一定话语权和较大影响力。**包括举办国际摄影展、音乐演唱会、美术展等艺术交流活动,还充分利用国际多边舞台,积极参加有重大影响的电影展、文化展等国际性活动,开展艺术之旅、中国国际民间艺术节等多边文化交流活动,不断扩大"朋友圈"。

案例

上海国际电影节:光影为媒连接世界

作为亚太地区最具规模、最有影响力的电影节之一,上海国际电影节已成为中国电影走向世界的一张"金名片"。扩大"朋友圈"、潜心"修内功",从 1993 年走到今天,上海国际电影节的影响力,正在逐渐走向深远。

诸多媒体人和导演、演员纷纷认为,"中国电影的稳步发展和上海国际电影节的影响力扩大,正在引起国际电影界越来越多的关注和重视。"在中国从电影大国向电影强国稳步迈进的今天,上海国际电影节正形成独特的品牌影响力、吸引力和竞争力。通过电影作品的展示和电影人之间的交流,电影节让全球越来越多专业人士了解中国电影,并通过电影进一步了解中国文化,越来越多观众通过中国电影认识一个真实、全面、立体的中国。

自 2015 年起,上海国际电影节响应"一带一路"倡议,积极开展"一带一路"人文交流,从设立展映单元,到建立交流机制,签订合作备忘录,每届不断升级。2023 年电影更是在开幕首日,汇聚近 30 个国家的电影节代表,共同宣布成立

"一带一路"电影节联盟，并发表联盟宣言。上影节以开放包容的姿态开展"一带一路"人文交流活动，扩大"朋友圈"。"世界文化是多元的。我们希望电影节提供更多新鲜的视角，去了解不同的文化、历史和传统。"

多年来，上海国际电影节对年轻影人的扶持不遗余力，推动新人新作走向成熟，构筑了阶梯式培育孵化体系，在办节实践中结出了"上海制造"的丰硕果实。一大批电影的新人新作，历经上海国际电影节各个环节的磨合，被刻上了"上海制造"的印记，正在或已在中国、亚洲甚至更大的范围释放能量。

"上海制造"历来有服务全国的传统，当年的上海产品、上海人才输送到全国，形成了良好的口碑。如今上海为中国电影产业的发展，也在进行着电影作品、电影人才的生产、培育和输送。

作为负责任的大国，近十年来我国积极开展文化和旅游领域对外援助与支持。通过对外援助形式的人力资源培训，为广大发展中国家文化和旅游发展培养大批非物质文化遗产保护、图书馆管理、剧场管理、文化产业、舞台艺术、文物修复、动漫设计、旅游管理等领域的人才，提升了他们文化和旅游发展的经验和自信心。上海社会科学院等机构通过举办"汉学与当代中国"座谈会和实施青年汉学家研修计划，大力支持国际汉学和中国研究的发展。

近十年，我国不断提升对外文化传播能力和水平。至 2021 年底，联合国教科文组织、联合国粮食及农业组织、世界旅游组织等 10 个联合国下属专门机构将中文作为官方语言，有 180 多个国家和地区开展中文教育，76 个国家将中文纳入国民教育体系，国际在学习中文人数超 2 500 万，累计学习和使用中文人数近 2 亿，中国语言文化不断走向世界。"中国文化网"英文版及海外社交账号、海外中国文化中心和驻外旅游办事处的网站及海外社交账号等平台，构成我国对外文化传播网络和新媒体矩阵，为讲好中国故事提供互联网表达方式。

■ 坚持民心相通，推动人类命运共同体建设

近十年来，基于"一带一路"倡议和发展，中国与沿线国家和地区的文化旅游交流合作不断走实，开放包容的"朋友圈"持续扩大。建成丝绸之路国际剧院联盟、博物馆联盟、艺术节联盟、图书馆联盟、美术馆联盟，成员单位有 **539** 家。丝绸之路国际艺术节、丝绸之路（敦煌）国际文化博览会以及敦煌行·丝绸之路国际旅游节，"一带一路"·长城国际民间文化艺术节、海上丝绸之路国际艺术节等展示平台广受全世界观众青睐。包含音乐、美术、演艺、文化遗产、图书馆等领域

内容的"文化丝路"计划,使"一带一路"沿线国家和地区的人民享受到更多便利的公共文化产品和服务。

案 例

文化部"一带一路"文化发展行动计划解读

《文化部"一带一路"文化发展行动计划(2016—2020 年)》经推进"一带一路"建设工作领导小组审议通过,为"一带一路"文化建设深入开展绘制路线图。

行动计划以"政府主导,开放包容;交融互鉴,创新发展;市场引导,互利共赢"为基本原则,重点任务是健全"一带一路"文化交流合作机制、完善"一带一路"文化交流合作平台、打造"一带一路"文化交流品牌、推动"一带一路"文化产业繁荣发展、促进"一带一路"文化贸易合作。具体包括"一带一路"国际交流机制建设计划、"一带一路"国内合作机制建设计划、"一带一路"沿线国家中国文化中心建设计划、"一带一路"文化交流合作平台建设计划、"丝绸之路文化之旅"计划、"丝绸之路文化产业带"建设计划等 12 项子计划。

行动计划提出,积极贯彻落实我国与"一带一路"沿线国家和地区签订的文化合作(含文化遗产保护)协定、年度执行计划、谅解备忘录等政府间文件,加强我国与"一带一路"沿线国家和地区文化交流与合作机制化发展,推动成立"丝绸之路国际剧院联盟""丝绸之路国际图书馆联盟""丝绸之路国际博物馆联盟""丝绸之路国际美术馆联盟""丝绸之路国际艺术节联盟""丝绸之路国际艺术院校联盟"等,与"一带一路"沿线地区组织和重点国家逐步建立城际文化交流合作机制。

行动计划提出完善财政投入机制,设立文化部"一带一路"文化交流专项资金。鼓励社会力量参与,引导社会资本投入"一带一路"文化发展建设。鼓励政策性、商业性金融机构发挥优势探索支持"一带一路"文化发展建设的有效模式,为"一带一路"文化项目提供多元化金融服务。

中国与"一带一路"沿线国家和地区的文化和旅游交流品牌项目日臻完善。文化和旅游部聚力打造了"欢乐春节""美丽中国"等全球化品牌,推进"艺汇丝路""丝绸之路文化之旅"等专项品牌建设,促进"拉美艺术季""上合组织艺术节""金砖国家艺术节""阿拉伯艺术节""意会中国""中非文化聚焦""中俄文化大集"等区域文化艺术品牌精准发力。"欢乐春节"活动连续举办 13 年,截至 2020 年疫情发生前，年均在 130 余个国家举办约 2 000 场，成为我国与世界人民共享中华传统文化节日的重要桥梁。"美丽中国""发现中国之旅"等活动都吸引越来越多的外国游客感知中国人文、品味中华文化。

最近十年，国外优秀文化成果"引进来"项目量质齐升，"相约北京"国际艺术节、北京国际音乐节、中国上海国际艺术节、上海国际电影节、中国成都国际非物质文化遗产节、中国吴桥国际杂技艺术节、中国国际马戏节等活动特色各异，为推动中外文化交融互通发挥了重要作用。

■ 数字技术与文化结合，推动文化交流更好发展

运用数字化手段推动中华传统文化资源转变为有价值、可交易的文化产品和服务，是中国对外文化贸易的另一个巨大特色。这种基于中国传统优秀文化故事的商品和服务，将中国历史、中国发展形象化、具体化。比如国产动漫影片《大圣归来》的"出圈"就是较好的例子，其将中国传统的《西游记》故事以电影形式呈现给观众和世人，让观众在休闲娱乐消费中感受中国历史文化的深厚魅力，激发起国外观众特别是青年群体、儿童群体对中国历史、中国故事、中国发展的好奇与兴趣，可以进一步提升中国文化的国际影响力。

面对新冠肺炎疫情对于演出行业的冲击，我国文化贸易不断创新发展形势和发展路径，特别是借助当前快速发展、影响力广泛的数字经济。比如在互联网、大数据、云计算、人工智能等加持帮助下，我国文化产业快速发展，数字创意产业在全球范围不断扩张延伸，极大地推动了文化贸易的高质量发展。中国歌剧舞剧院等引领"云端"演出新模式，2021 年 1 月推出了"舞动中国·中国歌剧舞剧云端演出季"，通过海外社交平台，直播经典原创民族舞剧《孔子》《李白》、文艺演出《祝福春天》以及民族音乐会《春华国韵》。该轮演出季活动的相关视频和帖文在海外社交平台的讨论量达 1.3 亿人次，视频播放量超过 2 500 万次。

大数据、互联网不仅是技术手段，还是我国文化产品和服务贸易的重要内容。2022 年北京冬奥会的成功举办，大大增强了中华文化的国际影响力，成为中国文化产品和服务贸易高质量发展新起点。其中，国产游戏产品成为最大亮点，不断抢占海外市场份额，成为中华文化实现广泛国际传播的全新引擎。《2021 年中国游戏产业报告》数据显示，2021 年中国自主研发游戏产品海外市场实际销售收入达 180.13 亿美元，同比增长 16.59%，来自美国市场的收入占比为 32.58%，蝉联第一；来自日本、韩国的收入占比分别为 18.54% 和 7.19%，这三个地区合计贡献了中国自主研发移动游戏产品出海收入的 58.31%。比如在全球

上线的《原神》等国产游戏，以中华优秀传统文化为精神内核进行了角色编排、故事创作和活动设计，在获得巨大商业成功的同时，让海外玩家特别是年轻群体对中华文化有了更鲜活、更立体、更深入的认知，从而成功实现了中华文化的价值交流与互鉴。

第五章
民生福祉显著增进，共同富裕稳步向前

圆梦小康，以人为本，民生为先。十八大以来，党和国家深入贯彻以人民为中心的发展思想，把改善人民生活、增进人民福祉作为出发点和落脚点，不断解决关系人民切身利益的突出问题。**在幼有所学、学有所教、劳有所得、病有所医、老有所养、住有所居、弱有所扶上不断取得新突破**，人民群众的获得感显著增强，生活更加美满幸福。

第一节　"钱袋子"鼓起来，人民生活水平节节升　　78%

关键数据：
- 十年间，全国居民人均可支配收入翻一番，扣除价格因素，累计实际增长78.0%，年均实际增速快于人均 GDP 年均增速 0.5 个百分点。
- 2021 年，城镇非私营单位就业人员年平均工资首次突破 10 万元大关，是2012 年的 2.28 倍。
- 十年间，全国居民人均消费支出翻一番，教育文化娱乐支出、医疗保健支出增幅分别为 106%、152.3%，城乡居民平均每百户家用汽车拥有量增幅分别为 132.7% 和 358.3%。
- 居民恩格尔系数降至 29.8%，下降了 3.2 个百分点。

收入是民生之源，让"钱袋子"鼓起来，日子红火起来，是人民群众最朴实的心愿，也是中国共产党人孜孜以求的目标。党的十八大以来，中国政府在提高人民收入水平这条赛道上奋力奔跑,将经济发展的"蛋糕"越做越大,也将这个"蛋糕"越切越好,全体人民正大步迈向共同富裕的成功彼岸。

■ 人均可支配收入"翻一番"

中国居民人均可支配收入实现翻番,由 2012 年的 16 510 元增长至 2021 年的 35 128 元,累计增长 112.8%,年均增长 8.8%,扣除价格因素,累计实际增长 78.0%,年均实际增长 6.6%。人均可支配收入指居民所获得的现金和实物收入总额,减去税收后,可用于自由支配的收入,是衡量居民生活水平和购买力的重要指标,反映一个国家的发展水平。人均可支配收入翻番,是全面建成小康社会的核心体现,是国家经济实力大幅提升的重要结果,拥有更多的可支配收入,人民关于美好生活的需求和期待才能更好地被满足。

由于统计口径难一致,目前尚缺乏公认的人均居民可支配收入的全球排名,但不乏有一些具有启示性的数据。一项基于"欧盟收入和生活条件统计项目"(EU-SILC)数据的研究发现[①]:2021—2022 年,中国人均收入中位数明显高于土耳其、北马其顿、黑山、塞尔维亚等非欧盟国家,也高于欧盟国家中的罗马尼亚,和保加利亚相当,略低于匈牙利、波兰、克罗地亚。而城镇居民收入,基本达到了希腊的全国水平。

经济发展与成果分享的差距逐步缩小,经济发展的"甜头"被更多的人民群众共享。2013—2021 年,居民人均可支配收入年均实际增速快于人均 GDP 年均增速 0.5 个百分点。

居民收入增长与经济增长"齐头并进",是中国经济迈入高质量发展的一种标志。经济发展能切实增进人民福祉、促进社会建设,与之相应,人民生活水平和消费能力的提升,又进一步推动经济建设,这样的发展才是可持续的。为此,2020 年,党的十九届五中全会明确提出"居民收入增长与经济增长基本同步",作为"十四五"时期经济社会发展主要目标。

当前,中国进入全面建设社会主义现代化国家的新发展阶段,提高人民收入水平,不仅是改善民生、实现发展成果共享的最重要、直接的方式,也是实现"从站起来、富起来到强起来"新发展目标的前提,是贯彻五大新发展理念的内在要求,是构建强大国内市场、形成"国内国际双循环"新发展格局的现实需要。持续推动居民收入增长及经济高质量发展,将是中国政府未来很长一段时间的首要任务。

---

① 李晦阑,《中国与欧洲居民可支配收入比较(2021—2022)》(https://zhuanlan.zhihu.com/p/628955935)

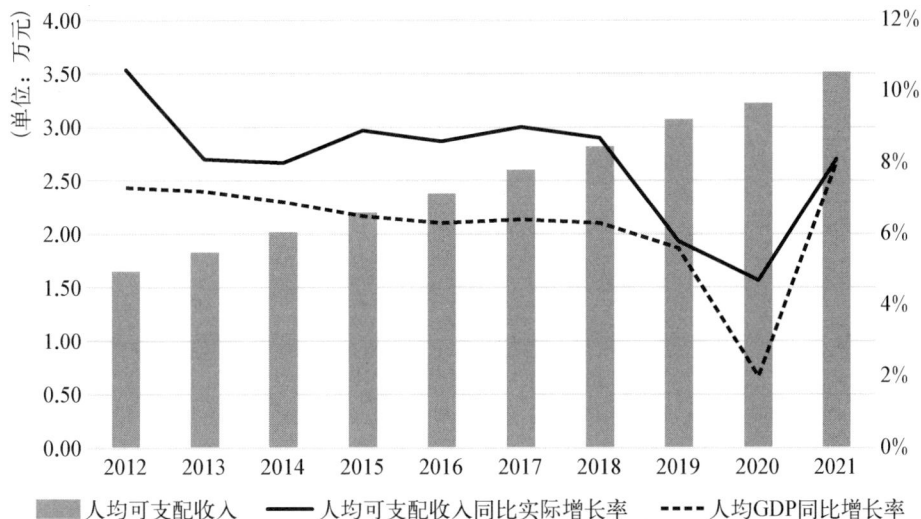

图 5‑1 2012—2021 年中国居民人均可支配收入及增长

资料来源：根据国家统计局相关数据绘制。

■ 居民收入增长渠道在拓宽

从收入结构来看，工资性收入、经营净收入、财产净收入和转移净收入，汇聚成居民的"财富之海"，居民收入来源呈现多元化趋势。

工资性收入水平在稳步提升。 2021 年，城镇非私营单位就业人员年平均工资首次突破 10 万元大关，比 2012 年提高了 128%，城镇私营单位就业人员年平均工资达到 62 884 元，比 2012 年增长了 119%。工资性收入占居民人均可支配收入的比例始终保持在 50% 以上。为提升劳动者薪酬水平，中国政府在"强企业、促就业、减税负"的基础上，不断深化企业工资分配制度改革，健全工资分配宏观调控体系，完善最低工资制度，坚持"做大蛋糕"与"分好蛋糕"并重。

财产净收入增幅最明显，居民拥有的资产和财产在增加或增值。 2012—2021 年，中国居民人均财产净收入增幅为 149.8%，占居民可支配收入的比重提升了 1.3 个百分点。财产净收入指居民将其所拥有的金融资产、住房等非金融资产和自然资源交由其他机构单位、个人支配而获得的回报并扣除相关的费用之后得到的净收入，是衡量居民实际财务状况和整体财富水平的重要指标。

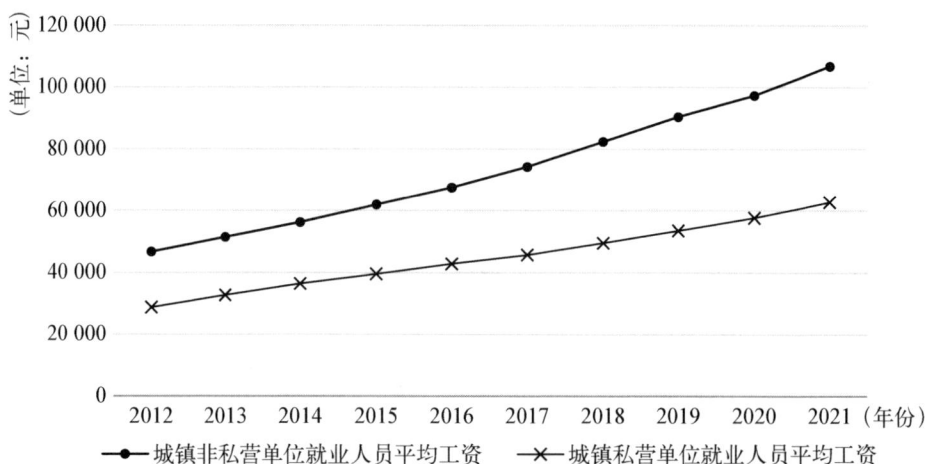

图 5-2　2012—2021 年中国不同群体年平均工资水平

资料来源：根据国家统计局相关数据绘制。

转移净收入占比上升最明显，社会保障等再分配成效初显。2012—2021
年，中国居民人均转移净收入增幅为 139.4％，占居民可支配收入的比重提升了
2.1 个百分点。转移净收入指政府以各种社会保障和福利政策向居民提供收入
补贴和转移支付，减去个人向政府缴纳的社会保障和福利缴费后得到的净收入，
是衡量一个国家社会公平程度和福利水平的重要指标。

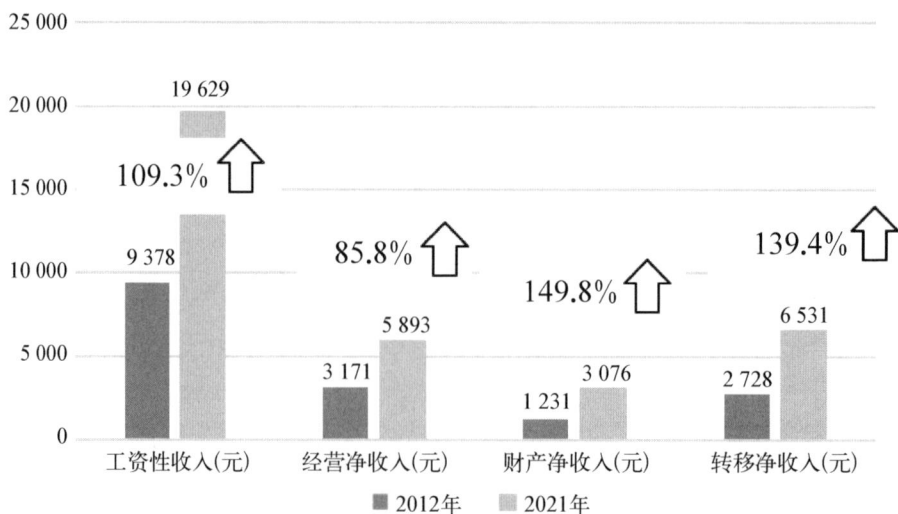

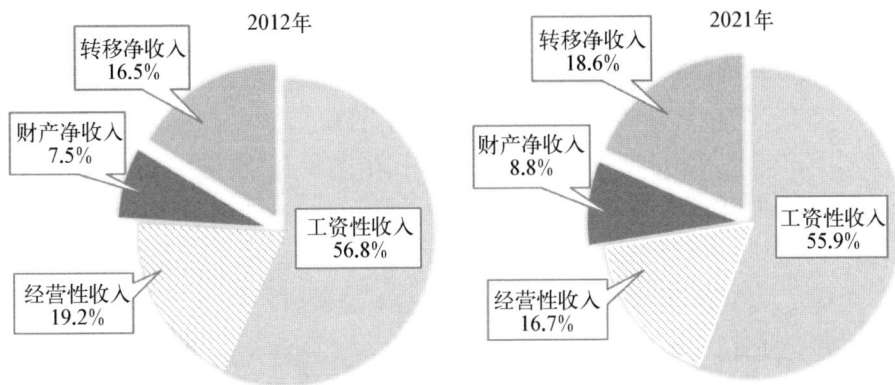

图 5-3 2012—2021 年中国居民人均可支配收入结构变化

资料来源：根据国家统计局相关数据绘制。

■ **居民收入差距总体上有所缩小**

从收入公平角度来看，中国居民的收入差距整体上有所缩小，2012—2021年，中国居民收入的基尼系数由 0.474 降至 0.466。得益于"精准扶贫"战略和乡村振兴战略的实施，中国城乡居民的平均收入比率从 2008 年的 3.4 倍降至 2019年的 2.6 倍。但也要注意，中国收入差距仍在高位徘徊，按照国际标准，中国居民收入的基尼系数始终高于 0.4 这一警戒线，在世界处于中等偏高水平，前几年出现的缩小也未构成一种稳定下降的趋势。这表明，共同富裕之路，道阻且长，应行而不辍，则未来可期，应从收入再分配制度着手，在兼顾经济发展效率的同

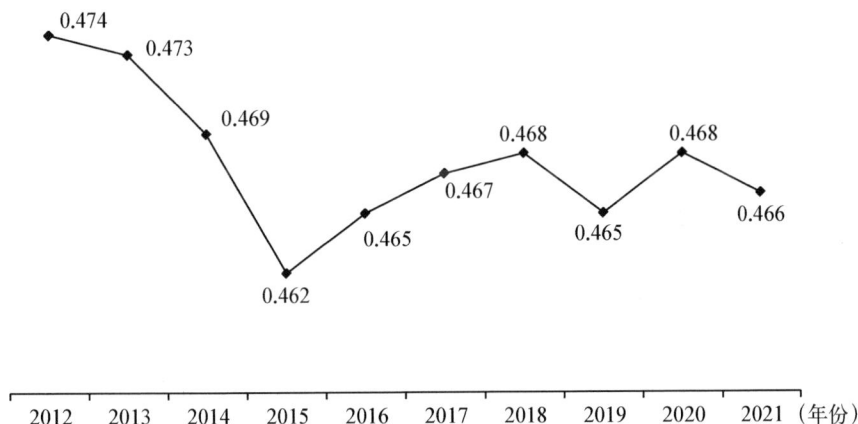

图 5-4 2012—2021 年中国居民收入基尼系数

资料来源：作者根据国家统计局相关数据绘制。

时,进一步完善税收制度和转移支付制度,提升收入分配公平。

得益于"精准扶贫"战略和乡村振兴战略的实施,中国城乡居民的平均收入比率从2008年的3.4倍降至2015年的2.7倍,再到2019年的2.6倍;但与此同时,城市内部和农村内部收入差距仍在扩大。中国收入分配课题组的调查数据(CHIP)显示,2019年,城市内部和农村内部收入差距的基尼系数均处于0.4左右,高于2008年的水平。这表明,共同富裕之路,道阻且长,应行而不辍,则未来可期。从收入再分配制度着手,在兼顾经济发展效率的同时,进一步完善税收制度和转移支付制度,提升收入分配公平程度。

知识链接

基 尼 系 数

基尼系数,是国际上通用的、用以衡量一个国家或地区居民收入差距的常用指标之一。最早由意大利统计与社会学家 Corrado Gini 在1912年提出。其具体含义是指,在全部居民收入中,用于进行不平均分配的那部分收入所占的比例。基尼系数最大为"1",最小等于"0"。前者表示居民之间的收入分配绝对不平均,即100%的收入被一个单位的人全部占有了,后者则表示居民之间的收入分配绝对平均,即人与人之间收入完全平等,没有任何差异。

联合国开发计划署等组织规定:基尼系数0.2以下视为收入高度平均,0.2—0.29视为收入比较平均,0.3—0.39视为收入相对合理,0.4—0.59视为收入差距较大,当基尼系数达到0.6以上时,表示收入悬殊。国际惯例通常把0.4作为收入分配差距的"警戒线",一般发达国家的基尼系数在0.24到0.36之间。世界银行数据显示,2019年美国的基尼系数是0.494,同期其他发达国家基尼系数基本在0.35左右,个别国家甚至在0.3以下。

基尼系数的影响因素包括经济发展水平、社会文化传统、政治经济制度等。其中,政策制定者的意图,即希望分配政策起到"激励增效"抑或"调节保障"作用,是一个重要因素。比如,日本政府强调薪酬的保障和调节功能,实行高额累进税制"劫富济贫",高收入群体所得税税率最高达75%,一般低收入群体只有15%,促使日本成为是全球基尼系数最低的国家之一。根据日本厚生劳动省的数据,日本基尼系数长期低于0.4;反观注重激励和效率的美国,全球不平等数据库(WID)最新数据显示,2019年其基尼系数高达0.48,是发达国家最高值。也有观点表示,与国土面积较小、人口较少的国家相比,幅员辽阔、人口众多和自然环境差异较大的国家的基尼系数更高；相对于工业化前期和经济起步阶段的国家，发达经济体特别是高福利国家的基尼系数更低。

（资料来源：笔者整理。）

■ 居民消费水平和消费结构明显改善

随着收入水平大幅提高，居民消费能力在增强。中国居民人均消费支出由2012 年的 12 054 元增长至 2021 年的 24 100 元，翻了一番，扣除价格因素，累计实际增长 67.4%，年均实际增长 5.9%。人均消费支出，指居民用于满足家庭日常生活消费的全部支出，包括购买实物支出和服务性消费支出，是社会消费需求的主体，是拉动经济增长的直接因素，是体现居民生活水平和质量的重要指标。除受疫情影响的 2020 年，其他年份居民人均消费支出的增速均超过 8%，皆超过同期 GDP 的增长速度，消费对于国民经济增长的拉动作用不断提高。

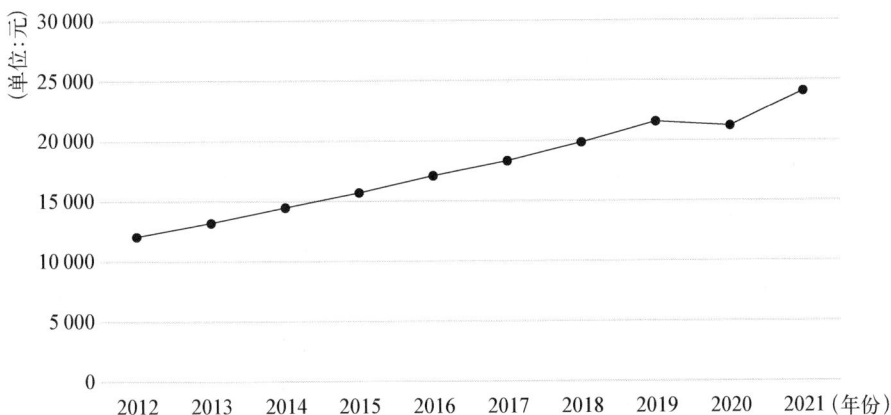

图 5-5　2012—2021 年中国居民人均消费支出

资料来源：作者根据国家统计局相关数据绘制。

此外，随着消费市场持续完善、消费环境不断优化、社会服务更加全面，**居民的消费结构趋于升级，从吃穿住用到医疗教育、文化娱乐，人民对于美好生活的需求进一步得到满足，发展型、服务型消费需求得到释放。**2013—2021 年，医疗保健、教育和文化娱乐服务支出分别增长 131.9% 和 85.9%，占人均消费支出比例分别提高 2 个百分点和 1 个百分点。2021 年，居民人均住房支出高达 5 641 元，仅次于食品和烟酒支出，交通和通信支出达到 3 156 元，这与房价及租金上涨，居住条件改善,手机普及以及私家车、摩托车的占有率上升有关。

耐用消费品提档换代"日常化"。 2012—2021 年,城乡居民平均每百户家用汽车拥有量提高 132.7% 和 358.3%,平均每百户空调拥有量提高 27.5% 和 250.8%,平均每百户移动电话拥有量提高 19.3% 和 34.8%,冰箱、洗衣机等基本生活家电在农村家庭中普及。2021 年,中国居民人均家电家具等生活用品支出额比 2013 年增长逾 7 成。

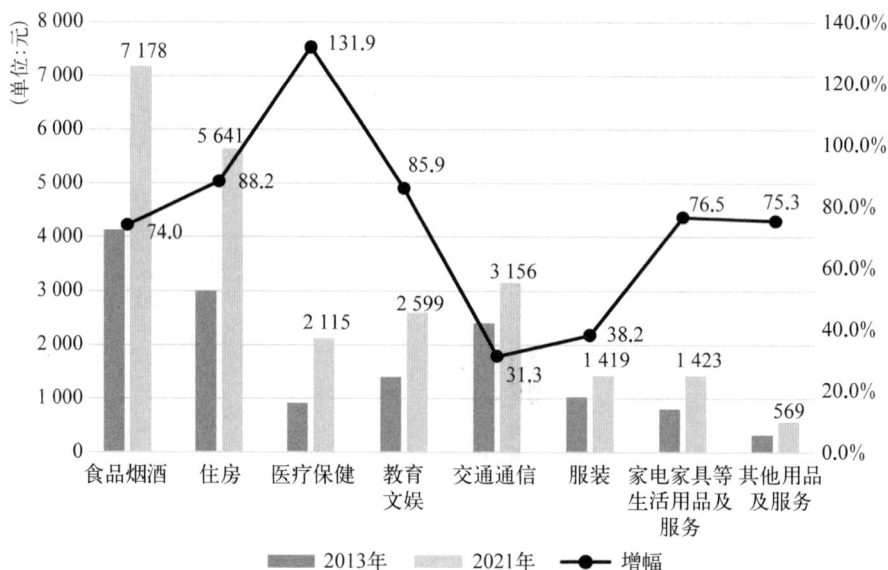

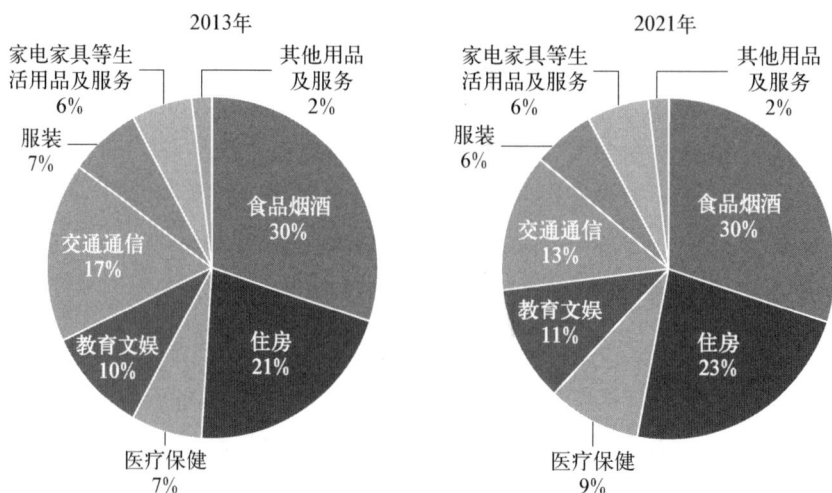

图 5-6　2012—2021 年中国居民消费结构变化

资料来源:根据国家统计局相关数据绘制。

　　可以说，中国居民的生活水平整体处于相对富裕的水平。 全国居民恩格尔系数从 2012 年的 33％降至 2023 年的 29.8％，十年间下降了 3.2 个百分点。恩格尔系数指食品支出总额占个人消费支出总额的比重，恩格尔系数越低，表明生活水平越高，是衡量一个家庭（国家）富裕程度的主要标准之一。根据联合国的标准：恩格尔系数大于 60％为贫穷，50％—60％为温饱，40％—50％为小康，30％—40％属于相对富裕，20％—30％为富足，20％以下为极其富裕。

第二节　社会事业蒸蒸日上，人民生活
水平不断提高　　78.2 岁

关键数据：

- 十年间，全国教育投入年均增长逾 3 000 亿元，建成世界上规模最大的基础教育体系，在校生达到 2.93 亿人，教职工达到 1 800.36 万人。九年义务教育巩固率达到 95.5％，高中阶段毛入学率达到 91.6％，均超过中高收入国家平均水平。

- 人均预期寿命升至 78.2 岁，提高了 3.4 岁，超过美国 2.1 岁，高出全球平均水平 5 岁多。被世卫组织列为"全球妇幼健康十大高绩效国家"之一。

- 建成世界上规模最大的医疗卫生服务体系，每千人拥有医师数达到 3.04 人，接近发达国家水平，每千人拥有床位数达到 6.7 张，达到中高收入国家水平。全国一年总诊疗量达 84.7 亿人次，居世界第一。

- 实现 90％的家庭 15 分钟内可到达最近的医疗点。居民个人卫生支出占比降至 27.7％，下降了 6.64 个百分点。

- 2018 年以来，国家组织集采药品平均降价超 50％，集采心脏支架、人工关节平均降价超过 80％，累计节约费用逾 3 000 亿元。

- 互联网普及率提升了 30.9 个百分点，达到 73％。网民规模达到 10.67 亿，占全球网民总量的 20％，居全球第一。网民每周平均上网时长达 28.5 小时，形成全球最庞大的数字社会。

　　"十三五"规划将"人民生活水平和质量普遍提高"作为社会建设目标，标志着中国民生建设从侧重提高"生活水平"转向"生活水平和质量"双提高，前者重

在对民生福祉"量"的追求,后者讲求对民生福祉"质"的衡量,前者决定人民的生活物质条件,后者则关乎"人"的全面发展。二十大报告作出"让人民在高质量发展中共享高品质生活"新部署,进一步指明了方向。**社会事业对于提高人民生活质量至关重要。**其中,教育"启智强心",医疗"强身健体",两者共筑人民身心发展基石,是高质量生活的根本;在移动互联网浪潮席卷下,数字化建设和网信事业发展成为与人民高质量生活密切相关的新时代命题。

■ 教育现代化发展水平跨入世界中上国家行列

教育是国之大计、党之大计。**一直以来,中国在普及基础教育上的成就举世瞩目,义务教育普及水平达到高收入国家平均水平,稳居世界前列。**2011—2021年,全国小学学龄儿童净入学率从99.79%提升至99.9%以上,初中阶段毛入学率一直保持在100%以上。

知识链接

净入学率、毛入学率

净入学率,指现行学制和规定入学年龄的适龄人口在校学生总数与适龄人口总数之比,反映某种程度的教育在适龄人口中的普及程度。

毛入学率,指某学年度某级教育在校生数占相应学龄人口总数比例,标志教育相对规模和教育机会,是衡量教育发展水平的重要指标。

高中毛入学率,是衡量国家教育普及水平重要指标,指高中在校生数和相应年龄段(一般指15—18岁之间)总人口数的比率。

（资料来源：笔者整理。）

在义务教育全面普及的基础上,这十年,中国快马加鞭,落实教育优先发展战略,连续十年保证"国家财政性教育经费支出占**GDP**比例不低于**4%**",基础教育的普及水平实现整体跃升。2022年,高中阶段教育毛入学率为91.6%,比2012年提高了6.8个百分比;学前三年毛入园率达到89.7%,比2012年提高了25.2个百分比;义务教育巩固率达到95.5%,比2012年提高了3.7个百分比。高中教育普及程度实现历史性跨越,学前教育的"短板"被补齐,实现基本普及,至此,中国各级基础教育普及程度均达到中高收入国家的平均水平,形成世界最大规模的基础教育体系。

学前教育　　　　01

幼儿园28.92万所，普惠性幼儿园24.57万所，占比84.96%

在园幼儿4627.55万人，普惠性幼儿园在园幼儿4144.05万人，占比89.55%

学前教育专任教师324.42万人，生师比14.26:1

小学教育　　　　03

全国共有普通小学14.91万所，在校生1.07亿人

小学阶段教育专任教师662.94万人，生师比16.19:1

初中教育　　　　02

初中5.25万所（含职业初中8所），在校生5120.60万人

初中阶段教育专任教师402.52万人，生师比12.72:1

高中教育　　　　04

普通高中1.50万所，在校生2713.87万人

普通高中教育专任教师213.32万人，生师比12.72:1

中等职业学校7201所，在校生1339.29万人

中等职业教育专任教师71.83万人，生师比18.65:1

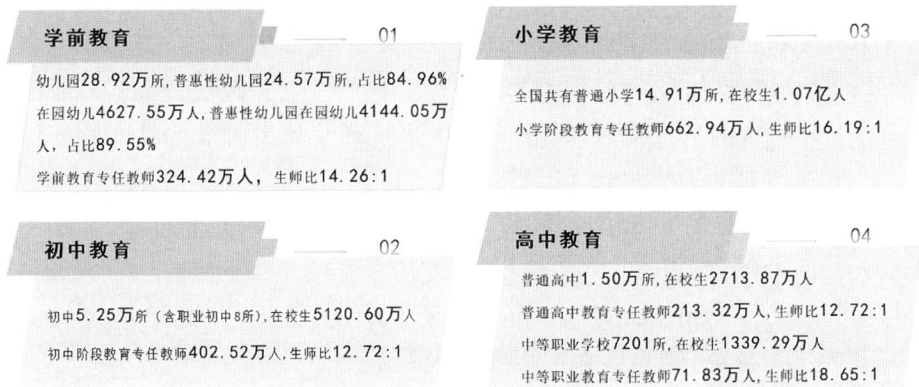

图 5-7　2022 年中国基础教育规模

资料来源：根据国家统计局相关数据绘制。

　　难能可贵的是，中国是在财政收入占 GDP 比例低于世界平均水平的情况下，达到了世界平均的财政性教育投入水平。根据国际经验数据，国家财政性教育经费支出占 GDP 比例，与财政收入占 GDP 比例直接相关，一般而言，前者在 30%—40% 时，后者才可能达到 4% 以上，而中国于 2012 年首次实现 4% 的目标时，财政收入占 GDP 比重还不到 30%。特别是"十三五"时期，经济下行压力逐年加大，加上新冠肺炎疫情影响，中国财政收入占 GDP 比重不升反降。在这种背景下，国家财政性教育投入保持只增不减，连续十年巩固 4% 这一底线，是十分不易的。**这彰显了中国政府坚持优先发展教育事业的坚定决心，也得益于中国特色社会主义教育制度优势。4% 成果的持续巩固，带动教育投入基数持续加大，推动教育经费实现"四个翻番"。**以政府投入为主、多渠道筹集的教育经费体制得以稳固完善，为教育现代化总体发展水平跨入世界中上国家行列奠定了坚实基础。

知识链接

教育经费投入"四个翻番"[①]

　　第一个翻番是"总投入"。2021 年，全国教育经费总投入 5.8 万亿元，是 2011 年的 2.42 倍，年均增长 9.3%，年均增加逾 3 000 亿元。

　　第二个翻番是"财政性经费"。政府投入始终是教育经费的第一大来源。

[①] 教育部财务司：《十年来党和国家优先保障教育投入的有关情况》，中华人民共和国教育部政府门户网站，2022 年 9 月 27 日。

全国教育经费中,80%来自国家财政性教育经费,由2011年的2万亿元增至2021年的4.6万亿元,年均增长9.4%,快于GDP年均名义增幅(8.9%)和一般公共预算收入年均增幅(6.9%),占国内生产总值比例十年间平均达到4.13%,接近世界平均水平(4.3%)。

第三个翻番是"一般公共预算"。国家财政性教育经费中,80%来自一般公共预算教育经费,由2011年的1.6万亿元增至2021年的3.7万亿元,年均增长8.8%。教育成为财政一般公共预算第一大支出,占比由3.8%增至15.5%,直接推动一批重大教育工程顺利实施。

第四个翻番是"非财政性经费"。2011年不足6 000亿元,2021年达到1.2万亿元,是2011年的2.3倍,年均增长8.6%。

总量实现翻番的同时,生均教育经费水平也实现历史性跨越。2022年,幼儿园14 918元,普通小学15 240元,普通初中21 469元,普通高中24 854元,中等职业学校39 220元。其中,生均公共财政预算教育经费支出,幼儿园9 506元、普通小学12 381元、普通初中17 772元、普通高中18 809元、中职学校17 095元,较2011年,增幅分别达到230%、120%、140%、150%、110%。生均公共财政预算教育经费支出,指全国按在校学生人数平均下来的列支公共财政预算教育经费的支出,反映了国家财政对于教育的投入。

值得注意的是,在各级基础教育中,幼儿园生均公共财政预算教育经费支出增幅最快,年均增长12.6%,其次是普通高中,年均增长9.8%,且支出水平最高。这为中国实现学前教育基本普及、高中教育普及程度历史性跨越奠定了坚实的物质基础。

(资料来源:笔者整理。)

在推进教育普及的同时,中国还着力解决教育发展不平衡、不充分问题,通过优化财政投入"三个一半以上",落实教育发展"五个优先",教育均衡迈上新台阶,质量提升取得新进展。

其一,在义务教育全面普及基础上,全国2 895个县,全部实现县域义务教育基本均衡,成为又一个新的里程碑。全国县域内义务教育学校基本办学条件的校际、城乡差距均大幅缩小。2013—2020年,小学校际综合差异系数从0.724降至0.435,降幅近40%;初中校际综合差异系数从0.547降至0.319,降幅近42%。校际综合差异系数,由生均教学及辅助用房面积、生均体育运动场馆面积、生均教学仪器设备值、每百名学生拥有计算机台数、生均师生比等八项指标综合计算得出。

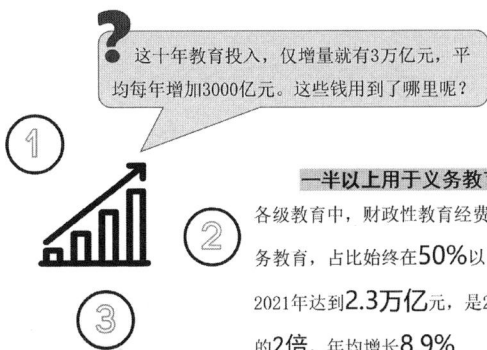

一半以上用于中西部地区

各地区教育中，财政性教育经费用于中西部地区，达到**50%**以上

中央对地方教育转移支付资金用于中西部地区的经费，达到**80%**以上

这十年教育投入，仅增量就有3万亿元，平均每年增加3000亿元。这些钱用到了哪里呢？

一半以上用于义务教育

各级教育中，财政性教育经费用于义务教育，占比始终在**50%**以上

2021年达到**2.3万亿元**，是2012年的**2倍**，年均增长**8.9%**

一半以上用于教师工资待遇

法定要求义务教育教师平均工资收入水平**"不低于公务员"**

2021年，各项支出中，财政性教育经费用于教职工人员支出的占比，达到**61.6%**，比2011年提高**12.9个百分点**，年均增长**12.1%**，增长幅度最大，显著**高于**财政性教育经费支出的平均增速。

图 5-8 中国财政性教育经费投入"三个一半以上"

资料来源：根据教育部相关数据绘制。

知识链接

教育发展"五个优先"[①]

一是把义务教育作为"重中之重"优先保障。义务教育阶段"两免一补"（免学杂费、教材费，为家庭经济困难学生发放生活补助）实现城乡全覆盖（含民办学校学生）。生均公用经费（公用经费指学校维持正常运转所需开支的业务费、公务费、设备费等公用性质的费用）拨款标准经过多次提标，达到东中西部统一的小学 650 元、初中 850 元，推动城乡义务教育由基本均衡向优质均衡发展阶段迈进。

二是把学前教育作为"短中之短"优先补齐，学前教育从普及发展迈向普惠发展。国家财政性教育经费用于学前教育，2021 年达到 2 700 亿元，年均增长 20.6%，在各级教育中增长最快。2021 年，全国有普惠性幼儿园 24.5 万所，占幼儿园总量 83%，普惠园中一半是公办园，有 12.8 万所，比 2012 年增加了 7.2 万所，普惠性幼儿园在园幼儿比例达到 87.8%，比 2016 年提高了

---

① 教育部财务司：《十年来党和国家优先保障教育投入的有关情况》，中华人民共和国教育部政府门户网站，2022 年 9 月 27 日。

20.5 个百分点。

　　三是把"三区三州"等原深度贫困地区的教育脱贫作为"坚中之坚"优先支持。"三区"指西藏、新疆南疆四地州和四省藏区,"三州"指四川凉山州、云南怒江州、甘肃临夏州。作为"教育脱贫一批"的重点攻坚项目,这些地区的财政性教育经费年均增速达到 12.2%,超过全国平均水平 2.8 个百分点,并以"控辍保学"为主攻点,如在四川凉山州劝返复学 6 万余名辍学学生,对推动民族教育事业发展发挥了极为重要的作用。

　　四是把"建档立卡"等深度贫困学生作为"困中之困"优先资助。中国建成并完善国家学生资助政策体系,覆盖学前教育至研究生教育,十年间累计资助金额超过 2 万亿元,累计资助学生近 13 亿人次,2012—2021 年,年资助人次从近 1.2 亿人次增至 1.5 亿人次,年资助金额从 1 322 亿元增至 2 668 亿元,实现"所有学段、所有学校、所有家庭经济困难学生"三个全覆盖,确保不让一个学生因家庭经济困难而失学、辍学。

　　五是将教师待遇作为"本中之本"优先落实,教育投资重点从"物"转向"人"。中小学教师国培计划投入超过 200 亿元,培训教师校长超过 1 800 万人次。在部属师范大学示范下,28 个省份实行地方院校师范生公费教育,年均有 5 万名高校毕业生到乡村任教。乡村教师支持计划累计投入超 133 亿元,惠及 31 个省市 900 多万人,农村义务教育阶段特岗计划累计招聘 103 万名教师,覆盖中西部 22 个省份、1 000 多个县、3 万多所乡村学校。

(资料来源:笔者整理。)

　　其二,教育成果惠及更多群体,呈现"三个更多、一个更强"[1]——贫困家庭的孩子上学的机会更多了。20 万义务教育阶段建档立卡辍学学生实现动态清零,长期存在的辍学问题得到了历史性解决,2021 年,贫困家庭学生高中入学率较 2012 年增长了 10.7 个百分点,为全面建成小康社会做出重要贡献。——进城务工人员子女在流入地上学的机会更多了。"两为主、两纳入、以居住证为主要依据"随迁子女入学政策持续发力,2021 年,义务教育阶段进城务工人员随迁子女达 1 372.4 万人,其中,90.9% 在公办学校就读和享受政府购买民办学校学位服务;较 2013 年,全国随迁子女小学、初中、高中入学率分别提高了 1.3%、7%、15.2%。——适龄残疾儿童受教育机会更多了。十年间,中国实施了两期

---

[1] 教育部发展规划司:《数说"教育这十年"》,中华人民共和国教育部政府门户网站,2022 年 9 月 27 日。

特殊教育提升计划,特殊教育的普及水平、保障条件得到显著提升。2021 年,特殊教育在校学生数91.98 万人,特殊教育学校数2 288 所,特殊教育专任教师6.90 万人,分别是 2013 年的 2.57 倍、2.43 倍、1.18 倍、1.57 倍,30 万以上人口县均设有特殊教育学校。自 2016 年秋季起,实现家庭经济困难残疾学生从小学到高中阶段的 12 年免费教育,2021 年,中国适龄残疾儿童义务教育入学率达到了 95％以上。——用**"一餐一饭"垒起教育公平之基,农村学生体质更强了。**2011 年,中国启动实施"农村义务教育学生营养改善计划",为贫困地区、困难学生提供营养膳食补助,将学生食堂建设作为农村中小学校舍改造重点。截至 2021 年底,已覆盖农村义务教育学校 12.38 万所,惠及学生 3.5 亿人次,受益学生的体质健康合格率从 2012 年的 70.3％提高至 2021 年的 86.7％,实施地区男、女生平均身高增长了 4.2 厘米和 4.1 厘米,平均体重增长了 3.5 千克和 3.3 千克,均高于全国农村学生平均增长速度。**世界粮食计划署等国际组织给予高度评价:"在世界范围内,中国农村学生营养改善计划是一项了不起的计划。"**不仅助力学生健康成长,也为越来越多的困难家庭缓解了培养孩子的经济负担,营养改善计划提升学校食堂建设要求,利于学校教育环境的改善,为探索农村教育高质量发展提供持续的基础性支撑。

其三,教育设施条件明显改善,教师队伍量质"双提升"。校舍面积增加近八成,普通中小学五项设施设备配备[中小学五项设施设备,指体育运动场(馆)面积、体育器械、音乐器材、美术器材、数学自然(小学)/理科实验(中学)仪器]达标率超过 90％,全国义务教育学校互联网接入率近 100％,多媒体教室比例提高了 30 多个百分点。长期以来教师数量不足的问题得到有效缓解,普通高中专任教师研究生学历占比提高了 7.4 个百分点。基础设施和师资资源的扩充持续化解基础教育"大班额"问题,小学、初中、普通高中的大班额比例,分别从 14.0％、28.3％、47.8％大幅降至 0.7％、0.7％、4.8％。

教育质量实现"新"提升,教育生态逐渐"返璞归真"。近几年,中国不断深化教育教学改革,"五育"并举提高立德树人质量,促进学生全面发展。音体美劳等课程建设明显加强,2021 年义务教育阶段体育、艺术和劳动技术课程教师分别达到 67.4 万人、83.0 万人和 10.9 万人,较 2012 年增长了 55.4％、52.3％和 18.3％。"双减"落地生根,学科类校外培训线上、线下机构压减达到 95.6％、87.1％,学校课后服务基本实现"5+2"全覆盖,九成学生自愿参加。这是一次国家主导的深刻教育变革,积极推动着全社会科学教育理念的革新。

可以说,中国已然从过去"穷国办大教育"迈入"大国办强教育"的历史阶段,教育服务经济高质量发展的能力显著增强。2022 年,中国新增劳动力平均受教

学校校舍条件明显改善

幼儿园生均校舍面积10.2㎡,是2012年的1.8倍
幼儿园生均活动室面积4.0㎡,是2012年的1.7倍
义务教育学校生均教学及辅助用房面积5.1㎡,
是2012年的1.4倍
义务教育生均室内体育用房及运动场面积8.2㎡,
是2012年的1.2倍

教师规模不断扩大

全国各级各类学校专任教师1 880.4万人,
比十年前增长28.7%
小学教育生师比由17.36:1降至16.19:1
初中教育生师比由13.59:1降至12.72:1
普通高中生师比由15.47:1降至12.72:1

教学设施配备达标快速提升

中小学五项设施设备配备达标均超过90%
生均仪器设备值:义务教育学校2 285元,是
2012年的3.1倍;
普通高中4 968元,是2012年的2.3倍
中等职业学校8 082元,是2012年的2.6倍

教师素质不断提升

学前教育、特殊教育专任教师中受过专业教育比例均
超过85%,比2012年提高24.2和39.1个百分点
小学、初中专任教师本科以上学历占比70.3%、90.1%,
比2012年分别提高37.7和18.4个百分点
普通高中专任教师研究生学历占比从2012年的5.0%提
高至2021年的12.4%
职业教育专业课教师中"双师型"教师占比超过50%

学校信息化配置水平显著提高

义务教育学校互联网接入率接近100%
义务教育学校多媒体教室比例超70%,较2012年提高
30个百分点以上
小学、初中每百名学生拥有数字终端14.9台、21.0台,
较2012年增加8.4台和10.6台

图 5‑9　2022 年中国基础教育设施和教师队伍建设

资料来源:根据教育部相关数据绘制。

育年限达到 13.8 年,已进入高等教育阶段,主要劳动年龄人口平均受教育年限达到 10.9 年,比 2012 年增加 1 年,远超发展中国家平均水平,处于世界中位水平。中高职学校(不含技工学校)十年累计培养毕业生 7 900 余万人,为现代制造业、战略性新兴产业和现代服务业输送了 70% 以上的新增从业人员。**教育推动语言文字事业取得跨越式发展。**全国普通话普及率从 70% 提高至 80.7%,识字人口使用规范汉字比例超过 95%,文盲率下降至 2.7%,对构筑中华民族共有精神家园、铸牢中华民族共同体意识贡献重大。

■ 全面健康托起全面小康

人民健康是人民幸福生活的基础,是社会文明进步的基础,也是民族昌盛和国家富强的重要标志。党的十八大以来,中国坚持"人民至上、生命至上"的执政理念,把人民生命安全和身体健康放在第一位,把建设"健康中国"上升为国家战略,不断深化医药卫生体制改革,走出了一条中国特色卫生健康事业改革发展之路,人民健康水平实现跨越式发展。

第一,主要健康指标居于中高收入国家前列。

人均预期寿命是衡量一个国家经济社会发展和医疗卫生水平最重要的综合指标之一,是联合国人类发展指数的三大合成指标之首。**2012—2021 年,**中国

人均预期寿命实现历史性跃升，从 74.8 岁增长至 78.2 岁。世界卫生组织数据显示，全球 200 多个国家中，我国人均预期寿命排名由第 83 位攀至第 47 位，超过美国 2.1 岁，高出世界平均水平 5 岁多，在发展中国家中位居前列，远高于同为"金砖国家"的巴西、俄罗斯、印度、南非的水平。尽管在绝对值上离发达国家人均预期寿命有一些差距（如欧盟 80.4 岁、日本 83.7 岁、韩国 83.5 岁），**但中国用十年时间将人均预期寿命提升了 4.7 岁**，提升速度世界瞩目，**有望在 2035 年达到 80 岁以上**，尤其在新冠肺炎疫情的冲击下，中国能保持人均预期寿命连续增长，这是十分不易的。反观全球，近年来，不少国家人均预期寿命在下降，其中不乏一些发达国家，如美国、新加坡、德国。

劳动力过早死亡，关乎社会生产力根基和国家可持续发展前景。2021 年，中国重大慢性疾病过早死亡率为 15.3%，低于全球平均水平，比 2015 年下降 3.2 个百分点，降幅达到 12.1%，年均降幅接近全球平均降幅的 3 倍。重大慢性疾病过早死亡率的快速下降，体现出中国政府在疾病综合防治上交出优秀答卷，预示着中国高质量发展背后的健康人力资本积累日趋厚实坚固。

知识链接

重大慢性疾病过早死亡率

降低重大慢性病过早死亡率是一个国家重要发展指标。世卫组织将发生在 30—70 岁的死亡定义为"过早死亡"，30—70 岁人群是社会主要劳动力人群，劳动力人口过早死亡，会极大动摇社会生产力的根基，严重影响国家可持续发展。心脑血管疾病、癌症、慢性呼吸系统疾病和糖尿病这四大类慢性病是导致人群过早死亡的重要原因。**过去十年，中国慢性病防控工作从"点面突破"发展到"系统提升"，发起"四大慢性病防治行动"，探索出一条中国特色的慢性病防控模式**。

一是建成 488 个国家级慢性病综合防控示范区和千余个省级示范区，开展环境整治、烟草控制、身体活动促进、医疗保障救助等多部门联合行动，将慢病防控工作和当地社会文化建设相结合，构建全方位的支持性环境。

二是提倡健康生活方式。全国 97% 的县区深入推进全民健康生活方式行动，控制患病危险因素，累计建设健康社区、健康步道、健康公园等 8.7 万个，"日行万步，吃动平衡""管住嘴、迈开腿"等健康口号深入人心，全国居民健康素养水平从 2012 年 8.8% 提升至 2021 年的 25.4%，即 100 个人里有 25

人掌握了基本健康知识和技能。

三是早发现、早干预。依国家重大公共卫生项目,每年向 400 多万慢性病高发地区居民提供癌症、心脑血管疾病等早期筛查干预惠民服务。

四是规范健康管理行动。重点人群家庭医生签约覆盖率超过 70%,搭建医患健康管理系统,提升基层慢性病筛查能力和常见慢病管理服务。

(资料来源:笔者整理。)

世卫组织将婴儿和孕产妇死亡率,与人均预期寿命一起,共同作为衡量一个国家人民健康水平的主要指标。在中国,妇女和儿童占总人口的 2/3,可以说,妇幼健康关系国家未来。**十年间,中国妇幼健康水平持续提升,无论是妇幼健康三大核心指标,还是出生缺陷发生率指标,均步入高收入国家前列,中国被世卫组织列为全球妇幼健康高绩效的十个国家之一,被誉为"发展中国家的典范"。**2021 年,妇幼健康三大核心指标,孕产妇死亡率、婴儿死亡率和 5 岁以下儿童死亡率分别为 16.1/10 万,5.0‰,7.1‰,较 2012 年分别下降了 34.3%、51.5% 和 46.2%,远低于中高收入国家 43/10 万的中位数水平、9‰ 和 11‰ 的平均水平。北京妇产医院在全国开展的 50 万人的出生人口队列研究显示,2022 年中国出生缺陷发生率为 2.5%—3.0%,十年间降幅达 50% 以上。[①] 据世卫组织估计,全球低收入国家的出生缺陷发生率为 6.42%,中等收入国家为 5.57%,高收入国家为 4.72%。

知识链接

中国妇幼保健事业发展迈向"跃升期"

妇女儿童健康是全民健康的基石,是一个社会文明程度的象征,是人类可持续发展的前提,已成为国际共识。妇女和儿童健康水平反映出一个国家为人民提供全周期、全方位健康服务的能力,过去十年,中国妇幼保健事业历经从成熟期向跃升期发展,目标由"保生存"向"促发展"转变。

解决妇幼卫生的重大专项问题。建立多元立体的宫颈癌、乳腺癌防治体系,完善"出生缺陷"三级防治体系,稳步推进孕前优生健康检查、婚前医学检查、免费"两癌"检查、免费生殖健康检查等民生工程项目。2021 年全国婚检率、产前筛查率达到 70.9%、85.7%,比 2011 年提高了 29 个百分点、63 个

---

① 《我国出生缺陷发生率较十年前明显下降 先心病最为常见》,《新京报》,2022 年 9 月 14 日。

百分点,新生儿遗传代谢病筛查和新生儿听力障碍筛查覆盖率均达到90%以上。自2009年启动妇女"两癌"免费筛查以来,截至2020年,宫颈癌免费筛查惠及1.3亿人次,乳腺癌免费筛查惠及6 400万人次,已覆盖全国近2 600个县(市、区),贫困地区所有县全覆盖。

开展妇儿全生命周期健康服务。启动母婴安全行动计划、健康儿童行动计划,建立起连续、综合、规范的全流程生育医疗保健服务。2022年全国有妇幼保健机构3 032家、机构专业人员54.2万人;妇产医院793家,儿童医院151家,妇产科医师37.3万人。

(资料来源:笔者整理。)

传染病发病率直接关系社会安全和人民健康生活。 十年间,中国消除了疟疾,2021年被世卫组织认定为无疟疾国家;消除了新生儿破伤风;成功控制了乙肝、艾滋病、结核病传播,大大降低其发病率和死亡率;尘肺病等重点职业病高发势头得到遏制;血吸虫病疫情降至历史最低水平。面对新冠肺炎疫情,中国最大程度保护了人民群众生命安全和身体健康,成为世界上新冠肺炎患者人数最少、死亡率最低的国家,患病率是美国的1/1 678,死亡率是美国的1/606。

知识链接

中国公共卫生体系建设情况

2021年专业公共卫生服务机构数1.3万个,比2012年增加1 000家,公共卫生服务人员数95.8万,是2012年的3.3倍,每万人口专业公共卫生服务人员数6.79人,较2012年的4.91人,增长了38%。

基本公共卫生服务经费人均财政补助标准从2012年的25元提高到2022年的84元,免费向全体城乡居民提供的国家基本公共卫生服务项目由10类扩展为12类,开展地方病防治、职业病防治、妇幼卫生、医养结合等专项服务达19项,每年为高血压、糖尿病、肺结核等重点疾病患者和0—6岁儿童、孕产妇、65岁及以上老年人等重点人群提供健康管理服务10多亿人次,自2017年推行家庭医生签约服务以来,重点人群家庭医生签约覆盖率已超过70%。这些项目的实施有效提升了我国城乡居民健康水平和人口健康均衡发展。

与此同时,中国建成了全球最大的传染病疫情和突发公共卫生事件网络直报系统,突发公共卫生事件信息平均报告时间缩短到4小时以内,已经具备在 72 小时内检测 300 多种病原体的能力;建立了突发公共卫生事件风险评估制度,建成了 4 大类 59 支国家卫生应急队伍,卫生应急核心能力达到国际先进水平。

(资料来源:笔者整理。)

第二,建成世界上规模最大医疗服务体系。

2022 年,全国医疗卫生机构 103.3 万个,比 2012 年增长了 8.7%。2021 年末,全国共有医院 36 570 个,基层医疗卫生机构 97.7 万个,占全国医疗卫生机构数的 95% 以上,其中,乡镇卫生院 3.5 万个,社区卫生服务中心(站)3.6 万个,村卫生室 59.9 万个,**建成覆盖城乡的医疗卫生服务网络。**

床位数、卫生技术人员数增幅达 70%。2022 年,全国医疗卫生机构床位975 万张,卫生技术人员 1 155 万人,其中,执业(助理)医师 440 万人,注册护士520 万人。较 2012 年,床位数增长了 70.3%,卫生技术人员数增长了 72.9%,执业(助理)医师数增长了 68.2%,注册护士增长了 108.2%。

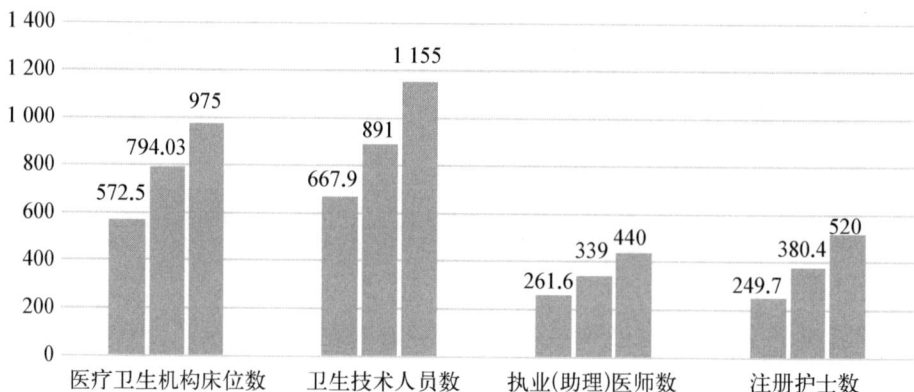

图 5 - 10　2012 年、2017 年、2022 年三年卫生资源情况(单位:万张、万人)

资料来源:根据国家统计局数据绘制。

每千人拥有床位数达到中高收入国家的平均水平。从 2012 年的 4.3 张增至 2022 年的 6.7 张,增幅达 56%。事实上,早在 2017 年时,中国每千人床位数量即超过希腊、澳大利亚、荷兰、芬兰、意大利、冰岛、以色列、爱尔兰、西班牙、土耳其等西方国家。

每千人拥有医师数接近发达国家配置水平。从 2012 年的 1.58 人增至 2022年的 3.04 人,增幅达 92%,超越美国,接近发达国家水平。

每千人拥有注册护士数实现翻倍增长，医护比例倒置得到根本扭转。每千人拥有注册护士数从 2012 年的 1.85 人增至 2022 年的 3.7 人，基本达到 2018 年全球平均水平（3.69 人/千人），与发达国家相比，尚有一定上升空间（欧盟制定的基本标准为 8 人以上，美国和日本分别为 9.8 人和 11.49 人）。全国医护比从 2012 年的 1∶0.95 增长至 2022 年的 1∶1.18，具有大专以上学历的护士占比由 56％提高到 2022 年的近 80％。

知识链接

中国积极应对护理队伍短缺问题

护理队伍短缺，一直是世界范围的卫生难题，在中国，这一问题更加严峻。世界上大多数国家的护士占总人口的比重约为 5‰，而中国只有 1‰左右。党的十八大以来，中国政府推动实施了两轮《全国护理事业发展规划》，开展护士培养培训行动，推动护理服务改革发展。在先天不足的情况下，十年间，每年约有 30 万新护士入职，总量以平均 8％的增幅逐年增加，最终实现翻一番，扭转医护比例倒置，这是十分不容易的。

在"十四五"时期，全面推进健康中国建设强调为人民提供全方位、全周期服务，对护理服务"全面全程、优质高效"提出更高要求。一方面，老年护理专业护士和医疗护理员队伍的建设仍将是一个重点。中国有约 2.54 亿老年人，对养老护理员的需求多达 600 多万，但目前仅有 50 多万名从事养老护理的服务人员。另一方面，也要求各地结合实际，重点对儿科护理、重症监护、传染病护理、康复护理、急诊急救等紧缺护理专业护士开展岗位培训，提升护理专科技术水平。

（资料来源：笔者整理。）

卫生总费用基本达标，投入产出的宏观绩效高于西方国家。2021 年，全国卫生总费用初步推算为 75 593.6 亿元，是 2012 年的 2.21 倍，人均卫生总费用 5 348.1 元，是 2012 年的 2.50 倍。卫生总费用占 GDP 比例从 2012 年的 5.36％提升至 2021 年的 6.50％。世卫组织数据显示，2019 年我国卫生总费用占 GDP 比重降序排位第 86 位，人均卫生总费用排位第 72 位，中国卫生投入整体上还处于中等偏下水平，然而，如前述，中国仍实现了人口预期寿命的跨越式提升，为落实联合国妇幼健康相关可持续发展目标作出了积极贡献。**可以说，中国用世界 10％的卫生投入解决了世界近 20％人口的基本健康需要。**

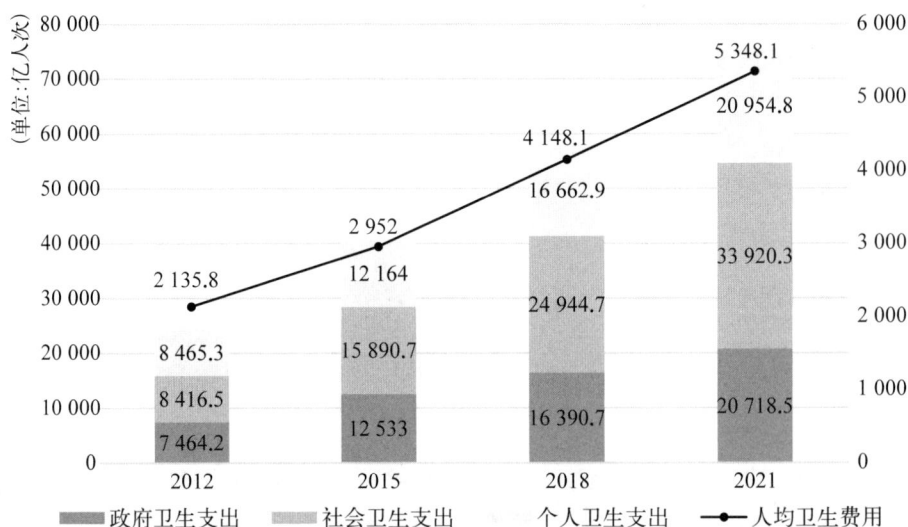

图 5‑11　2012—2021 年中国卫生费用支出情况（单位：亿元）

资料来源：根据国家统计局数据绘制。

医疗服务总量稳居世界第一。2021 年,全国总诊疗量达 84.7 亿人次,比 2012 年增加了 15.82 亿人次,出院人数 2.4 亿人。2012—2021 年,年人均诊疗次数由 5.1 次增长至 6 次,住院率由 13.2% 增长至 17.5%。全球范围来看,年人均诊疗次数和住院率指标逐步达到或接近发达国家平均水平。

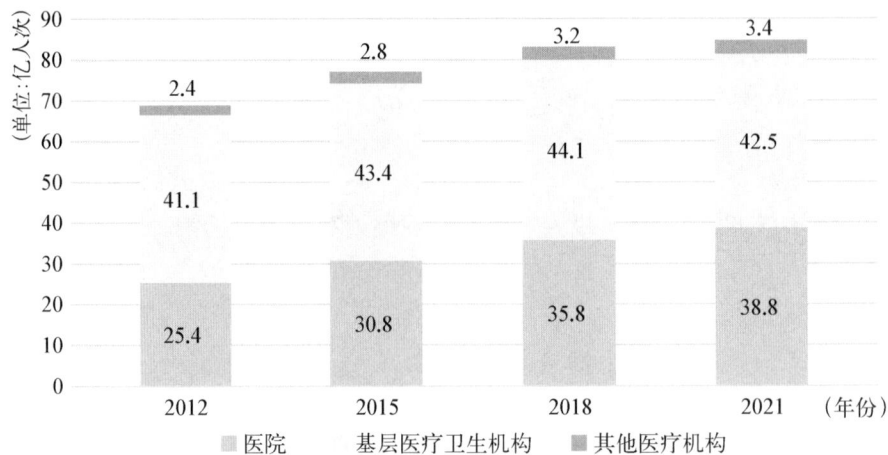

图 5‑12　2012—2021 年中国各类医疗机构诊疗人次

资料来源：根据国家统计局相关数据绘制。

第三，"看病贵、看病难"问题加速度破解。

中国在医疗服务网络城乡全覆盖的基础上，打通医疗服务"最后一公里"。目前，城镇有 87.5% 户所在社区有卫生站，农村 94.8% 户所在自然村有卫生室，分别比 2013 年提高 7.8 个百分比和 13.2 个百分比，**90% 的家庭 15 分钟内能够到达最近的医疗点。**

与此同时，围绕医联体建设，推进优质医疗资源的扩容下沉和均衡布局。截至 2022 年 6 月，已建成 12 个专科国家医学中心，推动 50 个国家区域医疗中心项目落地，设置床位超过 6 万张，覆盖全国 20 个省份。通过大医院牵头主导和中心辐射，填补了省市多项全国领先的医疗新技术空白，在肿瘤、心血管、呼吸、儿科等专科能力方面的短板弱项被补齐。通过县域医共体建设，超过 80% 的县级医院达到二级及以上医院水平，50% 的县医院能够开展复杂手术，县域内常见病、多发病就诊率超过 90%，**基本实现常见病、多发病治疗不出市、县，重大疾病治疗有望不出本省。**2021 年，首批国家区域医疗中心相关专科的跨省就医较 2019 年下降 9.3%，就医秩序更趋合理。

知识链接

中国是如何实现医疗服务"强县域、强基层"的？

为补齐县域内医疗服务短板，让群众不出县就能享受到优质医疗服务，2017 年 4 月，国务院办公厅印发《关于推进医疗联合体建设和发展的指导意见》，明确指出要在县域组建医疗医共体。县域医共体指以县级医院为龙头、乡镇卫生院为枢纽、村卫生室为基础，县乡村三级医疗卫生机构分工协作、三级联动的县域医疗服务体系。"十三五"期间，中国政府安排医疗服务与保障能力提升补助资金 1 089.6 亿元，安排"全民健康保障工程"投资 722 亿元，"公共卫生防控救治能力建设工程"投资 145.8 亿元，用于加强以县医院为重点的医疗机构建设，组织 1 007 家城市三级医院对口帮扶 832 个脱贫县的 172 家的县级医院，实施"千县工程"等，实现每个脱贫县至少有 1 家公立医院，98% 的脱贫县至少有 1 所二级及以上医院。

目前，中国已组建县域医共体超 4 000 个，800 多个县市开展紧密型县域医共体建设试点，超过 70% 的试点县已达到紧密医共体的标准，90% 以上的试点地区实现医共体内的检查检验结果互认。在推进县域医共体建设中，县级医院通过专科能力建设、引进优质人才、积极推进远程会诊，有效提升了县级医院常见病、多发病诊疗,以及急危重症患者抢救和疑难复杂疾病向上转诊服务的能力;乡镇卫生院、村卫生室则通过引入县级医院的专家资源和医疗技术,其服务能力和效率也大大提升。

随着健康中国建设持续深入,为推动卫生与健康事业发展从以治病为中心向以人民健康为中心转变,县域医共体建设立足全县医疗资源"一盘棋",在做好医疗服务的基础上,更加注重健康管理和健康促进。其中,福建三明构建紧密型医共体,实现了医保基金在医共体内"总额包干、超支不补、结余留用",引导医疗机构和医务人员的医共体内各级医疗资源统筹利用和"治未病"。

(资料来源:笔者整理。)

预约诊疗、多学科诊疗的推广,推进远程医疗、智慧医疗持续发展,跨省异地就医结算基本实现全国覆盖。截至 2021 年,全国有超过 1 100 家互联网医院,7 700 家二级以上医院提供线上服务,三级医院网上预约诊疗率达 50% 以上,远程医疗协作网覆盖所有的地级市的 2.4 万余家机构。跨省异地就医住院费用直接结算惠及近 9 000 万人次。针对"诊断难"问题,2 000 多家医院可提供多学科诊疗的服务模式。

群众看病贵问题得到有效缓解,个人卫生支出占卫生总费用比下降了 6.64 个百分点。该指标反映城乡居民医疗卫生费用负担程度,由 2012 年的 34.34% 逐年下降至 2021 年的 27.7%。从总体来看,综合考虑中国经济发展水平和人口

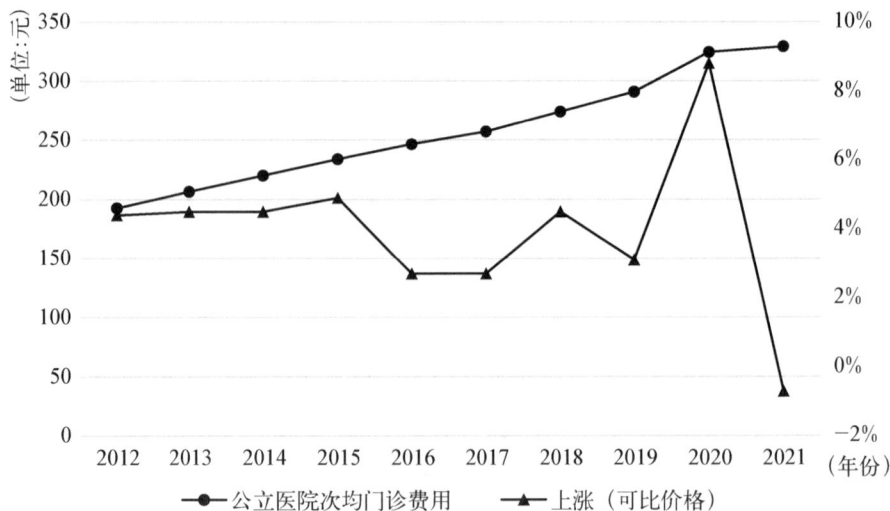

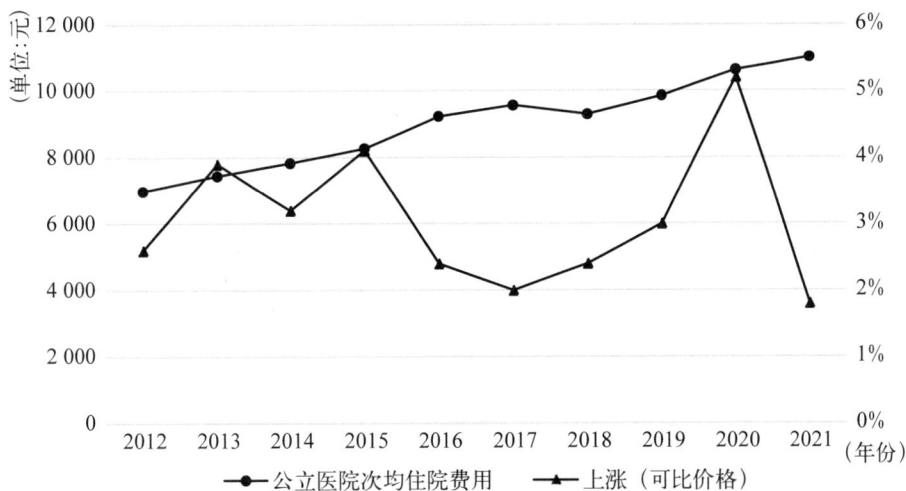

图 5-13 2012—2021 年公立医院次均费用及上涨率

资料来源：根据国家统计局相关数据绘制。

老龄化等因素，中国的个人医疗卫生支出占比基本与国情相符，但与高收入国家相比（个人卫生支出占比低于 20%），仍然存在一定差距。**居民的就医费用增长速度放慢。**尽管门诊次均费用和住院人均费用绝对值稳定上升，但"十三五"时期的上涨幅度均有所减小（2020 年受疫情影响有所波动）。2016 年是一个很明显的时间节点，这可能是因为，2015 年中国吹响了县级公立医院改革的总攻号，以药补医、调整服务价格等公立医院综合改革全面推开。

知识链接

缓解"看病贵"问题，中国是如何做的？

一是实现"全民医保"。截至 2022 年底，全国基本医疗保险参保人数 134 592 万，2018 年以来，参保率始终维持在 95% 以上，覆盖人口规模居世界第一。职工医保住院报销比例达到 85%、门诊报销比例达到 60%，城乡居民医保报销比例在 50%～80% 之间。医保药品目录中药品品种由 2009 年的 2 172 种增加至 2021 年的 2 860 种。

二是破除"以药养医"。2015 年起，公立医院综合改革全面推开，药品加成全部取消，公立医院药品费用增速放缓，由"十二五"期间年均增长 9.89%，降至"十三五"期间年均增长 4.20%。药品费用占卫生总费用的比重由 2015

年的 36.95％下降至 2020 年的 30.98％。

三是推行集采和医保谈判。自 2019 年启动"国家组织药品集中带量采购"以来，截至 2022 年 7 月，已开展 7 批 294 个药品集中采购和 2 批耗材集中采购，药品平均降价超过 50％，心脏支架、人工关节平均降价超过 80％，累计节约费用约 3 000 亿元。其中，国家医保整合全国需求与药企谈判议价，将 250 种新药纳入目录，尤其是一些肿瘤、罕见病的"天价药"，并在全国 18.41 万家定点医药机构进行配备，实现了百姓"买得到、用得上、能报销"的愿望。以 2021 年谈判成功纳入医保的脊髓性肌萎缩症（SMA）特效药诺西那生钠注射液为例，中国目前有 3 万多名 SMA 患儿，想要治疗 SMA，第一年需要打 6 次针，往后每年打 3 次针且终身不停，注射一次的价格是 70 万，在经过 1 次谈判 8 次改价后，诺西那生钠注射液的价格最终降至不超过 3.3 万，将这些价格不菲的专利药或创新药纳入医保报销，直接或间接地挽救了无数鲜活的生命和家庭。

（资料来源：笔者整理。）

知识链接

中医守正创新、传承发展

中医药是中华民族的瑰宝，是中国医学体系的独具特色和优势的重要组成部分，为中华民族的繁衍昌盛乃至人类健康事业作出了杰出贡献。随着医学模式由以"疾病治疗和药物管理"为中心向"预防保健和健康管理"为中心转变，中医的治疗理念逐渐为人们所接受并受到国际社会的极大关注，世界范围内对中医药的需求急速增长，为中医学的发展创新带来前所未有的机遇。中国政府大力支持中医医疗服务资源的整体扩容和布局优化，仅"十三五"期间，就安排中央投资超过 300 亿元支持中医药事业发展。2019 年末，全国中医类医疗卫生机构总数达 65 809 个，比"十二五"增加了 41.1％，2022 年底，全国中医类医疗卫生机构总诊疗人次 12.3 亿。

为推进县域中医诊疗能力，十年来，中央财政累计支持建设 3.67 万个中医馆，累计支持近 700 个县级中医院，统筹 403 家三级医院对口帮扶 699 家县级中医医院，并通过驻点帮扶、人员培训、技术指导，持续提升县级中医医院服务能力，截至 2022 年 6 月，全国 85％的二级以上综合医院都设置了中医科，85.38％的社区卫生服务中心、80.14％的乡镇卫生院已设置中医馆，县域中医的诊疗能力全面提升。

中医药服务"最后一公里"也更加畅通。截至 2020 年底，绝大部分的县级妇幼保健机构、99％的社区卫生服务中心、98％的乡镇卫生院、90.6％的社区卫生服务站和 74.5％的村卫生室具备中医药服务能力，每千常住人口中医院的床位数达到了 0.81 张。每万人拥有 0.66 名中医类别全科医生，82.4％的社区卫生服务站和 58.92％的村卫生室至少配备了 1 名能够提供中医药服务的医生。还累计建立中医适宜技术推广省级基地 32 个、县级基地 1 820 多个，以加强中医适宜技术在基层的推广，截至 2020 年底，86.04％的社区卫生服务中心和 81.03％的乡镇卫生院能够提供 6 类以上中医药技术方法。

为提升中医临床技术水平，并加强传承和创新，"十三五"期间，中国政府遴选 99 所高水平的中医医院和 11 所高水平的中医药科研机构，建设中医经典病房。在此期间，全国名老中医传承工作室从 1 014 个增至 1 482 个，其中，基层名老中医传承工作室由 200 个增至 902 个。"十四五"以来，全面建设 138 个中医特色重点医院，扩大省域内中医技术发展和优质资源扩容，还遴选约 30 个国家中医药传承创新中心项目，建设中医药传承创新发展的国家级平台载体，支持约 35 个国家级中医疫病防治基地，打造参与处置重大公共卫生事件和传染病防治的中医"国家队"。中国的中医医疗服务技术能力显著提升，特色优势持续彰显，推动中医走向世界，已传播至 196 个国家和地区。

（资料来源：笔者整理。）

■ 互联网"脱虚向实"，赋能美好生活

互联网日新月异，信息化浪潮席卷全球。

10.67 亿人，居世界第一，这是截至 2022 年 12 月中国网民规模；

343 万亿元，居世界第一，这是 2022 年中国移动支付交易规模；

1 000 亿件，居世界第一，这是 2022 年中国快递业务量；

……

十年间，中国政府积极顺应时代浪潮，大力推进数字基础设施建设和信息技术创新，网信事业发展为民，提供百姓"用得上、用得起、用得好"的信息服务。中国互联网普及率从 42.1％提升到 73％，中国网民规模从 5.64 亿增长到 10.67 亿

占全球网民总量的 20%，2021 年，中国网民每周平均上网时长 28.5 小时，形成了全球最为庞大、生机勃勃的数字社会。

互联网发展重塑中国居民消费习惯。移动支付成为中国居民主流支付方式。2021 年，中国网络支付用户规模达到 9.04 亿，占网民整体的 87.6%，移动支付交易规模全球第一，为 303.9 万亿元，支付笔数达 306.3 亿笔。网络购物成为中国居民主要购物方式。2012—2021 年，中国网购用户规模由 2.42 亿人增长至 8.12 亿人。自 2013 年起，中国连续九年成为全球最大的网络零售市场，2021 年网上零售额 13.1 万亿元，比 2012 年增长九倍，实物商品网上零售额达 10.8 万亿元，占社会零售总额比重达 24.5%。网上外卖和网约车成为用户规模增长最快的两类应用，2021 年用户规模分别达 5.44 亿和 4.53 亿，居世界第一。此外，党的十八大以来，中国建成覆盖全国、深入乡村、通达全球的世界规模最大的邮政快递网络，2021 年快递业务量正式突破 1 000 亿件，是 2012 年的近 20 倍，连续 9 年位居世界第一。

移动支付成为主流支付方式

图片来源：新华社

互联网发展更新中国居民文娱方式。"云计算"技术催生出新型休闲娱乐消费方式，云旅游、云逛展、云养宠等满足"宅经济"背景下消费需求的"云消费"成为重要的数字化消费内容之一。在线文娱、在线健身、在线旅游等"互联网＋服务"新业态快速发展，2020—2021 年疫情期间，中国线上演唱会吸引观众人数逾

3亿，智能健身、云赛事、虚拟运动等新兴运动推动全民健身找到新的突破口。2021年，中国网络视频（含短视频）用户规模达9.75亿人，占网民整体的94.5%。其中，短视频用户规模达到9.34亿人，占网民整体的90.5%。

互联网发展推动数字公共服务普惠发展。中国大力实施国家教育数字化战略行动，建成全球最大线上教育平台——国家智慧教育公共服务平台，连接52.9万所学校，面向1844万教师、2.91亿在校生及广大社会学习者，汇集了基础教育课程资源3.4万条、职业教育在线精品课程6628门、高等教育优质课程2.7万门。此外，自2015年大力发展数字健康、规范互联网诊疗和互联网医院发展以来，全国已有互联网医院超过1100家，用户规模达到5亿人，互联网医疗覆盖全国超过90%的县区。以海南为例，截至2022年8月，省内有18家市县医院、340家乡镇卫生院和2700家村卫生室部署了5G远程医疗设备，让患者平均看病时间缩短3至5个小时，就医效率提升30%。

互联网发展推进居民政务服务高效协同。放眼当下，"掌上办""指尖办"已经成为各地政务服务标配，"一网通办""异地可办"已成现实，近90%的省级行政许可事项实现网上受理和"最多跑一次"，平均承诺时限压缩了一半以上。[①]全国一体化政务服务平台基本建成，平台注册用户超过10亿人，乡村信息服务体系更加健全，累计建设运营益农信息设施46.7万个，提供各类服务9.8亿人次，乡村治理数字化助力强村善治成效显著，党务、村务、财务"三务"在线公开率超过70%。联合国电子政务调查报告显示，在193个联合国成员国中，中国电子政务排名从2012年的第78位攀升至2022年的第43位，是全球增幅最高的国家之一。

互联网发展助力脱贫攻坚。十年间，中国政府通过实施"网络覆盖工程、农村电商工程、网络扶智工程、信息服务工程、网络公益工程"五大工程，历史性彻底解决贫困地区不通网的难题，网络扶贫信息服务体系基本建立，借助电商直播，山西大同黄花、陕西柞水木耳、贵州"人民小酒"等农产品走出大山，乡村致富进入快车道……依托数字化技术，传统农业加速向智慧农业转变，更多乡亲挑上"金扁担"……牵起一根网线，连接城市和农村课堂，让农村孩子也能享受优质教育资源……

数字技术拓展诸多生活服务场景，全面赋能美好生活。随着智能家居的"花样"发展、AI智能系统和VR技术的推广，数字生活智能化不断普及。2016—

---

① 建设数字中国，《数字化点亮新生活（人民观点）》，《人民日报》2022年9月8日。

数字教育进中小学

图片来源：新华社

2021年，中国智能家居市场规模由2 600亿元增长至5 800亿元，年均增长率近20%，智能家居行业已成为中国拉动家居产业增长的新引擎。此外，中国VR用户规模超过2.5亿，除占最高的网游用户，在线VR教育平台、VR医疗手术模拟系统、VR旅游景区、VR看房等领域呈现百花齐放的多元化发展趋势。在室内，从能连网的照明到智能冰箱、体感电视，以及会自动除湿的无线控温系统，居住空间变得越来人性化，从拖扫一体机器到智能热水器、马桶，以及能够定制化菜谱和口味进行智能烹饪设备，日常生活变得愈发便捷轻松；在社区，高空抛物监管、电梯安全监测、火灾自动报警、老年人"一键呼叫"等成为标配……上海金山卫镇御景龙庭小区上线"共享停车"小程序，固定停车位车主发布自家车位的空闲时间段供其他车主暂用……各类智能机器人穿梭在福州金山街道中天社区楼宇间，垃圾分类机器人根据居民预约，上门收取垃圾，安防巡逻机器人发现违章占道、火灾隐患等情况，则第一时间把信息推送给社区工作人员，全天候守护小区……南京市"街坊"小程序、石家庄庄窠社区等便民惠民"智慧生活圈"线上服务，大多设置本地生活、便民服务、咨询投诉、信息发布、社群互动等多个模块，一键链接商超百货、餐饮、文娱体育、家政保洁、汽车房产、医养健康、亲子教育等周边商户资源，百姓足不出户享受绝大多数生活服务……

数字生活不断普及

图片来源：新华社

图片来源：人民网

第三节 筑牢民生保障网络，人民生活保障强支撑 13.6亿人

关键数据：

- 基本养老保险参保人数达到10.4亿人，覆盖率提升了15.7个百分点，达到93.7%，接近发达国家水平。

- 基本医疗保险参保人数13.6亿人，是2012年的2.5倍，覆盖率稳定在95%以上，基本实现全民医保。职工、居民医保政策范围内住院费用支付比例分别达到80%和70%左右。

- 十年间，城镇累计新增就业规模1.3亿人。失业水平保持低位，城镇调查失业率总体低于预期控制目标5.5%。

- 十年间，累计完成投资14.8万亿元，建设各类保障性住房和棚户区改造安置住房5 600多万套，低保、低收入住房困难家庭基本实现应保尽保，共惠及1.4亿余人。

- 社会救助体系年均保障低保人员4 000万人以上、特困人员近500万人、临时救助人员1 000万人次左右、各类生活无着流浪乞讨人员230万人次以上。各级财政累计支出基本生活救助资金2.04万亿元。

党和国家高度重视就业和社会保障工作，强调就业是民生之本，社会保障是治国安邦的大问题，强调要推动实现更加充分更高质量的就业，健全覆盖全民、统筹城乡、公平统一、可持续的多层次社会保障体系。**党的十八大以来，中国政府推动社会保障体系建设进入快车道，建成世界上规模最大、功能完备的中国特色社会保障体系。**截至2022年，社会保障卡持卡人数超过13.6亿人，社会保险基金年度收支规模超过13万亿元。以社会保险为主体，包括社会救助、社会福利、社会优抚等制度在内的中国特色社会保障体系基本建成，保障内容覆盖就业、养老、医疗、住房等民生的方方面面。

■ 14亿人口大国实现了比较充分的就业

就业是最基本的民生，关系到千家万户的生活，中国有14亿多的人口，9亿劳

动力,解决好就业问题,始终是经济社会发展的一项重大任务。党的十八大以来,中国就业工作经历了从"积极的就业政策",到"更加积极的就业政策",再到"就业优先战略"的巨大变化。通过将"稳定和扩大就业"作为经济社会发展的重要目标,将稳就业、保就业置于"六稳""六保"之首①,就业优先从战略层面推进到宏观政策层面。

十年间,中国逐步构建起覆盖长期失业者、高校毕业生、农民工等各类困难人群、重点人群的多层次、多渠道、全方位的就业帮扶体系,兜住兜牢基本民生底线。累计促进 5 501 万失业人员再就业,帮扶 1 768 万困难人员就业。在高校毕业生人数连年增长的情况下,实现了 8 000 多万高校毕业生稳定就业。农民工总量增加 3 000 万人,从 2012 年的 2.6 亿人增至 2021 年的 2.9 亿人。2021 年底,城镇困难人群就业率达 98.9%,残疾人就业率达 51.7%,退役军人就业率达 88.9%。**经过 5 年脱贫攻坚的努力,就业扶贫成效显著。**90%以上建档立卡贫困人口得到了产业扶贫和就业扶贫支持,三分之二以上人员主要靠外出务工和产业脱贫。2015—2020 年,中国累计建设扶贫车间 32 688 个,吸纳贫困人口家门口就业 43.7万人;培育贫困村创业致富带头人 41 万多人,带动 406 万贫困人口增收;创办领办各类经营主体 21.4 万个,开发保洁、保安、造林绿化、助残、托幼等各类公益性岗位,安置 496.3 万贫困人口,2020 年全国外出务工贫困劳动力将近 3 000 万人。

十年来,就业局势总体稳定,无论是城镇登记失业率(4%左右),还是城镇调查失业率(低于预期控制目标 5.5%),都保持在较低水平,在 14 亿人口大国实现

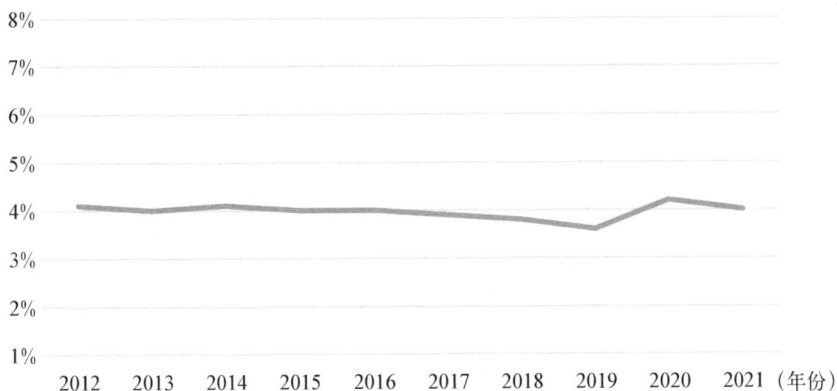

图 5–14 2012—2021 年全国城镇失业登记率

资料来源:根据国家统计局数据绘制。

---

① "六稳",指的是稳就业、稳金融、稳外贸、稳外资、稳投资、稳预期。"六保"指的是保居民就业、保基本民生、保市场主体、保粮食能源安全、保产业链供应链稳定、保基层运转。

了比较充分的就业，这是十分不易的，在推动转型期经济社会稳定协调发展方面发挥了重要积极的作用。

多渠道实现充分就业

图片来源：新华社

实现高校毕业生稳定就业

图片来源：人民网

就业援助

图片来源：新华日报

案例

多地出台就业帮扶政策

内蒙古：聚焦"五个一批"，持续增加脱贫人口就业机会。 健全跨省、省内劳务协作机制，加强劳务协作输出一批；出台《内蒙古自治区就业帮扶车间管理办法》，充分挖掘当地资源优势和特色产业，支持发展前景好、带动就业强的车间做大做强，升级帮扶车间吸纳一批；紧密结合乡村建设、农村人居环境整治等重大行动，大力推广以工代赈模式，发展工程项目组织一批；加强返乡创业园和创业孵化基地建设，优化创业服务，落实创业扶持政策，培育一批致富带头人，扶持返乡创业带动一批；出台《内蒙古自治区乡村公益性岗位开发与管理办法》，支持各地结合人居环境整治、乡村建设、乡村治理等工作需要，统筹乡村公益性岗位安置一批。

河北衡水："政策＋服务＋保障"，推动高校毕业生充分就业。 服务早介入，岗位早征集，"四个一"公共就业服务进校园，即一份人才服务机构、档案管理服务机构等名录，一张就业创业、人才引进、档案转递等服务清单，一系列公共招聘网、人力资源服务机构等招聘渠道，一批求职登记小程序、失业登记服务平台、河北人社服务平台等求助途径。落实企业吸纳高校毕业生的社会保险补贴政策，以及为就业见习毕业生提供见习补贴,加强毕业生实名登记和就业信息比对,全面落实对未就业高校毕业生一对一联系、点对点服务,对有特殊困难的毕业生"一人一策"帮扶,对通过市场化方式不能实现就业的予以安置临时公益岗位,对暂无就业意愿的,做好状态记录,及时跟进服务。

湖南:多举措促进农民工省内就业,就近务工,挣钱又顾家。以重大项目建设开辟就业空间,锚定基层就业岗位开发,拓宽农民工"家门口"就业渠道;发展就业帮扶载体,开展省级就业帮扶基地认定及奖补,提高稳岗补贴标准;返乡创业农民工最高可申请创业担保贷款额度为 20 万元,以创业促就业;开办线下就业"微市场",整合归集本片区零散的就业岗位、灵活用工岗位,打通人岗精准匹配服务的"最后一米";开发线上"专场招聘会专区""灵活就业专区",开展网络招聘、远程面试、直播带岗、职业指导等对接服务,紧跟产业发展,加强对农民工的技能培训。

浙江临海:村里建起"没有围墙的工厂"——"共富工坊"助农就业增收。浙江台州临海市有数千家企业缺少劳动密集型用工,而当地有数万名农村富余劳动力,为此,政府、与企业、村集体、农户建立四方协作关系,成立"共富工坊"企业联盟,首批即吸纳户外休闲用品、彩灯、眼镜、服装辅料等行业的 40 家企业,开展外包订单、品控管理、技能培训等业务和管理服务,与农民建立稳固的用工关系,通过"企业送单—国企派单—工坊接单"形式,帮助农民就近就业增收,还探索厂房式、车间式、居家式多类型"共富工坊"建设。

陕西:4 部门出台 12 项措施促进脱贫人口稳岗就业。(1)加大有组织劳务输出力度,促进脱贫劳动力外出务工;(2)大力支持就业帮扶基地、社区工厂吸纳脱贫劳动力;(3)统筹用好乡村公益岗位;(4)支持产业发展促进就业;(5)加大以工代赈力度;(6)加强苏陕劳务协作;(7)鼓励返乡入乡创业;(8)培育壮大特色劳务品牌,加强劳务品牌技能带头人培养;(9)大力开展适合农民工就业的技能培训和新职业新业态培训,提高职业技能培训实效;(10)加大金融支持力度;(11)维护就业群众合法权益,提供良好的工作环境;(12)完善基层主动发现、就业预警和帮扶工作机制,强化组织保障。

面对经济下行压力和新经济发展形势,中国劳动力市场发生了巨大变化,新就业形态涌现,劳动力流动性增加,失业风险也在增大。**社会保险"稳市场主体、稳就业"作用凸显。**

一方面,通过发挥社会保险"减负""稳岗"作用,有力支持了企业渡过暂时性困难。2016 年以来,中国先后七次降低社会保险费率,五项社会保险费率总水平从 41％降至 33.95％，单位费率由 30％降至 23.45％。面对新冠肺炎疫情，我国实施了力度空前的"减免缓降返补"政策，降低缓缴养老、失业、工伤三项社会保险费，为企业减负 1.54 万亿元，占整个减税降费的 2/3，失业保险稳岗返还 1 042 亿元；为增强企业稳岗能力，从失业保险基金结余中拿出 1 000 亿元，实施职业技能提升三年行动（2019—2021 年），累计开展补贴性职业技能培训 8 300 多万人次。

　　另一方面，**作为保障劳动者权益的一项基础制度安排，通过提高失业、工伤保险待遇，努力解决劳动者后顾之忧。** 十年间，失业保险参保人数从 1.5 亿人增长至 2.3 亿人，工伤保险参保人数从 1.9 亿人增长至 2.9 亿人，月平均失业保险金由 707 元提高到 1 585 元，月平均工伤保险伤残津贴由 1 864 元提高到约 4 000 元，**灵活就业人员权益进入劳动保障的"政策视野"。** 2021 年 7 月，人力资源社会保障部等八部门联合发布指导意见，首次明确平台企业对劳动者权益保障应承担相应责任，并将所有新就业形态劳动者纳入劳动保障基本公共服务范围。

■ 积极应对人口老龄化上升为国家战略

　　截至 2022 年底，中国 60 岁以上人口达 2.8 亿人，占全国总人口的 19.8％，成为世界上老年人口最多、老龄化速度最快的国家之一。积极应对人口老龄化，事关国家发展全局，事关亿万百姓福祉。党的十八大以来，党中央、国务院全局谋划推进养老服务各项工作，**相继出台 10 余项纲领性政策文件，民政部会同相关部门跟进出台政策文件 90 余项、国家及行业标准 50 余项，** 基本确立以法律规章为纲领、国家政策文件为基础、部门专项政策和标准为支撑的养老服务制度体系，**养老服务顶层制度设计的针对性、协调性、系统性逐步显现**[①]，推动养老服务高质量发展驶入"快车道"。

> **知识链接**
>
> ### 党的十八大以来出台的主要养老政策
>
> 　　在顶层设计上，从"积极应对人口老龄化，实现'老有所养'"写入十九大报告，到《国家积极应对人口老龄化中长期规划》部署应对人口老龄化的五方面具体工作任务，到十九届五中全会将积极应对人口老龄化上升为国家战

---

① 黄瑶：《养老服务十年成就综述》，《中国社会报》，2022 年 9 月 29 日。

略,再到 2021 年,中共中央、国务院印发《关于加强新时代老龄工作的意见》强调建立基本养老服务清单制度,对健康、失能、经济困难等不同老年人群体,分类提供养老保障、生活照料、康复照护、社会救助等适宜服务,以及《"十四五"国家老龄事业发展和养老服务体系规划》全面部署织牢兜底性养老服务网、扩大普惠性养老服务面、强化居家社区养老服务能力、完善老年健康支撑体系、大力发展银发经济等 9 方面具体工作任务,将"基本建立积极应对人口老龄化国家战略的制度框架"确定为发展目标,一系列高瞻远瞩、审时度势的重大制度设计,为亿万老年人老有所养擘画宏伟蓝图。

在社会养老服务体系建设上,2013 年 7 月修订后的老年人权益保障法正式施行,养老服务第一次纳入国家法律,同年印发的《国务院关于加快发展养老服务业的若干意见》,首次从国家层面部署推动养老服务业发展,这一年也被称为中国养老服务业"元年";2016 年出台的《国务院办公厅关于全面放开养老服务市场提升养老服务质量的若干意见》,全面放开养老服务市场,加快推进养老服务业供给侧结构性改革,让社会力量和"互联网+"技术成为推动优质养老服务供给的重要力量;2019 年《国务院办公厅关于推进养老服务发展的意见》、2020 年《国务院办公厅关于建立健全养老服务综合监管制度促进养老服务高质量发展的意见》直指养老服务市场活力不足、发展不平衡不充分、有效供给不够、服务质量不高等"痛点"和"堵点",对深化养老服务业"放管服"改革、拓宽养老服务融资渠道、养老服务就业创业、扩大养老服务消费等作出部署,持续推动社会力量成为养老服务供给主体。与此同时,经国务院同意,正式建立由民政部牵头的养老服务部际联席会议制度,将部际联席会议制度引入养老服务领域,汇聚起推进养老服务发展的系统合力,意味着我国今后解决养老服务市场面临的供需难题将真正从供给侧提供优质服务破题,养老服务未来按照高效统筹的工作机制步入正轨前景可期①。

在发展老年人福利和关爱服务上,2014 年,民政部等 3 部门联合印发《关于建立健全经济困难的高龄失能等老年人补贴制度的通知》,2017 年,国务院办公厅发布《关于制定和实施老年人照顾服务项目的意见》,要求全面建立针对经济困难高龄和失能老年人的补贴制度,近年来,各地已普遍建立高龄津贴、养老服务补贴和失能老年人护理补贴制度,基本实现省级层面全

---

① 李海楠:《强化统筹协调 引导养老服务高质量发展》,《中国经济时报》,2019 年 8 月 8 日。

覆盖。为贯彻十九大报告"加快建立健全农村留守老年人关爱服务体系"的要求，2017年，民政部等9部门联合印发《关于加强农村留守老年人关爱服务工作的意见》，聚焦农村留守老年人阶段性问题和重点人群，初步建立起农村留守老年人关爱服务体系，更多特殊困难老年人充分感受到党和政府的温暖，提升养老服务公平和城乡发展均衡。

（资料来源：笔者整理。）

完善养老保险体系，对应对人口老龄化、促进人口高质量发展具有重要意义。2012—2021年，中国基本养老保险参保人数由7.9亿人增至10.4亿人，**覆盖率由78%上升至93.7%，跟发达国家相差无几，基本实现了全覆盖的发展目标**。其中，6 098万建档立卡贫困人口参加基本养老保险，参保率稳定在99.99%以上，农村社会养老保险参保人数比2012年增长了近5倍。

基本养老金待遇水平连续十年完成10%的年增长目标，2021年，企业退休人员和城乡居民人均养老金分别达到2 987元/月，179元/月，较2012年分别上涨了77.2%、118.3%。考虑物价水平，养老金增速远远高于CPI 2%的增幅，与居民人均收入、城镇非私营在岗职工工资的增速相比，近年来已略高于前者，与后者接近。**退休人员收入普遍增长、生活总体改善。中国还大力推进企业年金、个人养老金等多支柱发展，共同托起养老保障待遇水平**。十年间，企业年金基金规模增长近7倍，个人商业养老保险保费收入增长近9倍。

知识链接

养老金制度创新和可持续发展

为实现养老金待遇水平持续提升、保障养老保险金足额发放，中国政府不断实现养老保险制度的突破和创新。一是建立企业养老保险中央调剂基金，提高基本养老保险的统筹层次。职工基本养老保险基金中央调剂比由2012年的2%增至2021年的16%，2022年启动实施基本养老保险全国统筹，对基金困难省份的支持力度更大，仅2022年上半年已完成1 240亿元的资金调拨工作；二是强化政府对基本养老保险基金的支持和管理。2015年出台了《基本养老保险基金投资管理办法》，当前基本养老保险基金投资运营规模达到了1.46万亿元，中央财政对企业职工基本养老保险基金的补助力度持续加大,2022 年达到 6 500 亿元;三是建立健全基本养老待遇调整机制。2016 年起统一安排、同步调整企业和机关事业单位退休人员基本养老金,2014 年起并轨城镇居民养老保险与农村"新农保",形成统一的城乡居民基本养老保险,4 次统一提高城乡居民基本养老保险全国基础养老金标准,农村基础养老金平均水平增长近 3 倍。

(资料来源:笔者整理。)

中国老人以居家养老和社区养老为主,形成"9073"中国特色养老格局,即 90%的老年人由家庭自我照顾,7%的老人依托社区支持养老,3%的老年人在机构养老。十年来,中国精准聚焦老年人的"急难愁盼",持续推进养老服务供给侧改革,初步形成以居家为基础、社区为依托、机构为补充、医养相结合的养老服务供给格局。

社区养老服务覆盖全部城市社区和半数以上农村社区,呈多样化创新发展。截至 2022 年第一季度,全国已建成社区养老服务机构和设施 32 万个、床位 308 万张,分别占到全国养老服务机构设施数和床位数的 88.9%、37.9%。居家社区养老服务形式不断推陈出新、日趋多样,大众比较关注的日间照料服务、适老化改造、家庭养老床位、智慧养老、时间银行、老年食堂、老年友好型社区等,正是不断推出的居家社区养老服务新模式。

图片来源:新华社

图片来源：人民网·青海频道

　　机构养老床位数快速增加，公办养老机构兜底保障作用强化。截至 2022 年第一季度，全国各类养老机构和设施总数达 36 万个，比 2012 年翻了三番，床位 812.6 万张，比 2012 年翻了一番，每千名老人床位数 32.7 张，比 2012 年增长了 52.1%。中国政府还组织 242 家公办养老机构开展公办养老机构改革试点，出台土地供给、税收优惠、财政补贴等一系列优惠扶持政策，建设保基本床位①。比如，2023 年 1 月，上海民政局、市发改委、市财政局联合出台《上海市保基本养老机构（床位）管理办法》，明确要求各区保基本养老床位总量不低于本区户籍人口的 1.5%。

　　老年"医养结合"服务需求得到初步满足。截至 2021 年底，全国共有两证齐全医养结合机构 6 492 个，机构床位总数 175 万张，医养签约近 7.9 万对，设有老年医学科的二级及以上综合医院达到 4 685 个，建成老年友善医疗卫生机构约 2.1 万个，设有安宁疗护科的医疗卫生机构超过 1 000 个。

■ 全民医保有"力度"更有"温度"

　　2016 年，中国整合新农合和城镇居民医保，形成城乡居民基本医保和大病保险制度，构建起更加公平统一的基本医疗保险制度。为促进城乡居民参保，十年来，城乡居民基本医疗的人均财政补助标准由 240 元提高至 610 元，惠及 10

---

① 保基本养老机构（床位）是指由政府主导建设或提供，主要为失能、认知障碍及其他特殊困难的老年人提供全日集中住宿和照料护理服务、满足老年人基本养老服务需求的机构或床位。

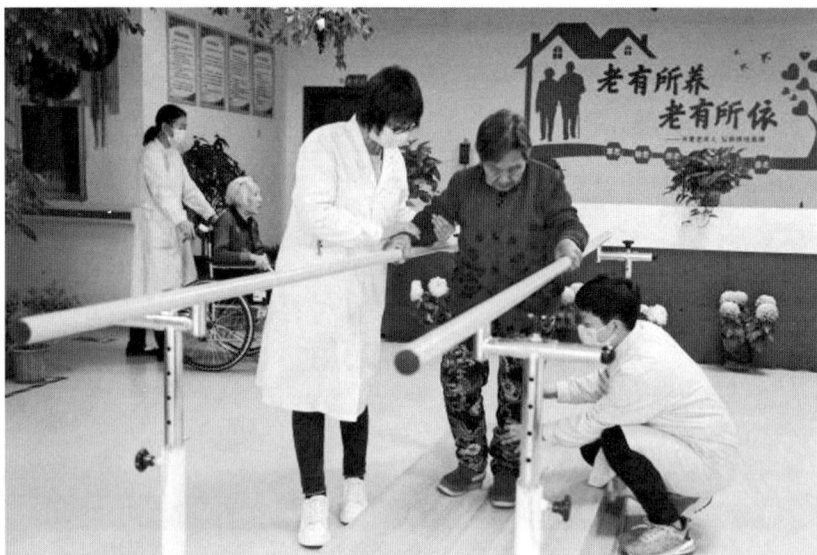

图片来源：新华社

亿城乡居民参保人。仅 2022 年，财政补助总额就达 6 000 亿元。**中国基本医疗保险参保人数从 5.4 亿人增长至 13.6 亿人，近 5 年来，参保率始终稳定在 95％以上。**农村低收入人口和脱贫人口参保率稳定在 99％以上，医保助力近 1 000万户贫困居民成功脱贫。基本医疗保险基金年收入由 2.14 万亿元增长至 3.09万亿元，年支出由 1.78 万亿元增长至 2.46 万亿元。

基本医疗保险的待遇水平不断提升。药品保障范围迅速扩大，目前覆盖药品共 2 860 种，而 2012 年仅有 520 种，国内 67％已上市罕见病用药都在其中。职工、居民医保政策范围内住院费用支付比例分别达到 80％和 70％左右，基本医疗保险每年惠及群众就医超 40 亿人次。

面对全社会更高的生育医疗需求，以及日益增长的健康养老需求，中国着眼于妇女和老年人群的专项保险的建设和完善，体现保障温度。2019 年，国务院办公厅发布《关于全面推进生育保险和职工基本医疗保险合并实施的意见》，规定未就业和灵活就业妇女生育发生的医疗费用可通过参加城乡居民基本医保按规定报销，实现了生育医疗费用待遇保障的人群全覆盖。截至 2022 年 6 月，中国生育保险参保人数达 2.4 亿人，比 2012 年增长了 0.9 亿人，覆盖全国 90％以上的女性劳动力，其中城镇女性劳动力的覆盖率达到 99％以上。此外，建立生育津贴制度，由生育保险基金支付，统一为职业妇女发放生育津贴。

中国正加速进入深度老龄化社会，4 000 万失能老人护理保障问题成为社会关注焦点。为此，自 2016 年起，我国开始探索建立长期护理保险制度，截至 2021 年底，已覆盖 49 个城市，参保超过 1.4 亿人，累计 160 万失能群众获益，年人均减负超过 1.5 万元，社保"第六险"正逐步建立，失能护理保障明显改善，老百姓获得感稳步提升。

知识链接

在"三医联动"改革中，医保扮演什么角色？

"三医联动"是中国医保制度制度改革的基本方略，体现了中国特色医疗保障制度建设之路，即始终强调医保体制改革与卫生体制改革、药品流通体制的改革联动，即医疗、医保、医药改革联动。十年来，尤其在 2018 年，党中央战略决策组建国家医保局之后，全国医保系统紧紧围绕习近平总书记提出的"解除全体人民的疾病医疗后顾之忧"的重大政治使命，攻坚克难推进医保体制机制变革，实现三大助力：

一是助力减轻群众看病就医负担。突出表现为以下四点：（1）作为降费手段——通过医保谈判节奏，推动一大批独家品种的抗癌药、罕见病用药以适宜价格纳入医保，累计为患者减负超 5 000 亿元。截至 2021 年底，14.2 万家医药机构供应谈判药品，国谈药全年累计惠及患者 1.4 亿人次，减负 1500 亿元。（2）作为保障手段——通过改革慢性病保障方式，将高血压、糖尿病门诊用药纳入居民医保保障范围，惠及 1.4 亿慢病患者。（3）作为技术手段——持续打通异地就医堵点，2018—2022 短短四年间，跨省异地就医直接结算规模由131.8 万人次增长至 3 812.35 万人次。（4）作为应急手段——在应对疫情大考中，医保基金预拨新冠救治专项资金超 200 亿元，确保新冠肺炎患者不因费用问题影响就医，确保收治医院不因支付政策影响救治，保障新冠疫苗及接种费用，累计为全国 975 万家参保单位阶段性减征 1 650 亿元，有力支持复工复产。

二是助力医药行业高质量发展。比如，建立以新药为主体的医保准入和谈判续约机制，鼓励行业研发创新，医保对新药的支出从 2019 年的 59.49亿元增长到 2022 年的 481.89 亿元，增长了 7.1 倍；比如，扩大谈判药品销售渠道，通过"双通道"管理机制，一些原先在大医院供应的药品，目前可在全国 15.5 万家定点药店销售并纳入医保报销；再比如，制度化常态化开展集中带量采购，持续挤压药品耗材虚高价格水分，有利于净化医药行业生态。

三是助力"三医"协同发展和治理。在支持基层医疗机构发展、助力分级诊疗方面,通过提高基层就医报销比例和降低基层就医起付线等举措,引导患者在基层购药并享受健康管理服务;在支持公立医院高质量发展方面,支持完善医务人员薪酬补偿机制、改革基金拨付机制、推动建立医疗服务价格动态调整机制,发挥医保支付的调控功能,推动医院服务项目价格更加体现劳务价值和能力;在规范诊疗行为方面,锻造既有力度又有温度的医保基金监管利剑,自 2018 年以来,对违法违规的医药机构,处理 154.3 万家次,追回医保基金 771.3 亿元,曝光典型案例 24.5 万件。

(资料来源:笔者整理。)

■ 多管齐下,托起百姓"安居梦"

住房问题既是民生问题,也是发展问题,关系千家万户切身利益,关系人民安居乐业,关系经济社会发展全局以及社会和谐稳定。党的十八大以来,中国政府把加快推进住房保障体系建设,作为满足群众基本住房需求、实现全体人民住有所居的重要任务,努力为百姓安居托底;牢牢把握"房子是用来住的、不是用来炒的"定位不动摇,因城施策、分类指导,促进房地产市场平稳健康发展。

这十年,是中国历史上保障性安居工程建设规模最大、投资最多的十年。累计完成投资 14.8 万亿元,建设各类保障性住房和棚户区改造安置住房 5 900 多万套,低保、低收入住房困难家庭基本实现应保尽保,1.4 亿多群众喜圆安居梦。

2012—2021 年,通过供给公共租赁住房,完善租赁补贴制度,为城镇住房、收入困难家庭进行兜底保障,让 3 800 多万困难群众住进了公租房,帮助 1 176 万低保低收入群众、508 万 60 岁以上老年人、71 万残疾人、44 万青年教师、26 万优抚对象、23 万环卫工人和公交司机解决了住房问题。2021—2022 年,又在全国范围内建设筹集 330 万套(间)保障性租赁住房,助近 1 000 万新市民、青年人圆"安居梦"。"十四五"期间,40 个重点城市还将建设筹集保障性租赁住房 650 万套,预计可解决近 2 000 万人的住房困难问题。此外,各地因地制宜发展共有产权住房,帮助部分有一定经济能力的家庭以较低门槛拥有了产权住房。2014 年北京、上海等 6 个城市启动试点,到 2021 年底,北京市已累计筹集共有产权住房约 8.3 万套,上海市已经签约 13.6 万户。

自 2013 年棚户区改造进入"快车道"以来,全国棚户区改造已累计开工 4 300 多万套,帮助上亿棚户区居民改善了住房条件。改善农村危房 2 400 多万套。住房安全有保障是脱贫攻坚"两不愁三保障"的重要内容之一。在脱贫攻坚战役当中，全国 2 341.6 万户建档立卡贫困户全部实现了住房安全有保障，历史性解决了农村贫困人口住房安全问题。截至 2021 年底，全国累计改造城镇老旧小区 11.5 万个，惠及城市居民超两千万户。

随着城市改造持续推进，动迁居民安置成为与旧区改造相伴而生的关乎民生福祉的重要问题。上海率先提出在郊区建设大型保障性住房基地，探索市区联合、成片开发、边储边供的保障房开发模式。目前，全市共规划"大居"46 个，面积超 150 平方千米。其中，作为"大居"实施建设主体之一，上海市土地储备中心已先后参与建成保障房近 3 400 万平方米，累计供应约 50 万套。通过规范农转用、征收集体土地、盘活存量建设用地，发挥土地储备的统筹作用，并优化保障房供地流程，保障了动迁居民的安置需求，也为"新上海人"首次置业和郊区农民集中居住提供了住房用地。

图片来源：浦东发布

案　例

惠南民乐大居，打造"五好"保障房

惠南民乐大居是上海市"十二五"期间建设的最大的保障性住房基地，由动迁房、经济适用房、廉租房、农民安置房和商品房组成。规划用地面积 6.04 平方公里,规划总建筑面积 595 万平方米,涵盖 39 个小区,规划导入人口超过 16 万人。历经十多年"边征、边建、边入住"的建设,目前已交付 34 个品质小区,入住居民近 11 万人。

以商品房标准打造"设计最优、质量最佳、速度最快、环境最美、服务最好"的"五好"保障房,是中建八局申拓公司打造惠南民乐大居的标准。

公司党委书记、总经理赵玮表示"我们每年都会进行居民满意度调查,进一步优化后续设计和服务。一期交房后的调研中,居民对小区绿化提出诉求,二期设计保障房时,小区就加强了园林景观的设计,到三期、四期,又重点对建筑外立面进行了改进……"[①]

开发十余载,周边社区交通网越织越密,民乐社区管理服务中心、23 个居委会、全市首家保障房客户关系中心"打通服务最后一公里",学校、医院、体育场、老年日间照料中心等 42 万平方米的公建便民配套服务设施相继投运,涵盖了从"开门七件事"到各类生活所需。居民们纷纷表示:"当初从市中心搬到'郊区'的种种不适早已远去。""一点没有后悔当时的选择。"

知识链接

《关于加强轻资产住房租赁企业监管的意见》的主要内容

一直以来,中国房地产市场处于"重购轻租"的局面。"频繁搬家,房住不实""沟通耗时好力,居住体验不佳""租赁企业控制房源、哄抬租金"成为租房的三大痛点问题。为引导回归住房租赁服务本源、防范化解金融风险,2021年,住房和城乡建设部等 6 部门联合发布《关于加强轻资产住房租赁企业监管的意见》,促进住房租赁市场健康发展,让租房者"挺直腰杆,租得放心"。

在稳租金方面,一是制止"高收低处、长收短付"。《意见》规定,住房租赁企业单次收取租金超过 3 个月的,或单次收取押金超过 1 个月的,应当将收取的租金、押金纳入监管账户,并通过监管账户向房屋权利人支付租金、向承租人退还押金。二是"管资金、管贷款"。《意见》规定,住房租赁企业应当在商业银行设立 1 个住房租赁资金监管账户并备案、不得变相开展金融业

[①]《上海惠南民乐大居让动迁居民住得舒心》,浦东发布,2023 年 2 月 1 日。

务，禁止套取使用租房消费租赁贷款，严禁违规利用杠杆扩张，防止企业以租金贷资金形成资金池。三是加大对于租金上涨变动的调控。《意见》要求，建立住房租金监测制度，定期公布不同区域、不同类型租赁住房的市场租金水平信息。强调发挥大中型住房租赁企业在稳定市场租金水平方面的示范作用，对于租金上涨过快的，可以采取必要措施稳定租金水平。

在强监管方面，一是严格从业管理。《意见》指出，住房租赁企业跨区域经营的，应当在开展经营活动的城市设立独立核算法人实体；住房租赁企业应当具有专门经营场所，开展经营前，通过住房租赁管理服务平台向所在城市住房和城乡建设主管部门推送开业信息，由所在城市住房和城乡建设主管部门通过住房租赁管理服务平台向社会公示。二是构建住房租赁联合监管机制。《意见》明确，城市政府对规范发展住房租赁市场承担主体责任，要建立住房和城乡建设、发展改革、公安、市场监管、金融监管、网信等多部门协同的住房租赁联合监管机制，并将相关部门的监管工作纳入政府绩效考核体系。

在化矛盾方面，一是加强各相关方协同联动。《意见》指出，相关部门对有高风险经营行为的住房租赁企业经营情况依法开展调查，企业须积极配合，街道办事处、社区充分发挥基层网格管理人员作用，督促住房租赁合同备案，协助排查有高风险经营行为的住房租赁企业情况。二是发挥住房租赁相关行业协会作用。《意见》要求，完善住房租赁行业执业规则，配合相关部门处理住房租赁矛盾纠纷。综合运用人民调解、行政调解、行业性专业性调解、司法调解等多元调解机制。

（资料来源：笔者整理。）

住房公积金覆盖面逐步扩大，保障能力持续增强。十年来，全国实缴人数从1.02亿增长至1.64亿，缴存总额从5万亿元增长到22.5万亿元，缴存余额从2.68万亿元增长到8.18万亿元。2021年缴存职工中，非公有制缴存单位职工占比达到52.1%，其中包含100多万灵活就业人员，也支持在内地就业的港澳台同胞存缴并使用。**公积金租房与购房"双翼齐飞"，真正取之于民、用之于民。**十年来，全国累计提取住房公积金12.44万亿元，发放住房公积金贷款10.28万亿元、2736万笔，首套住房贷款笔数超过80%。全国共设有住房公积金管理中心341个，均建成综合服务平台，实现相关服务跨省通办、不见面办、全天候办。2017年6月，住房公积金异地转移接续平台全面投入使用，实现住房公积金在全国范围内"账随人走,钱随账走",累计办理住房公积金转移接续业务 419 万笔,涉及金额超过 1 000 亿元。2021 年 5 月,全国住房公积金小程序上线,为缴存人提供信息查询服务已累计 2.03 亿人次,办理跨城市住房公积金转移接续 18.18 万笔,划转资金累计 17.57 亿元。

这十年,也是中国房地产业发展速度最快、房地产市场加速规范的十年。全国新增供应商品房超 1.7 亿平方米,商品住宅销售面积累计 132.34 亿平方米,是上一个十年的 2.2 倍。住房环境和品质逐步提升,居住条件明显改善。2020 年,全国家庭户住房建筑面积总量超 500 亿平方米,城镇居民和农村居民家庭住房面积达标率由 2012 年的 80.9% 和 43.4%,提高至 2021 年的 99.3% 和 60.5%,城乡居民居住在钢筋混凝土或砖混材料结构住房的户比重提高了 4.4 个百分点和 21.9 个百分点,农村居民有安全饮用水的户比重提高 22.3 个百分点,使用水冲式卫生厕所的户比重提高 44.9 个百分点。

与此同时,政府提出并强调"房子是用来住的、不是用来炒的"定位,稳妥实施房地产长效机制,持续稳地价、稳房价、稳预期,彰显"把房地产发展的落脚点放在民生上"的政策定力。在政策落实上,因城施策、一城一策,出台一系列差别化调控政策,支持刚性和改善性住房需求,善用预售资金监管、购房者权益保护、开发商稳健经营引导等手段,促进房地产市场平稳健康发展,让商品房回归到商品属性,真正实现全体人民住有所居的重要目标。

■ 社会救助筑牢民生保障"最后一道防线"

习近平主席十分重视社会救助事业的高质量发展,强调对困难群众,要格外关注、格外关爱、格外关心。社会救助事关困难群众基本生活和衣食冷暖,作为一项兜底性、基础性制度安排,它集中体现了党和国家全心全意为人民服务的根本宗旨,也彰显出中国特色社会主义制度优越性。

十八大以来,中国不断深化社会救助制度改革,基本建立起了特色社会救助体系,城乡群众在生活上遇到困难都有相对应的制度进行保障,覆盖全面、分层分类、综合高效的社会救助格局初步形成。

> **知识链接**
>
> ### 中国特色社会救助体系
>
> 该体系以基本生活救助、专项社会救助、急难社会救助为主体,社会力量

参与为补充,覆盖全面、城乡统筹、分层分类、综合高效。

基本生活救助包括最低生活保障,特困人员救助供养,这两项已成熟定型的制度。

最低生活保障,指国家对共同生活的家庭成员人均收入低于当地最低生活保障标准,且符合当地最低生活保障家庭财产状况规定的家庭,给予最低生活保障,是困难群众基本生活保障的主体制度安排。

特困人员供养,指国家对无劳动能力、无生活来源且无法定赡养、抚养、扶养义务人,或者其法定赡养、抚养、扶养义务人无赡养、抚养、扶养能力的老年人、残疾人以及未满16周岁的未成年人,给予特困人员供养。它整合了城市"三无"人员救助和农村五保供养制度,成为与低保制度并行的一项基本生活救助制度。

专项社会救助主要包括受灾人员救助、医疗救助、教育救助、住房救助、就业救助。

自然灾害救助,指国家对基本生活受到自然灾害严重影响的人员,提供生活救助。

医疗救助,指国家为低保、特困、其他特殊困难人员获得基本医疗卫生服务。

教育救助,指国家对在义务教育阶段就学的最低生活保障家庭成员、特困供养人员,给予教育救助。

住房救助,指国家对符合规定标准的住房困难的最低生活保障家庭、分散供养的特困人员,给予住房救助。

就业救助,国家对最低生活保障家庭中有劳动能力并处于失业状态的成员,通过贷款贴息、社会保险补贴、岗位补贴、培训补贴、费用减免、公益性岗位安置等办法,给予就业救助。

急难社会救助,主要是临时救助、流浪乞讨人员救助。

临时救助,指国家对因火灾、交通事故等意外事件,家庭成员突发重大疾病等原因,导致基本生活暂时出现严重困难的家庭,或者因生活必需支出突然增加超出家庭承受能力,导致基本生活暂时出现严重困难的最低生活保障家庭,以及遭遇其他特殊困难的家庭,给予临时救助。

流浪乞讨人员救助,指国家对因自身无力解决食宿,无亲友投靠,又不享受城市低保、特供的流浪、乞讨人员提供临时食宿、急病救治、协助返回等救助。

> 　　与此同时,国家鼓励单位和个人等社会力量**通过慈善捐赠、设立帮扶项目、创办服务机构、提供志愿服务**等方式,参与社会救助。
>
> (资料来源:笔者整理。)

　　十年间,这一体系年均保障低保人员 **4 000 万人**以上、特困人员近 **500 万人**、临时救助人员 **1 000 万人次**左右、各类生活无着流浪乞讨人员 **230 万人次以上**。在脱贫攻坚期内,全国共有 1 936 万建档立卡贫困人口纳入了低保或者特困供养,占全部脱贫人口的 19.6%。打赢脱贫攻坚战后,将 277 万脱贫不稳定人口、边缘易致贫人口以及突发严重困难户纳入低保,继续巩固脱贫攻坚兜底保障成果,在全面建成小康社会中发挥了重要的兜底作用。十年间,各级财政累计支出基本生活救助资金 **2.04 万亿元**,城乡最低生活保障平均标准涨幅达到 115%、208%,中国救助水平实现跨越式增长。

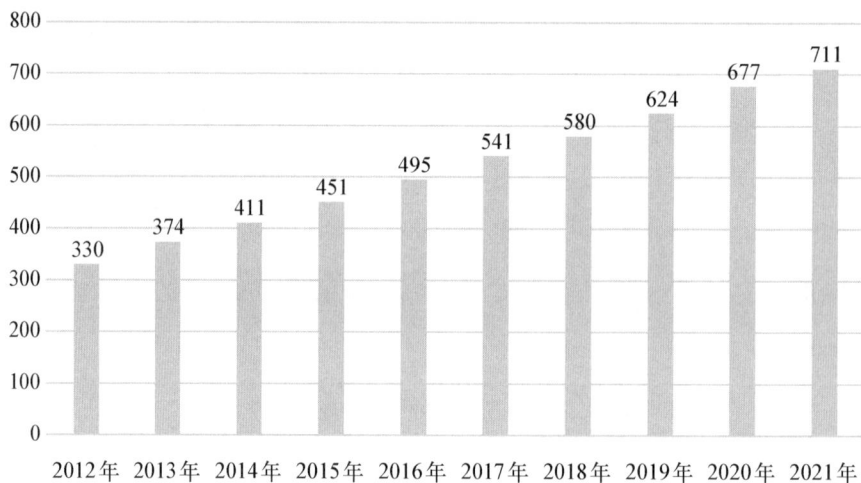

图 5‑15　2012—2021 年城市低保标准(单位:元/月)

资料来源:根据民政部相关数据绘制。

　　各类专项救助,聚焦群众急难愁盼问题,帮助遭遇不同类型困难的人群渡过难关。比如,针对京津冀及东北地区严重暴雨洪涝灾害,财政部、应急管理部紧急预拨 14.6 亿元中央自然灾害救灾资金,支持京津冀及黑龙江、吉林五省市防汛救灾工作,强调重点用于受灾群众救助,保障好受灾群众基本生活,此举是"以人民为中心"宗旨的最好体现。

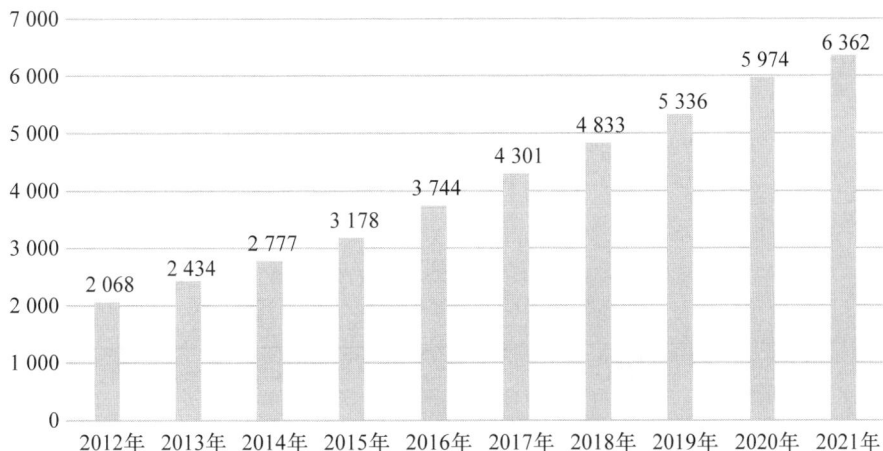

图 5-16　2012—2021 年农村低保标准(单位:元/年)

资料来源:根据民政部相关数据绘制。

图片来源:湖南省政府网

　　中国还十分注重老、幼、残等弱势群体的生存和发展,如困境儿童,重度残疾人,高龄、失能等困难老人,大力发展围绕此类特殊困难群体的社会救助事业和关爱服务体系,保障其基本生活的同时,还积极给予社会支持。2020 年,中共中央办公厅、国务院办公厅发布《关于改革完善社会救助制度的意见》,提出要积极发展服务类社会救助,引导和支持社会工作专业力量提供心理疏导、资源链接、能力提升和社会融入等服务,创新形成"物质＋服务"的救助方式。**这标志着,在完成消除绝对贫困艰巨任务之后,中国社会救助模式逐渐由"生存型救助"转向"发展型救助",即从满足基本生存需求转向能力培育,从被动型救助转向预防型救助,从单一救助主体转向多元救助主体。**

图片来源:澎湃新闻

知识链接

慈善捐赠——社会力量参与社会救助的重要方式

中国政府鼓励单位和个人等社会力量通过慈善捐赠、设立帮扶项目、创办服务机构、提供志愿服务等方式,参与社会救助。十年来,中国慈善事业成绩斐然:

一是社会捐赠"高歌猛进",年捐赠额突破两亿大关。2012—2020年,中国慈善捐赠额由817亿元增长至2 086.13亿元,通过慈善组织和慈善信托募集的社会捐赠额年均保持在1 500亿元左右。捐赠数额持续增长的背后,是源源汇聚的慈善力量。截至2022年6月底,全国登记认定的慈善组织超过1万家,备案慈善信托合同金额超过40亿元。

二是中国成为互联网慈善的全球引领者。数字技术与慈善事业的深度融合,极大提升了公众参与慈善的便利性和快捷性,改变了公益慈善传统运作方式。自 2016 年起，民政部先后遴选了 30 家互联网公开募捐信息平台，带动网民参与慈善活动逾 500 亿人次，帮助慈善组织募集善款超过 350 亿元，"人人公益、随手公益、指尖公益"成为公益慈善新潮流。

三是慈善力量与时代同频共振，全面作为。据不完全统计，全国慈善组织用于扶贫济困的支出年均 500 亿元左右，广泛投入生活救助、助医助学、文化扶贫、消费扶贫、易地搬迁扶贫等领域，形成了诸多慈善力量助力减贫脱贫的中国样本。十年来，慈善力量还积极融入乡村振兴、援藏援疆、共同富裕示范区建设等工作，服务党和国家发展大局。

（资料来源：笔者整理。）

第四节　推进平安中国建设，人民生活安全根基深　98.62%

关键数据：

- 十年间，人民群众安全感上升了 11.7 个百分点，达到 98.62%。国际社会普遍认为，中国是世界上最安全的国家之一。
- 十年间，刑事案件立案数降幅达 29.9%，八类主要刑事案件立案数降幅达 64.4%。现行命案破案率达 99%，每 10 万人口命案 0.5 起，处于全球命案发案率最低国家行列。
- 连续 5 年多未发生暴恐案事件，十年间，"两抢"案件数降幅为 96.1%，盗窃案件数降幅为 62.6%，21.8 万个小区接近"零发案"。
- 截至 2022 年 6 月，全国共建设 2.1 万个街面警务站、13.6 万个社区警务室、25.6 万个智能安防社区，培育平安类社会组织 2.1 万个，防控触角延伸到"最后一公里"。

平安是老百姓解决温饱后的第一需求，是极重要的民生，也是最基本的发展环境。党的十八大以来，中国政府坚持贯彻总体国家安全观，把平安中国建设置于中国特色社会主义事业发展全局中谋划推进，全面建设更高水平的平安中国。

在经济转轨、社会转型过程中,面对社会矛盾集中多发、高发的复杂局面,中国续写了社会长期稳定的奇迹,人民群众安全感十年来始终保持高位,并由 2012 年的 **87.55％**上升至 **2021 年**的 **98.62％**[①],九成居民表示,在深夜单独出门不担心安全问题[②]。国际社会普遍认为,中国是世界上最安全的国家之一。平安已成为中国一张靓丽的国家名片。

中国人民内心满满的安全感来自哪里?从以下一组数据可窥见一斑:首先,中国长期处于全球命案发案率最低国家行列。2021 年,中国每 10 万人口的命案是 0.5 起,每 10 万人中刑事案件数为 339,远低于美西方等国家。其次,中国也是刑事犯罪率最低的国家之一。中国政府始终保持对杀人、杀害、强奸等八类主要刑事犯罪的严打高压势头,2012—2021 年,这八类主要刑事犯罪案件立案数下降了 64.4％。与此同时,连续 21 年开展缉枪治爆专项行动,连续 6 年暴力恐怖案件"零发生",十年间,毒品犯罪案件数下降了 56.8％,抢劫抢夺案件数下降了 96.1％,盗窃案件数下降了 62.6％,21.8 万个小区实现"两抢一盗"零发案,一次死亡 3 人以上的较大的交通事故数则下降了 59.3％。

知识链接

《中华人民共和国反恐怖主义法》的主要内容

制定反恐怖主义法是完善国家法治建设、推进全面依法治国方略的要求,是依法防范和打击恐怖主义的现实需要,是我国作为一个负责任大国的国际责任的重要体现。2015 年 12 月 27 日,第十二届全国人民代表大会常务委员会第十八次会议决定将防恐纳入国家安全战略,通过《中华人民共和国反恐怖主义法》,包括总则、恐怖活动组织和人员的认定、安全防范、情报信息、调查、应对处置、国际合作、保障措施、法律责任、附则等十章内容,自 2016 年 1 月 1 日起施行。

该法明确,国家反对一切形式的恐怖主义,依法取缔恐怖活动组织,对任何组织、策划、准备实施、实施恐怖活动,宣扬恐怖主义,煽动实施恐怖活动,组织、领导、参加恐怖活动组织,为恐怖活动提供帮助的,依法追究法律责任。国家不向任何恐怖活动组织和人员作出妥协,不向任何恐怖活动人员提供庇护或者给予难民地位。

---

① 数据来源自国家统计局组织开展的全国群众安全感调查结果。
② 数据来源自 2022 年中国公安部委托第三方权威机构调查结果。

该法定义，恐怖主义指"通过暴力、破坏、恐吓等手段，制造社会恐慌、危害公共安全、侵犯人身财产，或者胁迫国家机关、国际组织，以实现其政治、意识形态等目的的主张和行为"。

该法规定，国家将反恐怖主义纳入国家安全战略，综合施策，标本兼治，加强反恐怖主义的能力建设，运用政治、经济、法律、文化、教育、外交、军事等手段，开展反恐怖主义工作。

该法还规定，反恐怖主义工作应当依法进行，尊重和保障人权，维护公民和组织的合法权益，在反恐怖主义工作中，应当尊重公民的宗教信仰自由和民族风俗习惯，禁止任何基于地域、民族、宗教等理由的歧视性做法。

根据该法，国家须设立反恐怖主义工作领导机构，统一领导和指挥全国反恐怖主义工作。任何单位和个人都有协助、配合有关部门开展反恐怖主义工作的义务，发现恐怖活动嫌疑或者恐怖活动嫌疑人员的，应当及时向公安机关或者有关部门报告。

（资料来源：笔者整理。）

随着社会治安防控体系的落地下沉，防控触角延伸到"最后一公里"，街面警务站、社区警务室、移动警务室屹立于大街小巷，让平安"看得见"。党的十九大以来，公安部大力推动"全国社会治安防控体系建设示范城市"创建。截至 2022 年 6 月，全国共建设 2.1 万个街面警务站，13.6 万个社区警务室，5 026 个智慧公安检查站，建成 25.6 万个智能安防社区，培育平安类社会组织 2.1 万个，社会治安防控体系的

图片来源：平安东胜

立体化、专业化、信息化水平提升。警务勤务触角从传统公安派出所延伸到街面社区,填补了服务群众、打击犯罪中时间和空间的断层和盲点,各类基层社会治安服务设施成为 24 小时不打烊守护辖区的"平安站"、服务群众的"暖心站"。

> **知识链接**
>
> ### 《关于加强社会治安防控体系建设的意见》的主要内容
>
> 社会治安防控体系建设是推进社会治理现代化、建设更高水平平安中国的基础性工程,其目标任务,在于健全社会治安防控运行机制,编织社会治安防控网,提升社会治安防控体系建设法治化、社会化、信息化水平,增强社会治安整体防控能力,努力使影响公共安全的暴力恐怖犯罪、个人极端暴力犯罪等得到有效遏制,使影响群众安全感的多发性案件和公共安全事故得到有效防范。具体包括如下内容:
>
> 一是加强社会治安防控网建设。加强社会面治安防控网建设,加强重点行业治安防控网建设,加强乡镇(街道)和村(社区)治安防控网建设,加强机关、企事业单位内部安全防控网建设,加强信息网络防控网建设。
>
> 二是提高社会治安防控体系科技水平。加强信息资源互通共享和深度应用,加快公共安全视频监控系统建设,健全社会治安形势分析研判机制,健全实战指挥机制,健全部门联动机制,健全区域协作机制。
>
> 三是完善社会治安防控运行机制。健全社会治安形势分析研判机制,健全实战指挥机制,健全部门联动机制,健全区域协作机制。
>
> 四是运用法治思维和法治方式推进社会治安防控体系建设。运用法律手段解决突出问题,加强基础性制度建设,严格落实综治领导责任制。
>
> 五是建立健全社会治安防控体系建设工作格局。加强党委和政府对社会治安防控体系建设的领导,充分发挥综治组织的组织协调作用,充分发挥政法各机关和其他各有关部门的职能作用,充分发挥社会协同作用,积极扩大公众参与。
>
> (资料来源:笔者整理。)

与此同时,面对突出问题和民生热点,以及社会治安形势的新变化,通过专项整治行动,集中打击社会不安定因素和恶势力,以雷霆之势涤荡污泥浊水,全方位维护人民生命财产安全。

2018—2020 年三年扫黑除恶专项斗争,成为党的十八大以来最得人心的大事之一，也是平安中国建设的标志性事件之一。打掉黑组织 3 644 个、涉恶犯罪集团 11 675 个，打掉的涉黑组织是前十年总和的 1.28 倍，立案处理涉黑涉恶腐败和保护伞 11.59 万人。其规格之高、力度之大、时间之久，前所未有，通过这场专项斗争，黑恶犯罪得到根本遏制，营商环境持续优化，基层基础全面夯实，党风政风社会风气明显好转，这在中国乃至世界反有组织犯罪历史上都是不寻常的成就。

以电信网络诈骗为代表的新型网络犯罪，成为当前信息社会的主流犯罪模式，让人民群众深恶痛绝，新冠疫情使公众生产生活加速向线上转移，进一步加剧了案件高发，加上 80% 的境外作案比例，使得网络诈骗犯罪成为全球性打击治理难题。2021年 4 月以来，各地区各部门以前所未有的

图片来源：法制网

力度和举措向电信网络诈骗发起凌厉攻势，公安机关深入开展"云剑""断卡""断流""拔钉"等专项行动，全力斩断电诈犯罪链条、摧毁电诈犯罪网络、挤压电诈犯罪空间，组织华南、华东和京津冀片区的区域会战，2021 年 4 月至 2022 年 7 月期间，先后发起集群战役 150 次，国家反诈中心推送预警指令 1.45 亿条，会同有关部门拦截诈骗电话 28.1 亿次、短信 33.6 亿条，封堵涉诈域名网址 400 万个，紧急拦截止付涉案资金 5 518 亿元，成功避免 1.09 亿名群众受骗。2022 年，全国反诈实现了"两升两降"工作目标——共破获电信网络诈骗案件 39.1 万起，同比上升 5.7%，抓获犯罪嫌疑人数同比上升 64.4%，立案数同比下降 17.3%，造成财产损失数额同比下降 1.3%，电信网络诈骗犯罪近年来持续上升的势头得到有效遏制。

> **知识链接**
>
> ## 电信网络诈骗成为全球性打击治理难题
>
> 随着信息社会快速发展，犯罪结构发生了重大变化，传统犯罪持续下降，电信网络诈骗为代表的新型网络犯罪成为主流，在世界各国均呈现迅猛

增长态势，成为全球性打击治理难题——诈骗手法识别难，区块链、虚拟货币、AI 智能、GOIP 等新技术新业态发展背景下，诈骗集团犯罪工具和作案手法"花招百出""无孔不入"；——跨境打击难，属地责任落实尚不到位，人员控不住、劝不回，仍有大量涉诈者滞留境外，各国合作协议尚不完善，始终存在止付慢、查处难等问题，跨境打击力度和速度大打折扣；——有组织犯罪打击难，境外诈骗团伙往往呈现"组织严密、分工明确、多行业支撑、产业化分布、集团化运作"的跨国有组织犯罪特征。

为此，公安部按照"四专两合力"的总体工作思路，多措并举，最大幅度压减赴境外作案人员，最大限度挤压境外诈骗分子生存空间。会同国家移民管理局等有关部门，先后向东南亚、中东等地区派出多个工作组，排除万难推动国际执法合作，遣返近千名嫌疑人，对境外诈骗团伙震慑巨大；同时，开展针对境外卡头卡贩的"断卡"严厉打击行动，深挖彻查重点团伙，直指斩断非法偷渡境外从事电诈活动的"人员流"，通过"拔钉"行动，全力缉捕境外重大头目；此外，加大源头管控力度，依托国务院联席会议机制，压紧压实党委政府主体责任，拦截劝阻和教育劝返"两手抓两手都要硬"。

（资料来源：笔者整理。）

自 2018 年以来，中国政府针对网上突出违法犯罪和网络乱象，连续 5 年开展以集群战役和专项整治为抓手，以人民群众满意、网络秩序安定为目标的"净网"专项行动，对网络违法犯罪发起强大攻势，共侦破案件 25.5 万起，包括侦办侵犯公民个人信息案件 1.7 万余起……抓获犯罪嫌疑人 38.5 万名，对 16.2 万家违法互联网企业、单位依法予以行政处罚，打掉非法支付结算等各类团伙 6 000 余个……落实网络安全等级保护、关键信息基础设施安全保护制度，保障百姓安全上网。

知识链接

"净网"行动

"净网"行动自 2011 年首次开展以来，截至 2023 年，已经连续开展 13 年。"净网"行动伊始，其主要打击目标为网上涉枪涉爆违法犯罪活动，2011 年，为期 3 个月的净网行动挂牌整治了包括网购平台、论坛在内的数十家网站，是针对暴力犯罪的一次行动。

从 2012 年开始，"净网"行动开始和"扫黄打非"行动结合起来，治理对象变得轻量化，首次提出"抓源头、打基础、切断利益链，网上与网下治理相结合"的行动理念，此后的 5 年，净网行动成为全国"扫黄打非"工作小组办公室、国家互联网信息办公室、工业和信息化部、公安部为依法严厉打击网络淫秽色情信息传播的专项特别行动，这期间，中国建立起了互联网实名制度和网络内容审核机制。

随着信息化社会发展，网络黑灰产抬头，多元新型网络犯罪形式出现，金融诈骗、个人信息盗取等网络安全问题取代淫秽色情传播，成为互联网犯罪主流。自 2017 年开始，净网成为守护网络安全第一线。2018—2022 年期间，公安部严打侵犯公民个人信息、黑客攻击破坏、网络黑产、网络赌博、网络淫秽色情、网上虚假信息等严重危害网络秩序和人民权益的突出违法犯罪行为，针对物料供应、技术支持、广告推广和支付结算等网络犯罪关键要素环节，聚焦生态打击发力，坚持打击与整治并重，切实加强网络平台源头治理，不断强化安全监督检查和行政执法，深入整顿网上秩序，持续营造安全、清朗、有序的网络环境。

（资料来源：笔者整理。）

社会安全在于基层安定，平安中国建设，群众既是最大受益者，又是广大建设者。面对社会矛盾纠纷复杂、多元、突发的新情况，**"以最低层级、用最短时间、花相对最小成本，将人民内部矛盾化解在萌芽状态"**，是平安中国建设之道。为此，中国持续推进社会治理重心下沉，健全社会矛盾纠纷多元预防调处化解综合机制，把小矛盾、小问题化解在基层，把大量纠纷解决在诉讼之前……走出了一条中国特色社会治理道路，"小事不出村、大事不出镇、矛盾不上交，就地化解"——"枫桥经验"在实践中不断发展，已成为全国平安建设、构建和谐社会的一大法宝，成为"中国之治"的一张重要名片。2020 年，全国法院受理的诉讼案件总数、民事诉讼案件数在持续增长 15 年之后首次实现"双下降"。近年来，全国信访总量明显下降，集体访总量已连续 11 年下降。

第六章
坚持人与自然和谐共生，擘画绿水青山的美丽中国

党的二十大报告指出："我们坚持绿水青山就是金山银山的理念，坚持山水林田湖草沙一体化保护和系统治理，全方位、全地域、全过程加强生态环境保护，生态文明制度体系更加健全，污染防治攻坚向纵深推进，绿色、循环、低碳发展迈出坚实步伐，生态环境保护发生历史性、转折性、全局性变化，我们的祖国天更蓝、山更绿、水更清。"近十年来，中国生态文明建设创造多个世界之最：全球能耗强度降低最快国家之一、全球空气质量改善速度最快的国家、全球森林资源增长最多和人工造林面积最大的国家。中国坚持人与自然和谐共生，在生态环境治理等领域取得了举世瞩目的成就，绿色发展理念深入人心，为国际社会提供了具有借鉴意义的宝贵经验。

第一节　踔厉奋发推进"双碳"目标，多路并进撬动"绿色蝶变"　35.2%

关键数据：

- 十年来，我国单位 GDP 二氧化碳排放累计下降 35.2%，能耗强度累计下降 26.3%。
- 非化石能源消费比重达到 17.2%，煤炭消费比重下降至 56.2%，水电、风电、太阳能发电、生物质发电装机容量均居世界首位。
- 交通领域绿色转型持续推进，新能源汽车产销量居世界第一。
- 我国建成全球最大的碳排放权交易市场。

力争 2030 年前实现碳达峰、2060 年前实现碳中和，是以习近平同志为核心的党中央经过深思熟虑作出的重大战略决策，是我国向世界作出的庄严承诺，也是推动高质量发展的内在要求[①]。在推进实现"双碳"目标的过程中，我国紧紧牵住降碳"牛鼻子"，加快形成绿色生产方式和生活方式，不仅在能源、交通运输等领域取得了重大成就，还成功建成了全球规模最大的碳市场，助力"双碳"逐梦征程。

■ 能源发展"绿肥黑瘦"，绿色转型提质增效

实现"双碳"目标，能源领域是主战场、主阵地，能源电力行业低碳转型是重要实现路径和战略选择。十年来，我国深入推进能源结构优化调整，能源发展呈现出典型的"绿肥黑瘦"特征，经济发展的"含绿量"显著提升。我国单位 GDP 二氧化碳排放量累计下降 35.2%，能耗强度累计下降 26.3%，是全球二氧化碳排放量降低最快的国家之一，为逐步实现"双碳"目标贡献力量。我国以年均 3% 的能源消费增速支撑了年均 6.5% 的经济增长，累计节能约 14 亿吨标准煤，少排放二氧化碳约 29.4 亿吨，有力缓解了能源供需之间的矛盾，为我国实现碳达峰碳中和创造了良好的开局，奠定了坚实的基础[②]。

一是能源转型"向新而变"，电力行业加速"逐绿前行"。过去十年，我国能源消费结构显著优化，化石能源消费总量逐步减少，能源消费结构向清洁低碳加快转变。我国在能源领域进行了一系列深入的研究和规划，制定并出台了《可再生能源发展"十三五规划"》等诸多具有重大影响力的专项政策和规划，构建了一个完整的、推动能源革命的战略规划体系，可再生能源实现从小到大、从大到强的质的飞跃。从政策的支持到技术的积累，中国能源发展不断向绿色发展目标迈进。

十年间，我国煤炭消费量占能源消费总量的比重持续下降，清洁能源消费比重逐年增加，实现能源消费升级。煤炭消费比重由 2012 年的 68.5% 降至 2022 年的 56.2%，下降 12.3 个百分点。与此同时，清洁能源快速发展，天然气、水电、核电、风电、太阳能发电等清洁能源消费比重由 2012 年的 14.5% 升至 25.9%，增长 11.4 个百分点，几近翻倍。

非化石能源消费比重持续提高，能源消费更清洁。非化石能源占能源消费

---

① 北京市习近平新时代中国特色社会主义思想研究中心：《深刻认识和把握碳达峰碳中和（深入学习贯彻习近平新时代中国特色社会主义思想）》，《人民日报》，2022 年 9 月 1 日。

② 赵辰昕：《扎实推进节能工作　促进经济社会发展全面绿色转型》，《人民日报》，2022 年 6 月 13 日。

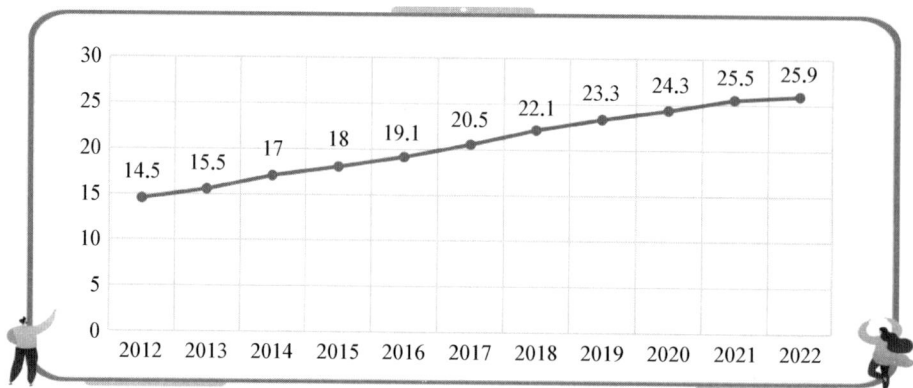

图 6-1 2012—2022 年清洁能源消费占能源消费总量的比重

资料来源：国家能源局

总量比重指核电、风能、水能、太阳能、生物质能、地热能等非化石能源消费占能源消费总量的比重，是我国应对气候变化国际承诺的重要指标。2022 年，我国非化石能源消费比重为 17.2%，比 2012 年提高 8.1 个百分点。即使是在 2021年全球能源供应紧张的背景下，与欧洲多国重启煤电不同，我国仍然坚定不移地推进能源绿色转型，非化石能源发展保持力度不减，从 2020 年的 15.9%提高到16.6%，占能源消费总量比重提高了 0.7 个百分点，显示出了中国在全球能源转型中的领导地位和坚定承诺。当前，我国非化石能源消费量占世界总量的近 1/4，居全球第一。

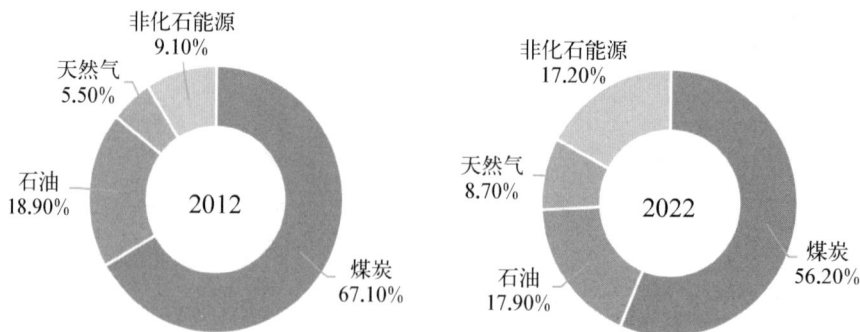

图 6-2 2012 年和 2022 年能源消费结构对比

资料来源：国家能源局

二是风光无限，可再生能源发电快速发展。截至 2022 年底，我国可再生能源发电总装机达到 12.13 亿千瓦，历史性地超过全国煤电装机，占全国发电总装机的 47.3%,年发电量 27 000 多亿度,占全社会用电量的 31.6%,相当于欧盟 2021 年全年用电量。水电、风电、光伏发电装机规模稳居世界第一,已建成全球规模最大的清洁发电体系。在世界银行组织的全球优化营商环境评价中,我国"获得电力"指标排名从 2017 年的第九十八位提升至 2019 年的第十二位,跻身"全球最佳实践行列"。

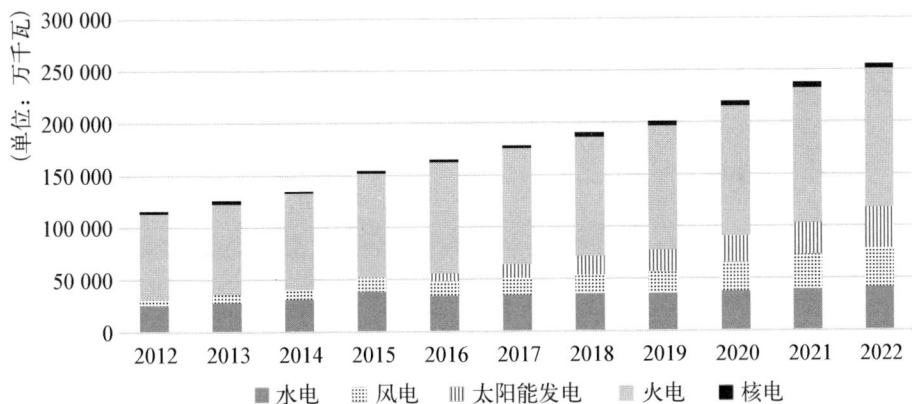

图 6-3　2012—2022 年中国发电装机容量

数据来源:国家能源局

随着能源革命深入推进,可再生能源进入高质量发展的新阶段。从西部戈壁的风力发电,到东部沿海的太阳能光伏;从北国雪原的生物质能,到南疆大地的水力发电,可再生能源如雨后春笋般崛起,为我国的能源结构注入了绿色动力。从无到有,从弱到强,我国可再生能源发展走过了从跟随到领跑的辉煌历程。

我国作为全球最大的能源消费国,对全球能源市场有着深远的影响。在当前全球气候变暖、环境污染等问题日益严峻的背景下,推进能源结构绿色转型,既是顺应世界潮流的大势所趋,也是自身实现可持续发展的内在要求。一方面,能源转型是实现碳达峰、碳中和目标的首要任务和关键一环,为实现减污降碳协同增效、促进经济社会发展和全面绿色低碳转型提供总抓手。另一方面,能源转型对减轻石油、动力煤等传统能源对我国经济的制约,提高能源的自给率,从而对我国经济的稳定和持续增长产生积极影响。

中国在可再生能源领域实现了跨越式发展,居于世界领先水平。国际能源署(IEA)的数据显示,自 2017 年以来,我国可再生能源发电量占比高于世界平

华能上都百万千瓦级风电基地项目

图片来源：国务院国有资产监督管理委员

均水平（图6-4）。如今中国的表现远超预期。国际能源转型委员会副主任迈克·海姆斯利说："中国正以如此惊人的速度打造可再生能源，据说其表现超过他们为自己设定的目标。"我国可再生能源发展为全球减排作出积极贡献，2022年我国可再生能源发电量相当于减少国内二氧化碳排放约22.6亿吨，出口的风电光伏产品为其他国家减排二氧化碳约5.73亿吨，合计减排28.3亿吨，约占全球同期可再生能源折算碳减排量的41%。我国已成为全球应对气候变化的积极参与者和重要贡献者[1]。

补齐短板，可再生能源技术产业体系日益完备。 十年间，我国在可再生能源领域的技术研发、装备制造、工程建设和运维管理等方面，已经建立起一套相对完善的技术产业链条和服务体系，成为全球可再生能源产业的领跑者。

例如，在技术研发方面，水电领域自主设计制造了全球最大的百万千瓦水轮机组；在风电领域，中国拥有低风速风电技术，位居世界前列；光伏发电技术快速迭代，多次刷新电池转换效率世界纪录。从装备制造来看，国产化能力不断增强。国内风电装机90%以上采用国产风机，10兆瓦海上风机开始试验运行。

---

[1]《国家能源局2023年一季度新闻发布会文字实录》，国家能源局，2023年2月13日。

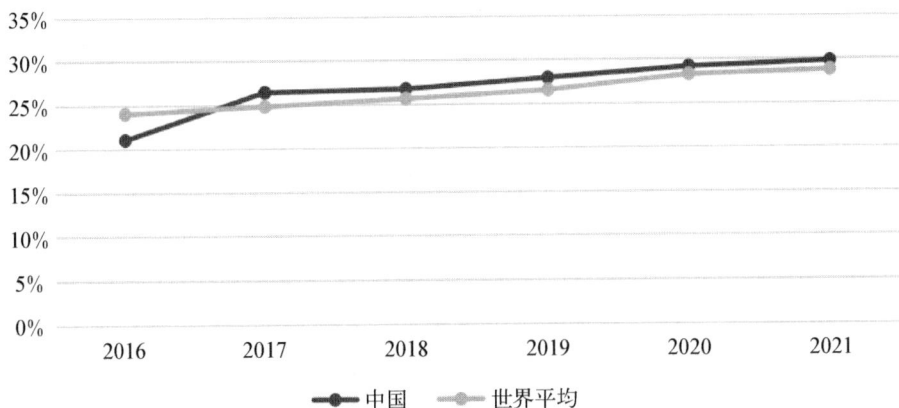

图 6 - 4　2016—2022 年可再生能源发电量占比

资料来源:国家能源局、国际可再生能源机构

当下的中国,从沙漠戈壁到蔚蓝大海,从世界屋脊到广袤平原,可再生能源发展展现出勃勃生机。在金沙江上,世界第二大水电站白鹤滩水电站累计生产清洁电能突破 300 亿千瓦时,不断提升我国电力供应保障能力;在河西走廊酒泉段,绵延 300 多公里的戈壁荒漠上,近 7 000 台风机迎风旋转,每天近 9 000 万度绿色电能源源不断地输送到我国中东部地区;在浙江温岭,全国首座潮光互补型光伏电站已投入运行,累计发电量突破 2 亿千瓦时。我国以沙漠、戈壁、荒漠地区为重点的大型风电光伏基地建设也已拉开大幕,目前第一批约 1 亿千瓦的大型风电光伏基地项目已开工超过 9 500 万千瓦。"十四五"时期,我国可再生能源发电量增量在全社会用电量增量中的占比将超过 50%,风电和太阳能发电量将实现翻倍[1]。

> **知识链接**
>
> ### 可再生能源重大工程取得重大进展
>
> ➢ 以沙漠、戈壁、荒漠地区为重点的大型风电光伏基地建设进展顺利。第一批 9 705 万千瓦基地项目已全面开工,部分已建成投产,第二批基地部分项目陆续开工,第三批基地已形成项目清单。

---

[1] 《【奋进新征程　建功新时代·伟大变革】我国可再生能源实现跨越式发展》,国家能源局,2022 年 7 月 10 日。

> ➤ 水电建设积极推进。白鹤滩水电站 16 台机组全部建成投产,长江干流上的 6 座巨型梯级水电站,乌东德、白鹤滩、溪洛渡、向家坝、三峡、葛洲坝形成世界最大"清洁能源走廊"。
>
> ➤ 抽水蓄能建设明显加快。2022 年,全国新核准抽水蓄能项目 48 个,装机 6 890 万千瓦,已超过"十三五"时期全部核准规模,全年新投产 880 万千瓦,创历史新高。
>
> (资料来源:《我国可再生能源继续保持全球领先地位》,《光明日报》,2023 年 02 月 14 日)

中国可再生能源行业的快速扩张离不开强有力的政府政策,这创造了一个多元化的能源网络,其中包含一系列绿色替代性能源和创新技术。就在许多国家政府才刚刚开始考虑应对气候变化的必要性时,中国已经完全走上成为一个可再生能源强国的道路。国家知识产权局发布的数据显示,2016—2022 年,我国国家知识产权局授权 20.6 万件,占全球绿色低碳专利授权量的 36.8%。2016—2022 年,中国绿色低碳专利授权量年均增长 9.3%,除中国以外全球其他国家(地区)呈现负增长(−1.9%)。从技术来源看,2016—2022 年,中国累计提交绿色低碳专利首次申请的数量为 39.8 万件,占全球总申请数的 58.2%,是全球提交绿色低碳专利首次申请并公开数量最多的国家(图 6-5)。从技术领域

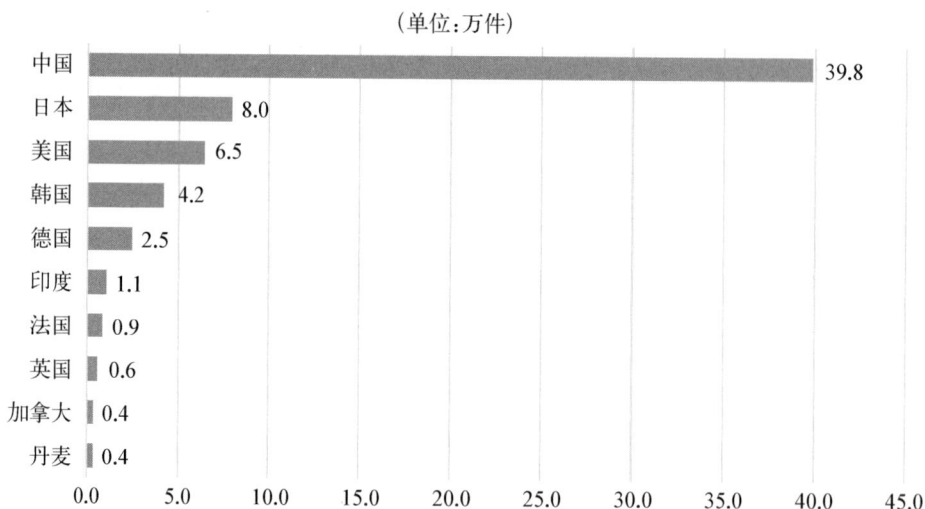

图 6-5　全球绿色低碳专利首次申请来源主要国家(2016—2022 年累计)

数据来源:国家知识产权局《2023 全球绿色低碳技术专利统计分析报告》

来看,中国专利权人在煤炭清洁高效利用、石油及天然气清洁领域专利授权的年均增速分别为 9.0%、4.6%,分别高于全球平均水平 8.5 个百分点和 6.5 个百分点,在化石能源碳排放持续走高的背景下,为全球化石能源发展增添创新动能①。

从世纪初的艰难起步,到如今的全球领先,我国可再生能源实现了从"补充能源"到"替代能源"的历史性跨越,实现了从"引进技术"到"自主创新"的成功转型。从政策扶持到市场驱动,从试点示范到全面推广,我国可再生能源发展不断提速,这是一段绿色发展、造福人民的历程,也是一段勇于担当、砥砺前行的历程。我国可再生能源发展,既为满足人民群众日益增长的美好生活需要提供了清洁能源,也为全球应对气候变化作出了积极贡献。

■ 交通行业绿色升级,"驶"向低碳新赛道

在我国,交通运输领域是碳排放"大户",占全国终端碳排放约 15%。要实现"碳达峰、碳中和"的目标,交通运输行业承担着重要的任务。因此,我国积极践行绿色发展理念,多措并举加速交通行业绿色转型。

一是新能源汽车产业发展驶入"快车道"。 在以新能源汽车补贴为代表的政策支持下,我国新能源汽车产业发展从小到大、从弱变强,成为引领全球汽车产业转型升级的重要力量。2014 年,我国新能源汽车产量仅为 8.4 万辆,销量为 7.5 万辆;2022 年,新能源汽车产产销量再创新高,分别为 705.8 万辆和 688.7 万辆,连续 8 年位居全球第一,新能源汽车市场占有率已增至 25.6%。截至 2022 年底,新能源汽车保有量达 1 310 万辆,占汽车总量的 4.10%(图 6-6)。其中,纯电动汽车保有量 1 045 万辆,占新能源汽车总量的 79.78%。新能源汽车逐渐成为市场主力军。

二是公共领域车辆电动化转型乘势而上。 近年来,为提高新能源车普及程度,我国积极在多个领域形成示范作用以减少对传统燃油车的依赖,降低能源消耗和污染排放,其中包括在城市公交、出租、环卫、物流配送、民航、机场以及党政机关等领域。截至 2021 年末,新能源公交车达到 50.89 万辆,占公交车总量的 71.7%;新能源出租汽车达到 20.78 万辆。不断推进铁路移动装备的绿色转型,电力机车占比由 2012 年的 51.2% 提升到 2022 年的 64.5%。推动公共领域车辆电动化,有助于减少交通污染,改善城市空气质量,减少温室气体排放量。同时,对带动和扩大新能源汽车消费,促进汽车产业技术革新和结构升级,推动汽车产业由传统

---

① 国家知识产权局:《2023 全球绿色低碳技术专利统计分析报告》,2023 年 5 月。

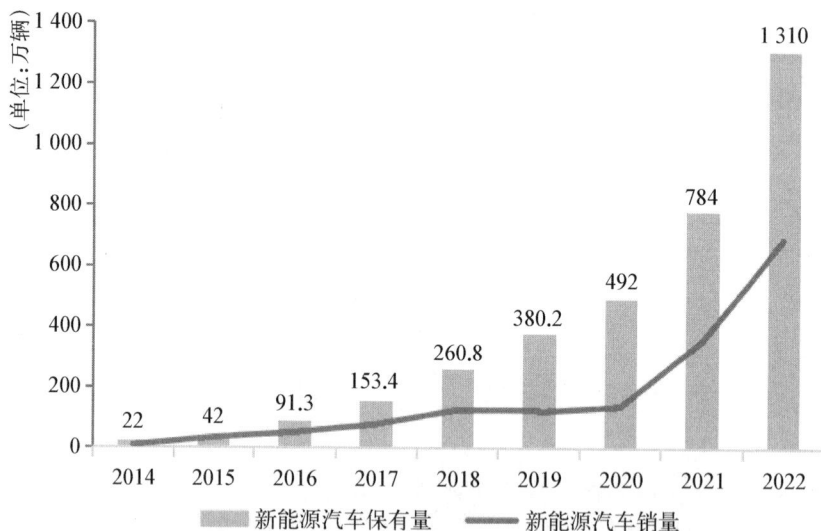

图 6-6 2014—2022 年中国新能源汽车销量和保有量

数据来源：国家发改委

制造向智能制造转型，实现产业高质量可持续发展，也具有十分重要的现实意义。

三是交通基础设施绿色化水平不断加速。交通基础设施是交通运输行业绿色低碳转型的重要领域，其中不仅包括道路、桥梁、隧道等传统交通设施，还涵盖了新能源汽车充电桩、加气站、公共交通系统等新型交通设施。在绿色低碳转型过程中，交通基础设施的绿色转型不仅可以提高交通运输效率，降低能耗和污染排放，还可以引导和促进绿色出行习惯的养成，推动整个社会向绿色低碳方向转变。当前，在我国交通基础设施建设总量跃居世界前列的同时，尤其是在绿色公路和绿色港口建设方面也取得显著成效。截至 2021 年底，高速公路、普通国省道废旧路面材料循环利用率分别达到 95％、80％以上。持续提升公路和铁路绿化水平，2022 年完成公路绿化里程近 10 万公里。全国铁路绿化里程累计达 5.59 万公里，铁路线路绿化率达 87.32％。深入推进港口和公路绿色交通配套设施建设，截至 2021 年底，主要港口五类专业化泊位岸电设施覆盖率达 75％①。

四是绿色出行方式悄然兴起。通过大力推广新能源汽车、城市公共交通、自行车和步行等绿色出行方式，推动形成了简约适度、绿色低碳的生活方式。网约车、共享单车等交通运输新业态新模式蓬勃规范发展，为全球提供了中国经验。2022 年，网约车的日均订单量超过了 2 000 余万单，共享单车的日均订单量超过

① 中华人民共和国国务院新闻办公室：《新时代的中国绿色发展》，2023 年 1 月。

了 3 300 万单。《2022 年中国主要城市共享单车/电单车骑行报告》显示,共享单车用户人均年减碳 43.3 千克,对比 2020 增加 8.2 千克。共享电单车用户人均年减碳 52.1 千克,对比 2020 年,共享单车车均年减碳量同比增加 13.1 千克。

共享单车

图片来源:《深圳晚报》

■ 从无到有、从有到强,用碳市场活力激发绿色动力

全国碳排放权交易市场(以下简称"全国碳市场")是利用市场机制应对气候变化、推动绿色低碳发展方面的一项重大创新举措,既有助于优化资源配置,提高减排效率,又能够引导和推动产业结构调整和转型升级,为实现我国碳排放峰值目标和碳中和愿景提供有力支撑。2021 年 7 月 16 日,全国碳市场上线交易正式启动。纳入发电行业重点排放单位 2 162 家,覆盖约 45 亿吨二氧化碳排放量,是全球规模最大的碳市场[①]。全国碳市场上线交易得到国内国际高度关注和积极评价。肯尼亚美国国际大学学者斯蒂芬·恩德格瓦表示,中国积极投入力量,启动碳排放权交易市场,不仅反映了中国发展绿色科技、建设生态文明的进展,更展现出中国为应对全球气候变化贡献力量的决心。

截至 2022 年 12 月 31 日,全国碳市场碳排放配额累计成交量约 22 968 万吨,累计成交金额约 105 亿元,市场运行总体平稳有序(表 6 - 1)。

---

① 中华人民共和国国务院新闻办公室:《中国应对气候变化的政策与行动》,2023 年 1 月。

表 6-1　2021—2022 年全国碳市场成交情况

年份	成交总量（万吨）	成交总额（亿元）	挂牌成交量（万吨）	挂牌成交额（亿元）	大宗协议成交量（万吨）	大宗协议成交额（亿元）	成交均价（元/吨）
2021	17 878.93	76.61	3 077.46	14.51	14 801.48	62.10	42.85
2022	5 088.95	28.14	621.90	3.58	4 467.05	25.56	55.30
合计	22 967.88	104.75	3 699.36	18.09	19 268.53	87.66	98.15

十年磨一剑。从多地试点启动到全国性交易市场上线运行,作为我国向碳达峰、碳中和"双碳"目标迈进的核心政策工具,全国碳市场碳的发展和完善不断循序渐进。

开展碳排放权交易试点工作。2011 年 10 月,碳排放权交易地方试点工作在北京、天津、上海、重庆、广东、湖北、深圳 7 个省、市启动。2013 年起,7 个试点碳市场陆续开始上线交易,覆盖了电力、钢铁、水泥 20 多个行业近 3 000 家重点排放单位。截至 2022 年底,全国碳市场碳排放配额(CEA)累计成交量 22 967.88 万吨,累计成交额 104.75 亿元。[1] 碳市场的实施是我国第一次从国家层面将温室气体控排责任压实到企业,利用市场机制发现合理碳价,引导碳排放资源的优化配置,在实现碳达峰、碳中和的目标中发挥着重要的作用。

持续推进全国碳市场制度体系建设。制度体系是推进碳市场建设的重要保障。为更好地推进完善碳交易市场,我国先后印发《全国碳排放权交易市场建设方案(发电行业)》《碳排放权交易管理办法(试行)》等文件,逐步明确了碳市场的交易规则、监管机制和法律责任等。为了确保碳市场的有效运行,中国建立了碳排放数据核算体系,要求重点排放单位报告其碳排放情况。积极推动《碳排放权交易管理暂行条例》立法进程,并完善配套交易制度和相关技术规范,夯实碳排放权交易的法律基础。[2]

建立温室气体自愿减排交易机制。为调动全社会自觉参与碳减排活动的积极性,2012 年,中国建立温室气体自愿减排交易机制。截至 2021 年 9 月,自愿减排交易累计成交量超过 3.34 亿吨二氧化碳当量,成交额逾 29.51 亿元。这一

---

① 中华人民共和国国务院新闻办公室:《中国应对气候变化的政策与行动》,2023 年 1 月。
② 中华人民共和国国务院新闻办公室:《中国应对气候变化的政策与行动》,2023 年 1 月。

机制为个人、企业、社区等提供了参与碳减排的机会，他们可以通过自愿减排的方式，减少碳排放，为应对全球气候变化做出贡献。

第二节　污染防治攻坚步履不停，绘就蓝天碧水净土美丽画卷　　29 微克／立方米

关键数据：

- 全国 339 个地级及以上城市细颗粒物（PM2.5）平均浓度下降至 29 微克／立方米，累计下降 59.7％，历史性达到世卫组织第一阶段过渡值。优良天数比率为 86.5％，比 2015 年增长 5.3 个百分点。
- 十年间，Ⅰ—Ⅲ类优良水体断面比例提升了 26 个百分点，达到 87.9％，接近发达国家水平。
- 土壤环境风险得到基本管控，受污染耕地安全利用率达到 90％左右，污染地块安全利用率达到 93％以上。

习近平总书记深刻指出："环境就是民生，青山就是美丽，蓝天也是幸福。""我们要积极回应人民群众所想、所盼、所急，大力推进生态文明建设，提供更多优质生态产品，不断满足人民群众日益增长的优美生态环境需要。"过去十年，在习近平生态文明思想的科学指引下，我们坚决向污染宣战，深入推进蓝天、碧水、净土保卫战！十三五以来，中央财政累计安排生态环境资金 3 439 亿元，用于大

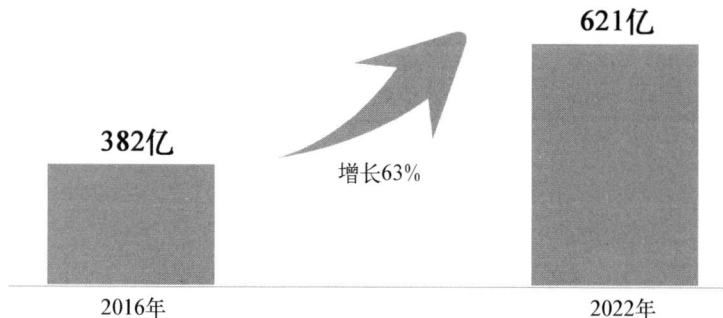

621亿

382亿

增长63%

2016年　　　　　　　　　　　　　　2022年

图 6-7　2016 年和 2022 年生态环保资金投入对比

数据来源：中国生态环境部

气、水、土壤、农村生态环境整治。在财政部的大力支持下,2022 年这四项资金共安排了 621 亿元,与 2016 年相比,增长了 63%。

从坚决向污染宣战,到坚决打好污染防治攻坚战,再到深入打好污染防治攻坚战,中国生态环境保护的措施之实、力度之大、成效之显著前所未有。在这场没有硝烟的战争中,我们以壮士断腕的决心,背水一战的勇气,抓铁有痕的精神,推动生态环境保护发生了历史性、转折性、全局性的变化。

▪ 治污减霾不松劲,天蓝云碧空气新

党的十八大以来,我国以前所未有的力度向大气污染宣战,空气质量发生历史性变化。空气质量改善速度"前所未有",人民群众的"心肺之患"不断治愈,"气质"得到提升。2022 年,空气质量三项约束性指标(优良天数比例、细颗粒物浓度和重污染天数比例)均满足进度要求。**全国地级及以上城市 PM2.5 平均浓度降至 29 微克/立方米,十年间累计下降 59.7%。**我国成为全球大气质量改善速度最快的国家。

城市空气质量达标率首超六成。2013 年,我国推出被誉为"史上最严"的"大气十条"(《大气污染防治行动计划》),降低重点地区 PM2.5 浓度,蓝天保卫战全面打响,中国成为全球第一个大规模开展 PM2.5 治理的发展中国家。2018年,我国又推出"蓝天保卫战"行动计划(《打赢蓝天保卫战三年行动计划》),进一步改善全国空气质量。2022 年,我国空气质量优良天数比率达 86.5%,较 2015年提高 5.3 个百分点;重污染天数比例首次降到 1% 以内,达到 0.9%(图 6-8)。

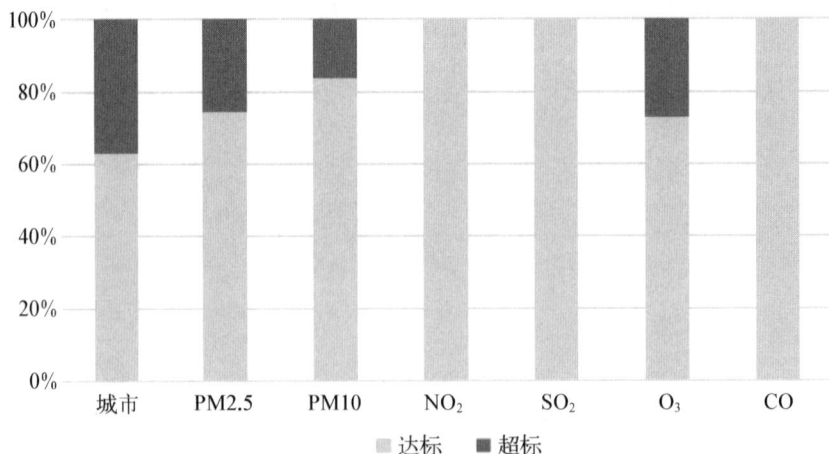

图 6-8　2022 年 339 个城市环境空气质量达标情况

数据来源:中国生态环境部《2022 中国生态环境状况公报》

根据美国彭博新闻社的报道,2013 年到 2020 年这 7 年,中国空气质量改善的幅度相当于美国通过《清洁空气法案》之后 30 多年的成就。

大气主要污染物浓度大幅下降。当前,中国大气污染防治已经走过峥嵘十年,取得了有目共睹的成绩。2022 年,全国地级以上城市的 PM2.5 浓度年均值达到 29 微克/立方米,连续十年下降,首次进入 20＋时代。其他主要污染物 PM10、SO_2、NO_2 年均浓度也大幅下降(图 6-9)。其中,SO_2 年均浓度达到了个位数,降至 9 微克/立方米。这一系列数据的改善,不仅是对十年来环保成果最好的证明,也是老百姓可观可享的小确幸。这些数据的背后,是我国生态环境质量持续改善、污染防治攻坚战取得重要阶段性成果的生动体现。

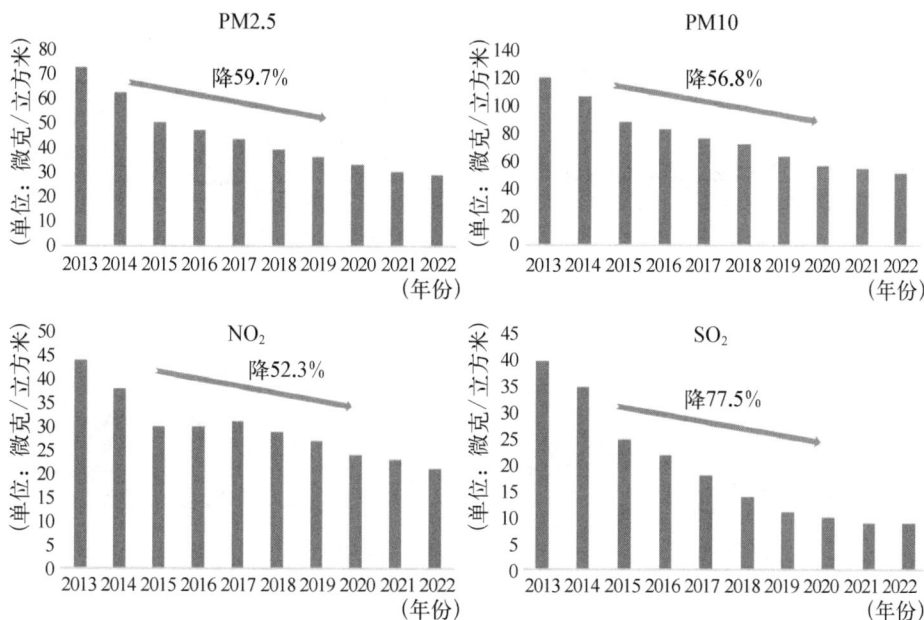

图 6-9 2013—2022 年空气质量主要污染物浓度变化

数据来源:中国生态环境部《中国生态环境状况公报》

从"盼蓝天"到"拍蓝天""晒蓝天",我国成为空气质量改善速度最快的国家。其中,北京空气质量改善惊艳全球,被联合国环境规划署誉为"北京奇迹"。2013 年,北京市政府发布了以"防治 PM2.5 污染"为重点的《2013—2017 清洁空气行动计划》,重点实施压减燃煤、治污减排、清洁降尘等八大污染减排工程,致力于打造一个全方位、全过程、全社会参与的污染减排大格局,正式向"霾"宣战。经过十年的努力,北京市空气质量明显改善。北京市 PM2.5 浓度从 2013 年的

89.5微克/立方米下降至 2022 年的 30 微克/立方米,降幅达 66.5％,首次达到国家二级标准。重污染天数由 2013 年的 58 天减少到 2022 年的 3 天,累计下降94.8％,"北京蓝"成为常态。北京冬奥会期间,PM2.5 平均浓度为 23 微克/立方米,空气质量每日优良,兑现了赛前承诺。

运动员在北京冬奥会场上训练

图片来源:中国日报网

　　打赢蓝天保卫战不是一项简单的工作,每一份成绩取得都离不开党和政府的坚定决心和铁腕治理,离不开各级各部门的紧密协作和迎难而上,离不开每一位环保战士的勇敢亮剑和坚韧不拔。大气污染防治是一场大仗、硬仗,不仅需要我们有坚韧不拔的毅力、坚定不移的决心、持之以恒的行动,还需要我们运用智慧和策略,发挥"巧劲",精准施策,对症下药。蓝天保卫战究竟如何打? 大气污染这道难题如何破解? 该从何处发力? 是党和国家面临的重大课题。

　　十年来,为给群众留住更多蓝天,党中央、国务院层面持续"高位推进",持续发力,大气污染防治工作加力加效。首先,顶层设计更加完善。《大气污染防治行动计划》《打赢蓝天保卫战三年行动计划》等大气污染防治政策规划密集出台,治气政策工具不断优化,蓝天保卫战的"作战图"日益清晰。其次,推进产业结构优化调整、能源结构调整、交通运输结构调整、全面统筹"油、路、车"治理,强化机动车污染防治、有效推进北方地区冬季清洁取暖等。再次,陆续成立大气环境质量预测预报中心、国家大气污染防治攻关联合中心等大气攻关实体单位，为污染治理提供重大技术支撑。最后，大气污染日常监督监测也借上了科技"东风"。借助大数据、走航、无人机、卫星遥感等先进技术领衔的空天地一体化监测网络，各地逐渐搭建起自己的智慧监管平台……生态环保铁军手握精确可靠的环境监测数据"指挥棒"，怀揣洞察污染成因的"定位器"，身佩预知空气质量变化趋势的"望远镜"，脚踏实地地在治气路上努力作为。[1]

治气漫漫路，十年见变化。生态环境部部长黄润秋表示，过去十年，我们头顶上天空的"颜值"一年比一年高了，我们呼吸的空气一年比一年清新了，老百姓对蓝天白云、繁星闪烁的幸福感也一年比一年增强了。在北京，蓝天白云日益成为常态，城区就能拍到星轨；在河南安阳，职工过去不敢穿白衬衣上班的钢铁厂，经过环境整治，变身工业旅游景区。人们以往"盼蓝天"，如今争相"拍蓝天""晒蓝天"，生态环境获得感、幸福感、安全感不断提升。[2] 这是久久为功、持之以恒的成果。

■ 江河湖海治理见实效，碧水清流蕴新颜

水是生存之本、文明之源、生态之基。党的十八大以来，**碧水保卫战取得显著成效**。2021 年，我国Ⅰ—Ⅲ类优良水体断面比例达到 84.9%，已接近发达国家水平。2022 年，水环境质量再创新高，全国地表水监测的 3 629 个国控断面中，水质优良（Ⅰ—Ⅲ类）断面占比为 89.6%（图 6‑10），比2012 年提高了 26 个百分点，"十三五"以来实现"七连升"。重点流域水质持续向好，长江、珠江流域等水质持续为优，黄河流域水质明显改善。**水清岸绿、鱼翔浅底的景象越来越多，我国水环境质量发生了转折性的变化。**

2022 年，长江、黄河、珠江、松花江、淮河、海河、辽河七大流域和

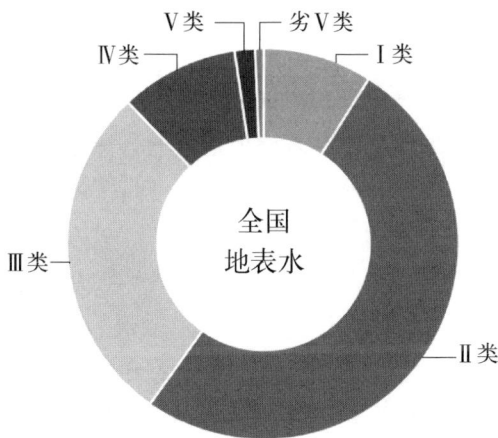

图 6‑10　2022 年全国地表水水质类别比例

数据来源：中国生态环境部《2022 中国生态环境状况公报》

---

[1] 薛丽萍：《十年大气治理　蓝天已成常态》，中国环境公众号，2022 年 9 月 6 日。
[2] 《努力实现蓝天常在空气常新（人民观点）》，《人民日报》，2023 年 5 月 8 日。

浙闽片河流、西北诸河、西南诸河主要江河监测的 3 115 个国控断面中,Ⅰ—Ⅲ类水质断面占 90.2%,比 2012 年上升 20.3 个百分点;劣Ⅴ类水质断面占 0.4%,比 2012 年下降 9.8 个百分点(图 6-11)。其中,长江干流持续 3 年全线达到Ⅱ类水质,黄河干流首次全线达到Ⅱ类水质。2 295 个地级及以上城市(不含州、盟)黑臭水体基本消除。河南省安阳市殷都区水冶镇居民张某,几乎每天都会带着小孙女到珠泉河边散步游玩,"水变得越来越干净,瞅着心里就高兴"[①]。

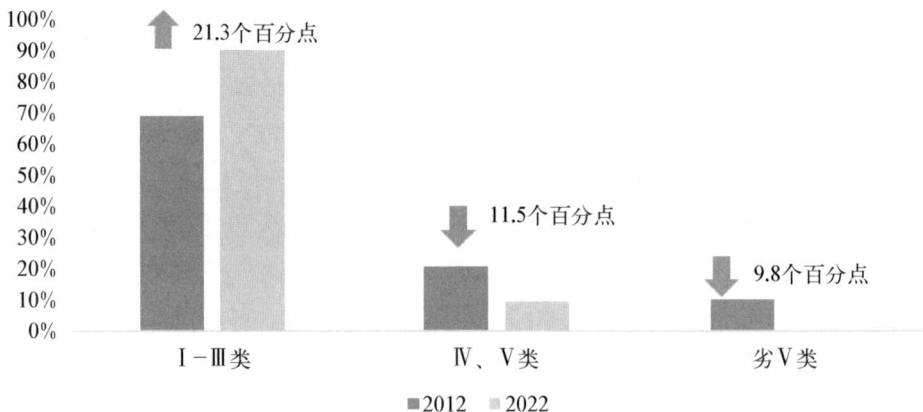

图 6-11 2012 年和 2022 年主要河流水质状况对比

数据来源:中国生态环境部《中国生态环境状况公报》

"水清岸绿、鱼翔浅底",这是人民群众对美好生态环境的殷殷期盼,也是生态环境保护工作者努力奋斗的目标。过去十年,各地区、各部门以改善水环境质量为核心,聚焦保"好水",用"绣花"功夫深化流域精细化整治;聚焦护"饮水",守护老百姓的"水缸"安全;聚焦治"差水",不断巩固水生态治理成效。如今,小溪里,有鱼有虾有白鹭;池塘边,晚风吹来阵阵清凉,治水成效让更多群众望得见山、看得见水、记得住乡愁[②]。我国水环境质量发生了转折性的变化,治水成绩的取得在于一系列有效的措施和持续的行动。

水生态环境保护治理体系不断完善。我国陆续制修订了《水污染防治法》《长江保护法》《地下水管理条例》等一系列法律法规,还制定了 20 多部相关的污染物排放标准,夯实了水生态环境保护的法治基础。在长江、黄河、淮河等七大

① 刘毅,寇江泽:《绘就人水和谐的美丽图景(奋进新征程 建功新时代·非凡十年)》,《人民日报》,2022 年 10 月 8 日。
② 史小静:《2020 年,水质优良断面比例为 83.4% 劣Ⅴ类仅为 0.6% "十三五"水环境质量持续改善》,《中国环境报》,2021 年 3 月 23 日。

流域设立了水生态环境监督管理机构,强化流域治理管理。完成《全国地下水污染防治规划(2011—2020 年)》《地下水污染防治实施方案》,持续开展全国地下水状况调查评价,基本掌握 440 万平方公里 1∶25 万比例尺域地下水质量,初步建立"双源"(地下水型饮用水水源和地下水污染源)清单,掌握城镇 1 862 个集中式地下水型饮用水水源和 16.3 万个地下水污染源的基本信息。实施"国家地下水监测工程"。建成国家地下水监测站点 20 469 个,初步形成覆盖全国 31 个省(市、自治区)、控制面积 350 万平方公里的监测网络[①]。

深入推进河湖长制,扩展水环境治理的制度容量。河湖长制即河长制、湖长制的统称,是由各级党政负责同志担任河湖长,负责组织领导相应河湖治理和保护的一项生态文明建设制度创新。简而言之,即让每一条河流都有河长、每一个湖泊都有湖长,万千河长共同构建起了生命之源的保护伞。截至 2022 年,全国31 个省(市、自治区)党政主要负责同志担任省级河湖长。在省、市、县、乡四级设立了河湖长 30 多万名,村级河湖长 90 多万名。河湖长制的实施,有力推动了河湖管理水平的提升。通过构建责任明确、协调有序、监管严格、保护有力的河湖管理保护机制,为维护河湖健康生命、实现河湖功能永续利用提供了制度保障。

> **知识链接**
>
> ### 河 湖 长 制
>
> 全面推行河湖长制完全符合我国国情水情,是河湖保护治理领域根本性、开创性的重大举措。
>
> 2003 年,浙江省长兴县在全国率先试行河长制。2007 年无锡太湖暴发蓝藻危机,无锡市政府开始尝试推行河长制,取得显著成效。2008 年,江苏省在太湖流域全面推行河长制。2017 年 6 月 27 日,河长制写入新修改的《中华人民共和国水污染防治法》。2016 年 12 月与 2017 年 11 月,中共中央办公厅、国务院办公厅分别印发《关于全面推行河长制的意见》和《关于在湖泊实施湖长制的指导意见》,在全国范围内全面推行河长制。
>
> 5 年来,河湖长制从建机立制、责任到人、搭建四梁八柱的 1.0 版本,到

[①] 苏克敬:《推进〈地下水管理条例〉实施　努力开创我国地下水依法治污新局面》,中华人民共和国生态环境部,2021 年 12 月 11 日。

重拳治乱、清存量遏增量、改善河湖面貌的 2.0 版本，目前已进入全面强化、标本兼治、打造幸福河湖的 3.0 版本。

（资料来源：《国新办举行全面推行河湖长制五周年新闻发布会》，中国政府网，2021 年 12 月 22 日）

重点流域水污染治理取得实效。十三五期间，我国不断加强区域水污染联防联控，出台重点流域水污染防治规划，完善水质与水量联动考核机制等，有效保障了重点河流水环境综合治理。例如，在黄河生态保护治理攻坚方面，已经完成黄河上游及部分中游河段 1.7 万余个排污口的排查，实现了黄河干流全线达到或优于 Ⅲ 类水体的标准。在保障饮用水安全方面，开展全国集中式饮用水水源地环境保护专项行动，累计完成了 2 804 个水源地 1 万多个问题的排查整治，让群众的'水缸子'更加安全。[①]

河湖生态保护修复取得积极进展。对于河湖所面临的水灾、水资源、水生态、水环境等严重问题，我们采取因地制宜的策略，针对具体问题制定精准的解决方案。通过强有力的措施，严厉整治河湖的混乱状况，依法管理河湖空间，加强对水资源的保护，加速水生态的修复，以及大力治理水污染问题。针对太湖、巢湖、滇池、洱海等富营养湖泊，加快了湖泊周边的产业结构调整，推进退圩还湖，严格实施氮磷管控和农业面源污染治理，有效遏制了填湖造地、侵占湖泊水域岸线及违法采砂采矿等违法行为[②]。河湖面貌发生了历史性改变，越来越多的河流恢复生命，越来越多的流域重现生机，越来越多的河湖成为造福人民的幸福河湖。

■ 标本兼治综合施策，守护净土久久为功

土壤是人类赖以生存的最重要的自然资源，土壤安全是保障粮食安全、人居安全、生态环境安全乃至经济社会发展的重要基础。十年来，**我国净土保卫战取得了积极成效，全国受污染耕地安全利用率稳定在 90％以上，土壤污染加剧的趋势得到初步遏制，土壤环境风险得到基本管控，在重点领域固体废物污染防治成效显著。**全国重点建设地安全利用得到有效保障。

水土流失综合治理取得显著成效，持续呈现面积强度"双下降"。由于特殊

---

① 《生态环境部部长黄润秋中宣部"中国这十年"新闻发布会答记者问》，中华人民共和国生态环境部，2022 年 9 月 15 日。

② 《生态环境部部长黄润秋中宣部"中国这十年"新闻发布会答记者问》，中华人民共和国生态环境部，2022 年 9 月 15 日。

的自然地理和历史条件,我国是世界上水土流失最严重的国家之一。一直以来,党和政府围绕水土流失治理采取了一系列措施,印发了《土壤污染防治行动计划》(简称"土十条")等土壤污染防治法规;建立了 41 个全国防沙治沙综合示范区、128 个国家沙漠(石漠)公园;开展了荒漠生态保护补偿试点工作;建立了 26 个荒漠生态系统定位观测站和 13 个沙尘暴地面监测站,初步形成了荒漠定位观测体系和防沙治沙标准化体系①。水土流失防治步入快车道,取得了显著成效。水利部数据显示,十年来,我国水土流失持续呈现面积强度"双下降"、水蚀风蚀"双减少"趋势。2021 年,全国水土流失面积 267.42 万平方公里,比 2012 年下降 27.49 万平方公里,超过了一个广西省的面积。同时,水土流失面积中强烈及以上等级占比下降到 18.93%,水土保持率达到 72.04%。

这十年是我国水土流失治理力度最大、速度最快、效益最好的十年,为生态文明建设奠定了坚实基础。2012—2021 年期间,全国累计完成防沙治沙任务 1 959.87 万公顷,封禁保护沙化土地 2 658 万亩,全国沙化土地面积减少 6 490 多万亩,为实现联合提出的到 2030 年实现土地退化"零增长"目标作出重要贡献。这期间,可治理沙化土地治理率达 53%,实现了由"沙进人退"到"绿进沙退"的历史性转变。

如今,越来越多的河流重新焕发生机,越来越多的流域恢复活力,越来越多的河湖变为给人民带来福祉的美丽河湖。甘肃定西土豆、江西赣南脐橙、陕北苹果等特色产业在水土流失治理过程中培育发展,全国累计 1 000 多万名贫困群众通过水土流失治理受益,年增收约 50 亿元②。越来越多地区实现了荒山披绿、"火焰山"变"花果山"的蜕变。

案 例

长汀水土治理:"火焰山"到"花果山"的华丽转变

福建省长汀县曾是我国南方红壤区水土流失最严重的地区之一。据 1985 年遥感普查,全县水土流失面积达 975 平方公里,占国土面积 31.5%。"三天日头晒裂田、一场洪水黄泥田。"曾经的长汀因水土流失严重,被称作"火焰山"。严重的水土流失恶化了生存环境,加剧了贫困。"头顶大日头,满山瘌痢头;脚踩砂

---

① 黄山:《我国近十年累计完成防沙治沙任务 2.82 亿亩》,《中国绿色时报》,2022 年 6 月 20 日。
② 刘诗平:《防御水旱灾害 建设幸福河湖——"中国这十年"系列主题新闻发布会聚焦新时代水利发展成就》,中国政府网,2022 年 9 月 13 日。

孤头,三餐番薯头。"田瘦人穷,人民饱受困苦,无法摆脱命运。

长期以来,习近平总书记高度重视长汀水土流失治理工作,倾注了大量心血,在福建工作期间曾5次亲赴长汀开展实地调研指导,在不同工作岗位对长汀作出9次重要指示。几代长汀人民筚路蓝缕,接续奋斗,打造"长汀经验"的水土流失治理样本,将"火焰山"变为"花果山"。

1. 创新实行公司化运作机制。长汀县成立国有专业生态治理公司,实行水土流失治理资金"大专项+任务清单"管理模式,按"用途不变、渠道不乱、捆绑使用、各记其功"的原则,有效整合流域治理、林业生态建设、矿山整治、乡村振兴等项目资金向水土流失重点区域倾斜。

2. 探索多样化精准治理模式。例如,对果园按照"山顶戴帽、山脚穿鞋、中间系带"的思路恢复地带性植被;对开发建设造成的水土流失,开展"春节回家种棵树""互联网+全民义务植树——我为长汀水土流失精深治理种棵树"等活动,广泛发动社会力量参与水土流失治理。

3. 致力多类型"专治"示范。强化示范引领作用,着力打造精品工程,分类型分部门建立示范点,形成了"一线两村四园多点"示范线路,为水土流失治理提供生态样本。

长期以来,沙区广大干部群众锻造了艰苦奋斗、久久为功的治沙精神,涌现出河北塞罕坝、山西右玉、内蒙古库布其、甘肃古浪八步沙、新疆阿克苏等先进典型。

案 例

赛罕坝治沙奇迹

赛罕坝位于中国河北省北部,距北京市约300公里。20世纪50年代,塞罕坝是黄沙肆虐、鸟无栖地的不毛之地。为改变"风沙紧逼北京城"的严峻形势,20世纪60年代初,中国组建了塞罕坝机械林场,一支由369人组成的创业队伍,开启了"为首都阻沙源、为京津涵水源"的拓荒之路。几代塞罕坝人在"黄沙遮天日、飞鸟无栖树"的荒山沙地上艰苦奋斗、甘于奉献,创造了将荒原变林海的人间奇迹。与建场初期相比。目前,林场林地面积由24万亩增加到115万亩,林木蓄积量由33万立方米增加到1 036万立方米,森林覆盖率由11.4%提高到82;每年可涵养水源、净化水质2.74亿立方米,固碳81.41万吨,释放氧气57.06

万吨。建场以来,塞罕坝林场以累计 18 亿元的投入,实现资产总值达到 206 亿元,年经济收入由不足 10 万元增加到 1.6 亿元林场职工年均收入达 10 万元,周边 4 万多群众受益,帮助 2.2 万贫困人口实现脱贫致富。2017 年,林场建设者被联合国授予"地球卫士奖"。

蓝天、碧水、净土,正在成为人民幸福生活的"标配"。攻坚,为了美丽中国!在这一过程中,中国不断探索本国特色的环境治理新道路。中央环保督察就是最具中国特色的制度之一。中央环保督察是我国迄今为止生态环境保护领域规格最高、规模最大、范围最广的一项专项工作。督察在推动地方整改中,严肃查处了新疆卡拉麦里山自然保护区违规"瘦身"、腾格里沙漠污染、重庆缙云山国家级自然保护区违建突出、吉林东辽河水质恶化、云南滇池违规违建等问题,解决了一批多年想解决而没有解决的"老大难"。

与此同时,环保督察也将"镜头"对准困扰群众的"身边事""小问题",包括水体黑臭、垃圾乱堆、油烟异味、噪声扰民等。几年来,两轮督察累计受理转办群众生态环境信访举报件 28.7 万件,已办结或阶段办结 28.5 万件。群众身边的生态环境有了看得见摸得着的改变。

知识链接

中央生态环保督察

中央生态环保督察是党中央、国务院关于推进生态文明建设和生态环境保护工作的一项重大制度安排。中央生态环保督察对象主要是各省级党委和政府及其有关部门。督察主要采取听取情况介绍、调阅资料、个别谈话、走访问询、受理举报、现场抽查、下沉督察等方式开展工作,重点由以往的"督企"转向"督政",实现了对"党政企"的全覆盖。

2015 年,习近平总书记亲自谋划部署推动建立中央生态环境保护监督制度,要求将其作为生态文明建设的重要抓手,强化生态环境保护争当同责和一岗多责的要求。

2015 年 7 月,中央全面深化改革领导小组第十四次会议审议通过了《环境保护督察方案(试行)》,明确建立生态环保督察机制,规定督察重点为贯彻党中央决策部署、解决突出环境问题、落实环境保护主体责任的情况。

2019 年 6 月,中共中央办公厅、国务院办公厅印发实施了《中央生态环境保护督察工作规定》,这是生态环境保护领域的第一部党内法规,丰富和完善了督察的顶层设计,明确中央生态环境保护督察是中央级、省级两级督察体制。

2022年1月,中共中央办公厅、国务院办公厅发布《中央生态环境保护督察整改工作办法》,进一步完善督察整改工作长效机制,形成发现问题、解决问题的督察整改管理闭环。

第一轮督察和"回头看"整改方案中明确的3 294项整改任务,总体完成率近96%。第二轮前三批整改方案明确的1 227项整改任务,已完成60%;第四、五、六批督察整改正在积极有序推进 。

(资料来源:《中央生态环境保护督察制度的由来》,天门市人民政府,2022年7月26日)

第三节　砥砺前行筑梦深蓝,人海和谐美丽海洋　97.4%

关键数据:

- 2022年中国海洋生态环境状况稳中趋好,一类水质海域面积占管辖海域面积的97.4%。
- 我国近岸海域Ⅰ—Ⅱ类优良水质海域面积比例为81.9%,比2012年提高12.5个百分点。
- 国控入海河流Ⅰ—Ⅲ类水质断面比例上升33.3个百分点,达80%。
- 中国管辖海域富营养化海域面积下降了70%。
- 截至2022年9月,全国共设立海洋自然保护地145个,总面积约791万公顷。

我国既是陆地大国,也是海洋大国,有1.8万公里的大陆海岸线。进入21世纪,人类进入开发海洋资源和利用海洋战略空间的新阶段,海洋资源的可持续利用及海洋生态环境与保护成为海洋政策的重要任务。党的十八大以来,以习近平同志为核心的党中央高度重视海洋生态文明建设和海洋生态环境保护,秉承"陆海统筹、保护优先"的发展理念，不断改善海洋生态环境质量、维护海洋生态系统健康。总结来看，海洋生态环境保护实现"三新"成就。

■ 陆海统筹齐发力，水清滩净新生态

过去的十年里，我国海洋生态环境保护管理完成了从"污染减排型"向"质量改善型"、从"条块分割型"向"陆海统筹型"、从"事后决策型"向"全程监管型"、从"单一行政型"向"统筹综合型"的四大转变，全国海洋生态环境不断改善，海洋生态系统健康不断提升。[①]

《2022年中国海洋生态环境状况公报》显示，2022年中国海洋生态环境状况稳中趋好。按照点位代表面积来算，一类水质海域面积占管辖海域面积的97.4%。按监测点位计算，近岸海域水质持续改善，优良（一、二类）水质海域面积比例为81.9%，比2012年提高12.5个百分点（图6-12）。

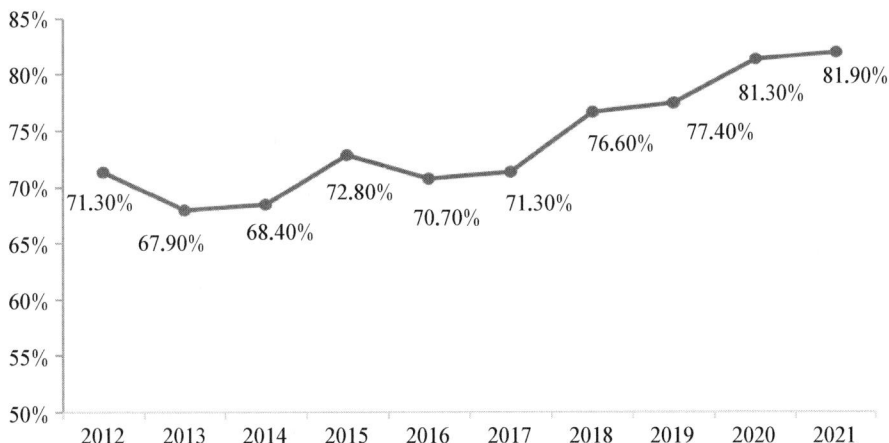

图6-12　2012—2022年优良（一、二类）水质海域面积比例

数据来源：中国生态环境部《中国海洋生态环境状况公报》

随着近海海域水质的提升，中国海域的富营养化问题得到有效治理。与2012年相比，中国管辖海域富营养化海域面积下降了70%（图6-13），有效缓解气候变化下海洋酸化、缺氧等生态灾害风险。

近年来，我国采取系统措施，协同推进海域与海洋生态环境保护，为促进海洋生态环境的改善提供重要支撑。

---

① 关道明，梁斌，张志锋：《我国海洋生态环境保护：历史、现状与未来》，《环境保护》2019年第17期。

9.8万平方公里

减少70%

2.9万平方公里

2012年　　　　　　　　　2022年

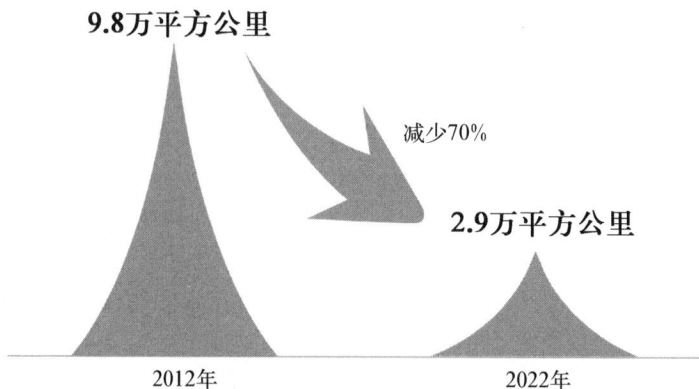

图6-13　2012年和2022年中国管辖海域富营养化海域面积变化

数据来源：中国生态环境部《中国海洋生态环境状况公报》

　　陆海统筹,持续提升入海河流水质。随着经济社会的快速发展,通过多种方式和途径排入近岸海域的污染物总量居高不下。为更好地改善海洋环境,我国加强陆海统筹,部署开展入海排污口整治与规范化监管、入海河流水质改善、沿海城市污染治理等行动,全面整治入海污染源,入海河流劣Ⅴ类国控断面基本消劣,近岸海域水质优良比例明显提升。2022年,在监测的230个入海河流国控断面中,Ⅰ—Ⅲ类水质断面占80.0%,比2012年提升了33.3个百分点;劣Ⅴ类水质断面占0.4%,比2012年下降了24个百分点(图6-14)。

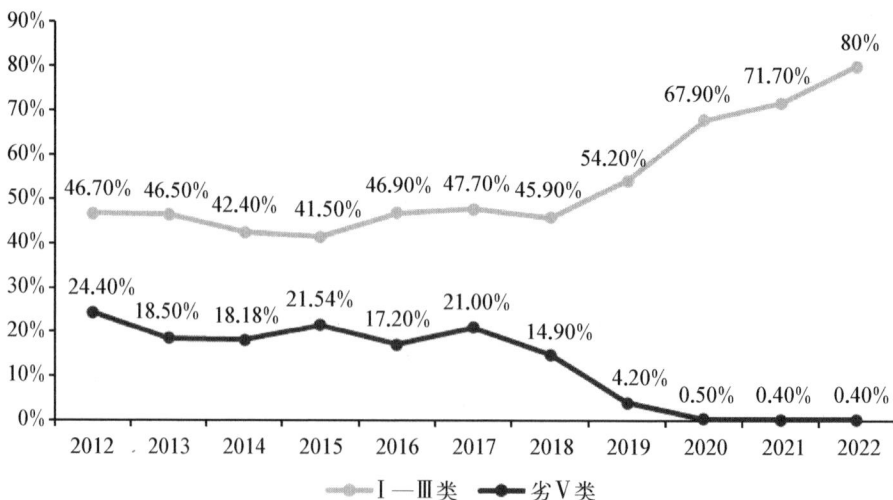

图6-14　2012—2022年国控入海河流水质

数据来源：中国生态环境部《中国海洋生态环境状况公报》

优化海洋监测网络布局,提升海洋保护能力。生态环境部推动陆海统筹的监测网络优化整合,逐步构建了以 1 359 个国控监测点位为基础的海洋生态环境监测网络。同时,进一步完善海洋环境监管体系,各沿海省(区、市)全面开展入海排污口的排查整治,已在渤海排查排污口近 1.9 万个,各地还持续加强海水养殖生态环境监管和海洋垃圾的治理监管。与 2012 年相比,直排海污染源主要污染物排放量继续下降,大幅度降低陆源污染物入海量,海洋环境压力不断缓解(表 6-2)。

表 6-2　直排海污染源主要监测指标排放量变化

	化学需氧量 (万吨)	石油类 (吨)	氨氮 (万吨)	总磷 (吨)	铅 (千克)
2012 年	22.8	1 026	1.71	2 921	4 587
2022 年	13.63	461	0.37	918	4 585.8
降幅	40.22%	55.07%	78.36%	68.57%	0.03%

数据来源:中国生态环境部《中国海洋生态环境状况公报》

■ 以"生态绿"涵养"海洋蓝",万里海岸线展新颜

海岸线具有重要的资源价值和生态功能,关乎沿海地区的经济发展、民生福祉和生态安全。由于陆地资源的匮乏以及追求经济利益的驱动,我国沿海地区过度地、高强度地开发利用海岸线资源,这种行为不仅导致部分自然岸线遭受破坏,也使得公众亲海空间日益减少。更严重的是,这种行为已经导致部分地区的生态环境出现了严重的退化现象。以维护海洋生态环境系统健康为目标,我国不断加强制度创新和环境监督执法,加大海洋生态环境保护力度,取得了显著进展。

典型海洋生态系统稳中向好。2022 年,纳入监测的 24 个典型海洋生态系统已基本消除"不健康"状态。具体来看,监测的典型海洋生态系统中,7 个呈健康状态,占比 29.17%,比 2018 年上升了 5.37 个百分点;17 个呈亚健康状态,占比 70.83%,比 2018 年下降了 0.57 个百分点;无不健康状态,比 2018 年下降了 4.8 个百分点(图 6-15)。

保护工作之所以能取得显著的效果,离不开我国一系列重大工程的支持。截至目前,我国累计实施了 58 个"蓝色海湾"整治项目、24 个海岸带保护修复工程、61 个渤海综合治理攻坚战生态修复项目等一系列重大项目,初步遏制了局部海域

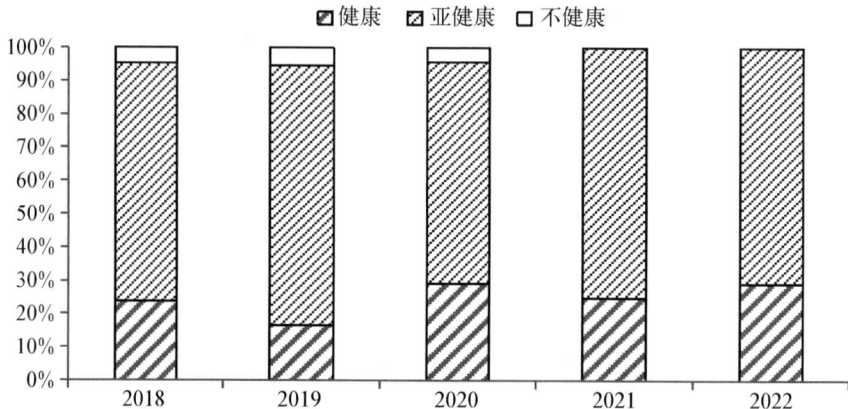

图 6-15　2018—2022 年典型海洋生态系统健康状况

数据来源：中国生态环境部《中国海洋生态环境状况公报》

红树林、盐沼、海草床等典型生态系统退化趋势,区域海洋生态环境明显改善[①]。

海洋生态保护修复取得突出进展。目前,我国近 30% 的近岸海域和 37% 的大陆岸线纳入生态保护红线管控范围,1.8 万公里的大陆海岸线和 1.4 万公里的海岛海岸线上,每年繁育、迁徙和越冬的水鸟已经达到 240 多种,全球 8 条候鸟迁徙路线中有 3 条经过我国境内。[②]

截至 2022 年 9 月,11 个沿海省(区、市)海洋生态保护红线已全部划定,全国有海洋类型自然保护区 66 处,海洋特别保护区(含海洋公园)79 处,总面积 790.98 万公顷。"十三五"期间,累计整治修复岸线 1 200 公里、滨海湿地约 2.3 万公顷。

值得一提的是,在福建宁德集中开展的海上养殖绿色转型,将传统泡沫网箱升级为环保塑胶网箱,大幅减少渔业垃圾,过去的海漂垃圾场改造成了美丽的"海上田园"。过去,随着海上养殖业的盲目扩张,无度无序无质养殖问题愈加突出,且传统养殖设施抗风浪能力差,易损毁,导致大量海漂垃圾长期堆积,对海洋生态环境和自然景观造成严重影响。2018 年,宁德市以中央生态环境保护督察为契机,着力规范海上养殖秩序,全面开展海上养殖转型升级,完善现代海洋产业体系建设,营造绿色可持续的海洋生态环境。如今,秋日的宁德海域,只见一个个色彩鲜艳的新型养殖设施漂浮在海面,如同跃动的音符。[③]

---

① 《我国海洋生态系统保护修复取得显著成效》,中国政府网,2022 年 6 月 8 日。
② 《我国海洋生态系统保护修复取得显著成效》,中国政府网,2022 年 6 月 8 日。
③ 《奏响"海上田园"新乐章——福建省宁德市海上养殖综合整治典型案例》,中华人民共和国生态环境部,2021 年 1 月 18 日。

闽东海域新型环保渔排

图片来源:中国福建三农网

第四节 夯实绿色生态本底,筑牢生态安全屏障 9.6亿亩

关键数据:

● 十年来,我国累计造林9.6亿亩,森林覆盖率提高至24.02%。

● 十年来,累计55.03亿人次义务植树216.86亿株,全民爱绿植绿护绿行动蔚然成风。

● 我国全面推行林长制,省市县乡村五级林长近120万名,全国有421名省市领导干部担任林长。

34.6亿亩森林、39.68亿亩草地,这70多亿亩的森林和草地,覆盖中国一半以上的国土。这是中国的生态家底,日益浓重的绿色正在神州大地铺展开来。中国为全球贡献了约1/4的新增森林面积,是全球森林资源增长最多和人工造林面积最大的国家。森林覆盖率达24.02%,森林蓄积量达194.93亿立方米,连续30多年保持森林面积、蓄积"双增长"。中国在生态系统保护和建设方面的投入,其规模和力度在全球范围内是独一无二的。这种"实实在在"的付出,体现的是我国政府对生态文明建设的高度重视和坚定决心,而不是像许多其他国家那样,仅停留在口号上,缺乏实质性的实际行动。

■ 植树造林添新绿,生态文明底色浓

作为陆地生态系统的主体,森林是最大的"储碳库"和最经济的"吸碳器"。十年来,我国科学推进大规模国土绿化,美丽中国绿色本底不断夯实。云南建设"森林云南",森林覆盖率提高 15 个百分点,达到 65.04%,森林蓄积量增加到 20.67 亿立方米;重庆开展"两岸青山·千里林带"建设,营造林 2 797 万亩,森林蓄积量净增 25%;安徽连续 10 年实施"千万亩森林增长工程",森林覆盖率提高到 30% 以上……一组组数字见证了一个处处变绿变美的中国。[①]

满目苍翠的江西井冈山

图片来源:国家林业和草原局

科学推进国土绿化行动,筑牢生态安全屏障。十年来,我国不断多措并举推进国土绿化提质增效。进入新发展阶段,国土绿化模式已发生历史性转变。

首先,造林绿化步伐明显加快,森林资源实现了扩面增量和提质增效。坚持

---

① 迟诚:《绿色献给美丽中国——党的十八大以来我国科学推进大规模国土绿化综述》,《中国绿色时报》,2022 年 9 月 28 日。

造林数量与质量并重，持续开展造林绿化，不断扩大森林面积，提升森林质量。截至 2021 年底，我国累计完成造林 9.6 亿亩，中国森林覆盖率达到 24.02%，森林储蓄量为 194.9 亿立方米，成为全球"增绿"的主力军。我国森林碳汇增长 7.3%，达到每年 8.39 亿吨二氧化碳当量，相当于抵消了我国一年的汽车碳排放量。

其次，坚持以大工程带动国土绿化大发展。我国积极推进天然林保护、退耕还林还草、三北防护林等重大工程，营林造林总量质量齐头并进。其中，经过几代人的接续奋斗和不懈努力，三北防护林工程建设取得了举世瞩目的重大成就。截至 2020 年底，"三北"防护林工程累计完成营造林保存面积 3 174.29 万公顷，工程区森林覆盖率由 1977 年的 5.05% 提高到 13.84%。

再次，我国坚持统筹城乡绿化，青山叠翠，绿意栖居。通过建设一大批国家森林城市、森林乡村，城乡生态环境得到大幅度改善。北京市推出"绿色北京"行动计划，建设公园、城市绿地和生态廊道；上海市启动了"城市森林行动计划"，建设城市森林、社区绿地和城市花园等。

全民动手全社会参与，共建共享绿色生态家园蔚然成风。 斑斓的画卷，在砥砺前行中铺展；绿色的华章，在接续奋斗中书写。十年来，全国范围内广泛动员，全民积极参与，社会各界齐心协力，共同投身于植树造林、绿化祖国的行动。这一行动已经深入人心，成为全社会成员的自觉行为。无论是城市还是乡村，无论是老人还是小孩，无论是企业还是个人，都在为绿化我们的祖国，改善生态环境贡献自己的一分力量。我国义务植树运动成为世界上参与人数最多、持续时间最长、成就效果最为显著的群众性绿化行动。习近平总书记连续十年参加首都义务植树活动，指出要持之以恒开展义务植树，踏踏实实抓好绿化工程，丰富义务植树尽责形式，人人出力，日积月累，让我们美丽的祖国更加美丽[1]。

2022 年，全国工会系统建设"工会林""劳模林" 1 300 余个，面积近 1.13 万公顷，种植树木 2 300 万余株。全国妇联系统动员广大妇女开展种植"母亲公益林"等绿色志愿服务活动，累计创建"美丽庭院" 635 万户。中国石油发起"我为碳中和种棵树"公益活动，完成义务植树 423 万株。中国石化深入开展绿色企业行动，完成义务植树 194 万株。中国邮政开展绿色邮政建设行动，着力减少碳排放，完成义务植树 21 万株。[2]

创新全民义务植树，实现线上线下融合发展。十年累计 55.03 亿人次义务

---

[1]《开展大规模国土绿化行动　厚植美丽中国亮丽底色》，《中国绿色时报》，2022 年 9 月 22 日。

[2] 国家林业和草原局：《2022 年中国国土绿化状况公报》，2023 年 3 月。

植树 216.86 亿株（含折算）。将义务植树形式创新拓展为造林绿化、抚育管护、认种认养、捐资捐物等八大类 50 多种。逐步推开"互联网＋全民义务植树"，建立了一批基地，"云端植树""码上尽责"成为公众义务植树的重要方式。①

案 例

蚂蚁森林"云种树"

2016 年，蚂蚁集团把绿色发展确定为核心战略方向，并于 8 月正式推出公益活动——蚂蚁森林，通过绿色公益平台，带动数亿用户践行绿色生活方式，利用公益形式保护生态环境。行走能量 296 g、公交 80 g、地铁 52 g、到店支付 5 g、电子发票 5 g、火车票 136 g……用户可以通过前一天进行绿色出行、减少出行、循环利用、减纸减塑、节能节约等一系列绿色低碳行为，次日在蚂蚁森林收集能量球，为小树增加克数。用户通过低碳行为在手机上养一棵虚拟的树，能量到达一定数额选择兑换，蚂蚁森林会相应种下一棵真树。截至 2022 年 8 月，蚂蚁森林已用 6 年时间见证了超过 6.5 亿人的低碳生活，累计产生"绿色能量"2 600 多万吨，同时参与了中国 19 个省份的生态建设：捐资种下超 4 亿棵树，种植总面积超过 450 万亩；参与共建 24 个公益保护地，面积超过 2 700 平方公里，守护着 1 600 多种野生动植物。2022 年 6 月，蚂蚁森林还将公益探索延伸到海洋保护领域，积极参与滨海湿地的生态修复及保护。2019 年 9 月 19 日，蚂蚁森林被授予联合国最高环保荣誉——2019 地球卫士奖。

■ 聚力"深耕"林草事业，谱写新的绿色华章

曾经濯濯童山，如今秀美山川。十年步履铿锵，十年铸就辉煌。十年来，我国扎实有效推动林草事业发展迈出新步伐。

多措并举齐发力，山川梁峁披绿装。退耕还林还草工程是世界上投资最大、政策性最强、涉及面最广、群众参与程度最高的生态工程，退耕还林还草的生动实践，给中国国土生态面貌带来翻天覆地的变化。

我国分别于 1999 年和 2014 年开展实施了两轮退耕还林、还草工程。截至 2020 年，中央财政累计投入 5 353 亿元，在 25 个省（市、自治区）2 435 个县实施退耕还林还草 5.22 亿亩（其中退耕地还林还草 2.13 亿亩），占同期全国重点工程

---

① 《开展大规模国土绿化行动　厚植美丽中国亮丽底色》，《中国绿色时报》，2022 年 9 月 22 日。

造林总面积的 2/5。目前,成林面积 2 亿多亩,超过全国人工林保存面积的 1/3。

退耕还林还草扭转了工程区生态恶化的趋势,给中华大地带来的绿色变迁让人惊喜连连。依托退耕还林,昔日"山是和尚头、水是黄泥沟"的黄土高坡,如今变成了山川秀美的"好江南",实现了山川大地由黄变绿的历史性转变;新疆南疆四地州从昔日黄沙漫天的荒原大漠,变成如今瓜果飘香的苍茫林海,创造了"人进沙退""林茂粮丰"的人间奇迹;三峡库区、南水北调中线工程丹江口库区、武陵山区、秦巴山区等生态区位重要地区通过退耕还林还草,实现森林资源和生态承载力的双增长,确保一库清水永续北送……①

另外,我国还实施了世界上第一个、也是唯一一个以保护天然林为主的超级生态工程——中国天然林资源保护工程(简称"天保工程")。目前工程建设范围已扩大到全国 31 个省(市、自治区),正在全面持续推动全国天然林的保护。从1998 年试点以来,我国天然林保护修复工程取得重大成效,与工程启动前相比,天然林面积增加 3.23 亿亩,蓄积增加 53 亿立方米。天然林单位面积年涵养水源量、固沙固土量分别比工程启动前提高了 53% 和 46%。② 天然林生态系统有效恢复,有力促进了野生动物栖息地环境改善。

以"林长制"促"林长治",林草资源管理新格局基本形成。十年来,我国全面推行林长制,省市县乡村五级林长近 120 万名,全国有 421 名省市领导干部担任林长。林长制发源于江西省九江市武宁县。在 2007 年的集体林权制度改革中,武宁县长水村"山定权、树定根、人定心"的改革经验传遍全国。当地政府制定出台了《武宁县"林长制"实施工作方案》《武宁县领导干部森林资源资产离任审计实施办法》等系列文件,专设林长制办公室,落实专项编制、经费,为林长制实施提供坚强保障。构建起县乡村三级"林长"组织体系,同时选聘民间林长,对 418万亩林地实行分级管护全覆盖。完善"一长三员"源头管理体系,每名"林长"下设立监管员、警员和生态护林员,确保每一块林地、每一棵树都有专人管护。建立林长智慧管理平台,在重点生态功能区安装森林资源视频监控点,为每一名专职护林员和监管员配备巡护手持终端,实现对森林资源和护林员巡林管护情况的智能实时监管。③

与此同时,借助遥感技术、物联网技术、大数据技术等手段,依托国家森林资源智慧管理平台,中国成功建成了林草生态网络感知系统,实现了林草资源"一

---

① 《退耕还林还草:山川着绿林海生金的伟大实践》,《中国绿色时报》,2022 年 11 月 11 日。
② 国家林业和草原局:《国家林业和草原局 2023 年第一季度例行发布会》,2023 年 2 月 3 日。
③ 《武宁县打造"林长制"新样板》,武宁县人民政府,2023 年 5 月 5 日。

个体系"监测、"一套数"评价、"一张图"管理,使林草资源管理更加科学、精准、高效,林草资源信息化管理水平大幅提升。中国还统筹推进森林草原防灭火一体化发展,通过机制创新、科技支撑、社会共治等策略构建了一个系统完备、反应迅速、防控有效的森林草原防灭火体系,森林草原防灭火能力显著增强,森林、草原火灾受害率分别稳定在0.9‰和3‰以下,远低于世界平均受害率。

第五节　提升生物多样性保护水平,构筑万物共生美丽家园　　1.18万个

关键数据:
- 我国建成各类自然保护地1.18万个。
- 中国生物物种名录增长了近2倍,达到近14万个。
- 截至2022年底,中国90%的陆地生态系统和74%的国家重点保护野生动植物得到有效保护。

　　生物多样性与人们的日常生活息息相关,关系到人类福祉,是人类赖以生存和发展的重要基础。追溯历史,中华优秀传统文化对生物多样性已有深刻的认知,蕴含着"天人合一、万物并育"的生态哲学观和"道法自然""万物平等"的生态伦理观,闪烁着保护和利用生物多样性的耀眼光芒。作为最早签署和批准《生物多样性公约》的缔约方之一,中国在生物多样性保护方面不断与时俱进、创新发展,走出了一条符合国情、具有中国特色的生物多样性保护之路,为全球生物多样性保护提供了有益借鉴和有力支持。十八大以来,**我国加快构建以国家公园为主体的自然保护地体系**,设立三江源、大熊猫、海南热带雨林等第一批国家公园,**全国建成各类自然保护地1.18万个**,各类自然保护地的面积占到陆域国土面积的**18%以上**,提前实现联合国《生物多样性公约》**"爱知目标"**。到目前,全国90%的典型陆地生态系统、74%的国家重点野生动植物已得到有效保护。

■ 10年增长近2倍,生物物种"家底"持续更新
　　中国幅员辽阔,陆海兼备,地貌和气候复杂多样,孕育了丰富而又独特的生态系统、物种和遗传多样性。我国是世界上生物多样性最丰富的国家之一:拥

有高等植物种类约 3.5 万种，占全球高等植物总数的 10%，居世界第三位，约是整个北美洲高等植物种类的 2 倍，是整个欧洲的 2.8 倍；哺乳动物 686 种，特有率居世界首位；已记录到海洋生物 28 000 多种，约占全球海洋生物物种数的 11%。

十年来，我国生物物种"家底"持续更新。生物物种名录是反映一个国家或地区生物多样性资源丰富程度的基础数据，中国是唯一一个每年都发布生物物种名录的国家。在 2022 版的《中国生物物种名录》中，共收录物种及种下单元 138 293 个，其中物种 125 034 个、种下单元 13 259 个，包括动物部分、植物部分、真菌部分等内容。

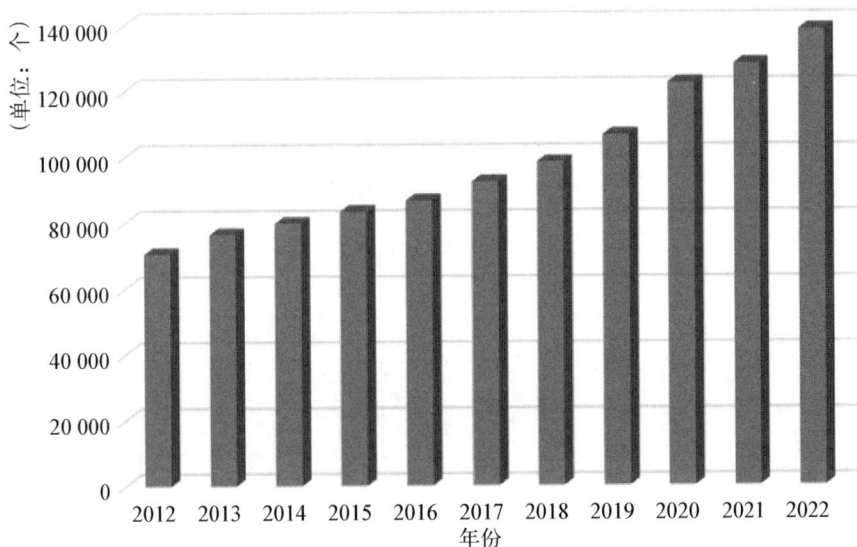

图 6‑16　2012—2022 年《中国生物物种名录》数据变化量

数据来源：《中国生物物种名录 2022 版》

如今，放眼神州大地，生物多样性的美景比比皆是——云南野象自由"旅行"，"微笑天使"长江江豚频频亮相，三江源国家公园雪豹频繁现身，青藏高原藏羚羊"万羊齐奔"的壮丽景象又复现……这些一个个小小的缩影，代表着我们的生态环境正在逐渐改善，一幅幅人与自然和谐共生的新画卷正在徐徐展开。

中国生物多样性保护取得扎实成效，并获得国际社会的广泛认可，多项行动入选联合国"生物多样性＋全球典型案例"。上海"生境花园"为社区居民提供沉浸式的自然体验。生境花园是指将"生境"与"花园"融合在一起，围绕五大原则营造,即使用本地植物、杜绝外来入侵植物、丰富植物群落、减少农药化肥的使用以及为城市野生动物提供辅助的食物、水源或庇护所。在城市中建设生境花园,可以实现"生多保护、绿色碳汇、雨水蓄积、健康疗愈、自然教育"等多重功能。自2019年开始,长宁区在居民社区建设生境花园,目前,长宁区已建设完成8座,总改造面积约3 559平方米,为城市野生动物提供食物水源的庇护所达40多种,新增灌木及花卉400种。其中,"乐颐生境花园"是已建的最大一处生境花园,总面积732平方米,于2021年入选联合国"生物多样性100＋全球典型案例"①。

■ 生物多样性保护体系不断完善,治理能力不断提升

中国生物多样性成效的取得离不开政策的有力支撑和坚实的财政支持。十年来,我国不断强化生物多样性主流化,将生物多样性保护上升为国家战略,实施生态保护红线制度,建立以国家公园为主体的自然保护地体系,实施生物多样性保护重大工程,实施最严格执法监管,一大批珍稀濒危物种得到有效保护,生态系统多样性、稳定性和可持续性不断增强。②

加强顶层设计,持续强化政策储备和资金保障。中国坚持全方位、多层次地推动生物多样性保护工作,将生物多样性保护纳入各地区、各领域的中长期规划,确保生物多样性保护工作得到有效实施。

第一,加快完善生物多样性保护政策法规。中国政府制定了一系列生物多样性保护的政策,通过《中国生物多样性保护战略与行动计划》(2011—2030年)、《关于进一步加强生物多样性保护的意见》等文件的出台,不断明确生物多样性保护的目标、任务和措施,将生物多样性保护纳入国民经济和社会发展五年规划进行统一部署、统筹推进。同时,近10年来,颁布和修订森林法、渔业法、野生动物保护法、海洋环境保护法和生物安全法等20多部生物多样性相关的法律法规,覆盖野生动植物和重要生态系统保护、生物安全、生物遗传资源获取与惠益分享等领域,不断推进生物多样性保护法治向纵深推进。③

第三,持续加大对生物多样性保护领域的财政支持。2011年至2020年间,中国生物多样性保护的核心资金投入总计约2.16万亿元人民币,占GDP的比例约为0.24%—0.29%。生物多样性保护成为我国环境公益捐赠中占比最大、增长速度最快的领域。同时,通过多样化银行贷款产品、银保合作、发行专项债

---

① 《社区、林带、郊野,生物多样性带动上海城市绿韵》,《澎湃新闻》,2022年9月29日。
② 《谱写人与自然和谐共生新的故事》,《人民日报》,2023年5月25日。
③ 中华人民共和国国务院新闻办公室:《中国的生物多样性保护白皮书》。

券、"基金＋"等方式，金融支持生物多样性保护已取得初步成效，积极调动民间资本投入生物多样性保护。例如，2021年，中国银行发行等值18亿元人民币"生物多样性"主题绿色债券，是全球首笔金融机构生物多样性债券。

创新制度体系，初步建成新型自然保护地体系。针对我国的国情和生态环境特点，中国政府和相关部门积极探索并实施了一系列具有中国特色的生物多样性保护措施。努力构建以国家公园为主体、自然保护区为基础、各类自然公园为补充的自然保护地体系，正式设立三江源、大熊猫、东北虎豹、海南热带雨林、武夷山首批5个国家公园，积极稳妥有序推进生态重要区域国家公园创建。截至2021年底，已建立各级各类自然保护地近万处，占国土陆域面积的17％以上，90％的陆地自然生态系统类型和74％的国家重点保护野生动植物物种得到了有效保护。①

> **知识链接**
>
> ### 国家公园体制试点建设
>
> 国家公园是由国家批准设立并主导管理，边界清晰，以保护具有国家代表性的大面积自然生态系统为主要目的，实现自然资源科学保护和合理利用的特定陆地或海洋区域。
>
> 2015年，中国启动国家公园体制试点，先后设立三江源等10处国家公园体制试点，涉及青海、吉林、黑龙江、四川、陕西等12个省，总面积约22万平方公里，占陆域面积的2.3％。2022年，国家林草局、财政部、自然资源部、生态环境部联合印发了《国家公园空间布局方案》，全国遴选了49个国家公园候选区（含5个正式设立的国家公园），包括陆域44个、陆海统筹2个、海域3个，总面积约110万平方公里。其中陆域面积99万平方公里，占陆域国土面积的10.3％，海域面积11万平方公里。
>
> 国家公园是中国自然生态系统中最重要、自然景观最独特、自然遗产最精华、生物多样性最富集的部分。参与度强、普惠面广，是中国国家公园建设最大的亮点之一。通过设置生态管护员等公益岗位，国家公园推动各民族群众共同描绘出国家公园的美丽画卷，让每一个人都能享受到国家公园所带来的生态福利和自然之美。例如，2018年起，青海省政府每年拿出3.7

---

① 中华人民共和国国务院新闻办公室：《中国的生物多样性保护白皮书》。

亿元,每户安置一名生态管护员,每月收入1 800元,仅此一项三江源的民众户均年增收21 600元,实现了生态保护与民生改善的双赢。

(资料来源:《三江源:20年艰辛保护　筑牢"中华水塔"》,新华网,2023年2月8日)

中国率先在国际上提出和实施生态保护红线制度,创新生态空间保护模式,将水源涵养、水土保持、生物多样性维护等生态功能极重要区域、自然保护地和生态极脆弱区域划入生态保护红线,进行严格保护,在维护重要物种栖息地方面发挥了积极作用。中国"划定生态保护红线,减缓和适应气候变化"行动倡议,入选联合国"基于自然的解决方案"全球15个精品案例,为国际树立了一种全新的生态保护模式和典范。

知识链接

生态保护红线

生态保护红线是指在生态空间范围内具有特殊重要生态功能、必须强制性严格保护的区域,涵盖了生物多样性保护等生态功能重要区域、土地沙化等生态环境敏感脆弱区域以及各类自然保护地。生态保护红线理念于2011年首次提出,并于2015年纳入《环境保护法》和《国家安全法》。2017年,中国发布《关于划定并严守生态保护红线的若干意见》和生态保护红线划定相关技术规范,在全国范围内开展生态保护红线划定,目前已经初步完成划定工作。与国际上现有的自然保护地体系相比,生态保护红线体系构成更加完善,保护内容更加全面,空间格局更加完整,管理更具刚性。

截至目前,中国陆域生态保护红线面积约304万平方公里,占陆域国土面积比例超过30%;海洋生态保护红线面积约15万平方公里。生态保护红线集中分布在青藏高原生态区、黄河重点生态区、长江重点生态区、东北森林带、北方防沙带等区域,涵盖森林、草原、荒漠、湿地、红树林等重要生态系统,筑牢了"三区四带"国家生态安全屏障。

生态保护红线的划定,与生物多样性保护具有高度的战略契合性、目标协同性和空间一致性,有利于提升生态系统服务功能、维护国家生态安全及促进经济社会可持续发展,是中国在生物多样性保护领域的模式创新和制度创新。

(资料来源:《守护多样物种　共建美丽中国》,《人民日报》,2021年10月25日)

齐心协力,奏响万物和合共生和谐乐章。保护生物多样性,从纸上目标到现实行动,需要汇聚每一个人的力量。过去十年里,得益于我国政府在环境保护领域卓越的行动力,公众参与生物多样性保护的广度、深度和专业度得到大幅提升。

首先,着力搭建平台,提升公众的多渠道参与。自 2016 年起,在国家林草局支持下,中国野生动物保护协会每年都组织志愿者开展"护飞行动"。截至 2022 年 6 月,已累计开展活动 1.5 万余次,参与志愿者达 10 万余人次。在环保社会组织公众环境研究中心开发的手机应用程序"蔚蓝地图"里,网友们积极参与生物多样性随手拍,累计分享 30 多万张物种照片。[①]

志愿者在清除非法地笼网具

图片来源:光明网

其次,运用数字化基因,推进共创公益新玩法,提升了公众参与的广度。2020 年 4 月,中华环境保护基金会、蚂蚁森林共同发起并组织实施"人人一平米守护生物多样性"项目。该项目通过绿色公益平台"蚂蚁森林",倡导和鼓励全国范围内的网络用户通过践行低碳生活方式,如步行、减少使用纸张和塑料、选择公交出行等,来积累"绿色能量"奖励,用于申请"云守护"1 平米公益保护地。蚂蚁集团作为项目的主要支持者,通过捐赠公益资金给中华环境保护基金会等合作伙伴,开展反盗猎巡护、科研监测等生物多样性保护工作,共同守护公益保护

---

① 寇江泽:《珍稀动物为啥频频现身(深度观察)》,《人民日报》,2022 年 6 月 27 日。

地的珍稀野生动植物。截至目前,该项目已在北京、青海、四川、云南、黑龙江、吉林、宁夏等省份参与共建了十余个公益保护地,保护总面积超过 2 700 平方公里,累计超过两亿人参与线上互动①。

最后,积极推进多样化教育,有力提升了公众参与生物多样性保护的专业性。把保护生态、珍惜资源、爱护环境等内容纳入国民教育和培训体系,推动生态文明思想进校园,提升师生的生物多样性保护意识;全网检索自然教育机构数量超过 1.5 万家,提供丰富多样的自然教育活动和项目,充分回应和解决公众亲近自然的渴求;3 000 多万人参加"生物多样性嘉年华"活动,通过实地景教学、听讲座、互动展览、购买公益产品等支持保护行动。多样化、立体式的环境教育,已成为中国公众了解生物多样性、提高生物多样性保护意识的重要手段。

■ 同舟共济,持续深化全球生物多样性保护合作

面对生物多样性丧失的全球性挑战,各国是同舟共济的命运共同体。中国的生物多样性保护不仅在国内深入人心,也给全球生物多样性保护提供了中国方案和中国智慧。如何与各国分享生物多样性保护经验? 如何向世界展现负责任大国的道义和担当? 中国进行了诸多积极探索,坚定践行多边主义,以积极的姿态参与全球生物多样性保护工作,与国际社会共同努力、广泛协商、凝聚共识,与国际社会共同构建人与自然生命共同体。

第一,积极履行国际公约。中国是最早参与《生物多样性公约》起草谈判和最早批准加入该公约的国家之一,起草并推动通过了《昆明宣言》,积极履行公约所规定的各项活动和议程,以实际行动践行国际责任,设立陆地自然保护区、恢复和保障重要生态系统服务、增加生态系统的复原力和碳储量等 3 项目标超额完成,生物多样性主流化、可持续管理农林渔业、可持续生产和消费等 13 项目标取得良好进展。近年来,中国持续加大对全球环境基金捐资力度,已成为《生物多样性公约》及其议定书核心预算的最大捐资国,并成立昆明生物多样性基金,有力地支持了全球生物多样性保护。

第二,促进生物多样性相关公约协同增效。生物多样性保护与其他生态环境问题,如气候变化、土地荒漠化等,存在着紧密的联系。我国坚定支持全球协同打造更牢固的生态安全屏障,构筑尊重自然、保护生态的生态系统。为了实现

---

① 环境保护基金会:《"人人一平米守护生物多样性项目"被推选为"十佳公众参与案例"》,2023 年 6 月
　7 日。

这一目标，我们不仅积极参与《生物多样性公约》的推进，也积极推动《濒危野生动植物种国际贸易公约》《联合国气候变化框架公约》等其他国际公约的共同实施，以实现全球生态环境的整体保护。

第三，增进国际交流合作。中国通过积极参与"一带一路""南南合作"等多边合作机制，致力于为发展中国家保护生物多样性提供全方位的支持。成立"一带一路"绿色发展国际联盟，40多个国家成为合作伙伴，在生物多样性保护、全球气候变化治理与绿色转型等方面开展合作。建设"一带一路"生态环保大数据服务平台，吸纳100多个国家生物多样性相关数据，为"一带一路"绿色发展提供决策和数据支持；实施了"绿色丝路使者计划"，先后为120个攻坚国家培训环保官员、专家和技术人员300人次；建立中国－东盟环境合作中心，与东盟国家合作开发和实施"大湄公河次区域核心环境项目与生物多样性保护走廊计划"等项目。① 这些成果不仅体现了我国在生态环境保护方面的决心和行动，也展示了我国与东盟国家在环境合作方面的广阔前景。

---

① 中华人民共和国国务院新闻办公室：《中国的生物多样性保护白皮书》。

第七章

优势互补、成果共享，凝心聚力共下区域协调发展"一盘棋"

俯瞰中华大地，长江黄河贯通东西，秦岭淮河分异南北。我国幅员辽阔、山河纵横，人口众多、国情复杂，禀赋结构、区位条件差异之大世所罕见。不谋万世者不足谋一时，不谋全局者不足谋一域。如何下好区域协调发展这盘棋？如何走向共同富裕这条路？新时代十年的伟大实践给出了最佳答案。党的十八大以来，习近平总书记亲自谋划、亲自部署、亲自推动区域协调发展战略、区域重大战略、主体功能区战略、新型城镇化战略，有力促进各区域板块优化布局，横跨东中西、连接南北方、沟通国内外的重要轴带更紧密联合，各地区在充分发挥竞争优势的基础上，强化彼此之间的协同协作，实现大国内部经济要素的良性循环。这十年，中华大地浮现盛世图景，亿万人民共享美好生活。

第一节 一马当先带万马奔腾，区域经济相对平衡 54.55 万亿元

关键数据：

- 中部地区、西部地区和东北地区的生产总值之和为 54.55 万亿元，突破了 50 万亿元的大关，比 2013 年几乎翻了一番。

- 中部地区、西部地区的生产总值年均增速分别为 7.5%、7.7%，高于全国平均水平，也高出东部地区 0.5、0.7 个百分点，而且连续多年高于东部地区。

- 京津冀、长三角、粤港澳大湾区九城经济总量增值至 9.6 万亿元、27.6 万亿元、10.1 万亿元,合计值超过了全国经济总量的 40%。
- 西部地区的生产总值年均增长 10.2%,增速居四大板块之首,经济总量和人均水平都实现了大跨越。

新中国成立之初,我国七成以上的轻重工业都分布在沿海地区,其中东北地区是发展重点和龙头,当时苏联援建的重点工程中有三分之一以上在东北,生产力布局极不平衡。改革开放后,东部地区依靠地理区位优势、政策先发优势率先发展,珠三角、长三角、京津冀等地区进入了经济高速增长轨道,带动中国经济腾飞。与此同时,地区发展差距问题开始凸显,特别是进入 21 世纪以来,我国东中西部经济发展差距大幅拉大。为此,我国先后实行了西部大开发、中部崛起、振兴东北等区域发展战略,促进落后地区经济增长。随着一系列区域协调发展战略的迭代升级、落实推进,我国的区域发展协调程度明显增强。

知识链接

区域协调发展战略升级

1.0 版本。1992—2003 年,我国分别制定、实施了西部大开发战略与东北地区等老工业基地振兴战略,以处理西部地区的落后问题和老工业基地的老化问题。但是这一阶段的区域发展战略没有照顾到全国所有地区,并未提供处理其他区域发展问题的思路。

2.0 版本。2004 年,我国首次将各区域均置于协调发展的战略框架之内,提出了包括推进西部大开发、振兴东北地区等老工业基地、促进中部地区崛起和鼓励东部地区率先发展的区域发展总体战略。

3.0 版本。2007 年,党的十七大首次提出生态文明建设的新要求,为我国区域协调发展战略赋予了更深刻的内涵。在区域发展总体战略的基础上,主体功能区战略应运而生。

4.0 版本。党的十八大以来,随着我国国际地位、影响力与话语权的不断提升,以及国际形势的变化,区域协调发展战略又经历了两次调整。2013 年提出的"一带一路"倡议为我国国内的区域协调发展注入了强大的国际动能,以有效的国际协作拓展了中国经济的回旋余地,进而构筑了我国经济稳定增长的新动能。2013—2019 年在之前的基础上突出强调了全方位对外开放的这一战略。

5.0 版本。2020 年，中央提出"构建以国内大循环为主体、国内国际双循环相互促进的新发展格局"。党的二十大报告提出，深入实施区域协调发展战略、区域重大战略、主体功能区战略、新型城镇化战略，优化重大生产力布局，构建优势互补、高质量发展的区域经济布局和国土空间体系。

（资料来源：《国家治理》）

■ 东、中、西、东北"四大板块"发展更加协调

千钧将一羽，轻重在平衡。新时代，我国地区间经济在动态发展中走向相对均衡、在合理分工中走向协调。不平衡是普遍的，要在发展中促进相对平衡。不能简单要求各地区在经济发展上达到同一水平，而是要根据各地区的条件，走合理分工、优化发展的路子。这是区域协调发展的辩证法。我国区域发展既不走地区分化之路，也不搞分配的平均主义，在突出地区优势的基础上，推动各地区之间发展水平的动态协调和相对平衡。

据《中国统计年鉴》的数据，2013 年，东部地区、中部地区、西部地区、东北地区生产总值分别为 32.23 万亿元、12.73 万亿元、12.60 万亿元、5.44 万亿元，2021 年分别为 59.22 万亿元、25.01 万亿元、23.97 万亿元、5.57 万亿元。**中部地区、西部地区和东北地区的生产总值之和为 54.55 万亿元，突破了 50 万亿元的大关，比 2013 年增长了 23.77 万亿元，几乎翻了一番。**2013—2021 年，中部地区、西部地区的生产总值年均增速分别为 7.5％、7.7％，高于全国平均水平，也高出东部地区 0.5、0.7 个百分点，而且已连续多年高于东部地区。中部地区和西部地区的生产总值占全国的比重不断提高，分别从 2013 年的 20.2％和 20％上升至 2021 年的 22.2％和 21.1％，分别提高了 2.2 和 1.1 个百分点。中西部地区已然进入经济快速发展阶段。

各地区人民的生活越来越殷实、日子越过越红火，尤其中西部地区人民切身感受到幸福。一是中西部地区和东北地区地居民人均可支配收入与东部地区的差距在缩小。2021 年，西部地区、中部地区和东北地区的居民人均可支配收入分别超过了 2.7 万元、2.9 万元、3 万元，较十年前翻了一番。东部地区最高的居民人均可支配收入与西部地区最低的居民人均可支配收入比值为 1.61，比 2013 年降低了 0.1。

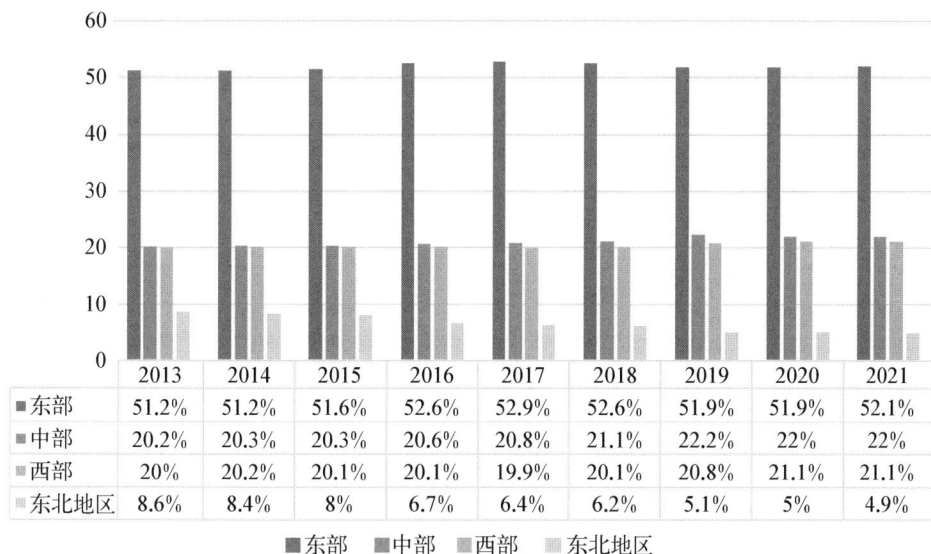

	2013	2014	2015	2016	2017	2018	2019	2020	2021
■东部	51.2%	51.2%	51.6%	52.6%	52.9%	52.6%	51.9%	51.9%	52.1%
■中部	20.2%	20.3%	20.3%	20.6%	20.8%	21.1%	22.2%	22%	22%
■西部	20%	20.2%	20.1%	20.1%	19.9%	20.1%	20.8%	21.1%	21.1%
■东北地区	8.6%	8.4%	8%	6.7%	6.4%	6.2%	5.1%	5%	4.9%

■东部　■中部　■西部　■东北地区

图 7 - 1　东、中、西、东北地区生产总值占全国比重

资料来源：根据《中国统计年鉴》绘制。

二是中西部地区城镇和农村居民人均可支配收入取得新的突破。2021 年，中部地区和西部地区的城镇居民人均可支配收入分别为 4.07 万元和 4.06 万元，都突破了 4 万元大关，与 2013 年相比增幅分别高达 79.3％和 78.9％，分别高出东部（73.5％）5.8 和 5.4 个百分点。2021 年，中部地区和西部地区的农村居民人均可支配收入分别为 1.79 万元和 1.56 万元，与 2013 年相比翻了一番，增幅也远高于东部地区。

三是不同省份之间的收入差距在缩小。2013—2020 年，收入最高省份与最低省份间居民人均可支配收入比由 2013 年的 4.32（上海与西藏居民收入之比）降低到 2021 年的 3.53（上海与甘肃居民收入之比），下降了 0.79，是进入 21 世纪以来的最低水平。

■ 东部地区三张"王牌"成为区域协调发展的重要增长极

东部京津冀、长三角、粤港澳大湾区构成新时代的三张"王牌"，剑指世界级城市群，撑起区域协调发展的强大引擎。我国"19＋2"个城市群中最成熟的当属京津冀、长三角、粤港澳大湾区城市群。三个城市群占二十分之一的国土面积，三分之一的人口，创造了全国近一半的 GDP。2021 年，京津冀、长三角、粤港澳大湾区九城经济总量分别达 9.6 万亿元、27.6 万亿元、10.1 万亿元，合计值超过

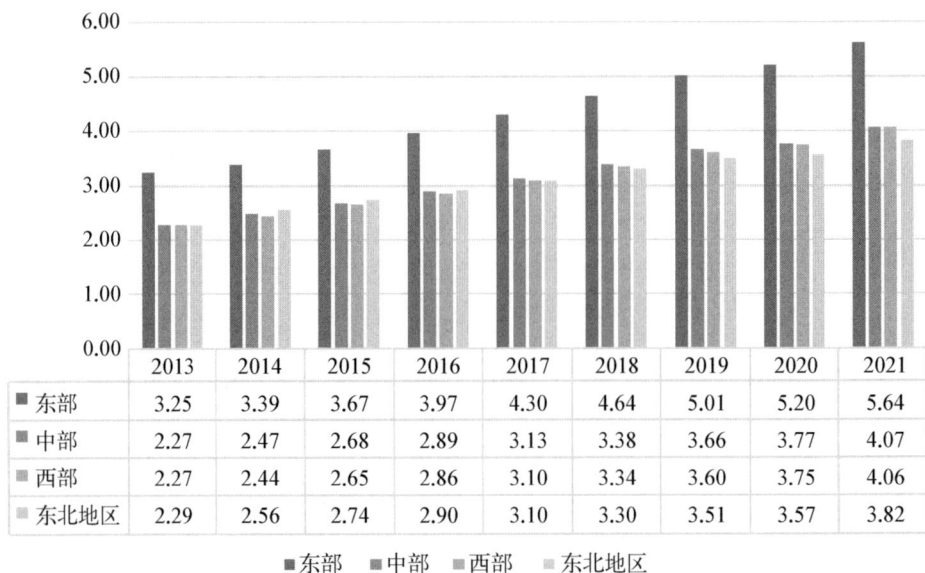

	2013	2014	2015	2016	2017	2018	2019	2020	2021
■ 东部	3.25	3.39	3.67	3.97	4.30	4.64	5.01	5.20	5.64
■ 中部	2.27	2.47	2.68	2.89	3.13	3.38	3.66	3.77	4.07
■ 西部	2.27	2.44	2.65	2.86	3.10	3.34	3.60	3.75	4.06
■ 东北地区	2.29	2.56	2.74	2.90	3.10	3.30	3.51	3.57	3.82

■东部　■中部　■西部　■东北地区

图 7 - 2　东、中、西、东北地区城镇居民人均可支配收入（单位：万元）

资料来源：根据《中国统计年鉴》绘制。

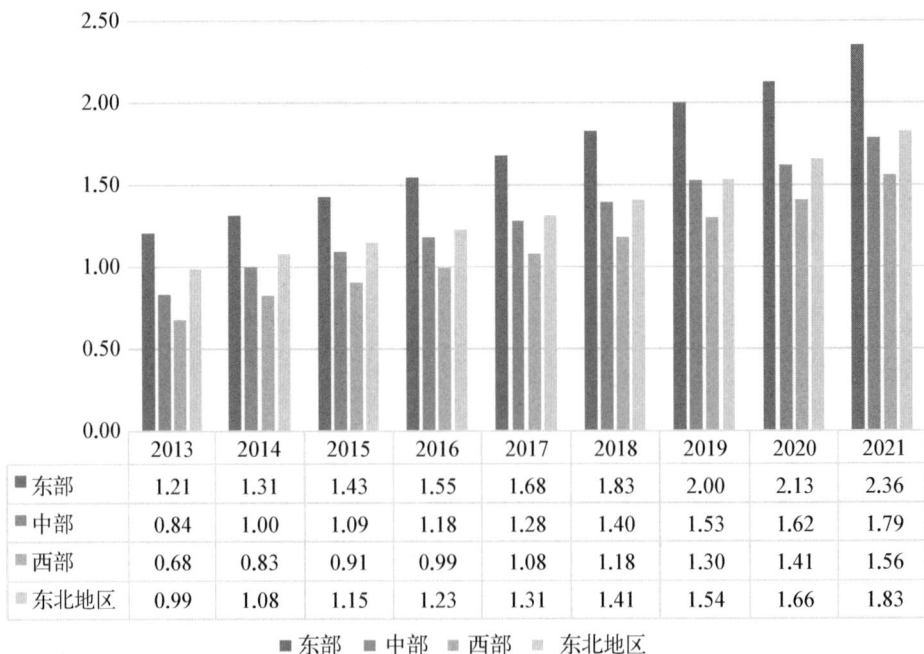

	2013	2014	2015	2016	2017	2018	2019	2020	2021
■ 东部	1.21	1.31	1.43	1.55	1.68	1.83	2.00	2.13	2.36
■ 中部	0.84	1.00	1.09	1.18	1.28	1.40	1.53	1.62	1.79
■ 西部	0.68	0.83	0.91	0.99	1.08	1.18	1.30	1.41	1.56
■ 东北地区	0.99	1.08	1.15	1.23	1.31	1.41	1.54	1.66	1.83

■东部　■中部　■西部　■东北地区

图 7 - 3　东、中、西、东北地区农村居民人均可支配收入（单位：万元）

资料来源：根据《中国统计年鉴》绘制。

了全国经济总量的 40％。2022 年,京津冀经济总量首次突破 10 万亿元,比上年增长 2.0％左右。长三角经济总量达到 24.2 万亿元,占全国比重为 20.0％。粤港澳大湾区九城经济总量超 10.46 万亿元,占全国比重为 8.64％,如果加上香港、澳门,2022 年粤港澳大湾区 11 城 GDP 总额则超过 13.04 万亿元。

知识链接

三大城市群发展历程

京津冀。2014 年 2 月 26 日,习近平总书记在北京考察并发表重要讲话,提出京津冀协同发展战略。同年,国务院成立京津冀协同发展领导小组,为京津冀协同发展提供了组织上的保障。2015 年 4 月底,中共中央政治局审议通过《京津冀协同发展规划纲要》,顶层设计初步完成。2016 年 3 月的"十三五"规划指出,要以区域发展总体战略为基础,以"一带一路"建设、京津冀协同发展、长江经济带发展为引领构建我国区域发展新格局。2017 年 4 月 1 日,中共中央、国务院决定设立雄安新区。这是深入推进京津冀协同发展作出的一项重大决策部署。

长三角。1982 年 12 月 10 日,第五届全国人民代表大会第五次会议明确提出"地区协作"以及编制以上海为中心的长江三角洲经济区规划。1983 年 1 月,时任国务院副总理的姚依林提出《关于建立长江三角洲经济区的初步设想》。1992 年 6 月,建立了长江三角洲协作办(委)主任联席会议。1996 年,长江三角洲协作办(委)主任联席会议由长江三角洲城市经济协调会取代。2010 年 5 月,国务院正式批准实施的《长江三角洲地区区域规划》将长三角的范围确定为江、浙。2016 年 5 月 11 日,国务院常务会议通过《长江三角洲城市群发展规划》。2019 年 12 月,《长江三角洲区域一体化发展规划纲要》正式印发,规划范围为苏、浙、皖、沪四省市全部区域。

粤港澳大湾区。1994 年 10 月 8 日,广东省委在七届三次全会上提出建设珠江三角洲经济区,"珠三角"这个概念由此正式确定。2005 年,《珠江三角洲城镇群协调发展规划(2004—2020)》中明确说明:珠江三角洲,即珠江三角洲经济区。2009 年,国务院正式批复《珠江三角洲地区改革发展规划纲要(2008—2020 年)》。纲要获批,标志着珠三角地区的改革开放和经济社会发展进入一个新阶段。2016 年 3 月,十三五规划提出"支持港澳在泛珠三角区域合作中发挥重要作用,推动粤港澳大湾区和跨省区重大合作平台建设"。

2017 年 7 月 1 日,《深化粤港澳合作　推进大湾区建设框架协议》在香港签署。2019 年 2 月,中共中央 国务院印发《粤港澳大湾区发展规划纲要》,标志粤港澳大湾区正式进入实施建设阶段。2021 年 9 月,横琴、前海两个合作区方案发布,大湾区高质量发展再添新引擎。

(资料来源:笔者整理。)

当前世界级城市群有六个,包括以纽约为核心的美国东部大西洋沿岸城市群、以芝加哥为核心的北美五大湖城市群、以伦敦为核心的英国中南部城市群、以巴黎为核心的欧洲西北部城市群、以东京为中心的日本太平洋沿岸城市群、以上海为核心的长三角城市群。**一方面,与世界其他城市群相比,我国这三张"王牌"极具优势。**

一是空间规模的优势,京津冀和长三角的面积都超过 20 万平方公里,仅次于北美五大湖城市群,分别排在第二和第三位。粤港澳大湾区城市群的面积虽然相对较小,但也达到了 5.6 万平方公里,超过了日本太平洋沿岸城市群和英国中南部城市群。

二是人口规模的优势。即便是人口规模最小的京津冀城市群,人口规模也达到 1.1 亿人,是世界五大城市群中人口规模最大的日本太平洋沿岸城市群的 1.5 倍左右。我国人口规模最大的长三角城市群总人口超过 2 亿人,接近日本太平洋沿岸城市群的 3 倍。庞大的人口规模和市场规模是助力长三角城市群立足世界第六大城市群的重要因素之一。

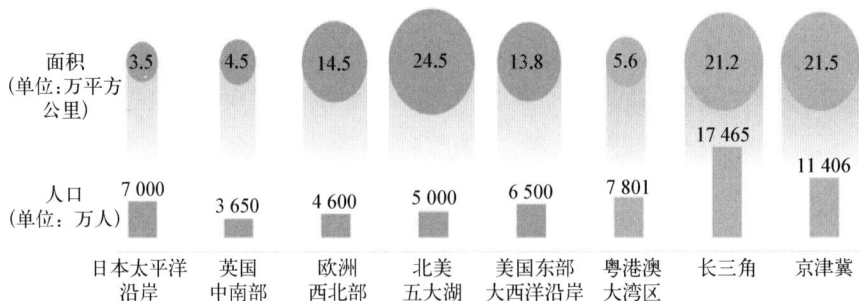

图 7-4　各城市群面积与人口比较

资料来源:《新京报》

三是吸引世界级企业集聚的优势。2021 年《财富》杂志发布的世界 500 强排行榜统计发现,在世界主要城市群中,京津冀城市群世界 500 强企业最多,有

61 家。日本太平洋沿岸城市群和欧洲西北部城市群紧随其后，分别有 53 家和 52 家。另外，长三角城市群有 22 家，粤港澳大湾区城市群也有 24 家。

四是交通服务能力的优势。"我国三大城市群内部的交通一体化程度较高"，这受益于我国高铁和城际快速交通的日益完善。"一小时通勤圈"已经覆盖三大城市群内部大部分城市，城市群内部基本实现同城化，极大地促进了世界级城市群的建设进程。这个优势也是世界其他城市群无法比拟的。

近年来，我国这三张"王牌"取得不小成就。如粤港澳大湾区在一些方面已超过部分世界级城市群。2017—2021年，粤港澳大湾区专利合作条约（PCT）

图 7 - 5　各城市群世界 500 强企业数量（单位：个）

资料来源：《新京报》

公开总量约 12.20 万件，仅次于日本太平洋沿岸城市群，是美国东部太平洋沿岸城市群的 2.88 倍。2022 年，长三角经济总量已超过其他五个世界级城市群。

另一方面，与世界其他城市群相比，我国这三张"王牌"仍有发展空间。一是，在综合实力方面存在发展空间。《2021 年全球城市 500 强》显示，在前 50 名城市中，我国仅有上海、香港、北京、深圳和广州上榜。而美国东部大西洋沿岸城市群四个核心城市纽约、华盛顿、波士顿和费城均在前 50 名。

二是，在科技创新集聚方面存在发展空间。《自然指数-科研城市 2021》分析了全球主要城市或都市圈 2021 年在 82 种自然科学 SCI 期刊上的科研产出。该报告的数据显示，只有北京、上海和南京进入前 10 名。从城市群维度比较，美国纽约都市区、波士顿都市区和巴尔的摩-华盛顿在前 10 名（仅费城不在）。

三是，在高等教育集聚方面存在发展空间。世界级中心城市群的国际一流高校云集已是一种"标配"，大学学术声望与所在城市和国家形象互为"营销名片"、相得益彰。欧洲西北部和美国东部大西洋沿岸世界前 200 名大学数量高达 15 所，比我国三大城市群数量之和还多。《长三角人类发展进程报告（2010—2020）》数据显示，2020 年长三角地区的教育指数仅有 0.712，比 0.814 的人类发展指数低约 0.1。

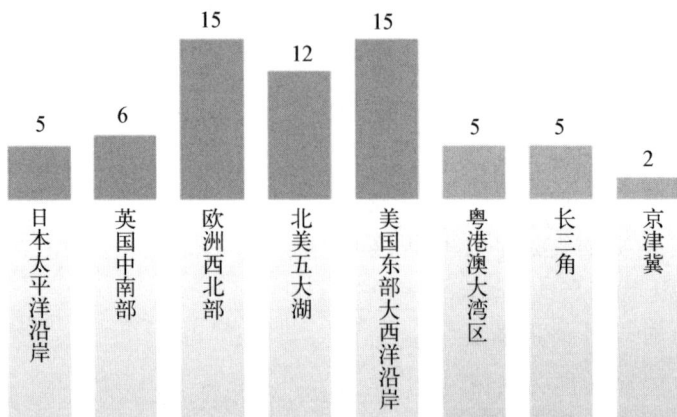

图 7‑6　各城市群世界前 200 名大学数量(单位：所)

资料来源:《新京报》

■ **西部大开发交出了令人满意的时代答卷**

西部地区总面积约 687 万平方公里,占国土面积的 72%,总人口 3.8 亿,占全国总人口的 27%。1999—2020 年,西部地区的生产总值年均增长 10.2%,增速居四大板块之首,经济总量和人均水平都实现了大跨越。部分省份经济增速多年位居全国前列。2011—2021 年,我国 GDP 增长最快的十个城市,西部地区就占据四个,包括昆明、西安、重庆、成都。

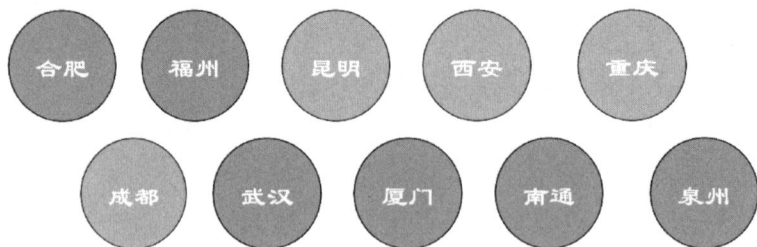

图 7‑7　2011—2021 年我国 GDP 增长最快的十个城市

资料来源:笔者自绘。

在外资投资方面,商务部统计数据显示,2022 年,西部地区实际使用外资增长超过 40%,远远快于东部。在数字经济发展方面,西部数据中心占比稳步提高,推动全国算力结构不断优化。近年来,"东数西算"在贵州、宁夏、甘肃等地区推进,各方正在努力形成具有中国特色的算力新格局。2022 年,八个国家算力枢纽建设进入深化实施阶段，新开工数据中心项目超 60 个，新建数据中心规模超 130 万标准机架。在对接"一带一路"方面，西部地区作为北接丝绸之路经济带、南连 21 世纪海上丝绸之路、协同衔接长江经济带的交通枢纽和战略要道，是国内市场与国际市场高效链接的主要桥梁。截至 2020 年，西部地区中欧班列开行 7 313 列，占全国总数的 59%。

■ 中部崛起让中国"脊梁"越挺越直

中部地区是连接全国的重要枢纽，也是孕育出华夏文明的古老土地，在我国区域协调发展战略中的地位举足轻重。党的十八大以来，中部地区紧扣高质量发展要求，在经济社会的各方面取得了重要成就，开创了"中原逐鹿、竞相崛起"的新景象。

一是，中部地区积极挖掘出符合本地发展优势的抓手，推动整体地区更加平衡发展。河南省以郑州为龙头，湖北省以武汉为支点，湖南省以"长株潭"为中心，安徽省打造皖江城市带，江西省与山西省分别建设鄱阳湖生态经济区和太原城市群，均有效提升了中部地区的发展活力，加速中部崛起进入新阶段。这些核心城市与城市群将发挥引擎作用，带动中部地区整体充分发展。

二是，中部地区淘汰落后产能，布局关键领域，力图依靠创新驱动实现崛起。2020 年，山西省退出煤炭产能 4 099 万吨/年，"僵尸企业"全部被清理。2021 年，湖南省利用环境保护标准分批淘汰 226 家落后产能企业。至 2020 年，中部有国家级高新技术开发区 44 家，居四大板块第二位，国家级经济开发区 63 个，占全国四分之一。2021 年度中国十大科技重要突破，安徽省占据了四项。中部地区正加快培育本地创新链，壮大自身崛起的新动能。

三是，中部地区不断强化重要功能，持续为国家粮食安全、生态环境保护等提供支撑。2022 年，中部地区夏粮总产量达到 6 331.9 万吨，占全国比重达 43.0%，中部地区继续保持"中华粮仓"重要地位。目前，长江流域从湖北到安徽段全部达 Ⅱ 类水质，黄河流域从山西到河南段水质大幅提升。

■ "老少边穷"地区实现了"旧貌换新颜"

庄严承诺、倾力支持，"老少边穷"的乡亲们真切体会到"稳稳的幸福"。**"老"是指革命老区，全国共有 241 个。**从滹沱河畔到宝塔山上，从遵义古城到沂蒙老区，习近平总书记的"红色足迹"遍及各个革命老区，对革命老区发展重点关注、大力支持、精准施策。

一方面,革命老区振兴发展的"1＋N＋X"政策体系逐步形成。《关于新时代支持革命老区振兴发展的意见》是中华人民共和国成立后出台的第一个支持全国革命老区振兴发展的国务院文件,也是"十四五"时期支持全国革命老区振兴发展的纲领性文件。国家发展改革委会同相关部门印发了"十四五"时期支持革命老区巩固拓展脱贫攻坚成果,衔接推进乡村振兴、基础设施建设、红色旅游发展、生态保护修复等相关领域实施方案,明确了新时代支持革命老区振兴发展的重点领域。同时,国家围绕对口支援、干部人才、财政金融、土地利用等领域出台了支持革命老区振兴发展的支持政策,促进了革命老区"红""绿"资源优势向发展优势的转变,在高质量发展中不断保障和改善民生。

另一方面,党中央对革命老区的重点关照、大力扶持,促进了革命老区人民的日子越过越红火。2021 年,20 个革命老区的重点城市实现地区生产总值超 4 万亿元,其中,临沂市超过 5 000 亿元,赣州市、遵义市超过 4 000 亿元;地区生产总值合计增长约 8%;其中,赣州、遵义、黄冈、六安等地增长超过 9%;人均地区生产总值超过 6 万元,其中,龙岩市、三明市人均地区生产总值超过 10 万元。赣深高铁、郑万高铁、安九高铁、黄黄高铁建成通车,西安至延安、西安至十堰、成都至达州至万州、贵阳至南宁高铁等在建项目加快推进,事关革命老区长远发展的重点产业大力发展。

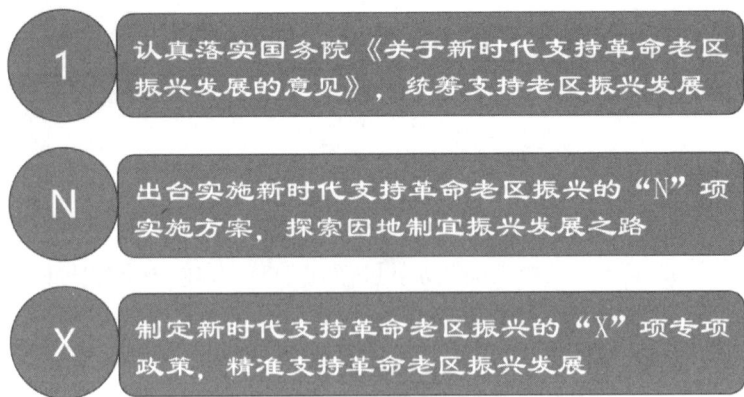

图 7-8　革命老区振兴发展的"1＋N＋X"政策体系

资料来源:笔者自绘。

"少"是指少数民族自治地区,全国共有 155 个,其中自治区 5 个,自治州 30 个,自治县(旗)120 个。新时代,党中央出台有关少数民族的政策措施之密集,扶持的力度之大都前所未有。从雪域高原到塞外草原,从天山南北到西南边陲,少数民族群众生活蒸蒸日上,社会发展日新月异,地区面貌变化翻天覆地。2020年,民族八省区(五个自治区和贵州、云南、青海三个多民族省份)生产总值达10.4万亿元,占全国比重超过十分之一。2016年至2020年,民族八省区建档立卡贫困人口人均纯收入从4千元增长到超过1万元,增幅高达156%。民族八省区的2020年农村居民人均可支配收入为1.35万元,比2010年增长了3.2倍。这一系列伟大成就彰显了中国特色社会主义制度的显著优势。

"边"是指沿陆地国境线的县级行政区划单位,全国共计134个。"治国必治边疆,富民必富边民"。边疆地区既是我国对外开放的前沿,也是展示国家实力和形象的窗口。这十年,边疆地区蓬勃发展,凝聚力和向心力极大提升。陆地边境县(市、区、旗)的地区生产总值从2000年的不足900亿元,到2020年突破了1万亿元大关。人均地区生产总值从2000年的不足4 400元,增加到2020年的4万多元,是2000年的近10倍。依托"一带一路"建设,边疆地区更加积极主动扩大开放,开设边境经济合作区17个,跨境经济合作区2个,重点开发开放试验区9个,自由贸易试验区(片区)5个。2016—2020年,边境(跨境)经济合作区共实现进出口总额近6 300亿元,年均增速达9.2%,实现就业18.5万人。这一个个现实数据是边疆地区发展实现历史性跨越的重要见证。

"穷"指的是贫穷落后地区。新时代,贫困落后地区大踏步赶上来。2020年,国家贫困县农村居民人均可支配收入达1.3万元,2012年来年均增长11.6%,高于全国农村居民2.3个百分点,自主脱贫能力稳步增强。近一千万人"挪穷窝",摆脱了闭塞和落后,搬入了新家园,28个人口较少民族全部实现整族脱贫。2013—2020年,贫困地区农村贫困人口累计减少超过6 000万人,年均减贫近800万人,减贫规模占全国农村减贫总规模超过六成。集中连片特困地区农村贫困人口累计减少超过5 000万人,年均减贫超过600万人。国家扶贫开发工作重点县农村贫困人口累计减少5 105万人,年均减贫638万人。

第二节 逢山开路、遇水架桥,区域交通更加畅通 600万公里

关键数据:
- 我国"八纵八横"的高速铁路主通道、"71118"国家高速公路主线、世界级

港口群、世界级机场群等交通网突破 600 万公里,实现了从交通大国到交通强国的历史跨越。

- 我国铁路营运总里程突破了 15 万公里,达到 15.07 万公里,铁路路网密度达到 156.7 公里/万平方公里,建成世界规模最大的铁路网络。
- 我国高铁年均投产 3 500 公里,高铁营业里程占铁路营业里程的比重由 2012 年不到 10% 增长至 26.6%,总里程提升至 4 万公里,并稳居世界第一位。
- 我国公路总里程由 424.8 万公里增加至 528.1 万公里,居世界第一位,公路网密度达到每百平方公里 55 公里,比 2012 年增长 24.6%。
- 我国高速公路的总里程增加了 7.3 万公里,增幅高达 76%。

"要致富,先修路",是百姓中口口相传的谚语,是长年流传的共识,这句话对于任何一个时代任何一个地区都基本适用。习近平总书记多次对加快建设交通强国作出重要指示。《交通强国建设纲要》《国家综合立体交通网规划纲要》等纲领性重磅文件发布,为我国交通运输事业指明方向。新时代,我国交通运输事业取得了令世人瞩目的辉煌成就,综合立体交通网络初步形成,区域交通基础设施通达性飞速提升,"中国路""中国桥""中国港""中国高铁"等成为靓丽的中国名片。**截至 2021 年,我国"八纵八横"的高速铁路主通道、"71118"国家高速公路主线、世界级港口群、世界级机场群等交通网突破 600 万公里。**真正实现了从"行得了"到"行得好"、从"运得出"到"运得畅"的伟大转变,实现了从交通大国到交通强国的历史跨越。

知识链接

交通强国建设的纲领性文件

《**交通强国建设纲要**》。2019 年 9 月 19 日,中共中央、国务院印发了《交通强国建设纲要》(以下简称《纲要》)。纲要强调,建设交通强国是以习近平同志为核心的党中央立足国情、着眼全局、面向未来作出的重大战略决策,是建设现代化经济体系的先行领域,是全面建成社会主义现代化强国的重要支撑,是新时代做好交通工作的总抓手。为统筹推进交通强国建设,制定本纲要。纲要提出,到 2020 年,完成决胜全面建成小康社会交通建设任务和"十三五"现代综合交通运输体系发展规划各项任务,为交通强国建设奠定坚实基础。从 2021 年到 21 世纪中叶，分两个阶段推进交通强国建设。到 2035 年，基本建成交通强国。到 21 世纪中叶，全面建成人民满意、保障有力、世界前列的交通强国。

　　《国家综合立体交通网规划纲要》。2021 年 2 月 24 日，中共中央、国务院印发了《国家综合立体交通网规划纲要》(以下简称《纲要》)。纲要强调，为加快建设交通强国，构建现代化高质量国家综合立体交通网，支撑现代化经济体系和社会主义现代化强国建设，编制本规划纲要。规划期为 2021 至 2035 年，远景展望到 21 世纪中叶。纲要提出，到 2035 年，基本建成便捷顺畅、经济高效、绿色集约、智能先进、安全可靠的现代化高质量国家综合立体交通网，实现国际国内互联互通、全国主要城市立体畅达、县级节点有效覆盖，有力支撑"全国 123 出行交通圈"(都市区 1 小时通勤、城市群 2 小时通达、全国主要城市 3 小时覆盖)和"全球 123 快货物流圈"(国内 1 天送达、周边国家 2 天送达、全球主要城市 3 天送达)。到 21 世纪中叶，全面建成现代化高质量国家综合立体交通网，有世界一流交通基础设施体系，交通运输供需有效平衡、服务优质均等、安全有力保障。

(资料来源：《国家综合立体交通规划纲要》)

■ 我国铁路丈量着大国前进步伐，畅通了地区间经脉

　　交通既是地区经济发展的关键密码，也是地区之间交流与合作的主要纽带，更是我国推进区域协调发展战略的重要支撑。我国地大物博、人口众多，人口、资源、产业等分布不均衡，"北煤南运"等大跨度、高强度的运输极其频繁，"春运"这一个每年都会出现的人类大迁徙更是世所罕见。特别是西部地区由于地势险要、交通不便，与其他地区沟通能力差造成经济发展不起来。"流动的大中国"决定了必须建设强有力的交通运输体系，也推动创造了世界规模最大的交通网络。中华人民共和国成立以来，几代人逢山开路、遇水架桥，我国逐渐实现从交通大国到交通强国的蜕变。

　　中华人民共和国成立之初，我国交通运输非常落后，铁路总里程仅 2.18 万公里，且有一半交通网处于瘫痪状态。2021 年，我国铁路营运总里程突破了 15 万公里，达到 15.07 万公里，铁路路网密度达到 156.7 公里/万平方公里，建成世界规模最大的铁路网络。2012 年以来，我国铁路建设日新月异，加速满足人民

美好生活。新中国成立至 2012 年我国铁路营业里程不足 10 万公里。2012—2021 年这十年间,铁路营业里程增加超过 5 万公里,增幅高达 54%。伴随铁路建设的加速进行,十年来铁路运输服务品质也在全面升级。目前,中国铁路的客运周转量、货物发送量等指标都位居世界首位,铁路安全水平不断加强。人民群众出行更加便捷高效,出行难问题得到极大改善。货运能力持续提升,2021 年货运量完成 47.74 亿吨,以往长期存在的铁路运输瓶颈制约不复存在。

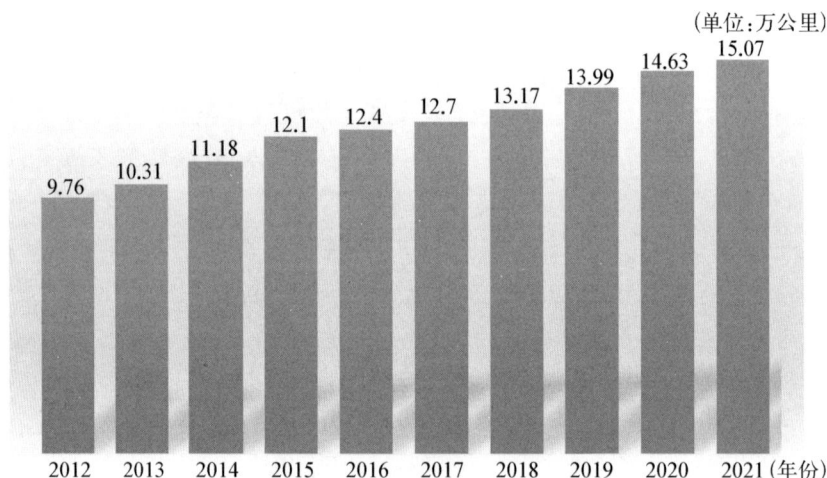

图 7-9　2012—2021 年我国铁路营业里程

资料来源:根据《中国统计年鉴》绘制。

■ 西部勾勒出铁路网轮廓,地区间交通可达性日益提高

截至 2021 年,西部地区的铁路里程突破 6 万公里,达 6.1 万公里,占到全国四成,铁路在东中西区域间、沿海沿边沿江的布局更加合理。2013—2021 年,我国东部铁路营业里程由 2.5 万公里增长至 3.7 万公里,中部铁路营业里程由 2.3 万公里增长至 3.5 万公里,西部铁路营业里程由 4 万公里增长至 6.1 万公里。这些年我国在西部修了 2.3 万公里铁路,远超过东部。2021 年,中部和西部铁路里程占全国的比重达到 63.1%,比 2013 年提高了 2.9 个百分点。

西部的路通了,西部百姓可以出去工作生活了,西部学生可以出去上学,全国资源可以送到西部了,西部人民的幸福感、获得感大幅提升。新时代,我国公益慢火车的发展从不间断。全国有 81 对公益慢火车,覆盖 21 个省区市,经停530 座车站,是山区人民的赶集车、上学车、通勤车。自 2017 年统计公益慢火车

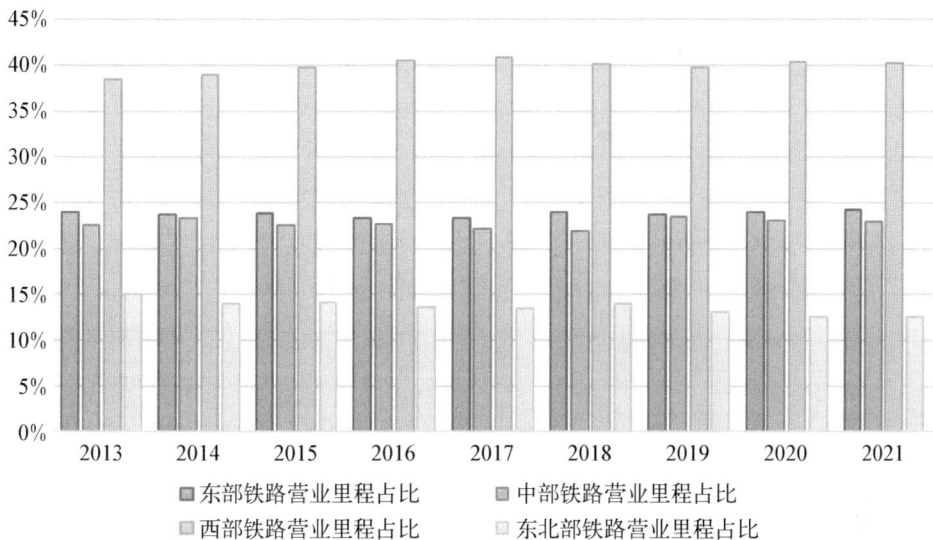

图 7-10 2013—2021 年我国铁路营业里程占全国比重

资料来源:根据《中国统计年鉴》绘制。

相关数据以来,截至 2021 年 8 月,公益慢火车累计运送旅客 2.66 亿人次,仅 2021 年就减免涉农物资运输费用 14.8 亿元。新时代,多数偏远地区都通上火车。格库铁路、阿富准铁路等相继通车,和若铁路补齐世界首条环沙漠铁路最后一段"弧线",新疆形成"一主两翼"进出疆、"南北两环"交通格局,中老铁路、昆玉河铁路等开行动车,丽香铁路、渝昆高铁等建设如火如荼,云南"八出省、五出境"铁路网规划从蓝图走向现实。

■ 我国高铁跑出了大国速度,扬名海外、惊艳世界

虽然我国高铁发展比发达国家晚四十多年,但经过几代铁路人接续奋斗,自 2008 年我国第一条设计时速 350 公里的京津城际铁路建成运营以来,一大批高铁相继建成投产,京沪高铁实现时速 350 公里商业运营,为世界高速铁路商业运营树立了新标杆。2012 年,我国高铁的营业里程还不足 1 万公里,到 2021 年就飞速提升至 4 万公里,增长 3 倍多,并稳居世界第一位。十年来,高铁年均投产 3 500 公里。高铁营业里程占铁路营业里程的比重由 2012 年不到 10%,快速增长至 26.6%。

当前,高铁已成为人民群众出行主要的交通方式。从批准复兴号中国标准动车组命名,到"复兴号奔驰在祖国广袤的大地上",从强调"复兴号高速列车迈出从追赶到领跑的关键一步",到"我国自主创新的一个成功范例就是高铁"。放

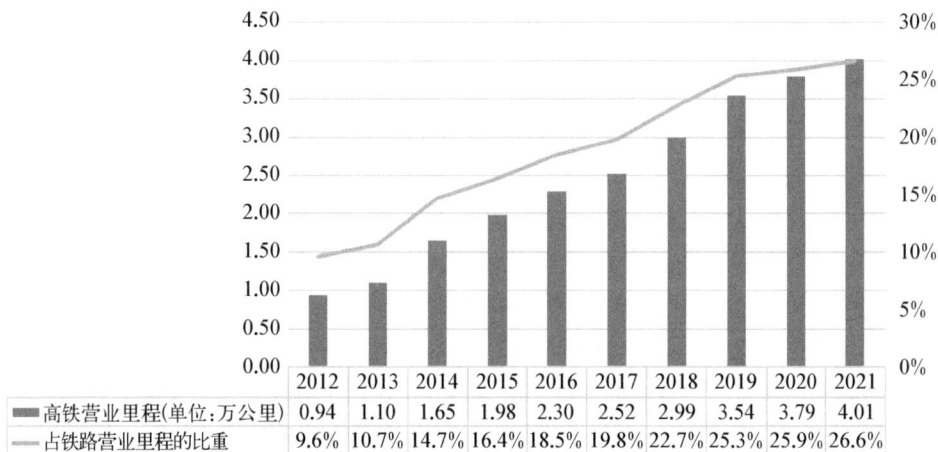

	2012	2013	2014	2015	2016	2017	2018	2019	2020	2021
高铁营业里程(单位:万公里)	0.94	1.10	1.65	1.98	2.30	2.52	2.99	3.54	3.79	4.01
占铁路营业里程的比重	9.6%	10.7%	14.7%	16.4%	18.5%	19.8%	22.7%	25.3%	25.9%	26.6%

图 7-11　2013—2021 年我国高铁营业里程及其占全国比重

资料来源:根据《中国统计年鉴》绘制。

眼神州大地,高铁奔腾飞驰。我国高铁用最直观的方式,向世界彰显了创新中国的活力、流动中国的魅力。

从当初的"四纵四横"到现如今的"八纵八横",我国高铁网的空间布局更均衡,中华大地正以前所未有的速度和方式连接起来。兰新高铁跨越塞北风区,沪昆高铁蜿蜒岭南山川,哈牡高铁驰骋林海雪原,杭黄高铁穿梭江南水乡。复兴号列车历史性地实现了对 31 个省(市、自治区)的全覆盖,全国 95% 的 50 万人口以上城市都有高铁站。

案例

我国高铁网布局更加均衡

■ 2021 年 6 月 25 日,西藏自治区第一条电气化铁路——拉林铁路开通运营,结束了藏东南地区不通铁路的历史,"绿巨人"驶入高原,带旺旅游、通畅物流。

■ 2022 年 7 月 20 日,连接楚汉、中原、巴蜀三大文化区的郑渝高铁迎来全线开通运营"满月"。一个月里,重庆出发、到达客流呈现"双向持续高峰"特点,鄂西神农架景区迎来高铁游客 12.8 万人次。

■ 2023 年 7 月 1 日,7 月 1 日起,复兴号动车组将正式在青藏铁路西格段运营。复兴号动车组投入运行后,青藏铁路西格段将提速至时速 160 公里,全线运行时间可以控制在 6 小时内,将有效扩大铁路运输供给,提升青藏铁路全线运能和效率。

知识链接

"八纵八横"的宏大蓝图

中国"八纵八横"高速铁路网是中国高速铁路网络的中长期规划。2016年7月20日,发展改革委印发《中长期铁路网规划》(以下简称"规划")。规划提出,到2020年,一批重大标志性项目建成投产,铁路网规模达到15万公里,其中高速铁路3万公里,覆盖80％以上的大城市,为完成"十三五"规划任务、实现全面建成小康社会目标提供有力支撑。到2025年,铁路网规模达到17.5万公里左右,其中高速铁路3.8万公里左右,网络覆盖进一步扩大,路网结构更加优化,骨干作用更加显著,更好发挥铁路对经济社会发展的保障作用。展望到2030年,基本实现内外互联互通、区际多路畅通、省会高铁连通、地市快速通达、县域基本覆盖。"八纵"通道为：沿海通道、京沪通道、京港(台)通道、京哈-京港澳通道、呼南通道、京昆通道、包(银)海通道、兰(西)广通道;"八横"通道为：绥满通道、京兰通道、青银通道、陆桥通道、沿江通道、沪昆通道、厦渝通道、广昆通道。

(资料来源:《中长期铁路网规划》)

■ 从九曲十八弯到天堑变通途,我国公路网更加完备

我国人民的幸福公路越走越悠长、越走越宽广。我国公路总里程由2012年的424.8万公里增加至2021年的528.1万公里。2021年,公路网密度达到每百平方公里55公里,比2012年增长24.6％。2012年年底,我国高速公路通车总里程达9.6万公里,首次超越美国跃居世界首位。到2021年年底,这个数据已刷新为16.91万公里,继续稳居世界首位。

翻开中国的高速公路交通地图,新时代横贯中国东西南北的"八纵八横"高速公路网,如条条巨龙在中国大地上舞动。一是,我国高速公路的建设规模迅猛增加。2012—2021年的总里程增加了7.3万公里,增幅高达76％。二是,我国高速公路的空间覆盖范围持续扩大,截至2021年,以国家高速公路为主体的高速公路网络已经覆盖了98.8％的城区人口20万以上城市及地市级行政中心,连接了全国约88％的县级行政区和约95％的人口。普通国道基本覆盖县级及以上行政区和常年开通的边境口岸。三是,我国高速公路的道路宽度不断扩展。到2021年底,国家高速公路中双向六车道及以上的路段占比达20.9％,京哈、京

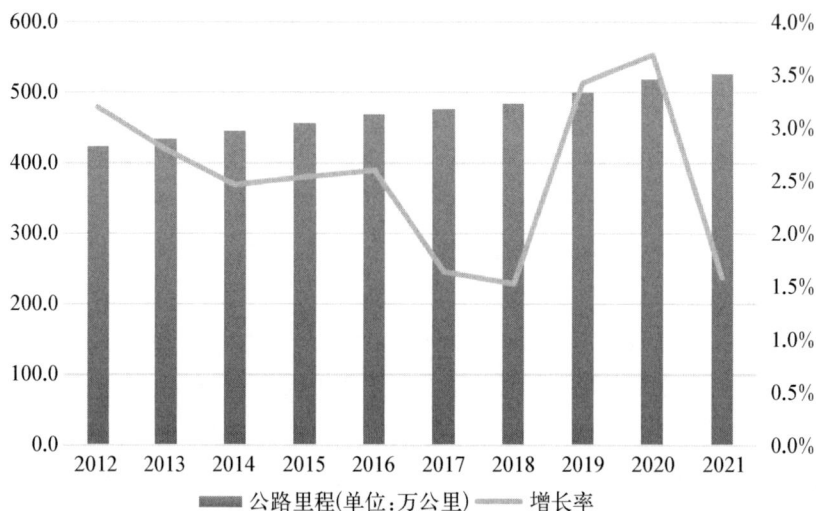

图7‑12　2012—2021年我国公路里程及其增长率

资料来源：根据《中国统计年鉴》绘制。

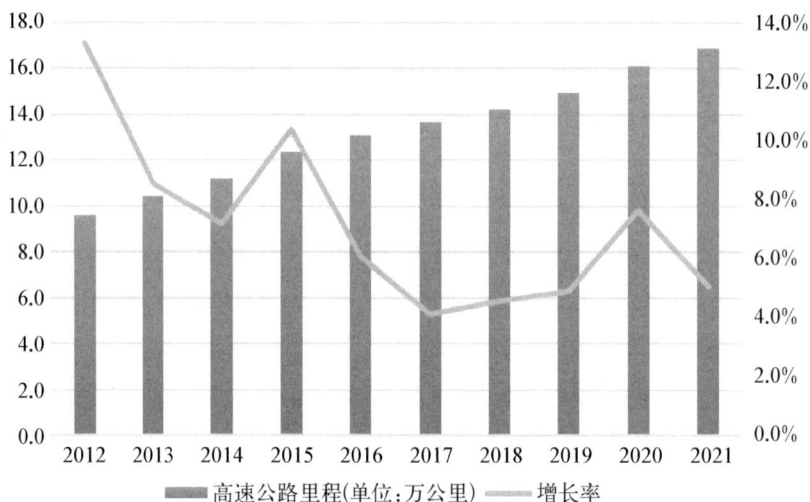

图7‑13　2012—2021年我国高速公路里程及其增长率

资料来源：根据《中国统计年鉴》绘制。

沪、京港澳、沈海、沪昆等国家高速公路的大量繁忙路段实施扩容改造，国家公路骨干通道服务保障能力得到进一步提升。全国普通国道二级及以上占比达79.6%，比2013年提高了约10%。98%以上的路面实现了沥青或水泥混凝土铺装，比2013年提高了约13%。

案 例

我国高速公路不断拓展

- 港珠澳大桥于2018年10月开通运营,成为集桥、岛、隧为一体的超级跨海工程。
- 穿越沙漠戈壁无人区的京新高速公路全线贯通,成为继连霍高速后又一条进出疆大通道。
- 长度超过22公里的乌鲁木齐至尉犁高速天山胜利隧道开工建设,不断刷新高速公路隧道世界纪录。

我国公路,仍在延伸。2022年7月,国家发展改革委联合交通运输部印发《国家公路网规划》(以下简称《规划》),系统谋划了未来我国公路网的发展目标、规模结构、空间布局等。《规划》提出到2035年,国家公路网总规模约46.1万公里,与2013年印发的《国家公路网规划(2013年—2030年)》相比,增加约6万公里。

■ **穿山越壑,中西部高速公路加速建设**
新时代,中西部地区高速公路设施发展进一步补足西部地区交通短板,提高

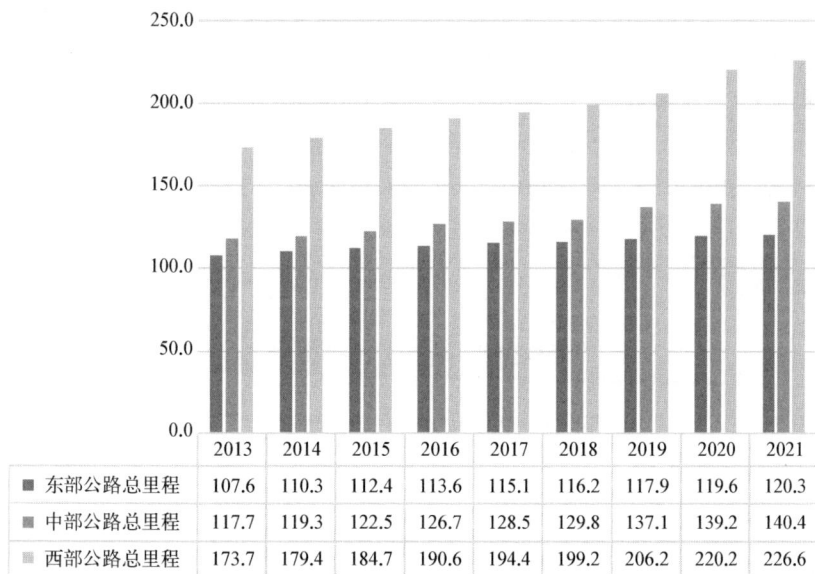

	2013	2014	2015	2016	2017	2018	2019	2020	2021
■ 东部公路总里程	107.6	110.3	112.4	113.6	115.1	116.2	117.9	119.6	120.3
■ 中部公路总里程	117.7	119.3	122.5	126.7	128.5	129.8	137.1	139.2	140.4
□ 西部公路总里程	173.7	179.4	184.7	190.6	194.4	199.2	206.2	220.2	226.6

图 7‑14 2013—2021年东中西部公路总里程(单位:万公里)

资料来源:根据《中国统计年鉴》绘制。

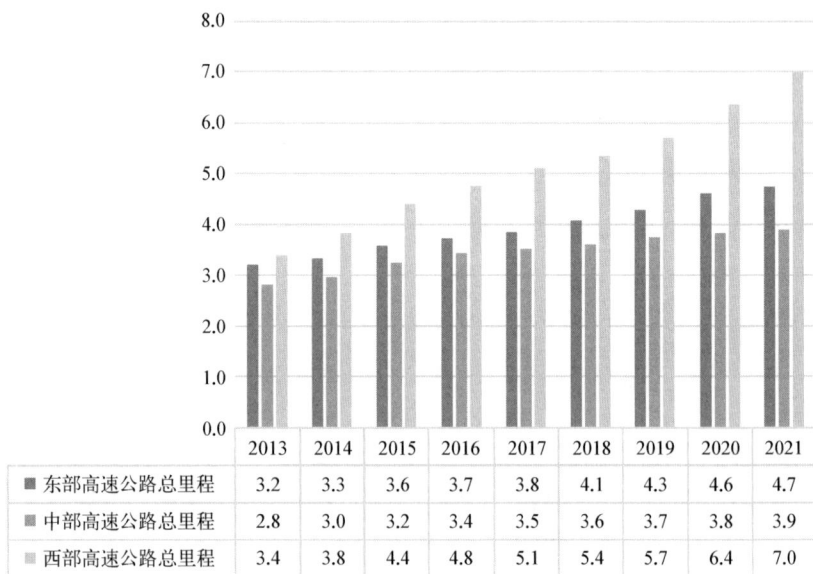

	2013	2014	2015	2016	2017	2018	2019	2020	2021
■ 东部高速公路总里程	3.2	3.3	3.6	3.7	3.8	4.1	4.3	4.6	4.7
■ 中部高速公路总里程	2.8	3.0	3.2	3.4	3.5	3.6	3.7	3.8	3.9
■ 西部高速公路总里程	3.4	3.8	4.4	4.8	5.1	5.4	5.7	6.4	7.0

图 7 - 15　2013—2021 年东中西部高速公路总里程(单位：万公里)

资料来源：根据《中国统计年鉴》绘制。

中部地区贯通南北、连接东西的通道能力。中部高速公路总里程由 2013 年的2.8万公里增长至2021年的3.9万公里,西部高速公路总里程由2013年的3.4万公里增长至2021年的7.0万公里,总里程翻了一番。2013—2021年,中西部地区新增高速公路里程5.3万公里,占全国新增高速公路里程的73.0%,其增幅远高于东部地区。

　　一条条穿高山、越峡谷、跨沙漠的公路,从一张张施工图转为一幅幅实景图,为"老少边穷"地区铺上一条致富路,开启一扇幸福门。

案 例

"老少边穷"地区公路不断拓展

■ 新疆依若高速建成通车,成为继 G7 京新高速和 G30 连霍高速之后进出新疆的第三条高速公路。

■ 西藏拉林高等级公路平均海拔超过 3 000 米,沿途穿越雪山、河流、森林等景观。敦当高速全线通车运营。

■ 四川巴中至达州高速公路作为国家高速网的重要组成部分,是当地与华中、华东地区相互联系的便捷通道。

- 重庆万利高速龙驹互通段,蜿蜒的公路连接起乡村振兴致富路。
- 西安外环高速公路建成通车,将助力西安都市圈加速建设。位于广西来宾市区的马滩红水河大桥,G72泉南高速公路绵延在田野乡村,构成一幅美丽画卷。

知识链接

西部地区"五横四纵四出境"综合运输通道建设

国家发展改革委印发的《西部大开发"十三五"规划》(简称《规划》)明确,继续加强交通、水利等基础设施建设,着力构建"五横四纵四出境"综合运输大通道,强化设施管护,提升基础保障能力和服务水平。

《规划》提出,以重要交通走廊和中心城市为依托,构建以陆桥通道西段、京藏通道西段、长江—川藏通道西段、沪昆通道西段、珠江—西江通道西段为五条横轴,以包昆通道、呼(和浩特)南(宁)通道为两条纵轴,沿边重点地区为一环的"五横两纵一环"西部开发总体空间格局。

构建"五横四纵四出境"综合运输大通道,是《规划》的重要内容之一。根据《规划》,铁路方面,将实施联系东中部通道、沟通南北方通道、联通国内外通道、开发性新线、既有线路扩能改造、运输枢纽等6个方面重点工程。公路方面,将实施高速公路联网畅通、普通国省干线公路升级改造、农村公路畅通安全、枢纽站场建设推进和专项建设巩固扩展五大工程,基本实现城镇人口20万以上城市及地级行政中心通高速公路、具备条件的乡镇和建制村通硬化路。民航方面,重点将建设西南、西北、华北、中南机场群,大力拓展国际航线,促进通用航空与旅游业融合发展。

(资料来源:中国政府网)

第三节 共享时代红利,区域基本公共服务更加均等 5.93张∶7.32张∶7.24张

关键数据:

- 2021年,东、中、西部地区的每千人口各类医疗卫生机构床位数分别为5.93

张、7.32 张和 7.24 张,分别比 2016 年增加 0.85 张、1.86 张和 1.53 张,床位增量主要集中在中西部地区。

- 2021 年,东、中、西部每千人口卫技人员数分别为 8.1 人、7.6 人和 8.2 人,比 2016 年分别增加 1.6 人、1.9 人和 2.1 人,中部和西部每千人口卫技人员数的增幅远高于东部。
- 全国小学净入学率从 99.85% 提高到 99.9% 以上,初中阶段毛入学率始终保持在 100%。
- 中西部地区一般公共服务支出接近 1 万亿元,高于东部地区。

基本公共服务均等化是指全体公民都能公平地获得大致均等的基本公共服务,强调兜住民生底线、共享发展成果。基本公共服务均等化的评判尺度是基本公共服务对人的需求的满足度、与经济社会发展水平的适应性、人民群众获得基本公共服务的公平性与保障性。持续推进基本公共服务均等化,推动全体人民共同富裕取得更为明显的实质性进展,是新时代一以贯之的重大主题。党的十八大以来,我国着力围绕基本公共服务资源分布与分配不均衡、供给与需求不匹配等问题,加强基本公共服务均等化的区域统筹与协调,区域间基本公共服务水平持续缩小,中西部地区人民基本公共服务体系更加完善。

知识链接

标准化、均等化的基本公共服务体系建设

2017 年,《"十三五"推进基本公共服务均等化规划》(以下简称"规划")发布。规划指出,国家基本公共服务制度紧扣以人为本,围绕从出生到死亡各个阶段和不同领域,以涵盖教育、劳动就业创业、社会保险、医疗卫生、社会服务、住房保障、文化体育等领域的基本公共服务清单为核心,以促进城乡、区域、人群基本公共服务均等化为主线,以各领域重点任务、保障措施为依托,以统筹协调、财力保障、人才建设、多元供给、监督评估等五大实施机制为支撑,是政府保障全民基本生存发展需求的制度性安排。

2021 年,《国家基本公共服务标准(2021 年版)》正式印发实施。该标准包括了幼有所育、学有所教、劳有所得、病有所医、老有所养、住有所居等 9 个

方面、22大类、80个服务项目，是我国推动基本公共服务均等化进程中具有标志性的一项工作。

（资料来源：中国政府网）

■ 地区间公共服务支出差距持续缩小

我国各地区一般公共服务支出的差距缩小，甚至出现中西部赶超东部的局面。2012年，东部的一般公共服务支出为4 470亿元，高出西部的3 537亿元近1 000亿元，高出中部的2 688亿元近2 000亿元，一般公共服务支出在各地区间存在极大的不平衡。2020年，东部一般公共服务支出为7 951亿元，中西部地区一般公共服务支出接近1万亿元，高于东部地区。"医疗、教育、住房"三大领域是与老百姓生活密切相关的民生领域，也是老百姓真切关心的民生领域。新时代，中西部住房、教育、医疗、就业等民生领域不断取得新进展。

表 7 - 1　东中西部地区一般公共服务支出(亿元)

		一般公共服务	教育	文化体育与传媒	社会保障和就业	医疗卫生	节能环保	城乡社区事务	住房保障
东部		4 470	8 284	872	3 961	2 780	1 066	4 420	904
中部	2012年	2 688	4 544	363	2 795	1 707	565	1 427	981
西部		3 537	5 587	666	3 754	2 149	956	2 246	1 699
东部		7 951	16 481	1 779	12 107	8 071	2 299	9 790	2 803
中部	2021年	4 069	7 705	689	7 399	4 257	1 216	4 566	1 229
西部		5 190	9 831	1 105	9 632	5 520	1 404	3 886	1 868

资料来源：根据《中国统计年鉴》计算整理。

案　例

■ 西部大开发对中小学生实施的两免一补政策，不仅学杂费、书本费全免，住宿生还能领到生活补助，这使得芒海这个边陲小镇的入学率，小学达到100%，初中达到了 98.6%。

■ 西藏建立起了涵盖学前教育、基础教育、职业教育、高等教育、继续教育、特殊教育的现代教育体系,建立起了医疗服务、妇幼保健、疾病防控、藏医藏药等服务体系,400 多种较大的疾病不出藏就能治疗,包虫病、大骨节病、先天性心脏病、白内障等西藏高发的疾病得到历史性消除和防治。

■ 地区间医疗基础设施差距持续缩小

中西部等地区不仅实现了"病有所医",更实现了"病有良医",这是交给老百姓最好的"时代答卷"。一是中西部地区的高水平医院数量持续增多。2016—2021年,全国医院数量由 2.9 万家增长至 3.7 万家,增长率超过 25%,其中代表较高医疗技术水平的三级公立医院由 2 000 多家增长至 3 000 多家,增加超过 1 000 家。其中,中部地区的三级公立医院增加 278 家,增长 46.6%,西部地区的三级公立医院增加了 411 家,增长 70.3%,中西部地区的三级公立医院增长率远远高于东部地区。

二是中西部地区的床位数量持续扩容。2016—2021 年,全国各类医疗卫生机构床位数由 741 万张增长至 945 万张,增加 200 多万张,三级医院增加 100 多万张,基层医疗卫生机构增加 26 万张。其中,**2021 年,东中西部地区的每千人口床位数分别为 5.93 张、7.32 张和 7.24 张**,分别比 2016 年增加 0.85 张、1.86 张和 1.53 张,床位增量集中在中西部地区。

三是中西部地区的卫生技术人员队伍不断壮大。全国卫生技术人员由 2016 年的 845 万人增长至 2021 年的 1 124 万人,其中 2021 年东、中、西部每千人口卫技人员数分别为 8.1 人、7.6 人和 8.2 人,比 2016 年分别增加 1.6 人、1.9 人和 2.1 人,中部和西部每千人口卫技人员数的增幅远高于东部。

■ 地区间教育基础设施差距持续缩小

"学有所教"得到了真切回应,中西部地区孩子实现了从"有学上"到"上好学"的转变。一是中西部孩子辍学情况消失了。2012—2021 年,全国小学净入学率从 99.85% 提高到 99.9% 以上,初中阶段毛入学率始终保持在 100%。以政府为主导、学校和社会积极参与的学生资助政策体系,对"所有学段、所有学校、所有家庭经济困难学生"实现全覆盖,十年累计资助学生近 13 亿人次,确保"不让一个学生因家庭经济困难而失学、辍学"。义务教育阶段建档立卡脱贫家庭学生辍学实现动态清零,长期存在的辍学问题得到历史性解决,特别是"三区三州"等原深度贫困地区以前所未有的力度狠抓控辍保学,如四川凉山州劝返了 6 万余名辍学学生，确保一个都不能少。

二是中西部孩子的上学环境更美了。2012—2021 年，全国累计投入数万亿元改善各级各类学校办学条件。比如，在学前教育阶段，大力加强公办幼儿园和普惠性幼儿园建设，2011—2021 年，全国新增幼儿园 12.8 万所；在义务教育阶段，大力实施薄弱学校改造，中央财政累计投入 4 000 多亿元，地方各级财政累计投入超过 1 万亿元。通过十年来的努力，各级各类学校面貌焕然一新，特别是广大中西部革命老区、民族地区、欠发达地区农村学校办学条件大幅改善。湖北、安徽、四川、云南、陕西、青海、甘肃等多个中西部省份的校舍是许多边远乡村最漂亮的建筑，成为一道道靓丽的风景线。我国危房、大通铺等问题基本解决，许多中西部农村地区，过去学生自带课桌椅、睡"大通铺"、使用 D 级危房等现象基本消除，"最好最安全的建筑在学校"得到群众的公认。

三是中西部孩子上学的授课老师更多了、讲课水平更高了。我国实施"特岗计划"，为中西部农村补充特岗教师 78 万多人，实施银龄讲学计划，为"老少边穷"地区补充 1 万多名高素质教师。到 2021 年底，全国近 3 000 个县均专门出台了保障义务教育教师工资收入不低于当地公务员平均水平的政策文件，初步形成保障义务教育教师收入的长效机制和工资收入随当地公务员待遇调整的联动机制。有更多的老师愿意到中西部地区从事教育工作。2021 年，各地区的义务教育资源基本均衡，东、中、西部地区义务教育生师比基本持平。

知识链接

教育服务均等化的重要文件

《关于加快中西部教育发展的指导意见》。意见提出，到 2020 年，中西部地区各级各类学校办学条件显著改善，教育普及程度明显提高，教育结构趋于合理，教育质量不断提升，教育保障水平进一步提高，人民群众接受良好教育的机会显著增加，支撑中西部经济社会发展的能力切实增强，中西部地区教育水平与东部发达地区差距进一步缩小，教育现代化取得重要进展。

《中西部欠发达地区优秀教师定向培养计划》。计划提出，从 2021 年起，教育部直属师范大学与地方师范院校采取定向方式，每年为 832 个脱贫县（原集中连片特困地区县、国家扶贫开发工作重点县）和中西部陆地边境县（以下统称定向县）中小学校培养 1 万名左右师范生，从源头上改善中西部欠发达地区中小学教师队伍质量，培养造就大批优秀教师。

《关于构建优质均衡的基本公共教育服务体系的意见》。《意见》提出,到2027年,优质均衡的基本公共教育服务体系初步建立,供给总量进一步扩大,供给结构进一步优化,均等化水平明显提高。到2035年,义务教育学校办学条件、师资队伍、经费投入、治理体系适应教育强国需要,市(地、州、盟)域义务教育均衡发展水平显著提升,绝大多数县(市、区、旗)域义务教育实现优质均衡,适龄学生享有公平优质的基本公共教育服务,总体水平步入世界前列。

(资料来源:笔者整理。)

■ 地区间住房条件差距持续缩小

"安得广厦千万间,大庇天下寒士俱欢颜"。中西部地区人民"住有所居""住有所乐"的千百年理想照进现实。2021年,东、中、西部地区的建筑业产值均比2012年增加了一倍多,东部地区增长了1.03倍,中部地区增长了1.67倍,西部地区增长了1.60倍。中西部地区建筑业总产值占全国比重分别为24.7%和21.6%,比2012年分别提高了4.9和3.9个百分点,中西部地区建筑业发展的后发优势明显,东、中、西建筑业发展更趋均衡。中西部人民实现了从"有的住"到"住的好"的历史性转变。

案 例

中西部地区社区建设不断升级

■ 海西州州府德令哈市甘南村曾经是规模最大的城中村,过去一直存在环境脏乱、基础设施滞后等问题,2017年,按照"统一规划、统一安置、统一实施、统一交工"的原则,对该村"整旧、改破、清脏、治乱、增美、添绿",如今甘南村也成为小有名气的幸福村。

■ 陕西池河镇西苑社区占地面积220亩,累计安置移民搬迁户近6 000人。行走在社区里,你能看到各种各样的配套服务设施,包括文化剧场里,居民们经常可以观看各种表演;日间照料中心里,老人们聚在一起聊天打牌;行政服务中心里,百姓可以就近办理户籍、社保等各种服务。

■ 时值深秋,走进新疆生产建设兵团第十二师三坪农场祥和小区,一栋栋楼房整齐排列,路面平坦干净,绿化带里果树林立、花朵绽放让人惊叹。

第四节　手足相亲、守望相助，转移支付推进共同繁荣　　10.06 万亿元

关键数据：
- 中央对地方转移支付预算总额从 4.54 万亿元增加到 10.06 万亿元，翻了一番。
- 中央支持中部和西部地区转移支付预算总额分别增长至 2.2 万亿元和 3.6 万亿元，规模创历史新高。
- 2023 年，"老少边穷"地区转移支付预算数为 3 520 亿元，比 2015 年的 1 256 亿元提高 2 000 多亿元，十年来总体规模翻了一番。
- 中央对口帮扶贫困县的直接帮扶资金和引进各类资金累计分别达到 446.64 亿元和 1 931.38 亿元，是前十年的 5 倍。

"财者，为国之命而万事之本。"下好区域协调发展的全国一盘棋，财政分配是制胜要诀。自实行分税制财政管理体制以来，我国逐步建立了财政转移支付的财政分配制度。财政转移支付为地方安排的"真金白银"，增强了地方政府的可用财力，帮助部分财政收支失衡或经济发展滞后的地区加快推动产业升级和民生改善，让地方在实施减税降费政策、落实"三保"任务以及防范化解公共风险方面吃下"定心丸"。另外，东西协作、对口支援等极具中国特色的帮扶机制，也是推进区域协调发展"这盘棋"的重要举措。党的十八大以来，我国持续深化财政转移支付，积极完善"先富带后富"和"先富帮后富"机制，通过先富地区与后富地区的"牵手"帮扶，形成了区域协调发展的良好局面，实现了发达地区与欠发达地区共同繁荣。

■ 中央对地方的转移支付连续创新高

从"国家账本"中的转移支付"账目"可以看出我国推动区域协调发展的决心与雄心。一是中央对地方转移支付规模方面，2012—2023 年，中央对地方转移支付规模超过 80 万亿元，**中央对地方转移支付预算总额从 4.54 万亿元增加到 10.06 万亿元，创下近年新高**。其占中央一般公共预算支出的比重由 70.82％提

高至72.38%。二是中央对地方一般性转移支付规模方面,一般性转移支付预算总额由2012年的2.77万亿元增加至2023年的8.1万亿元,几乎增长两倍,占中央对地方转移支付预算总额比重从61%持续提高到74.5%,提高了13.5个百分点。此外,2023年中央一次性安排支持基层落实减税降费和重点民生等专项转移支付高达5000亿元。

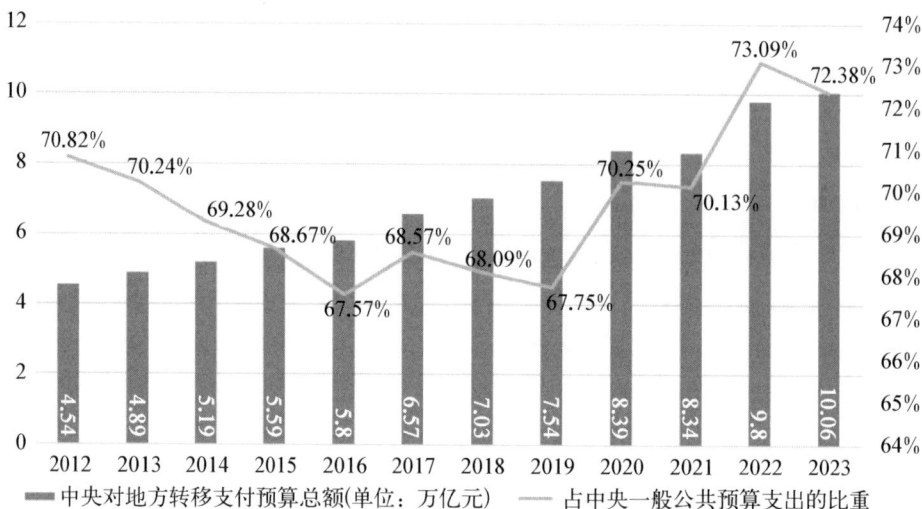

图7-16　2012—2013年中央转移支付预算总额及其占比

资料来源:根据财政部相关数据整理绘制。

■ 中西部地区接受转移支付规模持续增长

转移支付向中西部地区倾斜,体现了党中央携手各地区人民奔向小康生活的坚定信念。从2015—2023年中央对地方财政支付总额数据中不难发现,中央财政转移支付资金分配向中西部地区倾斜的趋势更加明显。2015年,中央支持中部地区转移支付预算总额为1.1万亿元,支持西部地区转移支付预算总额为1.7万亿元,均高于东部的0.8万亿元,占全国的比重分别为20%和31%。2023年,中央支持中部和西部地区转移支付预算总额为2.2万亿元和3.6万亿元,规模创历史新高,其占全国比重都进一步提高,中西部地区占比接近六成,特别是中央支持西部地区转移支持预算总额超过全国的三分之一。这有力增强了中西部地区财力,提高了基本公共服务均等化水平。

表7－2　东、中、西、东北部地区转移支付预算总额(亿元)

	2015 年	2023 年
东部地区	8 264	17 735
中部地区	11 198	22 324
西部地区	17 364	35 854
东北地区	4 511	9 739

资料来源：根据财政部相关数据整理

在 2023 年 10 万亿转移支付当中，四川省以近 6 000 亿元居全国首位，河南省以 5 095 亿元居第二位。其他超过 3 000 亿元的地区包括江西、辽宁、山东、贵州、广西、安徽、新疆、黑龙江、云南、河北、湖北、湖南。在超过 3 000 亿元的 13 个地区中有 9 个在中西部。根据 2022 年各省公布的人口来推算，2023 年人均转移支付最高的三个省份分别为：西藏，人均转移支付达到 6.24 万元；青海，人均转移支付 2.46 万元；新疆建设兵团，人均转移支付 2.24 万元。另外，包括宁夏、新疆、内蒙古、黑龙江、吉林、甘肃、海南在内，人均转移支付达到 1 万元以上的省份多数位于西部地区。而广东、江苏、山东、浙江这几个 GDP 总量最高的省份人均转移支付都低于 3 500 元，其中广东人均转移支付是 1 611.95 元，浙江人均转移支付为 1 336.93 元。

■ "老少边穷"地区接受转移支付规模日益提高

我国加大对"老少边穷"地区转移支付的力度，展示了国家对相对弱势地区的扶持，让全国人民都能共享经济发展果实的决心。2023 年，"老少边穷"地区转移支付预算数为 3 520 亿元，比 2015 年的 1 256 亿元提高了 2 000 多亿元，总体规模翻了一番。从 2023 年"老少边穷"地区各省份或自治区转移支付预算的具体情况中可以看到，中央对"老少边穷"地区转移支付既考虑各地区对革命的贡献，也考虑该地区的经济发展水平。比如，江西对中国革命的贡献不言而喻，但江西的经济发展相比发达地区却有不小的差距，因此江西得到的转移支付较高。边境地区因毗邻外国，生命和财产安全有可能因外国动乱而受到威胁或损害，需要通过转移支付支持边境地区的公共安全保障水平。比如，云南边境地区边民生活经常受外国影响，得到转移支付较多。对于一些特殊的口

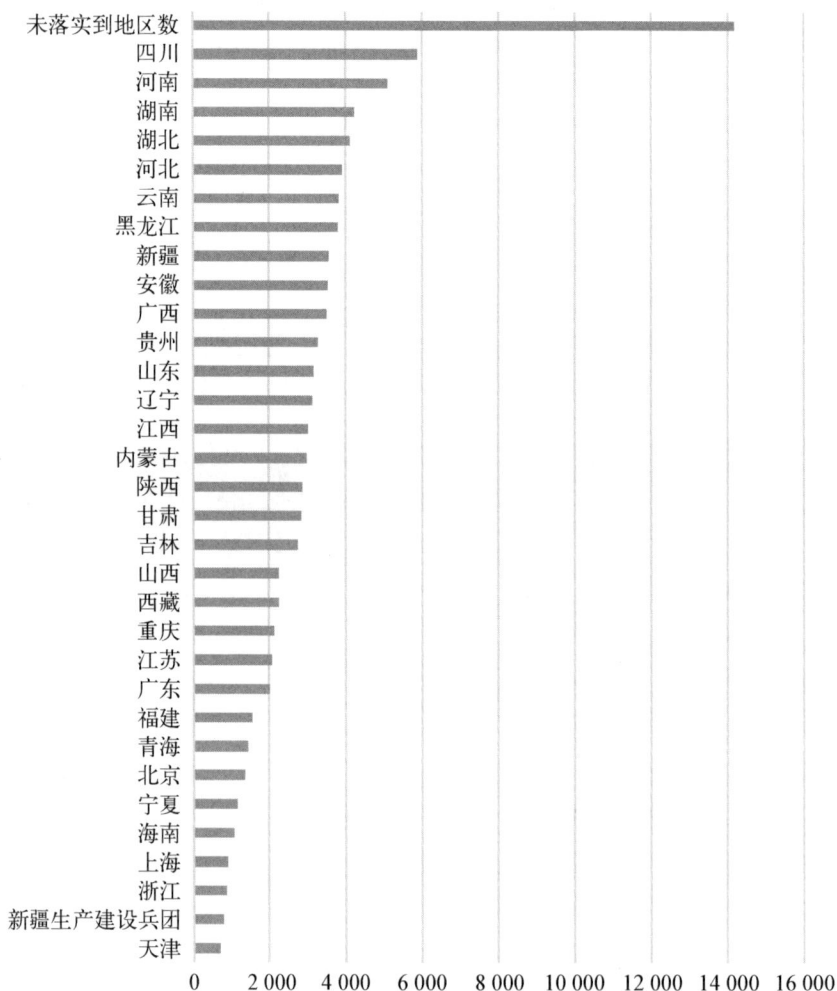

图 7-17 2023 年中央转移支付预算各地区情况(单位:亿元)

资料来源:根据财政部相关数据整理绘制。

岸地区,比如大连、厦门、宁波和深圳,也会有专门的转移支付,以缓解当地的财政支出压力。

中华民族一家亲,各民族人民"你中有我,我中有你",像石榴籽一样紧紧抱在一起。习近平总书记多次深入民族地区考察调研,走遍了五个自治区和贵州、云南、青海三个多民族省份,多次强调"全面建成小康社会,一个民族都不能少"。中央不断扩大转移支付民族地区的范围,将内蒙古、广西、西藏、宁夏、新疆五个民族自治区和青海、云南、贵州三个财政体制上视同少数民族地区对待的省份,以及民族自治州、民族自治县纳入了民族地区转移支付范围。2017 年引入了民族人口占比、世居少数民族个数、人口较少民族等体现民族特征的因素，加大了对少数民族占比大、少数民族种类多、人口较少民族分布丰富地区的支持力度。中央支持民族地区转移支付预算总额由 2012 年的 420 亿元提高至 2023 年的 1 196 亿元，涨幅高达 185%。

案　例

拉祜族过上小康社会生活

云南省西双版纳傣族自治州勐海县曼班三队的村民娜四生动诠释了全面建成小康社会的内涵。娜四曾经是拉祜族最后一个女猎人。曼班三队有 64 名拉祜族村民。2015 年以前，他们还保持着传统的采集和游猎生活方式。2015 年，随着 4 名扶贫工作队队员的到来，乡亲们的生活发生了巨大的变化：村寨的道路硬化了，家家装上了太阳能热水器和燃气灶，村里的冬瓜猪、茶花鸡养殖初具规模，山坡上种上了果树、茶树和其他经济作物，娜四在家中的田地、茶园里忙个不停。

■ 转移支付涉及的民生领域更加宽泛

转移支付支持基层财政困难地区，补齐了民生领域短板，兜住了底线，凝聚起各地区全社会的强大合力。转移支付以满足人民日益增长的美好生活需要为出发点和落脚点，不断提高基本公共服务的支持力度，增强基层人民群众的获得感、幸福感、安全感。让中国式现代化建设成果更多更公平地惠及全体人民。

一是在基本财力保障方面。中央安排县级基本财力保障机制奖补资金预算支出由 2012 年的 1 075 亿元增至 2023 年的 4 107 亿元，几乎增长两倍，重点向财政收入下降幅度较大，保工资、保运转、保基本民生增支较多的资源能源型地区、主导产业衰退的东北地区和其他县级财政困难的地区倾斜。

二是在就业保障方面。2023 年，中央财政安排就业补助资金 668 亿元，同比增加 50 亿元。主要用于完善减负、稳岗、扩就业政策举措，把促进青年特别是高校毕业生就业摆在更加突出位置，帮助农民工、脱贫人口、退役军人等重点群体就业创业。强化对灵活就业人员和新就业形态劳动者的权益保障。继续支持大规模实施职业技能培训，加快培养大批技能人才，缓解结构性就业矛盾。

三是在教育保障方面。2023 年,中央支持学前教育发展资金安排 250 亿元,同比增加 20 亿元,扩大普惠性教育资源供给;改善普通高中学校办学条件补助资金安排 100 亿元,同比增加 30 亿元,支持改善县域普通高中基本办学条件;支持地方高校改革发展资金安排 404 亿元,增加 10 亿元,重点用于中西部地区高校"双一流"建设等。学生资助补助经费安排 720 亿元,增加 32 亿元,减轻困难家庭教育负担。

■ 转移支付为生态功能区发展保驾护航

转移支付支持重点生态功能区发展,推动美丽中国建设,彰显出区域发展的绿色生态魅力。安排重点生态功能区转移支付预算支出由 2012 年的 371 亿元增至 2023 年的 1 091 亿元,增加了 700 多亿元。这项转移支付落实了绿色发展理念,重点推进生态文明建设,引导地方政府积极加强生态环境保护工作,提高生态功能重要地区所在地政府的基本公共服务保障能力。

中央财政的重点生态保护修复治理资金安排 172 亿元,推动加快实施山水林田湖草沙一体化保护和修复工程、历史遗留废弃矿山生态修复示范工程。同时,继续支持开展国土绿化行动和森林、草原、湿地、海洋等生态系统保护修复。以生态保护补偿为抓手,我国建成了世界范围内受益人口最多、覆盖领域最广、投入力度最大的生态保护补偿机制。

■ 东西协作成为实现共同富裕的重要途径

携手并进,东西协作共同演绎新时代动人的"山海情",对口支援助力推动共同富裕的伟大壮举。在资金方面,2012—2020 年中央对口帮扶贫困县的直接帮扶资金和引进各类扶贫资金累计分别达到 446.64 亿元和 1 931.38 亿元,分别是 2002—2011 年 10 年间对应累计额的 4.2 倍和 4.95 倍。在人力资源方面,一是通过人力支援提升了贫困县发展能力。中央派驻了大量挂职干部帮助贫困县发展,截至 2020 年共派出 11 606 人,其中 2012 年以来就派出 7 643 人,占总派出人数的 67%。二是通过在贫困县展开劳务、专业技能培训,提高了贫困人口的劳动素质和就业能力。截至 2020 年,中央累计培训贫困人口达 561.75 万人次,2012 年以来累计培训 378.45 万人次,占总人次的 67%。在其他方面,通过消费扶贫增加了贫困人口的收益。仅 2019 年,外部直接购买贫困地区农产品 24.6 亿元,促成销售 251.9 亿元,提高农民的收入的同时,拓宽了贫困地区农产品的销售渠道。

知识链接

东西协作与对口支援发展

1996 年，《关于组织经济较发达地区与经济欠发达地区开展扶贫协作的报告》开启了东西扶贫协作的壮丽征程。

2013 年，《中央国家机关及有关单位对口支援赣南等原中央苏区实施方案》，明确中央 52 家单位结对赣南 31 个县市区，定向提供综合帮扶。

2014 年，国家启动了天津、上海、浙江、广东四省市对口支援四川、云南、甘肃三省 4 个藏族自治州和 2 个藏族自治县，为边疆民族地区打赢脱贫攻坚战贡献了力量。

2016 年，中央先后发布《关于进一步加强东西部扶贫协作工作的指导意见》《关于进一步加强中央单位定点扶贫工作的指导意见》，积极推进东西对口扶贫和中央定点扶贫，并且首次确定考核评估其成效。

2016 年，国务院发布《深入实施新一轮东北振兴战略加快推动东北地区经济企稳向好若干重要举措的意见》，确立了东北三省与苏、浙、粤三省，东北四市与京、津、沪、深展开对口合作，提升东北产业竞争力。

2021 年《新时代中央国家机关及有关单位对口支援赣南等原中央苏区工作方案》将接受主体拓展至 63 家中央单位对 43 个县市区，支援期限延长至 2030 年。

（资料来源：笔者整理。）

案　例

多地以特色经济推动对口合作

■ 京蒙携手推进"两个基地"建设，谱写京蒙协作新篇章。北京市和内蒙古自治区合作共建"农副产品生产加工基地"和"清洁能源基地"，帮助内蒙古牛羊肉、电力等进入北京市场。累计建成 89 个果蔬粮油种植基地、44 个家禽畜养殖基地和 25 个肉奶粮加工基地，帮助打造锡林郭勒羊肉、赤峰杂粮、兴安盟大米等多个名优品牌，2021 年全市采购、销售内蒙古农副产品超过 101 亿元。国电、京能、富盛、金风科技、京东方能源等一批大型京籍能源企业落地内蒙古，总投资超过 1 500 亿元，年总发电量约 7 600 万千瓦，保障了北京市 40% 以上的电力需求,谱写了京蒙协作新篇章。

■ **粤桂、粤黔实施"四项工程",助力脱贫人口稳岗就业。** 广东省和广西壮族自治区、贵州省将稳岗就业作为"六稳""六保"重中之重,大力实施"粤菜师傅""广东技工""南粤家政""乡村工匠"工程,以"小切口"推动"大变化",2021年,广东省帮助两省区99.2万农村劳动力实现就业,其中脱贫劳动力36.9万,全部稳在广东、稳在企业、稳在岗位。涌现出一大批乡村名厨、家政好手、文化技工和"厨师村""技工村""月嫂村"。

■ **浙川共建产业园区,全力打造东西部产业协作"浙川模式"。** 浙江、四川两省充分发挥浙江市场经济优势和四川资源禀赋优势,以共建产业园区为抓手,因地制宜构建投融资管理机制、合作共赢利益联结机制、同频共振联合招商机制等"三个机制",推动浙川两省互利共赢协作发展。2021年,浙江共引导565家企业到四川投资、实际到位投资479亿元,共建产业园区60个,引导入园企业255家、实际到位投资86亿元,吸纳农村劳动力就业1.87万人。

■ **苏陕推动东部产业转移,打造毛绒玩具之都。** 江苏省和陕西省抢抓东部毛绒玩具产业转移机会,结合安康市劳动力资源丰富、移民安置社区相对集聚的特点和优势,把毛绒玩具作为双方产业协作的重点,以新社区工厂为载体,成立产业发展领导小组,出台资金补贴、融资贷款、税收优惠、就业扶持、人才支持等系列扶持政策,建设毛绒玩具创意设计、原辅料批发、产品展销、物流分拨、电商运营等"五大中心",毛绒玩具文创产业实现了从无到有,从少到多,由弱到强的飞跃。截至2022年6月底,建成投产毛绒玩具文创企业720家,日产量100万只以上,实现产值35.05亿元,吸纳就业16 813人,其中脱贫人口3 797人。

■ **沪滇携手动员引导社会组织参与东西部协作。** 上海市拥有一万多家社会组织,是东西部协作的重要力量。近年来,上海市通过出台指导意见、加强政策支持、引导资源流动、健全平台保障、发挥示范引领等措施,引导社会组织参与东西部协作工作。2019年至2021年,获得专项财政资金资助的社会组织公益帮扶项目共246个,资助资金4 700多万元,撬动社会投入资金近2亿元,很多项目落地成为"小而美"公益帮扶项目。

■ **鲁渝、鲁甘实施"东产西移"工程,助力协作地产业升级。** 山东省积极实施"东产西移"工程,助力重庆、甘肃产业发展,变"资金输血"为"产业造血"。培育发展特色农业,实施优质品种"西移",为协作地引进优良果蔬品种和特色畜禽品种60多个。发挥园区集聚效应,实施优势企业"西移",与协作地携手共建产业园区50个,引导314家企业落地,实际投资额84亿多元。提升产业科技含量,实施人才技术"西移",每年选派 300 多名科技人员开展"组团式"帮扶,实施"百名科技特派员走进协作地"等系列活动,有力促进协作地产业发展。

- 浙江省安吉县牢记嘱托,携手推动"一片叶子再富一方百姓"。安吉县与湖南省古丈县、四川省青川县以及贵州省普安县、沿河县、雷山县一道,共同谋划推进"白叶 1 号"协作工程,全力推动"一片叶子再富一方百姓"。2018—2021年,累计捐赠茶苗 1 950 万株,种植面积 6 367 亩,直接受益人口 2 014 户 6 948人。产茶以来,受捐地累计采摘干茶 2 万余斤,产值超千万元,带动人均增收2 000 元以上。

- 广东省深圳市打造"圳品"品牌,助力消费协作提档。广东省深圳市以"圳品"建设为抓手,探索形成"圳品帮扶模式",打造消费协作"升级版"。2021 年以来,新签粤港澳大湾区投资广西农业项目 138 个,总投资 249.7 亿元,与广西共建 43 个田头冷藏、冷链冷库,建成供深农产品示范基地 121 个,认定"圳品"品牌 94 个,实现广西"圳品"采购、销售超 10 亿元,多个农产品被认定为"圳品"后,实现了产品价值、市场销售和品牌形象大幅提升。

- 闽宁协作为我国东西部扶贫协作树立标杆。20 多年来,在宁夏西海固这个曾被视为"不具备人类生存基本条件"的贫困地区,2 000 余名福建援宁干部、支教支医支农工作队员、专家院士、西部计划志愿者与宁夏干部群众携手接力战胜贫困,书写乡村振兴新篇章。脱贫攻坚任务完成之后,乡村振兴全面推进之时,东西部协作和定点帮扶持续深化推进,闽宁合作走向发展"快车道"。

第八章

夯脱贫之基、启小康之门，城乡建设共谱繁荣新华章

诺贝尔经济学奖获得者斯蒂格利茨提到，中国的城市化发展将是影响 21 世纪人类社会发展进程的两件大事之一。斯蒂格利茨没提及中国的乡村发展，这实际上也是西方哲学社会科学理论的缺陷所在，不能对中国发展实践予以科学阐释。那么中国在实践中又是如何落好"乡村振兴"和"新型城镇化"这两枚棋子呢？近十年，中国全方位实施以农业农村现代化为目标的乡村振兴战略，高质量推进以人为核心的新型城镇化，着力推动乡村振兴与新型城镇化的协同发展，这是破解发展不充分、不平衡的根本矛盾，构建城乡融合发展新协同，夯实社会主义现代化基础的重大战略和举措。在此基础上，中国如期打赢脱贫攻坚战，粮食产量不断迈上新台阶，乡村发展不断释放新动能，人居环境更加优美。新型城镇化水平稳步提高，城市面貌不断改善，服务功能持续完善，发展活力不断提高。

第一节　脱贫攻坚战取得全面
胜利　　9 899 万人

关键数据：

- 现行标准下农村贫困人口全部实现脱贫，从 2013 年到 2020 年，中国农村贫困人口累计减少 9 899 万人。
- 贫困地区农村居民人均可支配收入增长 7 646 元，年均增长 11.6%。

● 贫困地区上学难、就医难、居住难以及吃水难、行路难、用电难、通信难等历史性问题都得到根本性解决。

从 2013 年到 2020 年，中国农村贫困人口累计减少 9 899 万人，年均减贫 1 237 万人。**近十年以来，中国取得了多个领域的巨大进步和胜利，其中亮点工作之一是"完成脱贫攻坚、全面建成小康社会的历史任务，实现第一个百年奋斗目标"。**党的二十大报告中提出，"我们经过接续奋斗，实现了小康这个中华民族的千年梦想，中国发展站在了更高历史起点上""我们坚持精准扶贫、尽锐出战，打赢了人类历史上规模最大的脱贫攻坚战"。**近十年来的脱贫攻坚工作，彪炳史册。为什么我们对脱贫攻坚如此重视呢？摆脱贫困，始终是中国人民孜孜以求的梦想，是实现中华民族伟大复兴中国梦的重要内容，更是实现中华民族伟大复兴的重要基础、关键一步。**

■ 如期打赢脱贫攻坚战，奔赴共同富裕"康庄大道"

新时代伟大十年，完成脱贫攻坚、全面建成小康社会的历史任务，为我国全面建设社会主义现代化国家、实现中华民族伟大复兴创造了重要条件，特别是农村地区全部如期实现脱贫，保证中国的未来站在更高历史起点上。

农村贫困人口如期全部脱贫。围绕团结和带领人民创造美好生活、实现共同富裕的总体发展目标，各层级政府以前所未有的力度推进脱贫攻坚，把贫困地区作为脱贫攻坚重点区域，聚焦深度贫困地区和特殊贫困群体这两大目标，到 2020 年底中国现行标准下的农村贫困人口全部脱贫，中国区域性整体贫困得到解决。国家脱贫攻坚普查结果显示，中西部 22 省（自治区、直辖市）建档立卡户全面实现了不愁吃、不愁穿，义务教育、基本医疗、住房安全有保障，饮水安全也有保障，"两不愁三保障"全面实现。脱贫攻坚战取得全面胜利，中国为世界减贫事业贡献了巨大力量。

区域集中贫困问题顺利解决。从调查统计结果看，我国有一半以上农村减贫人口来自西部地区，这也是我国脱贫攻坚战的重点区域。从 2013 年到 2020 年，我国西部地区农村贫困人口累计减少 5 086 万人，减贫人口占全国减贫人口的 51.4％，年均减少贫困人口 636 万人；中部地区农村贫困人口累计减少了 3 446 万人，减贫人口占全国减贫人口的 34.8％，年均减少贫困人口 431 万人；东部地区农村贫困人口累计减少 1 367 万人，减贫人口占全国减贫人口 13.8％，年均减少贫困人口 171 万人。分不同贫困区域看,贫困人口相对集中、贫困程度相对较深的集中连片特困地区、国家扶贫开发工作重点县等地区,都同全国一起如期完成脱贫攻坚任务。从 2013 年到 2020 年,贫困地区农村贫困人口累计减少了 6 039 万人,年均减贫 755 万人,减贫规模占全国农村减贫总规模的 61.0%。其中集中连片特困地区农村贫困人口累计减少了 5 067 万人,年均减贫 633 万人;国家扶贫开发工作重点县农村贫困人口累计减少 5 105 万人,年均减贫 638 万人。

中国为全球减贫工作作出突出贡献。按照世界银行每人每天 1.9 美元的国际贫困标准,自改革开放以来到 2020 年,中国减贫人口占同期全球减贫人口 70% 以上;据世界银行的公开数据,中国贫困发生率从 1981 年末的 88.3% 下降至 2016 年末的 0.5%,再到 2020 年的全国脱贫,年均下降 2.5 个百分点,同期全球贫困发生率从 42.7% 下降到 9.7%,累计下降 33.0 个百分点,年均下降 0.9 个百分点,中国减贫速度明显快于全球,贫困发生率也大大低于全球平均水平。

党的十八大以来,**中国实施精准扶贫精准脱贫基本方略,脱贫攻坚成果突出,**为全球减贫提供了中国贡献以及中国方案、中国经验。世界银行 2018 年发布的《中国系统性国别诊断》报告提出,中国在减少贫困方面取得了史无前例的成就。联合国秘书长古特雷斯在 2021 年祝贺中国脱贫攻坚取得重大历史性成就的致函中指出,"中国取得的非凡成就为整个国际社会带来了希望,提供了激励。这一成就证明,政府的政治承诺和政策稳定性对改善最贫困和最脆弱人群的境况至关重要"。中国不仅以自身的减贫成就直接贡献于世界减贫事业,同时也积极提供更多的中国经验和中国方案,支持广大发展中国家减贫事业发展,实施惠及民生的国际减贫合作项目,开展多种形式的减贫经验分享与交流活动,积极助力其他国家加快减贫步伐①。

知识链接

《中共中央国务院关于打赢脱贫攻坚战三年行动的指导意见》工作要求

坚持严格执行现行扶贫标准。严格按照"两不愁、三保障"要求,确保贫困人口不愁吃、不愁穿;保障贫困家庭孩子接受九年义务教育,确保有学上、

---

① 国家统计局:《党的十八大以来经济社会发展成就系列报告之二十》,2022 年。

上得起学；保障贫困人口基本医疗需求，确保大病和慢性病得到有效救治和保障；保障贫困人口基本居住条件，确保住上安全住房。要量力而行，既不能降低标准，也不能擅自拔高标准、提不切实际的目标，避免陷入"福利陷阱"，防止产生贫困村和非贫困村、贫困户和非贫困户待遇的"悬崖效应"，留下后遗症。

坚持精准扶贫精准脱贫基本方略。做到扶持对象精准、项目安排精准、资金使用精准、措施到户精准、因村派人（第一书记）精准、脱贫成效精准，因地制宜、从实际出发，解决好扶持谁、谁来扶、怎么扶、如何退问题，做到扶真贫、真扶贫，脱真贫、真脱贫。

坚持把提高脱贫质量放在首位。牢固树立正确政绩观，不急功近利，不好高骛远，更加注重帮扶的长期效果，夯实稳定脱贫、逐步致富的基础。要合理确定脱贫时序，不搞层层加码，不赶时间进度、搞冲刺，不搞拖延耽误，确保脱贫攻坚成果经得起历史和实践检验。

坚持扶贫同扶志扶智相结合。正确处理外部帮扶和贫困群众自身努力的关系，强化脱贫光荣导向，更加注重培养贫困群众依靠自力更生实现脱贫致富的意识，更加注重提高贫困地区和贫困人口自我发展能力。

坚持开发式扶贫和保障性扶贫相统筹。把开发式扶贫作为脱贫基本途径，针对致贫原因和贫困人口结构，加强和完善保障性扶贫措施，造血输血协同，发挥两种方式的综合脱贫效应。

坚持脱贫攻坚与锤炼作风、锻炼队伍相统一。把脱贫攻坚战场作为培养干部的重要阵地，强化基层帮扶力量，密切党同人民群众血肉联系，提高干部干事创业本领，培养了解国情和农村实际的干部队伍。

坚持调动全社会扶贫积极性。充分发挥政府和社会两方面力量作用，强化政府责任，引导市场、社会协同发力，构建专项扶贫、行业扶贫、社会扶贫互为补充的大扶贫格局。

（资料来源：笔者整理。）

■ 贫困地区接续奋斗，农民收入"水涨船高"

党中央、国务院高度重视贫困地区经济社会发展，不断创新政策和加大支持力度，贫困地区农村居民收入实现较快增长，生活消费水平明显提高，与全国农村地区的平均生活水平差距在不断缩小。**脱贫地区发展能力明显增强，每个脱**

贫县都打造出 2—3 个特色鲜明、带动面广的主导产业,行路难、用电难、通信难等历史性问题得到解决,全面实现义务教育、基本医疗、住房安全和饮水安全有保障。

贫困地区农村居民收入快速增长。根据国家统计局数据,2020 年贫困地区农村居民人均可支配收入达到 12 588 元,2012 年我国贫困地区农村居民人均可支配收入仅为 4 942 元,增长 7 646 元,增幅为 154.7%,从 2013 年到 2020 年年均增长 11.6%,比全国农村年均增速快 2.3 个百分点。特别是在 2020 年,面对新冠肺炎疫情冲击,各地采取有效发展措施,把贫困劳动力稳岗就业摆在优先位置,多措并举帮助贫困户稳定增收渠道,贫困地区农村居民收入实现平稳增长,人均可支配收入达全国农村平均水平的 73.5%,比 2012 年时提高 11.4 个百分点,与全国农村平均水平的差距进一步缩小。分区域考察,2020 年集中连片特困地区农村居民人均可支配收入为 12 420 元,2013 年到 2020 年年均增长 11.6%,比全国农村快 2.3 个百分点;国家扶贫开发工作重点县农村居民人均可支配收入为 12 499 元,2013 年到 2020 年年均增长 11.9%,比全国农村快 2.6 个百分点。

贫困地区农村居民收入结构持续优化,工资性收入成为收入首要来源。2020 年贫困地区农村居民人均工资性收入为 4 444 元,2014 年到 2020 年年均增长 12.7%,占可支配收入的比重为 35.3%,比 2013 年提高 3.7 个百分点。经营净收入稳定增长,非农经营收入占比提高。2020 年,我国贫困地区农村居民人均经营净收入为 4 391 元,2014 年到 2020 年年均增长 6.7%,占可支配收入的比重为 34.9%;其中,人均二三产经营净收入为 1 192 元,年均增长 12.8%,占可支配收入的比重比 2013 年提高 1.0 个百分点。财产、转移净收入快速增长,收入来源更加多元。2020 年贫困地区农村居民人均财产净收入、转移净收入分别达 185 元和 3 567 元,2014 年到 2020 年年均分别增长 16.8%、15.4%,合计占可支配收入的比重为 29.8%,比 2013 年提高 7.3 个百分点。

贫困地区农村居民消费水平不断提高。2020 年我国贫困地区农村居民人均消费支出达到 10 758 元,从 2013 年到 2020 年年均增长 10.9%,扣除价格因素,年均实际增长 8.6%。2020 年,贫困地区农村居民人均消费支出是全国农村平均水平的 78.5%,比 2012 年提高了 8.0 个百分点。从消费结构看,吃、穿等基本生活消费支出占比缩小,恩格尔系数明显下降,反映出人民生活水平进一步提高。2020 年,贫困地区农村居民人均食品烟酒支出为 3 632 元,2014 年到 2020 年年均增长 8.4%,占消费支出比重为 33.8%,比 2013 年下降 4.4 个百分点。人均衣着支出为 588 元,2014 年到 2020 年年均增长 8.4%,占消费支出比重为 5.5%,比 2013 年下降了 0.7 个百分点。交通通信、教育文化娱乐和医疗保健等发展改善型消费支出较快增长,2020 年人均支出分别达到 1 261 元、1 128 元和 1 061 元,2014 年到 2020 年年均分别增长 13.7%、12.3% 和 13.8%;占消费支出比重分别为 11.7%、10.5% 和 9.9%,分别比 2013 年提升 2.2、1.2 和 1.9 个百分点。

案　例

湖南十八洞村借助特色经济实现脱贫致富

2013 年 11 月 3 日,习近平总书记来到湖南省湘西土家族苗族自治州十八洞村考察,在凹凸不平的土院坝里召开座谈会,首次提出"精准扶贫"重要理念,作出"实事求是、因地制宜、分类指导、精准扶贫"重要指示:"发展是甩掉贫困帽子的总办法,贫困地区要从实际出发,因地制宜,把种什么、养什么、从哪里增收想明白,帮助乡亲们寻找脱贫致富的好路子。"那个时候,全村人均收入仅 1 668 元。

十年来,十八洞村形成旅游、山泉水、劳务、种养、苗绣五个主导产业。2022 年人均收入 23 505 元,相比较 2013 年增长 13.1 倍,实现从深度贫困村到小康示范村寨的"华丽转身"。十八洞村围绕其红色资源发展特色旅游,高质量打造新时代红色地标,通过布置精准扶贫展览、打造红色旅游线路以及开设红色党课等方式讲好脱贫故事。2022 年,18.43 万人次党员干部先后来十八洞村参观学习,各地党政、企事业团体于此开展各项活动累计达 3 000 余次。

十八洞村坚持把绿色生态和民俗特色作为亮点,为文旅产业不断"赋能"。十八洞村地处武陵山区,风光旖旎,景观独特,有"小张家界"之美誉。2021 年,矮寨·十八洞·德夯大峡谷景区成功创建国家 5A 级旅游景区。坐落于村庄悬崖的十八洞·地球仓悬崖酒店,将古朴苗寨原始自然风光和满满的科技感融为一体,成为"吸睛"亮点,也成为游客从"走进来"变成"留下来"的理由之一。酒店建有 377 米林间栈道,22 栋住宿和配套设施。十八洞村作为纯苗族聚居村寨,原有苗寨风貌保存完好,民族风情浓郁,文化底蕴深厚。通过推动民族元素全面融入乡村旅游,挖掘苗族文化元素,开发特色文旅产品。十八洞村举办赶秋节、"三月三""四月八""十八洞相亲会""11·3"吉客节等特色文旅活动,组织村民开展唱苗歌、打苗鼓、过苗年等各类民俗文化活动,不仅吸引全国各地游客前来参观,也极大丰富了群众的精神文化生活。

■ 基础设施持续完善，公共服务"日臻完善"

脱贫攻坚工作不只是经济发展，在努力提升贫困地区农民收入的同时，贫困地区农村基础设施建设、公共服务供给又是如何改进的呢？近十年来，我国贫困地区的农村基础设施显著改善，"四通"覆盖面在不断扩大，社会事业长足进步，文化教育卫生资源逐渐丰富，人民生活富裕，上学难、就医难、居住难以及吃水难、行路难、用电难、通信难等历史性问题都得到了根本性解决。

贫困地区基础设施持续完善。国家统计局进行的国家脱贫攻坚普查结果显示，至 2020 年底，在我国贫困地区中，通硬化路的行政村比重已经达到 99.6%，其中具备条件的行政村全部实现通硬化路；通动力电的行政村比重达到 99.3%，其中大电网覆盖范围内的行政村全部通动力电；通信信号覆盖的行政村比重达到 99.9%；通宽带互联网的行政村比重为 99.6%；广播电视信号覆盖的行政村比重为 99.9%；有村级综合服务设施的行政村比重为 99.0%；有电子商务配送站点的行政村比重达到 62.7%。贫困地区农村基础设施的完善，为推动农村社会主义现代化建设奠定了坚实基础。

贫困地区教育文化设施及服务水平显著提升。国家统计局进行的国家脱贫攻坚普查结果显示，至 2020 年底，我国贫困地区有小学的乡镇比重达到 98.5%，所有的县均有初中，有初中的乡镇比重为 70.3%，有寄宿制学校的乡镇比重为 94.1%。非义务教育方面，贫困地区有中等职业教育学校的县比重为 82.4%，有技工院校的县比重达到 18.7%，有职业技能培训机构的县比重达到 84.5%。文化服务设施进一步完善，有公共图书馆的县比重为 98.1%，有综合文化站的乡镇比重为 99.4%，有图书室或文化站的行政村比重也达到 98.9%。

贫困地区医疗卫生服务体系不断健全。贫困地区县域医疗卫生服务水平全面提升，实现贫困人口看病有地方、有医生、有医疗保险制度保障，以往看病难、看病贵等突出问题都得到有效解决。国家脱贫攻坚普查结果显示，贫困地区建档立卡贫困人口所在辖区县、乡、村三级医疗卫生服务体系不断健全。在贫困地区中，至少有一所县级公立医院（含中医院）的县比重为 99.8%，其他县也都符合基本医疗有保障标准。所在乡镇有卫生院的行政村比重为 99.8%，其他行政村也都符合基本医疗有保障标准。所在乡镇卫生院服务能力达标的行政村比重达到 98.9%，其他行政村也都符合基本医疗有保障标准。有卫生室或联合设置卫生室的行政村比重为 96.3%，其他行政村也都符合基本医疗有保障标准。卫生室服务能力达标的行政村比重达到 95.3%，其他行政村也都符合基本医疗有保障标准。

贫困地区农村生活居住条件明显改善。贫困地区农村居住环境持续向好发展,村容村貌显著提升。国家统计局进行的国家脱贫攻坚普查结果显示,2020年贫困地区居住在竹草土坯房、炊用柴草的农户比重分别为0.8%、29.3%,比2012年分别下降7.0、31.8个百分点;使用管道供水、独用厕所的农户比重为91.0%、97.2%,分别比2012年提高34.6、6.2个百分点。贫困地区农村全部实现集中供水的行政村比重达到65.5%,部分实现集中供水的行政村比重为31.9%;全部实现垃圾集中处理或清运的行政村比重达到89.9%,部分实现垃圾集中处理或清运的行政村比重为9.0%。

■ 脱贫攻坚不断巩固,农民生活"竿头日上"

为更好地推动巩固拓展脱贫攻坚成果同乡村振兴有效衔接,中国各级政府不断创新举措。33项过渡期衔接政策已出台实施,防止返贫动态监测帮扶机制全面建立,确定160个乡村振兴国家重点帮扶县并继续支持,守住了不发生规模性返贫的底线。**"乡村振兴的前提是巩固脱贫攻坚成果,要持续抓紧抓好,让脱贫群众生活更上一层楼。要持续推动同乡村振兴战略有机衔接,确保不发生规模性返贫,切实维护和巩固脱贫攻坚战的伟大成就。"**

脱贫地区农村居民收入持续增长。国家统计局的调查数据显示,在2021年,我国脱贫县地区农村居民人均可支配收入为14 051元,比上年名义增长11.6%,扣除价格因素,实际增长了10.8%,名义增速和实际增速均比全国农村快1.1个百分点。其中,脱贫县农村居民工资、经营、转移三项收入增速均快于全国农村该项收入增速。从收入结构看,人均工资性收入为5 129元,增长15.4%,增速比全国农村快1.3个百分点;人均经营净收入为4 791元,增长9.1%,增速比全国农村快1.1个百分点;人均转移净收入为3 929元,增长10.1%,增速比全国农村快2.6个百分点。工资性收入仍是脱贫县农村居民第一收入来源,占比继续提升。2021年脱贫县农村居民工资性收入占可支配收入的比重达到36.5%,比2020年提升1.2个百分点。

脱贫县农村居民生活水平继续稳步提升。2021年脱贫县农村居民人均消费支出为12 311元,比上年名义增长14.4%,扣除价格因素,实际增长13.6%。其中,衣食消费支出较快增长,人均食品烟酒消费支出为4 206元,增长15.8%;人均衣着消费支出为696元,增长18.5%。居住及生活用品支出稳定增长,生活质量稳步提高,人均居住消费支出为2 453元,增长7.1%;人均生活用品及服务消费支出697元,增长11.1%。发展型消费支出稳步恢复,人均交通通信、文教娱乐、医疗保健消费支出分别为1 436元、1 409元和1 208元,分别增长13.9%、24.9%和13.8%。

第二节 乡村发展持续释放新动能
68 653 万吨

关键数据：

● 中国粮食产量近年小有波动但整体呈平稳态势,已经连续 8 年稳定在
65 000 万吨以上,2022 年为 68 653 万吨。

● 农林牧渔业总产值保持持续增长,相比 2012 年增长 142％,基础作用更
加稳固。

● 农村公共基础设施不断完善。87.3％的村通公共交通,99.1％的村进村
主要道路为水泥或柏油路面,97.4％的村村内主要道路为水泥或柏油路
面,99.0％的村通宽带互联网,94.2％的村安装了有线电视,有电子商务配
送站点的村超过 33 个万,开展休闲农业和乡村旅游接待的村落近 5 万个。

● 农村公共服务设施不断完善。有卫生院的乡镇占全国乡镇总数的 90.8％,
平均每个村拥有至少 1 个卫生室。每万人拥有农村卫生技术人员数 52
人,比 2012 年增加 18 人;每万人拥有农村执业(助理)医师数 21 人,比
2012 年增加 7 人。

我国人民日益增长的美好生活需要和不平衡不充分的发展之间的矛盾在乡
村地区最突出,全面建成小康社会和全面建设社会主义现代化强国,最艰巨最繁
重的任务在农村,最广泛最深厚的基础在农村,最大的潜力和后劲也在农村。实
施乡村振兴战略,是解决新时代我国社会主要矛盾、实现"两个一百年"奋斗目标
和中华民族伟大复兴中国梦的必然要求,具有重大现实意义和深远历史意义。
从近十年的发展情况看,中国农业农村改革发展取得明显成效,农村农业发展稳
住基本盘,为经济社会大局的稳定提供了基础支撑。

■ 粮食生产稳中有升,"压舱石"作用明显

粮食安全是关系国计民生的大事,稳定的粮食生产能力,保障了中国经济社
会发展真正的"国泰民安"。近十年以来,中国不断加大对粮食生产的支持力度,
农业持续稳定增长,主要农产品供应充裕,为促进经济社会健康发展发挥"压舱

石"作用。

从 2012 年至 2022 年，中国粮食产量从 61 222.62 万吨增长至 68 653 万吨，增幅为 12.14％，已经连续 8 年稳定在 65 000 万吨以上。大豆油料产能提升迎来"节节高"，大豆自给率提高了 3 个百分点，食用植物油自给率提高 1 个百分点。棉花产量小幅增加，畜牧业生产稳定增长，果、菜、鱼供给充足，蔬菜面积产量稳中有增，水果量足质优。

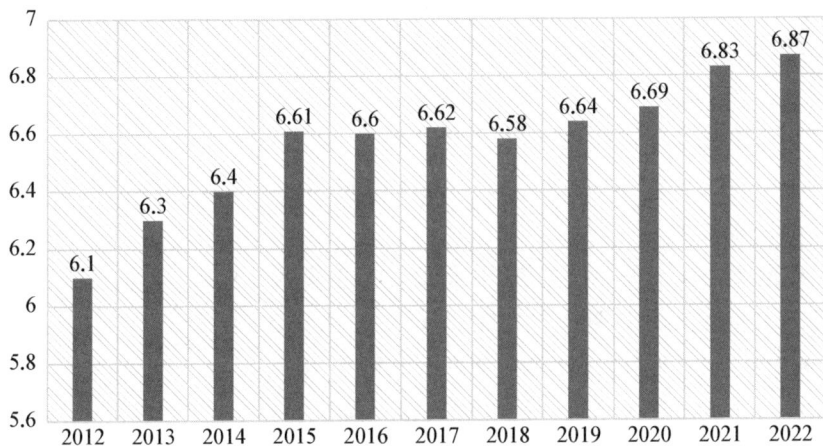

图 8‐1　2012—2022 年中国粮食产量增长情况（单位：亿吨）

资料来源：根据《中国统计年鉴》整理。

2022 年，中国粮食作物播种面积为 118 332 千公顷，与 2012 年的 114 368 千公顷相比，中国粮食作物播种面积增长 3 963.96 千公顷，增幅约为 3.47％。2012 年至 2022 年间，中国粮食作物播种面积保持在 117 000 千公顷左右，历年同比增长率维持在 2％左右。

近十年来，中国从农业供给侧改革的角度对粮食生产结构进行了调整，部分地区玉米播种面积下调，增加大豆、马铃薯及优质饲草料的生产，2016 年、2018 年全国粮食产量同比下降，但下降幅度不足 1％。长期来看，中国粮食产量维持稳定增长的态势，具体表现为粮食产量连年丰收，人均粮食占有量远高于国际粮食安全标准线，库存消费比远高于联合国粮农组织提出的警戒线，稻谷、小麦库存量能满足中国居民一年以上的消费需求，在粮食总量上得到充分保障。

中国农业稳步发展和持续增强，受益于国家出台的系列促进粮食增产的政策。现代农业基础支撑不断加强，2022 年全国农业科技进步贡献率达到 62.4％，农业机械化水平稳步提高，农作物耕种收综合机械化率达到 73％。种业振兴深入推进,中国自有供种保障率提高到75%。农业科技和农业装备支撑更加坚实有力,推动农业综合生产能力不断提升,为我国实施新一轮千亿斤粮食产能提升行动奠定坚实基础。

知识链接

2022年中央一号文件提出"重视粮食自给率,保障国家粮食安全"

2022年2月22日,《中共中央国务院关于做好2022年全面推进乡村振兴重点工作的意见》发布。《意见》指出,稳住农业基本盘、做好"三农"工作,接续全面推进乡村振兴,确保农业稳产增产、农民稳步增收、农村稳定安宁。做好2022年"三农"工作,要求"牢牢守住保障国家粮食安全和不发生规模性返贫两条底线"。

粮食安全是维护经济发展、社会稳定最重要的压舱石。《意见》提到,全力抓好粮食生产和重要农产品供给,对粮食主产区、主销区、产销平衡区要求"保面积、保产量"。三个区域的政策目标各不相同:主产区,"不断提高粮食综合生产能力";主销区,"切实稳定和提高粮食自给率";产销平衡区,"确保粮食基本自给"。

(资料来源:笔者整理。)

■ 农业经济发展趋好,基础地位更加稳固

党的十八大以来,一系列"支农惠农"政策的出台,加上各地区各部门对中央"三农"工作各项决策部署的强力执行,我国农业经济活力不断增加,农林牧渔业总产值不断增长,农业产业结构持续优化,农业基础作用发挥更加充分。

农业经济稳步发展,农林牧渔业总产值"突飞猛进"。2021年,农林牧渔业总产值147 013亿元,比2012年增加60 671亿元,近十年年均增长4.2%。分产业看,农林牧渔各业均稳定增长,其中农业产值增加最多,农林牧渔专业及辅助性活动增长速度最快。2021年,农业产值78 340亿元,比2012年增加33 494亿元,年均增长4.5%;林业产值6 508亿元,增加3 101亿元,年均增长6.1%;牧业产值39 911亿元,增加13 420亿元,年均增长2.7%;渔业产值14 507亿元,增加6 103亿元,年均增长3.4%;农林牧渔专业及辅助性活动产值7 748亿元,增加4 554亿元,年均增长7.8%。

产业结构不断优化,农林牧渔发展更加均衡协调。随着农业生产方式变革,农林牧渔产业结构也在不断调整,产业结构进一步优化。2021年,农业产值占农林牧渔业总产值的53.3％,比2012年增加1.4个百分点;林业产值占4.4％,增加0.5个百分点;牧业产值占27.1％,下降3.6个百分点;渔业产值占9.9％,增加0.2个百分点;农林牧渔专业及辅助性活动产值占5.3％,增加1.6个百分点。

基础作用更加稳固,农业及关联带动产业稳定发展。农业是国民经济的基础性行业。党的十八大以来,我国农业生产稳定发展,以农产品加工业为代表的一二产业加速融合,以农家乐、田园综合体等为代表的一三产业融合程度不断加深,农业及相关产业规模不断壮大,农业及相关产业的增加值持续保持在农林牧渔业增加值的2倍以上,带动农业经济规模持续扩大,占国内生产总值的比重不断提高,农业基础性作用发挥更充分。2021年,规模以上农副食品加工业营业收入达54 108亿元,比2012年增加1 962亿元,年均增长0.4％。2020年,全国农业及相关产业增加值达166 900亿元,比2018年增加20 980亿元,年均增长6.9％;占国内生产总值的比重为16.5％,比2018年提高0.6个百分点。

■ 乡村建设持续推进,人居环境显著改善

国家持续加大农村基础设施投资力度,重点推进水电路讯等基础设施建设,农村基础设施条件明显改善;大力推进农村生活环境整治,乡村环境从干净整洁向美丽宜居转变,农村面貌和人居环境持续向好发展。

图片来源:新华社

　　农村基础设施不断完善,生产生活更加便捷。农村公共基础设施建设稳步推进,农村生产生活更加方便快捷,农村基本实现全面通电、通公路和通电话。2021 年末,87.3％的村通公共交通;99.1％的村进村主要道路为水泥或柏油路面;97.4％的村村内主要道路为水泥或柏油路面。信息化建设持续推进,2021 年末,99.0％的村通宽带互联网,94.2％的村安装了有线电视。农村生活生产条件不断完善,2021 年末,有电子商务配送站点的村超过 33 万个,开展休闲农业和乡村旅游接待的村落近 5 万个,农村生产生活条件显著改善。

　　农村人居环境持续改善,乡村更加美丽宜居。近十年来,国家持续加大农村基础设施投资力度,重点推进水电路讯等方便群众生产生活的基础设施建设,大力推进农村环境综合整治。农村生活饮用水的安全保障水平大幅提升,2022 年农村自来水普及率达到 87％。全国具备条件的乡镇和建制村全部通硬化路、通客车,老百姓"出行难"问题得到有效解决。农村生活污水治理率达 28％左右,全国农村生活垃圾收运处理的自然村比例达到 96.3％。农业面源污染治理取得积极成效,2021 年底全国畜禽粪污综合利用率超过 76％,秸秆综合利用率超88％,农膜回收率达 80％以上。全国 95％以上的村庄开展清洁行动,发动群众开展了"三清一改",14 万个村庄得到绿化美化。农村厕所革命取得了重大进展,全国农村卫生厕所普及率超过 73％,2018 年以来累计改造农村户厕 4 000多万户,村容村貌焕然一新。

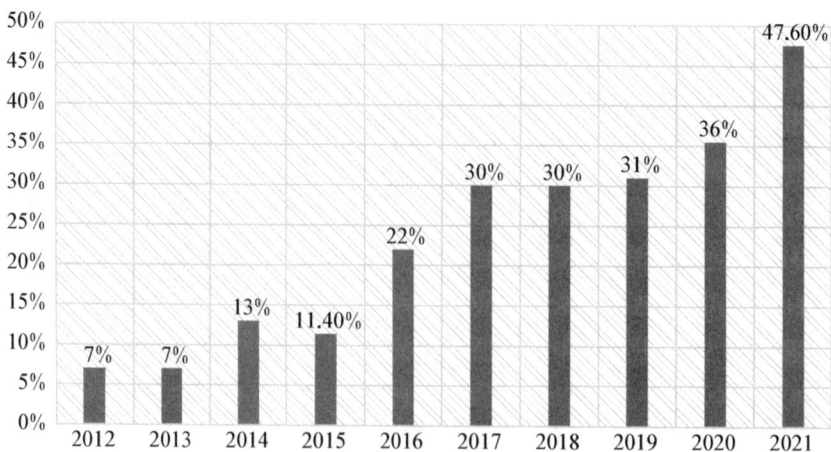

图 8-2　2012—2021 年中国农村污水处理率增长情况

资料来源:根据《中国统计年鉴》整理。

基本公共服务不断完善，民生保障更加有力。农村基本公共服务不断完善。2021 年末，我国乡镇卫生院达到 3.5 万家，有卫生院的乡镇占全国乡镇总数的 90.8%；村卫生室数达 59.9 万个，平均每个村拥有至少一个卫生室。2020 年，每万人拥有农村卫生技术人员 52 人，比 2012 年增加 18 人；每万人拥有农村执业（助理）医师（人）21 人，比 2012 年增加 7 人。国家持续加大扶贫支农力度，对孤寡残病等失去劳动能力的低收入人群，应保尽保、应养尽养。2021 年，农村居民最低生活保障人数 3 474 万人，比 2012 年下降 1 871 万人；2020 年，农村分散供养五保人数 372 万，农村集中供养五保人数 74 万，实现了病有所医和老有所养，农民民生保障更加有力。

■ 农村改革全面深化，乡村发展释放动能

近十年以来，大力推进农村集体产权制度改革已经成为中国着力推进的一项重要工作，包括农村土地征收、集体经营性建设用地入市和宅基地制度改革等，通过改革全力推进脱贫攻坚工作。**在一系列举措推动下，中国新型农村集体经济发展取得了令人瞩目的成就，推动乡村振兴发展，并极大提高了农民收入。**

2023 年中央一号文件明确提出，"巩固提升农村集体产权制度改革成果，构建产权关系明晰、治理架构科学、经营方式稳健、收益分配合理的运行机制，探索资源发包、物业出租、居间服务、资产参股等多样化途径发展新型农村集体经济"。新型农村集体经济在推进乡村振兴过程中必将发挥重要作用，但必须要作好农村集体产权制度持续改革的"后半篇"文章，以推动新型农村集体经济高质量发展，以更好地为全面推进乡村振兴和农民农村共同富裕提供坚实的物质基础和制度保障，为中国农村实现现代化发展作出贡献。

当前，中国农业农村向现代化转型进入关键阶段，未来农业农村发展和改革重点必须要深化聚焦并努力推进。

继续深化农村改革。创新农业经营体制机制，完善农村经营制度，推进农村集体产权制度改革，把强化集体所有制根基、保障和实现农民集体成员权利等，同激活各类资源要素统一起来，搞好农村集体资源资产的权利分置和权能完善，让广大农民在改革中分享更多成果。提升农村集体经济组织经营管理能力，壮大农村集体经济。

坚定推进农田建设。保障粮食安全是在当前复杂的国际政治经济环境之下，中国建设农业强国的必要条件，深入贯彻"藏粮于地、藏粮于技"的重要指示。在保证建设数量同时，进一步推进高标准农田的质量改造提升。包括更新改造

农田基础设施,探索高标准农田的管护模式,防止地力下降,保证"粮田"为"良田"。加强耕地质量监测与调查,推广保护性耕作,着力提升耕地质量。

推进种业振兴。持续进行种质资源的精准识别与保护,完善重要种子产品的资源库;此外要继续聚焦良种繁育,有效保障良种供应,全面提升良种化水平。在技术创新上,要着力开展"卡脖子"技术攻关,力争在种业前沿技术领域取得突破,加大对原始育种创新成果的保护,以农业科技推动中国由种业大国向种业强国转变。

强化财政支持。对农村集体经济活动实施税收优惠政策,切实减免农村集体资产转移和变更时涉及的增值税和所得税,减免农村集体经济组织经营过程中的税费,并对农村集体经济组织负担的公益性、福利性开支和社会保障支出等项目,实施税收抵扣政策,保证农村集体经济组织轻装上阵。此外,加大创新金融支持政策实施力度,提高农村集体经济组织的资金融通能力。

第三节　新型城镇化全面扎实推进　　65.22%

关键数据:

- 至2022年末,中国城镇常住人口达到92 071万人,常住人口城镇化率为65.22%,十年间提升了12.15个百分点。
- 农民工市民化质量不断提升,90.9%的义务教育阶段随迁子女在流入地公办学校就读或享受政府购买学位服务。
- 城镇就业人员从2012年的37 287万人增加到2021年的46 773万人。
- 城镇居民人均消费支出从17 107元增加到30 307元;城镇居民的家庭恩格尔系数为28.6%,比2012年下降3.4个百分点。

城镇化是现代化发展必由之路,是解决农业、农村、农民问题的重要途径,是推动区域协调发展的有力支撑,是扩大内需和促进产业升级的重要抓手,对于全面建成小康社会、加快推进社会主义现代化建设具有重大现实意义和深远历史意义。

根据国家统计局的数据,至2022年末,中国城镇常住人口达到92 071万人,常住人口城镇化率为65.22%,而在2012年末,中国城镇化率为52.57%,十年间提升了 12.15 个百分点，年均提升 1.2 百分点。**基于中国巨大的人口规模基础，1.2 个年均百分点意味着每年近 1 700 农村人口进入城市**，在中国式现代化和共同富裕的目标下，解决这么庞大规模的人口的生活和工作问题，也是一个重大任务。总之，在以人为核心的新型城镇化战略推动下，千百年来的"乡土中国"正日益发展为"城镇中国"。党的十八大以来，中国城市建设和发展开始步入新阶段，城镇化水平提高，城市发展质量明显改善，城市功能全面提升，为全面建成小康社会和加快推进社会主义现代化建设搭建了一个坚实的平台。

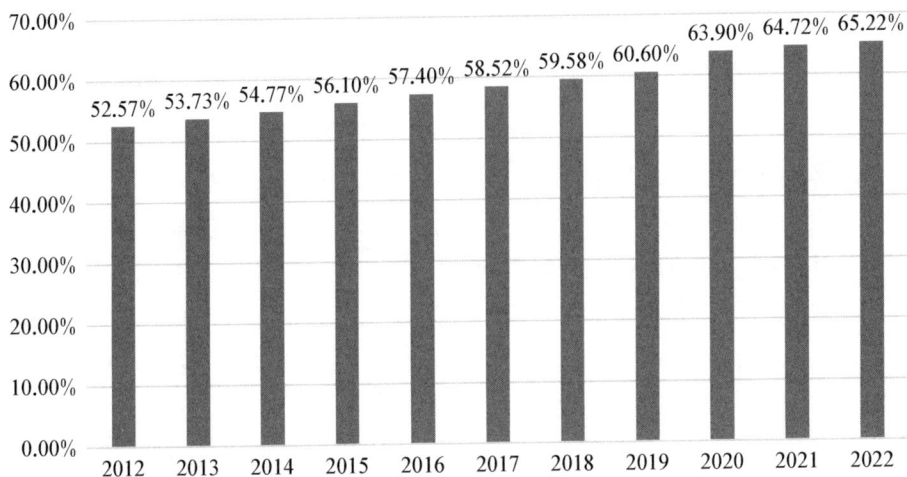

图 8 - 3　2012—2022 年中国城镇化率增长情况

资料来源：根据《中国城市统计年鉴》整理。

■ **区域城市体系逐步优化，城市群成为重要组织形态**

党的十八大以来，中国城市规模结构持续改善，向纺锤形发展的方向越来越明晰，也更加科学合理。2021 年末全国城市数量达 691 个，比 2012 年末增加 34 个。其中地级以上城市 297 个，增加 8 个；县级市 394 个，增加 26 个。建制镇为 21 322 个，比 2012 年末增加 1 441 个。城市人口规模不断扩大，按户籍人口规模划分，100 万—200 万、200 万—400 万、400 万以上人口的地级以上城市分别有 96 个、46 个和 22 个，分别比 2012 年末增加 14 个、15 个和 8 个；50 万以下、50 万—100 万人口的城市分别有 47 个和 86 个，分别减少 7 个和 22 个。

在新型城镇化的推动下，中国城镇化空间布局也在持续优化，大中小城市和小城镇协调发展的格局初步形成。首先是直辖市、省会城市、计划单列市和重要节点城市等核心城市的辐射功能不断增强,北京、上海、广州、深圳等作为龙头城市地位进一步发挥,带动所在区域中小城市持续发展壮大。"1＋N＋X"政策性文件体系落实落地,围绕以县城为载体的新型城镇化建设扎实推进,并不断取得新进展。

随着城市数量显著增多,不同等级城市的人口规模持续增长。**在主体功能区制度下,超大特大城市数量不断增加,中心城市区域的引领辐射功能不断强化,城市群发展成为中国新型城镇化发展新的组织形式。**新型城镇化强调合理规划和优化城市规模结构,通过培育中小城市和促进小城镇的发展,实现城市群内部的协同发展。这种优化城市结构的方式使得城市资源得以合理配置,各城市合理分工、互补发展,提高整个城市群的发展效率和质量。

此外,城市群和都市圈是多个城市组成的综合体,具有集约利用资源、提高效率、推动创新和协同发展的优势。通过新型城镇化的建设,提升基础设施建设水平、交通运输网络、产业配套和公共服务设施完善程度,增强城市群和都市圈的承载能力,能够更好地应对人口流动、资源需求和环境压力等挑战。

目前"19＋2"城市群布局已经确立,京津冀协同发展、粤港澳大湾区建设、长三角区域一体化发展取得了重大进展,成渝地区发展驶入快车道,长江中游、北部湾、关中平原等城市群凝心聚力、稳步增强发展实力。在长三角地区,以上海为核心城市,"长三角一体化"带动南京、杭州、合肥等都市圈共同发展。粤港澳大湾区以香港、澳门、广州、深圳四大中心城市为引擎,辐射周边区域。京津冀地区以北京、天津为核心城市,辐射带动周边省区城市,这也是中国北方经济规模最大、最具有活力的经济圈。成渝、长江中游、关中平原等省际协商协调机制不断建立健全,城市群发展水平持续提高。

■ 农业人口市民化制度基本建立,新型城镇化质量不断提升

改革开放以来,中国流动人口规模持续保持增长状态,流动人口规模从1982年的675万人增长到2020年近3.76亿人。特别是近十年来,我国流动人口数量增长持续加快,增长了将近60%。**人口流动活跃使中国城镇化发展保持提速状态,"流动中国"的格局基本形成。**

分析新型城镇化的动力,大体可以分为人口迁移、区划变动和自然增长三类。2021年5月,国家统计局公布第七次人口普查的初步结果,从中可以看出中国"流动人口"发展的特征。从城乡流动的角度看,从农村到城市依然是人口流动的主要路径,2000年、2010年、2020年三次人口普查结果显示,"乡城流动

人口"占流动人口的比重分别达 52.2%、63.2%、66.3%。七普数据显示有 1.3 亿农业人口完成城镇落户。由此可见，流动人口是户籍人口城镇化（人口迁移以后户籍随同迁移）的主要部分，"乡城流动人口"也是中国新型城镇化发展的主要动力。这就涉及另外一个重要主题：农业转移人口市民化。

农业转移人口市民化制度的基本建立是新型城镇化进程中的重要内容，关键着力点在于基本公共服务覆盖范围的扩大。中国近年来不断完善制度，首先进一步深化户籍制度改革，并采取措施提高农业转移人口市民化质量，包括重点解决户籍迁移的限制和不平等问题，取消各种不合理的落户限制，放宽落户条件，为农民工提供更加公平和平等的市民化机会。根据相关政策文件要求，城市落户门槛大幅降低，城区常住人口 300 万以下城市基本取消落户限制，城区常住人口 300 万以上城市有序放宽落户条件。

其次，为了提高农民工市民化的质量，需要加强公共服务领域的普惠共享。农民工在城市生活中面临着诸多困难和挑战，包括医疗保障、养老保险、教育等方面。应加大力度，改善和扩大基本公共服务的供给，确保农民工能够享受到与城市居民同等的公共服务。包括推动农民工参加城镇职工基本医疗和养老保险比例的提高，落实随迁子女在常住地接受义务教育的要求，为他们提供更好的教育和医疗保障。根据统计，2021 年 90.9% 的义务教育阶段随迁子女在流入地公办学校就读或享受政府购买学位服务。

此外，提高农民工的劳动素质和就业技能，也是推动他们市民化进程的重要方面。通过举办各种职业培训和技能提升活动，帮助农民工提高就业竞争力，使他们能够在城市中有更好的工作机会和更广阔的发展空间。文化素质和就业技能的提升，不仅有助于提升农民工的收入水平，还能增加他们的社会认同感和融入感，进一步推动农业转移人口的城镇化进程。

新型城镇化发展质量的提升，还表现在城乡融合发展体制机制和政策体系的建立健全，城乡一体化进程不断推进。2019 年，《中共中央 国务院关于建立健全城乡融合发展体制机制和政策体系的意见》印发和实施，城乡一体基本公共服务提供机制逐步建立；11 个国家城乡融合发展试验区全部制定下发实施方案，基于各发展试验区基础条件的各项改革试验任务也加快推进。中国城乡居民收入差距持续缩小，2021 年农村居民人均可支配收入为 18 931 元，同比实际增长 9.7%，快于城镇居民实际收入增速 2.6 个百分点，农村居民收入增速连续 12 年都快于城镇居民的实际收入增速；城乡居民人均可支配收入比值为 2.50，相比 2012 年降低了 0.38 个百分点。

推进以县城为重要载体的城镇化建设

有产业,县城才有吸引力,人口才能聚集。世界一半的眼镜片在江苏丹阳制造;全球每三双袜子至少有一双来自浙江诸暨;湖南邵东一年生产的打火机,串起来可以绕地球赤道 20 圈……在"乡土中国"向"城镇中国"转型中,产业始终是县城建设发展的根基。推进县城产业配套设施提质增效,夯实县城产业基础,促进居民就地就近就业和持续增收,带动县域经济高质量发展。

强优势,产业才有竞争力,发展才有空间。安徽天长,成立光纤光缆产业招商小组,编制光纤光缆产业链图谱,瞄准产业龙头、产业高端,从江苏扬州引进总投资 10 亿元、年产 20 万公里的 5G 数据线缆项目,加速传统优势电缆产业向光纤光缆产业迭代升级。浙江德清,依托交通区位优势,持续改善生态环境,错位发展农家乐和度假村等多种业态,壮大乡村民宿经济。2021 年,全县实现旅游总收入 356.66 亿元。

畅循环,合作才有支撑力,要素才能汇聚。提升产业平台功能,根据需要配置公共配套设施,引导县域产业集中集聚发展;健全商贸流通网络,发展物流中心和专业市场,打造工业品和农产品分拨中转地;完善消费基础设施,围绕产业转型升级和居民消费升级需求,改善县城消费环境……县域经济发展夯基础、提质效。

育人才,增长才有持续力,县城更有活力。授人以鱼不如授人以渔。河南滑县强化职业技能培训,提高农民工特别是困难农民工技能素质和稳定就业能力,更多新市民安居乐业,县城才更有凝聚力和创造力。

补短板,惠民生,夯实县城运行基础支撑。县城建设发展关系到县城乃至全县域的民生质量,要统筹市政设施硬件和公共服务软件建设,突出高效实用原则,缩小县城与大中城市设施和服务差距,夯实县城运行基础,提升县城居民幸福感。

市政公用设施提档升级。四川金堂,实施防洪排涝能力提升十大工程,有效缓解县城防洪排涝压力。江西贵溪,开发智慧水务监管平台,推广智慧水表应用。提高县城对人口的承载力和吸引力,县城的市政公用设施需要不断改进。完善交通基础设施,加强老化管网改造,推动老旧小区改造,推进数字化改造。

公共服务设施提标扩面。完善医疗卫生体系,推进优质医疗资源下沉。

江苏溧阳紧密型县域医共体建设,使县内就诊率达 90%。吉林梅河口,吉林大学白求恩第一医院与梅河口市中心医院展开合作,更好满足吉林省东南部 200 万居民就医需求。扩大教育资源供给,推进优质教育资源扩容。在福建闽侯,2020 年至 2021 年,建成教育基础设施补短板项目 7 个,近 2 000 名教师参与校际有序流动;在河北固安,新改扩建近百所中小学校及幼儿园,新增学位 3.8 万个,城镇"大班额"现象得以消除。

环境基础设施提级扩能。广东博罗铁腕治污倒逼污染企业转型升级,污水塘变身科普生态公园。如今,沙河水质均值优于 III 类。环境基础设施水平决定着县城人居环境和整体面貌,也是县城生态文明建设的重要支撑。

(资料来源:陆娅楠:《推进以县城为重要载体的城镇化建设:县城发展,活力涌动潜力足》,《人民日报》,2022 年 6 月 8 日)

■ 城市发展活力不断释放,市场消费能力不断激活

党的十八大以来,**各地区以城市为主战场积极贯彻落实新发展理念,推动高质量发展,经济总量快速增加。**2020 年,中国地级以上城市地区生产总值达 611 713 亿元(现价,下同),而 2012 年仅有 327 382 亿元,增长 86.85%。GDP 万亿俱乐部不断扩容,2012 年中国万亿 GDP 城市仅有 7 个,上海是第一个 GDP 超过 2 万亿的城市;2021 年中国万亿 GDP 城市增至 24 个,有 6 个城市 GDP 突破 2 万亿。城市工业企业利润、财政实力都明显增强,相比 2012 年都有较大幅度增长。作为科技创新的主平台,以北京、上海、深圳为代表的中心城市成为中国科技创新的主要策源地。2020 年,中国地级以上城市科学技术支出为 3 848 亿元,占一般公共预算支出的 4.1%,而 2012 年仅有 1 418 亿元,占比 3.2%。

表 8-1 中国地级以上城市经济指标增长情况

	2020 年	比 2012 年增长
地区生产总值(万亿元)	61.17	86.85%
工业企业利润(万亿元)	3.9	32.8%
一般公共预算收入(亿元)	60 739	75.8%

续　表

	2020 年	比 2012 年增长
一般公共预算支出(亿元)	94 629	111.9%
城市科学技术支出(亿元)	3 848	171.4%

资料来源:《中国城市统计年鉴-2021》

党的十八大以来中国实施积极的就业政策,就业规模显著扩大,城镇就业人员从 2012 年的 37 287 万人增加到 2021 年的 46 773 万人,十年累计增加 9 486 万人。同时,不断深化收入分配制度改革,居民收入实现持续较快增长,城镇居民人均可支配收入从 2012 年的 24 127 元增加到 2021 年的 47 412 元,年均实际增长 5.7%。在此基础之上,**中国城市居民生活质量不断提升,消费结构明显升级。**城镇居民人均消费支出从 2012 年的 17 107 元增加到 2021 年的 30 307 元;城镇居民的家庭恩格尔系数为 28.6%,比 2012 年下降 3.4 个百分点。城市以中心商圈、商业街区为核心、以社区商业为基础的多层次城市流通网络体系持续构建,多元新产品、新服务、新模式快速涌现,消费需求持续增长。2020 年,地级以上城市社会消费品零售总额达 250 280 亿元,比 2012 年增长 91.5%,年均增长 8.5%。2021 年 7 月,上海、北京、广州、天津、重庆率先开展国际消费中心城市培育建设,都制定出台了一系列专项规划和激励举措。

■ 城市公共服务持续改善,社会保障能力显著增强

人民健康是民族昌盛和国家富强的重要标志。党的十八大以来,党中央始终把人民健康放在优先发展的战略地位,2020 年,中国地级以上城市医疗卫生支出达 8 503 亿元,比 2012 年增长 2.2 倍。城市医疗服务质量不断提升,2020 年末,地级以上城市医疗卫生机构床位达 476 万张,医生 233 万人,分别比 2012 年增加 79.8% 和 75.4%。医疗资源配置进一步优化,2021 年,社区卫生服务中心(站)增至 36 160 个,基本实现所有街道的全覆盖,大大提升医疗公共服务保障水平。

教育是国之大计、民之根本。中国全面深化教育领域综合改革,教育公共服务水平和治理能力不断提升。2020 年,地级以上城市教育支出 15 081 亿元,比 2012 年增长 96.2%。2020 年末,地级以上城市普通高等学校为 2 679 所,比 2012 年末增加 291 所;普通中学为 24 698 所,增加 4 940 所;普通小学为 45 976

所,增加1 206所。2021年高等教育毛入学率达57.8%,比2012年增长27.8个百分点。

社会保障是民生之安,更是现代国家重要的经济社会制度,关系到城市居民的切身利益。中国城市社保制度及体系日趋完善,社会保险覆盖范围持续扩大。2020年,地级以上城市社会保障和就业支出为11 690亿元,比2012年增长149.3%;住房保障支出为3 399亿元,比2012年增长117%。比如2020年末,地级以上城市城镇职工基本养老保险、城镇居民基本医疗保险和失业保险参保人数分别为23 749万人、28 972万人和14 010万人,分别比2012年增加46.2%、14.1%和41.6%。

第四节　高品质人居环境便捷优美
10 287.45 公里

关键数据:

- 中国城市轨道交通运营线路总长度达10 287.45公里,每年新建里程从几十公里增至几千公里,建设城市轨道交通的城市从10座增加到55座。
- 全国城市供水管道长度增加了70%;天然气供气管道增加148%;排水管道80.3万公里,比2012年末增加了82.9%;污水处理厂增加948座,处理能力提高了64.2%。
- 光缆线路长度是2012年的3.71倍;5G基站为142.5万个,5G网络已覆盖全国地级以上城市及重点县市。
- 城市建成区绿化覆盖率、城市污水处理率及城市生活垃圾无害化处理率分别提高3.5个、15.2个和21.8个百分点。

至2022年底,中国共有55个城市开通城市轨道交通运营线路308条,运营线路总长度达到10 287.45公里,同比增长11.7%,**城市轨道交通运营里程全球第一**。其中,地铁运营线路8 008.17公里,占比77.84%;其他制式城市轨道交通运营线路2 279.28公里,占比22.16%。而在2012年,中国城市轨道交通运营里程仅为2 058公里,十年间增长400%。近十年以来,基于人民城市理念和建设目标,中国地方政府通过增加投资、加强规划和推动项目落地等措施,推动城市市政设施建设不断完善。例如,高速公路、铁路、地铁等交通基础设施不断增加和完善,区域城市之间的交通联系更加便捷,城市供水和排水系统得到升级和改造,水资源管理和水环境保护水平得到提升;供电和通信设施覆盖面积不断扩大,电力和通信网络的稳定性和容量得到增强。这些基础设施改善举措大大提高了城市基础设施的水平和质量。

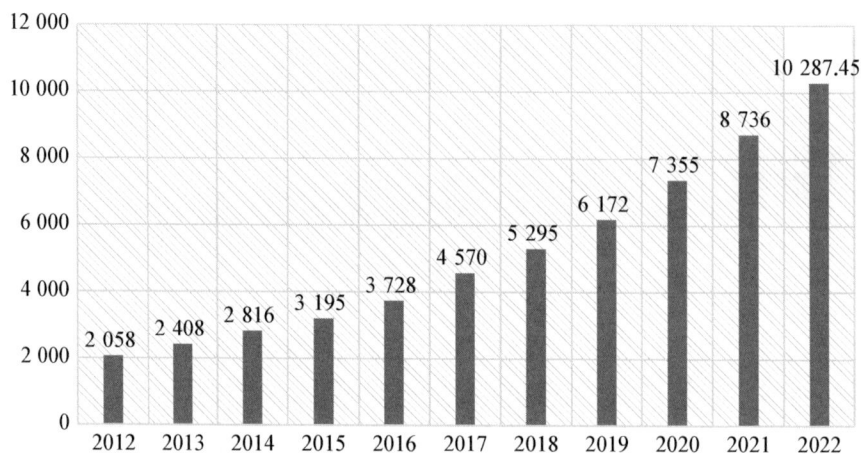

图8-4 2012—2022年中国城市轨道交通运营里程增长情况(单位:公里)

资料来源:根据《中国城市统计年鉴》整理。

■ 交通设施迅猛发展,居民出行更加便捷

党的十八大以来,中国城市轨道交通基础设施建设不断加速,每年新建里程从几十公里增加到几千公里,建设城市轨道交通的城市从 **10** 座增加到 **55** 座,地铁已经成为大城市居民的出行首选。在"十三五"期间,中国新建城市轨道交通线路里程约为 4 352 公里,超过前 50 年建成线路里程之和,总运营里程占全球总里程的 25%。城市轨道交通不仅构建起城市居民内部便捷的出行网络,还实现了都市圈城市之间的快速通达联系。目前中国已成为世界最大的地铁建设中心、最大的轨道交通技术和装备市场,城市轨道交通运营里程已跃居全球第一位,建成轨道交通城市之多、线路之长皆位居世界前列。可以自豪地说,**经过十多年的奋斗建设,中国的城市轨道交通取得举世瞩目的发展成就。**

截至 2022 年底,城市轨道交通线网建设规划仍然在实施的城市共计有 50 个,实施建设规划线路总长 6 675.57 公里(不含统计期末已开通运营线路);可统

计的在实施建设规划项目可研批复总投资额合计为 41 688.79 亿元。2022 年当年，共有两个城市的新一轮城市轨道交通建设规划和三个城市的城市轨道交通建设规划调整方案获国家发改委批复，获批项目中涉及新增线路长度约为 330 公里。预计到 2025 年，中国城市轨道交通仍处于比较稳定的快速发展期。根据各地建设规模推算，"十四五"期末城市轨道交通运营线路规模将接近 13 000 公里，运营城市有望超过 60 座，城市轨道交通运营规模持续扩大，公共交通发挥的骨干作用更加明显。中国城市轨道交通行业已经成为城市公共交通的重要组成部分，未来还将持续推进规模化、智能化、绿色化、多元化发展，为我国城市居民提供更加便捷、快速、安全、舒适的出行方式。

案 例

"轨道上的杭州"

在杭州，10 年前，一辆地铁 1 号线列车，从杭州武林广场站驶入隧道，一路向东，杭州由此驶入地铁时代。地铁拥有其他城市交通工具无可比拟的优势，地铁的到来最直观的改变就是"把城市拉长，将时间缩短"，实现"时空转换"。地铁网络的延伸，也在拉伸着城市的骨架不断壮大，带来了城市格局的改变，为城市的发展指明了方向。更甚者，每一个地铁站点，都能成为城市活力小引擎，为沿线区域、经济、生活的发展释放出惊人的动力。

从无到有、从单线到多线，从点到面、从面到网……短短十年时间，杭州地铁逐渐形成了网络化运营，分担了越来越多的公交客流，有效缓解了城市交通压力，大大提升了城市的承载能力、运行效率和对外辐射力，让杭州焕发新活力。截至目前，杭州地铁已完成 12 条线路、516 公里运营里程开发，已实现十城区和城市主要交通枢纽的两个"全覆盖"。单日客流最高达到 422.11 万人次，日均客流超万人的车站已达 75％左右。杭州，真正成为"轨道上的城市"。

近十年来中国城市道路建设迅猛发展。至 2020 年末，中国地级以上城市境内等级公路里程（全市）437 万公里，境内高速公路里程（全市）14 万公里，实有城市道路面积为 72 亿平方米，分别比 2012 年增长 24.6％、60.5％和 54.6％。多层次轨道交通网络加快形成，中国铁路网对 20 万以上人口城市的覆盖率由 2012 年的 94％扩大到 2021 年的 99％，高铁网对 50 万人口以上城市的覆盖率由 2012 年的 28％扩大到 2021 年的 90％。交通运输服务智慧化水平不断提高，5G、大数据、人工智能等新兴技术与交通运输服务加快融合,网络预约出租汽车覆盖300多个城市,互联网租赁自行车在360余个城市投放运营,为居民出行提供了更加多样化、个性化的服务。此外,交通运输供给侧结构性改革持续推进,综合交通基础设施网络日益完善,我国高速铁路里程、高速公路里程、内河航道通航里程、城市轨道交通运营里程、沿海港口万吨级及以上泊位数、颁证运输机场、邮路和快递服务网络长度均居世界前列。[①]

■ 市政设施不断完善,城市服务厚积薄发

交通基础设施是中国城市基础设施建设的一个缩影。**党的十八大以来,我们攻克了一个个难以逾越的难关险阻,创造了一个个令人刮目相看的人间奇迹,持续推进重大基础设施建设,完善民生基础设施,新型基础设施建设也不断取得新突破。**对十年来中国城市基础设施建设总体特点进行总结,"规模优势凸显、布局更加均衡、结构日趋合理"是十分形象的描述。

城市市政设施建设持续完善。至 2020 年末,全国城市供水管道长度为 100.7 万公里,比 2012 年末增加 41.5 万公里;天然气供气管道为 85.1 万公里,比 2012 年末增加了 50.8 万公里;排水管道为 80.3 万公里,比 2012 年末增加了 36.4 万公里;污水处理厂 2 618 座,增加 948 座,处理能力提高了 64.2%。全民共享发展成果,布局合理、设施配套、功能完备、安全高效的城市现代化基础设施体系持续得以完善。

城市公共服务设施得到增强。近十年来,中国加大了对公共服务设施的投入,致力于提高居民生活质量和福利水平。医疗卫生、教育、文化娱乐、体育运动等公共服务设施得到了重点关注和建设。医院、学校、图书馆、博物馆、体育场馆等公共设施的数量和质量都得到提升,城市居民可以享受到更加便捷和高品质的公共服务,基本公共服务均等化水平稳步提高。截至 2021 年底,全国建成普通高等学校 2 756 所,2013—2021 年年均增加 30 多所;普通高中共计 1.5 万所,年均增加 100 多所;学前教育 29.5 万所,年均增长 1.1 万所。医疗卫生机构 103.1 万个,年均增加 0.8 万个。人民获得感、幸福感和安全感更加充实、更有保障、更可持续。以建设人民城市理念为指导,公园、绿地以及广场等城市公共空间也得到改造和建设,为居民提供更加多元和丰富的休闲、娱乐和社交的场所。这些公共服务设施的建设和完善,进一步改善城市居民生活环境和提升人民群

[①] 国家统计局:《党的十八大以来经济社会发展成就系列报告之十二》,2022 年。

众的幸福感。①

城市人均居住面积持续增加。 2021 年，全国建筑业企业房屋施工面积达 157.5 亿平方米，比 2012 年增长 59.7%，2013—2021 年年均增长 5.3%。城镇居民人均住房建筑面积由 2012 年的 32.9 平方米，增加至 2021 年的 41.0 平方米。棚户区、城中村和危房改造稳步实施，2015—2021 年，全国开工改造各类棚户区 3 100 多万套，安置约 6 000 万居民。城市更新改造在改善居民住房条件的同时，也优化了城市功能，提升了城镇综合承载能力，让更多人住有所居、安居宜居。②

■ **城市更新步伐加快，美好社区底色凸显**

在新型城镇化稳步推进的同时，中国城市发展也迈入城市有机更新的新阶段。**土地稀缺、城镇老旧化、老城空心化等城市发展问题带来的多项约束正逐步显现。中国城市发展模式开始进行大调整，由大规模增量建设转为存量提质改造和增量结构调整并重，开展城市更新活动已成为实现新型城镇化高质量发展的重要途径，也成为打造新一轮城市竞争力的关键。**

党的十九届五中全会明确提出"实施城市更新行动，不断提升城市人居环境质量、人民生活质量和城市竞争力"。 之后，中国一些大城市陆续出台城市更新政策法规，完善制度机制，探索多种更新模式，比如各具特色的上海模式、广州模式、深圳模式等，这些模式的共同目标都是强调提升城市品质与城市活力。同时，全国形成一批新范例、新样板和新地标，如北京首钢园区借助"冬奥会"，快速成为具有国际影响力的"城市复兴新地标"，广东"三旧"（旧城镇、旧厂房及旧村庄）盘活存量低效建设用地，福建省龙岩市的"紫金山模式"让废弃矿山变成绿水青山。城镇老旧小区改造是体现人民城市建设理念的新亮点，2019—2021 年，全国累计开工改造城镇老旧小区 11.5 万个，惠及居民超过 2 000 万户。改造之后的老旧小区居住环境更优美，公共服务更完善，社区关系更和谐，美好社区底色凸显。

在城市更新活动中，"老旧小区"改造是各地发力的重点，未来几年将继续成为城市更新领域的重要内容。 "十四五"时期的惠民生工程就是老旧小区改造工作，根据住建部统计，2021 年全年实际新开工改造城镇老旧小区数量达 5.56 万个。2022 年前 11 个月，全国城镇老旧小区改造工程持续高速推进，新开工改造

---

① 国家统计局：《党的十八大以来经济社会发展成就系列报告之四》，2022 年。
② 国家统计局：《党的十八大以来经济社会发展成就系列报告之四》，2022 年。

小区 5.25 万个。

■ 城市绿化不断提升,城区环境焕然一新

党的十八大把生态文明建设纳入中国特色社会主义事业"五位一体"总体布局,其中"绿色"成为五大新发展理念之一。党的十九大提出"坚持人与自然和谐共生",将其作为新时代坚持和发展中国特色社会主义的十四条基本方略之一,并将建设美丽中国作为社会主义现代化强国目标之一。"增强绿水青山就是金山银山"的意识正式写入党章,新发展理念、生态文明和建设美丽中国等内容写入宪法。随着一系列新理念、新战略的提出,生态文明在中国经济社会发展进程中的战略地位得到显著提升,生态文明建设和生态环境保护成为高质量发展的重要组成部分。

在城市发展层面,基于生态环境保护和绿色发展,大力推动生态城市建设。通过加大绿化投入、推动植树造林和城市绿化工程,中国的城市绿化覆盖率不断提高,生态环境质量持续改善,人民生存生活环境更为健康。

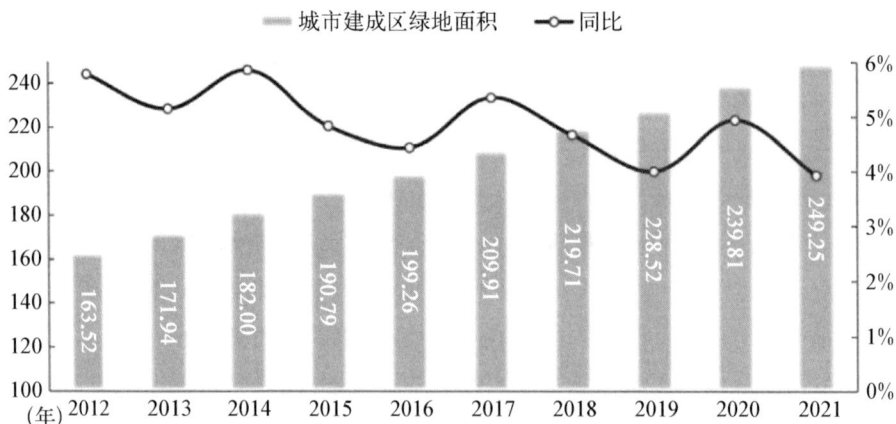

图 8-5　2012—2021 年城市建成区绿地面积及同比变化(单位:万公顷)

资料来源:根据《中国城市建设统计年鉴》整理。

空气质量不断提升。2021 年全国 339 个地级及以上城市平均优良天数比例为 87.5%,比 2015 年提高 6.3 个百分点;218 个城市环境空气质量达标,占64.3%,提高 35 个百分点。6 项基本污染物年均浓度均同比下降,其中 PM2.5年均浓度为 30 微克/立方米,比 2015 年下降了 34.8%;臭氧年均浓度为 137 微克/立方米,连续两年实现下降。大气污染防治重点区域空气质量改善明显,

2022年京津冀地区和长三角地区优良天数比例分别比2015年提高13.5个百分点和8.0个百分点,改善幅度高于全国平均水平。

案 例

成都公园城市建设工作路径

近些年来,成都结合自身城市发展实际,以建设践行新发展理念的公园城市示范区为指引,围绕2023年可持续发展议程17项目标中的健康生活方式、现代能源、充分就业、可持续工业化、可持续城市和人类住区等具体目标,推动生态文明与经济社会协调发展,形成了完整的理念、做法和成果,为全球城市可持续发展提供了具有中国特色的新思路。

从公园城市"首提地"到"示范区",公园城市这幅美丽画卷在徐徐展开。可以从不同角度走进这幅画卷,感受它的无限魅力。

成都市成为全国第1个常住人口突破2100万人、第3个经济总量突破2万亿元的副省级城市,实现了由区域中心城市到国家中心城市、由西部内陆腹地到国际门户枢纽、由西部科技中心到服务战略大后方建设的创新策源地的跃升。

看空间结构——成都聚力提高城市核心功能和综合承载能力,全面优化城市空间人口、产业布局,推动超大城市瘦身健体。在空间的构建中,成都将"绿色"植入其中,建成天府绿道超5100公里。

看产业结构——成都积极布局绿色低碳产业,加快发展节能环保、清洁生产、新能源等重点产业。2022年成都市绿色低碳产业规模2500亿元,位居全国第四。

看交通结构——成都统筹推进"轨道＋公交＋慢行"融合发展,全市地铁站50米范围公交站配置比例达到91％。2022年,成都中心城区绿色出行分担率由65％提升到69％。

看能源结构——成都坚持以实现"双碳"目标为引领,着力构建清洁低碳的能源体系。2021年全市清洁能源占比64.4％,非化石能源占比45.9％,分别比全国高38.9个百分点和29.3个百分点。

■ 城市安全举世皆知,城市治理精进不休

城市安全是国家安全的重要内容,也是城市健康发展建设的基本保证和表现。党的十八大以来,以习近平同志为核心的党中央高度重视城市安全和发展

问题,发表一系列重要论述,深刻揭示了新时期现代化城市的发展规律,提出了未来现代化城市规划建设管理的思路和方法,对于推进我国城市安全治理体系和治理能力现代化有重要指导意义。

基层治理创新活力大幅增强。一是城乡社区服务模式不断创新。以党群服务中心为主体的城乡社区综合服务设施加快建设,"互联网＋社区政务服务""互联网＋社区商业服务"加速推进。至 2021 年底,全国城乡社区综合服务设施达 56.7 万个,城市社区覆盖率达 100%。二是社会活力得到充分激发。全国各地普遍建立起社区社会组织党建指导、培育发展机制,社区社会组织广泛覆盖社区事务、公益慈善、群众娱乐、文明创建等领域并充分发挥作用。三是基层治理队伍不断壮大。至 2021 年底,全国村(居)委会成员 274.6 万人,社会组织 90.2 万个,持证社会工作者共 73.7 万人,全年共有 2 227.4 万人次在民政领域提供了 6 507.4 万小时志愿服务。

公共安全事故不断减少。我国基本形成了统一指挥、专常兼备、反应灵敏、上下联动的中国特色应急管理体制,应急队伍、指挥平台、物资保障和信息化支撑等应急能力建设全面加强,重大风险防控能力持续提升,公共安全事故不断减少。2021 年生产安全事故起数和死亡人数与 2012 年相比分别下降 56.8% 和 45.9%,事故总量连续十年实现持续下降。2013—2021 年,全国年均因自然灾害死亡失踪人数、倒塌房屋数量、直接经济损失占 GDP 比重较 2000—2012 年均值分别下降 87.2%、87.4%、61.7%。全国重特大事故从 2012 年的 59 起、平均每月约 5 起,下降到 2021 年的 17 起、平均每月约 1.4 起,下降幅度达 71%。2012—2021 年,全国消防救援站从 5 256 个增加到 7 969 个,消防车从 4.7 万辆增加到 11.1 万辆,市政消火栓从 105.8 万个增加到 201.8 万个,灭火救援实战能力明显提升。

社会治安状况持续改善。我国不断推进社会治安防控体系建设,严厉打击各类违法犯罪,人民群众安全感持续上升。至 2021 年 7 月,全国建设 2.1 万个街面警务站、13.6 万个社区警务室、5 026 个智慧公安检查站、25.6 万个智能安防社区。与 2012 年相比,2021 年全国"两抢"案件数量下降 96.1%,盗窃案件数量下降 62.6%,涉校涉医案件查处数下降 38.4%,重大以上交通事故起数从 25 起下降到 2021 年的 4 起,2021 年立案数下降 64.4%,全国现行命案破案率达 99.0%,我国长期处于全球命案发案率最低国家行列。

社会矛盾总量呈现稳中有降趋势。经济社会转型必然伴有社会矛盾多发,但得益于社会矛盾纠纷多元预防调处化解综合机制的健全,我国社会矛盾总量稳中趋降。2021 年,全国公安派出所摸排化解矛盾纠纷 605 万起,消除安全隐患 388 万处,有效预防一批案件的发生。从法院受理案件来看,2011 年以来,我国人民法院审理一审案件收案数整体呈增长趋势,但 2020 年首次出现了下降;民事一审案件收件数也在 2020 年出现了下降。从信访数据来看,近年来信访工作制度改革深入推进,全国信访总量明显减少,集体信访总量也保持下降趋势,信访事项平均办理时长由 2017 年的 21.5 天缩短至 2021 年的 14.6 天,大量社会矛盾得到了及时有效化解。

第五节 新基建和数字化服务跨越式发展 5 958 万公里

关键数据:
- 中国光缆线路长度从 2012 年的 1 479 万公里增加到 2022 年的 5 958 万公里,增长了 2 倍多。
- 中国网民规模不断增加,至 2022 年底达 10.67 亿人,较 2012 年增长 5.03 亿人;互联网普及率提升 33.5 个百分点。
- 十年来,中国域名总数和 IPv6 地址数量分别增长 294.0% 和 437.4%;中国 IPv6 活跃用户数占互联网网民比例达 68.2%。
- 2022 年中国 5G 基站达 231 万个,占全球 5G 基站总数比例超过 60%,我国是首个基于独立组网模式规模建设 5G 网络的国家。
- 中国在线政务服务用户规模达 9.26 亿,占网民整体的 86.7%;相比 6 年前增长 426.14%。

近十年来,通过深入实施"宽带中国"战略,我国建成了全球最大的光纤和移动宽带网络,光缆线路长度从 2012 年的 1 479 万公里增加到 2022 年的 5 958 万公里,增长超 300%,有力支撑起中国智慧城市和数字乡村建设。国家"十四五"规划中明确指出:"加强数字社会、数字政府建设,提升城市服务、社会治理等数字化智能化水平。"在国家政策的强力支持之下,数字科技驱动的智慧城市、数字乡村已经成为连接数字政府与智能社会的重要纽带。**智慧城市和数字乡村已经发展十余年,成为建设数字中国、发展数字经济的国家战略选择。**

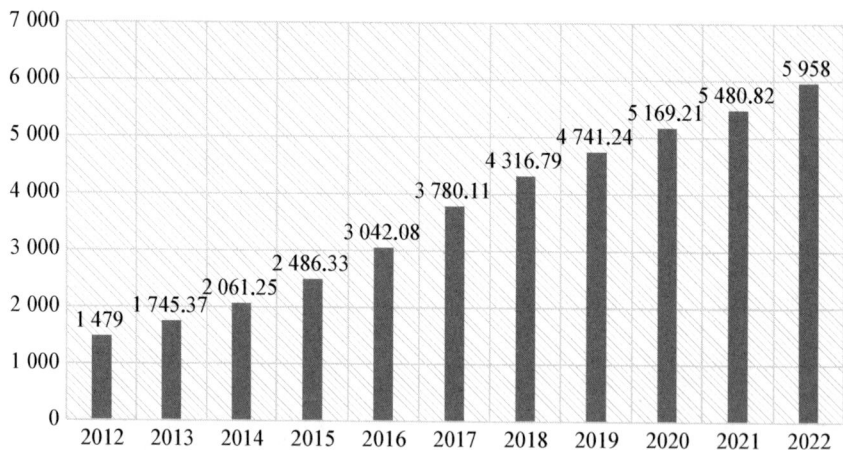

图 8‑6 2012—2022 年中国光缆线路长度增长情况(单位:万公里)

资料来源:根据《中国城市统计年鉴》整理。

案 例

央地在"十四五"期间共同加码新型基础设施建设

当前我国正处在转变发展方式、转换增长动力的攻关期,"十四五"时期,加快新型基础设施建设既能通过拉动投资支撑我国现阶段经济社会发展,又符合转型升级需要和未来经济社会发展趋势,在补齐短板弱项的同时做大做强发展新引擎。

国家"十四五"新型基础设施建设规划提出要加强信息基础设施建设。包括推动国家骨干网和城域网协同扩容,开展千兆光网提速改造,推进新一代移动通信网络商业化规模化应用以及完善卫星通信、导航、遥感等空间信息基础设施等。强调要稳步发展融合基础设施,打造多层次工业互联网平台,并结合推进新型城镇化,进一步推进交通、物流、能源、市政等基础设施智慧化改造。

与此同时,地方版"十四五"新型基础设施规划也密集出台。贵州提出,到2025 年累计投资 2 500 亿元,建成大数据优势突出、通信网络基础稳固、转型支撑有力、创新资源集聚、安全可控可信的贵州特色新型基础设施。四川也提出到2025 年,初步建成集约高效、经济适用、智能绿色、安全可靠的新型基础设施体系,成为经济社会高质量发展和治理能力现代化的有力支撑。

在此背景下,围绕 5G、工业互联网、数据中心等重点领域,多地进一步量化目标,敲定"十四五"时期的施工方案。四川省 5G 基站数量到 2025 年达到 25 万个，数据中心机架规模达到 50 万架。江苏提出到 2025 年，5G 基站数增长到 25.5 万个，省级工业互联网平台达到 100 个，大数据中心在用标准机架数达到 70 万架。

未来五年 5G、数据中心等新基建将带来大规模、长期性的新增有效投资，彰显中国经济活力和韧性。中国信通院预计，未来三年数据中心产业投资或达 1.4 万亿元；5G 方面，预计到 2025 年，5G 将带动 1.2 万亿元左右的网络建设投资，直接带动经济增加值 2.93 万亿元。

■ 基础设施不断完善，基础能力突飞猛进

2023 年 3 月，中国互联网络信息中心（CNNIC）在京发布的第 51 次《中国互联网络发展状况统计报告》（以下简称"《报告》"）显示，至 2022 年 12 月中国网民规模达 10.67 亿人，较 2012 年增长 5.03 亿人；互联网普及率为 75.6%，较 2012 年提升 33.5 个百分点。《报告》还显示，在网络基础资源方面，至 2022 年 12 月，中国域名总数达 3 440 万个，IPv6 地址数量达 67 369 块/32，较 2012 年分别增长 294.0% 和 437.4%；中国 IPv6 活跃用户数达 7.28 亿人，占全部互联网网民比例达 68.2%。

中国所有地级市全面建成光网城市，行政村实现宽带网络全覆盖。**中国算力基础设施规模高速增长，算力规模达到每秒一万四千亿亿次浮点运算，位居全球第二。**北斗三号全球卫星导航系统建成运行，已在二十多个国家开通高精度服务，总用户数超过 20 亿人。中国新一代信息基础设施正在朝着高速泛在、天地一体、云网融合、智能便捷、绿色低碳、安全可控的方向加速演进。信息通信业方面，**至 2022 年 12 月，中国 5G 基站总数达到 231 万个，占移动基站总数的 21.3%，占全球 5G 基站总数比例则超过 60%，我国是全球首个基于独立组网模式规模建设 5G 网络的国家。**

在丰富的网络基础资源支持下，中国城市网络基础能力不断增强，千兆光网、5G 和移动物联网等领域取得积极进展。

一是千兆光网和 5G 为代表的"双千兆"网络构成新型基础设施的承载基础，中国已建成全球规模最大的光纤和移动宽带网络。中国光缆线路总长度达到全球第一的 5 958 万公里，网络运力不断快速增强，比如中国建成具备千兆网络服务能力的 10G PON 端口数已经达到 1 523 万个，相较 2021 年末接近翻了一番，全国有 110 个城市达到千兆城市建设标准。移动网络保持 5G 建设全球领先，5G 用户达 5.61 亿户，在移动电话用户中占比达 1/3，是全球平均水平的

2.75 倍。

二是政府数字化改造效果良好,互联网普及率显著提升。近年来,工信部会同有关部门,持续组织实施电信普及服务、网络提速降费等工作,对农村及偏远地区的网络建设和运行维护给予专项支持,推动网络服务更加"物美价廉"。目前,中国全部的行政村已历史性实现"村村通宽带",从东北雪原到海南三沙,从"世界屋脊"珠穆朗玛峰到独龙族居住的大山深处都实现了网络覆盖,甚至时速350 公里每小时的高铁上也能实现稳定的信号传输。

三是物联网终端用户不断增长,万物互联的情况不断涌现。至 2022 年 12月,中国移动网络的终端连接总数达 35.28 亿户,移动物联网连接数达 18.45 亿户。蜂窝物联网终端在公共服务、车联网、智慧零售、智慧家居的用户规模分别已达 4.96 亿户、3.75 亿户、2.5 亿户和 1.92 亿户。海量的各种新应用设备持续接入网络,进一步扩大了用户数字应用场景,持续提升中国网民的使用体验。

四是人工智能也在促进城市智慧化发展进程中发挥巨大作用。新型城镇化的核心目标之一是推动城市的智慧化转型,人工智能技术在城市规划、交通管理、公共安全、社会治理等方面发挥重要作用。例如,通过智能化的城市规划和设计,可以极大提高城市空间利用效率和资源配置效率;通过智慧社会治理系统,可以加强公共安全监控和应急响应能力。2020 年 4 月 20 日,国家发展改革委首次明确新型基础设施的范围,将人工智能融入新型基础设施建设,推动国家人工智能战略落地,早已成为科技界和产业界人士的共识。"新基建"为中国城市从信息化到智能化再到智慧化构筑了一条高速之路。

案 例

深圳:全球 5G 第一城

以深圳市为例,2021 年,深圳获工信部评选的全国移动网络信号质量测评"主要道路、商业场所、公园和地铁"四个"卓越城市"称号。5G 基站密度国内第一,全国首个 5G 独立组网全覆盖的城市;5G 标准必要专利总量全球领先,5G产业规模、5G 基站和终端出货量全球第一;5G+工业互联网、产业园区,5G+智慧港口、医院、道路、机场、电网,5G+应用遍地开花……目前,深圳正夯实 5G 技术优势,全力构建产业生态,打造新型信息基础设施标杆城市和全球数字先锋城市。深圳将加大 5G 发展支持,全力打造"全球 5G 第一城",率先探索新一代智慧城市建设。

■ "宽带中国"战略推进，智慧城市快速"蝶变"

通过"宽带中国"战略的推进，中国城市信息通信基础设施水平得到极大提升，这为智慧城市的建设提供坚实的基础。各地方政府积极推动智慧城市规划和建设，通过引入大数据、物联网、人工智能、云计算等技术，实现了城市内部各个领域的信息化和互联互通。智慧城市建设在提升城市管理水平、优化资源配置、改善居民生活品质等方面发挥了重要作用。例如，智能交通系统的应用使得城市交通流畅度得到提升，智能能源管理系统的应用实现城市能源使用的高效配置，智能环保系统的应用提升城市环境监测和治理的精细化程度。

智慧城市的建设，推动城市智慧生活服务得到快速发展。在中国庞大的网民规模和极高互联网普及率支持下，数字化生产生活在不断实现创新和突破。**中国固定宽带和移动网络平均下载速率在全球的排名分别是第三位和第八位**，优质的宽带网络促进了各类移动 App 快速普及，居民可以通过智能手机、智能终端等设备，享受到更便捷、更智能的各类城市生活服务。

例如，智能家居系统的应用，使得居民可以通过手机远程控制家中的灯光、空调、安防等设备，实现智能化的居住环境；智能医疗系统的应用，使居民可以在线预约挂号、远程咨询医生，甚至接受诊疗服务，代表案例如目前互联网医院的运行，保障居民方便快捷地获取医疗服务，互联网医院是 2022 年互联网用户规模增长最快的应用。互联网医疗领域相关监管政策框架日益完善，引导互联网医疗行业规范化发展，数字健康加速发展，全国远程医疗服务超过 2 670 万人次。

在传统领域应用线上化方面，一是线上办公市场快速发展，至 2022 年 12 月，中国线上办公用户规模达 5.40 亿人，较 2021 年 12 月增长了 7 078 万人，较上年同期增长 13％，占网民整体的 50.6％。二是电子商务、移动支付快速发展，"互联网＋"在购物、教育、养老等基本公共服务领域不断创新，促进政府公共服务的系统化和高效化，比如智慧教育、智慧购物、智慧旅游、智慧养老、智慧社区等领域的智慧服务逐渐丰富，极大提升城市居民的生活品质和便利度。以数字化教育为例，全国教育数字化战略行动全面实施，国家智慧教育公共服务平台正式上线启动，建成了世界第一大教育教学资源库。三是互联网成为实现乡村振兴的重要抓手，推动乡村地区数字化服务发展，电子商务、在线教育、互联网医疗等数字化服务供给持续加大，促进乡村地区数字化服务提质增效。此外，立体智能交通体系在加速构建，无人码头、自动驾驶等交通运输新形态不断涌现，中国90％以上机场实现"无纸化"便捷出行。

案　例

山东青岛建设世界工业互联网之都

从 2020 年开始,山东青岛市锚定城市发展新赛道,以打造世界工业互联网之都为目标,全面发力工业互联网发展。2020 年,青岛发布工业互联网领域总体规划实施方案,统筹布局新基建、推广新模式、融合新技术、培育新产业等任务,按照缺什么补什么的原则,集中力量定向引进各类创新平台和头部企业。在开放引领下,青岛深度融入全球产业体系,全力推动世界工业互联网之都建设。

根据各领域数字化建设和应用共性需求,青岛打通数据通道,互联网络建设提速,全市建成 5G 基站超过 1.5 万个。

青岛企业加速"触网",青岛工业互联网"数字底座"越来越坚实。目前,青岛全市生产设备数字化率达 53.4%,数字化研发设计工具普及率达到 87.4%,关键工序数控化率达 54.6%,企业运营成本平均下降 27%,产品研发周期平均缩短 26%。

青岛围绕 12 大类 63 个细分小类,分行业、分领域发布 1 300 个"工业赋能"场景,分析全市需求分布。与此同时,青岛加快"双跨"平台、特色平台和公共服务平台建设,解决企业共性需求,以提升数据作为主要生产要素参与价值创造和分配能力。国际领先的"双跨"平台海尔卡奥斯工业互联网平台,链接企业近 70 万家、服务企业 6 万余家。

此外,中国产业数字化发展进程提速。互联网相关技术与应用创新在加速向工业领域拓展深化。"5G+工业互联网"加速赋能实体经济,推动人、机、物等全面连接的新型生产方式不断创新并落地普及,成为中国制造业高端化、智能化、绿色化发展的重要支撑。依托信息通信、互联网、人工智能等技术的紧密结合,着力推动线上线下企业融合共生,持续增强企业数字化转型动力。

■ 数字乡村前景广阔,解锁乡村振兴"新姿势"

数字乡村是全面推进中国乡村振兴战略的重要突破口。党的十八大以来,我国农村信息化建设取得长足进步,数字基础设施建设加快推进,线上线下融合的现代农业加速发展,信息服务体系加快完善。数字乡村建设为乡村振兴和农业农村现代化发展注入强大动力,包括以数字化发展完善乡村地区金融服务、商品服务网络体系，推动乡村发展不断释放新动能。

构建服务农业农村的综合信息服务体系。数字乡村建设基础首先是打造信息平台，构建农业农村综合信息服务体系基础和依托。打造信息平台支持推进涉农服务事项在线办理，为推动基本公共服务下沉提供更多便利。目前，信息进村入户工程基本实现全国行政村全覆盖，为农民提供公益、便民、电商、培训等"一站式"服务。至 2022 年 6 月底，全国共建成运营益农信息社 46.7 万个，累计提供各类服务 9.8 亿人次。全国农业科教云平台注册用户数量超过 1 200 万人，日均服务超 400 万人次，是全球最大农业科技知识在线服务社区。下一步，需要鼓励开发适应"三农"特点的信息终端、技术产品、应用软件，全面实施信息进村入户工程，打造为农综合信息服务平台，完善乡村信息服务体系，加快缩小城乡数字鸿沟。

以农村电商激活农业要素资源。近年来，直播电商、社区电商等新型电商模式不断涌现，农村电商以及农产品电商一直保持着较快增速。据统计 2021 年全国农村网络零售额达 2.05 万亿元，比上年增长 11.3%，全国农产品网络零售额达到 6 265 亿元，同比增长 9.0%。特别是随着电子商务进农村综合示范工程、"互联网＋"农产品出村进城工程、农产品仓储保鲜冷链物流设施建设工程的深入实施，支撑农产品电商发展的基础设施得以明显改善。实践表明，农村电商已成为发展数字乡村和农业经济的突破口和领头羊。由此可见，数字乡村建设引领的数据要素对于农产品销售可以发挥重大作用。

以数字农业提升农业生产效率。数字技术与传统农业的深度融合催生数字农业发展。数字农业通过对农业生产、经营、管理等全流程大数据的积累、开发、挖掘，实现对农业生产流程系统化整合，比如精准播种、变量施肥、智慧灌溉、精准饲喂、环境控制、植保无人机等的应用。2021 年全国植保无人机保有量达 12.1 万架、年作业面积达 10.7 亿亩次，已有超过 60 万台拖拉机、联合收割机配置基于北斗定位的作业监测和智能控制终端。数字农业有助于提高农业生产标准化水平，提升农业经营决策的准确性，实现农业生产规模化和组织化，从而提高农业生产效率，实现对传统农业生产的全方位重塑。以大数据为核心的现代信息技术在生物育种、精准作业、建设管理、农业防灾减灾、动植物疫病防控、农产品质量安全监管等方面的独特作用开始显现。

以农业农村大数据建设激活农村要素资源。数据作为一种新型的生产要素，与土地、劳动力、资本、技术等传统要素并列，并被写入《中共中央国务院关于构建更加完善的要素市场化配置体制机制的意见》等文件中。我国农业监测统计制度逐步健全,政务信息系统和数据资源整合共享任务完成,数据采集、共享、交换机制日益完善,农业农村数据资源池初步形成。国家农业农村地理信息公共服务平台基本建成,农业农村"一张图"建设有序推进。中国农产品监测预警系统实现对 18 大类农产品产量、消费、贸易、价格等短中长期智能预测,大豆、苹果等 8 个单品种全产业链大数据建设试点有效推进,公共数据服务能力和水平明显提升。通过数字乡村建设能够以信息流带动资金流、技术流、人才流、物资流等向农村集聚,促进农村各类生产要素不断积累,推动乡村振兴发展。

■ 政务平台基本建成,服务能力精益求精

至 2022 年 12 月,中国在线政务服务用户规模达 9.26 亿人,占网民整体的86.7%;根据中国互联网络信息中心发布的第 38 次《中国互联网络发展状况统计报告》,2016 年 6 月中国在线政务服务用户规模为 1.76 亿人,6 年多时间增长426.14%。

总体上看,近些年中国在线政务服务相关顶层设计不断完善,平台建设高效,技术应用普及且更加先进。《2022 联合国电子政务调查报告》显示,**中国的电子政务水平在 193 个联合国会员国中排名第 43 位,是该报告发布以来中国的最高水平,中国也是近几年全球增幅最高的国家之一。**其中,作为衡量一个国家电子政务发展水平的核心指标——在线服务指数——得分 0.887 6,跃升至全球第九位,继续保持"非常高"水平。

到 2022 年,全国一体化政务服务平台已经基本建成。"一网通办""异地可办""跨省通办"在更多的地区广泛实践,全国 96.68% 的办税缴费事项实现"非接触式"办理,全面数字化电子发票试点稳步推进,电子发票服务平台用户数量突破千万级。依托全国一体化政务服务平台,各地区、各部门有力推动政务服务运行标准化、供给规范化、管理精细化,"互联网+政务服务"取得了显著成效,也为企业和群众获取便捷高效的政务服务提供了更加可靠的保障。

全国一体化政务服务平台是国家治理体系和治理能力现代化的平台性支撑,作为政府数字化转型的"重中之重",肩负重任。**全国政务服务"一张网"覆盖范围不断扩展。**全国一体化政务服务平台是以国家政务服务平台为总枢纽,联通 31 个省(区、市)及新疆生产建设兵团、46 个国务院部门平台,面向十四多亿人口和一亿多市场主体而打造的覆盖全国的一体化政务服务"网络",平台村村通、服务掌上办、全国一体化政务服务平台共同作用,是中国政务服务迈向跨区域、跨部门、跨层级一体化政务服务的重要支撑力量。

通过构建普惠均等、便民高效、智能精准的全国政务服务"一张网"，政务服务平台的认知度、体验度持续提升。至2022年末，全国一体化政务服务平台实名用户超过10亿人，其中，国家政务服务平台注册用户8.08亿人，总使用量超过850亿人次，服务应用不断创新，企业和居民等社会主体的满意度和获得感不断增强。目前已有90.5%的省级行政许可事项实现了网上受理和"最多跑一次"，政务服务"一网通办"服务能力显著增强。

聚焦难点问题，创新应用服务能力不断提升。各地区依托全国一体化的政务服务平台，聚焦群众"急难愁盼"问题和办事短板弱项，因地施策，从"最多跑一次"到"一次不用跑"，从"不见面审批"到"秒报秒批"，为群众开便利之门、施公平之策，得到广大群众的认可和赞许。典型示范的"头雁效应"全面激发了"群雁活力"，营造了互联网环境下各层级政府勇于持续迭代创新的良好氛围，政务服务数字化改革创新举措不断涌现，为推进数字政府建设积累丰富经验。

2022年底，国家各类政务服务平台为地方部门平台提供电子证照共享服务达79.5亿次，身份认证核验服务达到67.4亿次，支撑地方部门平台高效办事。国家政务服务平台已归集汇聚32个地区和26个国务院部门共计900余种电子证照，目录信息达56.72亿条，累计提供电子证照共享应用服务79亿次，有效支撑"减证明、减材料、减跑动"。

案　例

上海"一网通办""一网统管"提升城市现代化治理

近年来，上海全面践行"人民城市"理念，"一网通办""一网统管"（以下简称"两张网"）建设作为牵引治理体系和治理能力现代化的"牛鼻子"，形成了城市治理数字化赋能的新范式。2020年，上海"一网通办"入选联合国全球电子政务经典案例。

"两张网"着力打造政府与人民群众的联系纽带。上海政务服务"一网通办"连续三年保持全国领先，累计接入事项3 564个，涵盖超3.6万个业务办理项，办件量达2.76亿，实名注册个人用户超7 600万个、法人用户超293万家。近两年，在全国政务服务能力评估中均名列前茅。城市运行"一网统管"开创了城市治理新模式，市级平台已汇集72个部门220个系统、1 202个应用，建成覆盖市、区、街镇三级城市运行体系，在城市日常管理及高温、寒潮、台风、各类突发事件调度处置中发挥了枢纽平台作用，相关做法写入国家"十四五"规划和2035年远景目标纲要。

"两张网"建设努力研究和利用数据资源和人工智能等新技术,赋能超大城市治理和服务。"一网通办"由"能办"向"好办"提升,全面实施"两个免交",也即本市政府部门核发材料一律免于提交、能够提供电子证照的一律免于提交实体证照,目前已归集身份证、驾驶证、营业执照等 630 类高频电子证照 1.77 亿张,市民和企业调用量突破 12.4 亿次。"一网统管"由"进一网"向"管全城"提升。初步具备统筹大数据资源能力,用实时在线数据和各类智能方法,及时、精准地发现问题、对接需求、研判形势、预防风险。上海建成国内首个"城市数字体征",推动城市运行全生命周期管理。

"两张网"坚持以城市生命体理念推动治理模式变革、治理方式重塑、治理体系重构和治理能力升级。把"像网购一样方便"作为"一网通办"努力方向。通过大数据分析,推进资金补贴扶持、税收优惠等惠企利民政策 134 项"免申即享",受益群众 120 万人次、企业超过 6.8 万家次。首创线上人工帮办机制,已覆盖 101 个办件量居前的高频事项。以市城运中心为枢纽,打造市、区两级"1+16+16"(即 1 个市级指挥平台、防汛防台等 16 个市级专项指挥平台、16 个区级指挥平台)的平战一体、双向协同的融合指挥体系,提升城市运行管理和突发事件处置效率。

"数字技术正以新理念、新业态、新模式全面融入人类经济、政治、文化、社会、生态文明建设各领域和全过程,给人类生产生活带来广泛而深刻的影响。"加快数字化发展、建设数字中国,是党中央在新科技革命背景下推动中国经济社会更快更好发展的时代答案,主要包括四个方面内涵:**一是对我国科技创新自立自强的大力支持**。数字化发展的核心是加强关键数字技术创新运用,聚焦高端芯片、操作系统等目前尚未实现完全自主创新的关键科技领域研发突破,加强核心技术研发,加快量子计算、量子通信以及神经芯片等前沿技术布局。**二是构筑人民生活的美好图景**。"建设数字中国"提出要提供智慧便捷的公共服务,推进学校、医院、养老院等公共服务机构资源数字化,加大开放共享和应用力度,推进线上线下公共服务的共同发展、深度融合,扩大优质公共服务资源辐射和覆盖范围。**三是做大分好共同富裕"蛋糕"**。数字经济推动产业转型和升级、培育战略性新兴产业,实现高质量发展而做大共同富裕"蛋糕"。数字技术保障资源配置更加高效,包括 5G、人工智能、大数据、物联网在内的新一代信息技术融入产业链、供应链的各环节,对生产力、生产关系及生产方式都产生深刻影响。此外数字经济还催生新业态、新模式，各种共享经济、平台经济以及零工经济等新经济形式不断涌现，拓展普通劳动者参与经济增长的方式。**四是推动政府服务效能全面提升。**建立和健全国家公共数据资源体系，推进数据的跨部门、跨层级、跨地区汇聚融合和深度利用，深化国家人口、法人、空间地理等基础信息资源的共享利用。推动政务信息化共建共用，加大政务信息化建设的统筹力度，深化政务信息系统整合，提升跨部门协同治理能力。提高数字化政务服务的效能，深化"互联网＋政务服务"，全面推进政府运行方式和服务模式数字化智能化发展。